U0688041

信息学中的广义测不准原理及其应用研究

徐冠雷　徐晓刚　著

科 学 出 版 社
北 京

内 容 简 介

近年来，起源于量子力学的测不准原理已经在各个领域得到了广泛的研究和应用，特别是在信息处理领域，广义测不准原理对于信号分辨率分析和信号稀疏表示等均给出了新的理论指导和性能界定。

本书比较全面地综述了广义变换域内的新型测不准原理以及信号稀疏表示方面的新型测不准原理等相关内容。主要内容如下：第 1 章常用信号变换及分辨率分析；第 2 章～第 4 章详细介绍连续信号的 Heisenberg 广义测不准原理及应用、离散信号的 Heisenberg 广义测不准原理及应用、熵广义测不准原理与对数广义测不准原理等内容；第 5 章对信号稀疏表示的广义测不准原理及应用进行了详细的论述；第 6 章对本书进行了全面总结与展望，包括各种新型广义测不准原理理论形式以及在论证这些理论过程中的数学问题，同时给出了结论和未来展望。

本书可供信号处理、信息理论、计算机等相关专业人员参考，也可以作为对应专业本科生和研究生的专业参考书。

图书在版编目(CIP)数据

信息学中的广义测不准原理及其应用研究 / 徐冠雷，徐晓刚著. —北京：科学出版社，2020.12

ISBN 978-7-03-067414-2

Ⅰ. ①信… Ⅱ. ①徐… ②徐… Ⅲ. ①测不准原理-应用-信息学-研究 Ⅳ. ①G201

中国版本图书馆 CIP 数据核字（2020）第 255377 号

责任编辑：孙露露 王会明 / 责任校对：王万红
责任印制：吕春珉 / 封面设计：东方人华平面设计部

科学出版社 出版
北京东黄城根北街 16 号
邮政编码：100717
http://www.sciencep.com

三河市骏杰印刷有限公司印刷
科学出版社发行 各地新华书店经销

*

2020 年 12 月第 一 版 开本：787×1092 1/16
2020 年 12 月第一次印刷 印张：11 1/2
字数：260 000

定价：109.00 元

（如有印装质量问题，我社负责调换〈骏杰〉）
销售部电话 010-62136230 编辑部电话 010-62138978-2010

前　　言

1927 年，德国物理学家 Heisenberg 首次提出了测不准原理（uncertainty principle），因此测不准原理也常称为 Heisenberg 测不准原理。该原理解释了量子力学存在的基本问题，即不能同时确定两个共轭变量（如位置和速度，时间和频率等）的测量精度，并且这两个共轭变量准确度的乘积存在下界。后来，测不准原理发展成为 Heisenberg 测不准原理[为了和后面测不准原理加以区分，本书把支撑乘积（或带宽乘积）形式的测不准原理称为 Heisenberg 测不准原理]、加窗（短时）测不准原理、对数测不准原理、熵测不准原理等类型。

测不准原理不仅是物理学中的基本问题，也是数学中的基本问题，同时对于信息学等多种学科均有较大的影响。在信号处理的时频分析中，测不准原理有两层含义：一是时间分辨率和频率分辨率不能同时无限制地提高，它们的乘积存在一个下限；二是时间分辨率和频率分辨率之间存在着相互制约的关系，即如果要提高频率分辨率就得降低时间分辨率，反之亦然。

本书是作者多年来在对测不准原理（信息学领域中）的研究基础上总结当前最新研究成果完成的，重点是在两个国家自然科学基金项目（广义测不准原理理论及其应用研究，61002052；信号稀疏表示的广义测不准原理研究，61471412）研究成果的基础上积累而成的。全书共 6 章。第 1 章常用信号变换及分辨率分析，重点介绍传统时频域内测不准原理的理论形式、时频分析应用、类型等内容。第 2 章连续信号的 Heisenberg 广义测不准原理及应用，重点介绍广义域（分数阶 Fourier 变换域以及广义分数阶 Fourier 变换域/线性正则变换域）内测连续不准原理的理论形式、类型、推导证明以及应用等内容。第 3 章离散信号的 Heisenberg 广义测不准原理及应用，重点介绍广义域内离散测不准原理的理论形式、推导证明以及广义加窗 Fourier 变换域内的应用等内容。第 4 章熵广义测不准原理与对数广义测不准原理，重点介绍两种熵：Shannon 熵和 Rényi 熵，讨论它们的广义形式、推导证明等内容，对于广义对数测不准原理，则重点从数学角度介绍广义对数测不准原理的广义形式、推导证明等内容。第 5 章信号稀疏表示的广义测不准原理及应用，重点从信号稀疏角度讨论测不准原理的理论形式、推导证明、信号稀疏表示的应用等内容，并结合当前的压缩感知给出一些应用实例。第 6 章为总结与展望，主要总结本书的内容，并给出了一些开放性问题，介绍了未来潜在的研究方向和内容。

本书内容每一章既相互联系，又可以作为独立内容自成体系。其中，第 2 章～第 4 章，重点介绍分数阶 Fourier 变换域以及广义分数阶 Fourier 变换域/线性正则变换域内传统的 Heisenberg 测不准原理、加窗（短时）测不准原理、对数测不准原理、熵测不准原理等有什么理论形式的变化、如何推导以及新形式又会带来哪些新的物理含义和应用价值等。第 5 章则是从信号压缩感知背景下探讨信号稀疏表示的数学理论边界条件，为信号稀疏表示和信号恢复提供理论依据。因此，严格来讲，本书内容又分成两大部分：时频分析的广义测不准原理和信号稀疏表示的广义测不准原理。

另外，为了便于读者理解，本书在原理推导过程中也加入了一些新的不等式（如广义域内的 Minkowski 不等式、Hausdorff-Young 不等式和 Pitt 不等式等）的介绍及推导证明，因为这些不等式是新广义测不准原理证明的数学工具，这些数学工具之前在测不准原理研究领域未曾见过详细推导证明。

本书的出版得到了国家自然科学基金项目（61471412, 61002052, 61771020, 61273262）和非配合环境下视频智能分析算法与平台（2019KD0AC02）的支持，在此特表感谢。

限于作者水平有限，本书难免有不足之处，敬请读者批评指正。

徐冠雷，徐晓刚

2020 年 8 月于浙江工商大学

目　　录

第 1 章　常用信号变换及分辨率分析

信号是信息的载体，信息是信号蕴含的“内容”，通常采用数学形式和符号来表现信息。信息表现形式有很多，如系统的模型参数、冲激响应和功率谱、目标的分类特征、水文气象预报、高等生物心电异常特征等[1-5]，而信号处理技术就是以提取有用信息为目的、针对信号进行处理的数学方法和手段。

近年来，随着现代通信、信息理论和计算机科学与技术的飞速发展，信号处理技术几乎涵盖了所有的工程应用领域，而且对信号处理技术的要求越来越高。其中信号变换，如线性变换和非线性变换[1,3]，构成了信号处理技术和方法的主体，且已成为信号处理的重要内容和基本工具[1-5]，如 Fourier 变换、加窗 Fourier 变换（又称短时 Fourier 变换）、小波变换、Hilbert 变换、双线性变换（分布）、分数阶 Fourier 变换[6-11]等，以及对信号变换时频分辨率不确定性分析等[1]。这些信号变换的本质，是按某种规则将混叠的复杂信号进行有效的分离或者分解，清晰再现信号的特征，实现目标特征提取、识别、分类及决策操作等。

那么，这么多类型的信号变换和分析手段，它们的性能如何，它们的分辨率是否存在理论局限性，或者说，在使用过程中能否让人们很清楚地知道它们的局限性并加以规避。最为典型的就是在时频分析中它们的分辨率怎么样，另外一个问题，连续信号的支撑对于离散数字化信号则是信号的稀疏性，对于信号稀疏表示有没有理论边界，这个边界如何确定？这些问题均涉及测不准原理[8-87]。

1.1　信 号 变 换

1.1.1　信号的基本关系和分类

信号变换是信号处理领域庞大的分支之一，其方法众多且相互独立，但从物理意义上讲，它们又是相通的，可以将它们归于统一的物理框架。

在数学中，信号可采用函数表示，其变量可为时间、频率，可为标量、向量，可为一维、多维。这里以时间域一维标量函数 $f(t)$ 为例加以阐述，将 u 作为频率变量（涵盖圆周频率和角频率），$\rho(t)=\dfrac{|f(t)|^2}{\int_{-\infty}^{+\infty}|f(t)|^2\,\mathrm{d}t}$ （或 $\rho(t)=\dfrac{|f(t)|}{\int_{-\infty}^{+\infty}|f(t)|\,\mathrm{d}t}$ ）为时间变量 t 的概率密度函数，$\mu_f=E\{f(t)\}=\int_{-\infty}^{+\infty}t\rho(t)\mathrm{d}t$ 为函数 $f(t)$ 的数学期望。

设信号 $f(t)$ 和 $g(t)$ 的概率密度分别为 $\rho_f(t)$ 和 $\rho_g(t)$，它们的联合概率密度为 $\rho_{fg}(t)$，若 $\rho_{fg}(t)=\rho_f(t)\rho_g(t)$，则 $f(t)$ 和 $g(t)$ 线性独立，即 $f(t)$ 和 $g(t)$“互不包含”，$f(t)$ 不是 $g(t)$ 的线性组合，$g(t)$ 也不是 $f(t)$ 的线性组合。

设信号 $f(t)$ 和 $g(t)$ 的期望值分别为 μ_f 和 μ_g，它们的互协方差函数定义为 $C_{fg}(t)=E\{f(t)g^*(t)\}-\mu_f\mu_g^*$（这里*为共轭算子，$E\{\}$ 为期望算子），它们的互相关函数为 $R_{fg}=E\{f(t)g^*(t)\}$，如果 $C_{fg}(t)=0$，则信号 $f(t)$ 和 $g(t)$ 不相关，表明 $f(t)$ 和 $g(t)$ 没有任何共性部分。

均值为零的 $f(t)$ 和 $g(t)$ 信号，总存在共性和非共性部分。其共性部分乘积的符号相同，通过期望算子得到了保留而加强；其非共性部分乘积的符号时同时反，通过期望算子相互“抵消”而削弱[1]。因此，互协方差函数可提取两个信号的共性部分，并抑制非共性部分，而且互协方差越大，表明信号 $f(t)$ 和 $g(t)$ 的共性部分越多，即 $f(t)$ 和 $g(t)$ 越相似，反之亦然。

对于 Gauss 函数，线性独立与不相关是等价的。但是对于信号 $f(t)$ 和 $g(t)$，它们相互线性独立，即“互不包含”，$f(t)$ 和 $g(t)$ 没有共性部分。由线性独立可推断信号 $f(t)$ 和 $g(t)$ 不相关，反之却不一定成立。

对于均值非零的信号 $f(t)$ 和 $g(t)$，若它们的互相关函数 $R_{fg}=E\{f(t)g^*(t)\}=0$，则信号 $f(t)$ 和 $g(t)$ 正交，记为 $f(t)\perp g(t)$，其内积形式表示为

$$\langle f(t),g(t)\rangle=\int_{-\infty}^{+\infty}f(t)g^*(t)\mathrm{d}t=0 \tag{1.1}$$

若信号 $f(x)$ 和 $g(x)$ 的期望值为零，则不相关和正交彼此等价。从物理意义的角度讲，信号 $f(t)$ 和 $g(t)$ 正交，则它们完全可被识别。

若信号 $f(t)$ 和 $g(t)$ 的期望为零，且线性独立，那么它们正交，表明它们“互不包含”，且没有任何共性部分。若 $\langle f(t),f(t)\rangle=\langle g(t),g(t)\rangle=1$，则称信号 $f(t)$ 和 $g(t)$ 标准正交。

通常，采用积分形式[1]定义信号 $f(t)$ 和 $g(t)$ 的互相关函数 $R_{fg}=\int_{-\infty}^{+\infty}f(t)g^*(t+\tau)\,\mathrm{d}t$。计算互相关函数 R_{fg} 也需要计算信号 $f(t)$ 和 $g(t)$ 的乘积，共性部分乘积符号相同，这部分因得到了加强而保留，非共性部分乘积符号相反，这部分因被抵消而削弱。因此，互相关函数 R_{fg} 与互协方差函数 $C_{fg}(t)$ 具有相似的物理解释，互协方差函数 $C_{fg}(t)$ 是数理统计的概念，而互相关函数 R_{fg} 对于任意给定的信号都适用。

再考虑信号 $f(t)$ 和 $g(t)$ 的卷积：

$$f(t)*g(t)=\int_{-\infty}^{+\infty}f(t)g(\tau-t)\mathrm{d}t \tag{1.2}$$

其中，$*$ 为卷积算子。

当 $f(t)$ 为偶函数时，卷积和相关等价，因此，卷积是特定条件下的相关。

除了从统计角度定义正交，还可以通过内积定义正交。如果

$$\langle f(t),g(t-\tau)\rangle=\int_{-\infty}^{+\infty}f(t)g^*(t-\tau)\mathrm{d}t=0,\ \forall\tau \tag{1.3}$$

则称信号 $f(t)$ 和 $g(t)$ 正交。

当 $g(t)$ 为实数时，相关函数和内积等价，因此，内积是特定条件下的相关。

综上所述，内积、相关和卷积都需要计算信号 $f(t)$ 和 $g(t)$ 乘积的积分，它们都是数学意义上的广义相关运算，在一定程度上起到“提取共性，剔除差异”的作用。

从时频分析的角度，信号可以分为平稳信号和非平稳信号。对于信号 $f(t)$，如果其频率（或者功率谱）不随时间变化而变化，则称 $f(t)$ 为平稳信号，反之称 $f(t)$ 为非平稳

信号。

从统计的角度，如果信号 $f(t)$ 满足以下条件。

① 数学期望为常数：$E\{f(t)\}=\mu_f$ (常数)。

② 二阶矩有界：$E\left\{f(t)f^*(t)\right\}=E\{|f(t)|\}<\infty$。

③ 协方差函数与时间无关。

则称信号 $f(t)$ 为平稳信号。

平稳信号通常称为时不变信号，其统计量不随时间变化而变化。非平稳信号常称为时变信号，其统计量至少有一个是随时间变化的函数。

线性调频（linear frequency modulation，LFM）信号是一种特殊意义的非平稳信号，在时频平面上的分布如图 1.1 的分量 1。通常，以处理线性调频信号为标准衡量时频分析方法的性能，如果某种时频分析方法不能有效分析线性调频信号，那么它必定不是非平稳信号有效的时频分析方法[6,7]。

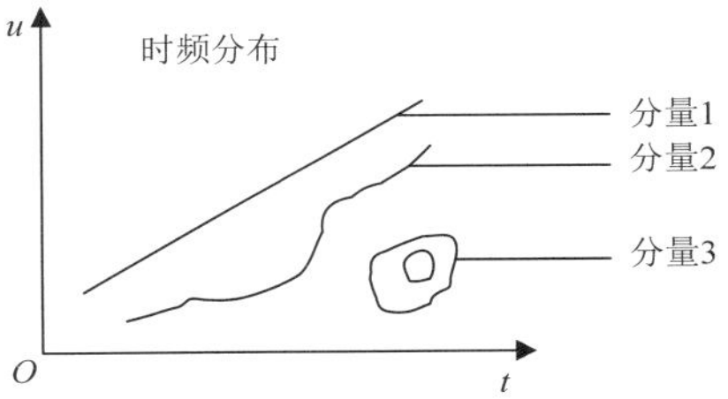

图 1.1　信号的时频分布（时间-频率联合分布）

1.1.2　信号变换基本概念及分类

对于实数信号 $f(t)$，假定 $\int_{-\infty}^{+\infty} f^2(t)\mathrm{d}t<\infty$，且 $f(t)$ 在任一有限支撑上满足 Dirichlet 积分条件[1,6]，记作 $f(t)\in L^2(R)$，采用函数序列 $\phi_l(t)$($l=0,\pm1,\pm2,\cdots$) 将 $f(t)\in L^2(R)$ 展开成级数形式：

$$f(t)=\sum_{l=-\infty}^{+\infty} c_l\phi_l(t) \tag{1.4}$$

其中，

$$c_l=\int_{-\infty}^{+\infty} f(t)\phi_l^*(t)\mathrm{d}t=\left\langle f(t),\phi_l(t)\right\rangle \tag{1.5}$$

式（1.4）为级数展开，式（1.5）为积分变换。其中，$c_l\phi_l(t)$ 为 $f(t)\in L^2(R)$ 的第 l 个分量。

从某种意义上讲，信号变换的积分公式提取了 $f(t)$ 与 $\phi_l(t)$ 的共性，这个共性量的值为 c_l，c_l 越大，表明 $f(t)$ 与 $\phi_l(t)$ 共性越多，反之亦然。考虑到内容含量关系 $f(t)\supseteq\phi_l(t)$，则式（1.5）的作用是求解信号 $f(t)$ 包含 $\phi_l(t)$($l=0,\pm1,\pm2,\cdots$) 含量的多少。

为了保证信号 $f(t)$ 展开的唯一性，要求 $\{\phi_l(t)\}$ 构成一组基函数。令 $f(t)\in L^2(R)$，若 $\{\phi_l(t)\}$ 是 Hilbert 空间的一组基函数，其必须满足以下条件：

① $\phi_l(t)$($l=0,\pm1,\pm2,\cdots$) 相互线性独立。

② 只有$f(t)=0$时，才有$\langle f(t),\phi_l(t)\rangle=0$（$\forall l\in \mathbf{Z}$）。

条件①称为基函数的线性独立性，表明基函数之间不能“相互包含”；条件②称为基函数的完备性，表明基函数缺一不可。

为了获取信号$f(t)\in L^2(R)$的所有可识别的目标特征，一种有效的方法就是采用正交基函数$\phi_l(t)$（$l=0,\pm1,\pm2,\cdots$）。

如果$\langle \phi_l(t),\phi_k(t)\rangle=\begin{cases}b_{lk}\neq 0, l=k\\0, l\neq k\end{cases}$，级数展开$f(t)=\sum_{l=-\infty}^{+\infty}c_l\phi_l(t)$为正交级数展开，积分变换$c_l=\int_{-\infty}^{+\infty}f(t)\phi_l^*(t)\mathrm{d}x$为正交变换。

如果$\langle \phi_l(t),\phi_k(t)\rangle=\begin{cases}1, l=k\\0, l\neq k\end{cases}$，级数展开$f(t)=\sum_{l=-\infty}^{+\infty}c_l\phi_l(t)$为 K-L 展开[7]，积分变换$c_l=\int_{-\infty}^{\infty}f(t)\phi_l^*(t)\mathrm{d}t$为 K-L 变换[7]。

与正交基相对的是非正交基。若$\phi_l(t)$（$l=0,\pm1,\pm2,\cdots$）和$\varphi_l(t)$（$l=0,\pm1,\pm2,\cdots$）是两组非正交基函数，那么称级数展开$f(t)=\sum_{l=-\infty}^{+\infty}c_l\phi_l(t)$为非正交级数展开，称积分变换$c_l=\int_{-\infty}^{+\infty}f(t)\varphi_l^*(t)\mathrm{d}t$为非正交变换。

在非正交信号变换中，级数展开正交基函数$\phi_l(t)$（$l=0,\pm1,\pm2,\cdots$）和信号变换基函数$\varphi_k(t)$（$k=0,\pm1,\pm2,\cdots$）满足双正交条件：$\langle \phi_l(t),\varphi_k(t)\rangle=\begin{cases}1, l=k\\0, l\neq k\end{cases}$。$\phi_l(t)$（$l=0,\pm1,\pm2,\cdots$）和$\varphi_k(t)$（$k=0,\pm1,\pm2,\cdots$）构成对偶基函数，且互为对偶基函数。它们在级数展开和积分变换中可以互换，那么称级数展开$f(t)=\sum_{l=-\infty}^{+\infty}c_l\phi_l(t)$为双正交级数展开，称积分变换$c_l=\int_{-\infty}^{+\infty}f(t)\varphi_l^*(t)\mathrm{d}t$为双正交变换。

信号变换是求解信号级数展开系数$c_l(t)$（$l=0,\pm1,\pm2,\cdots$），因此，有时候把级数展开和积分变换统称为信号变换。

信号变换可以分为正交变换、非正交变换和双正交变换，它们之间存在如下关系。

① 正交变换，级数展开和积分变换的基函数相同，且基函数正交。

② 非正交变换，级数展开基函数和积分变换基函数不同，它们都是非正交的。

③ 双正交变换，级数展开的非正交基函数和积分变换的非正交基函数不同，但它们相互正交。

信号变换的性能不完全取决于是否正交，因为基函数的基本条件表明：各分量之间具备线性独立性和完备性。只不过，正交变换通常可以提供没有冗余的表示和更好的识别特征。

上述讨论的信号变换均是基于内积的。另外，信号变换还可以是基于卷积的，且基函数只有一个元素，如 Hilbert 变换[1]。根据前面分析可知，内积、相关和卷积都可以看作求取信号共性部分的一种广义操作。从广义物理意义上讲，Hilbert 变换与前面讨论的信号变换类似。

另外，信号变换还可以按照是否满足线性叠加原理进行分类。设信号变换算子为$T\{\}$，对于信号 $f(t)=a_1f_1(t)+a_2f_2(t)$（a_1,a_2 为常数），如果满足

$$T\{f(t)\}=T\{a_1f_1(t)+a_2f_2(t)\}=a_1T\{f_1(t)\}+a_2T\{f_2(t)\} \tag{1.6}$$

则称T为线性变换，否则称为非线性变换[6]。

1.1.3 信号的稀疏表示

基函数的完备性通常又称为稠密性。对于任一信号 $f(t)\in L^2(R)$ 且 $\varepsilon>0$，如果可以找到一个足够大的整数N和常数$c_l, l=-N,-N+1,\cdots,N-1,N$，使得

$$\left\|f(t)-\sum_l c_l\phi_l(t)\right\|<\varepsilon \tag{1.7}$$

则称存在于 Hilbert 空间的基函数序列$\{\phi_l(t), l\in\mathbf{Z}\}$在 Hilbert 空间内是稠密的。

若 Hilbert 空间的基函数个数可数，则称它为可分离的 Hilbert 空间，其中“Hilbert 空间的可分离性”“Hilbert 空间的完备性”和“Hilbert 空间的稠密性”等价，称这个空间为$\{\phi_l(t), l\in\mathbf{Z}\}$张成的 Hilbert 空间。

如果通过较小的 N 使得 $\left\|f(t)-\sum_l c_l\phi_l(t)\right\|<\varepsilon$ 成立，则称 $f(t)\in L^2(R)$ 可以由$\{\phi_l(t), l\in\mathbf{Z}\}$稀疏表示，也就是使得“非零”或“接近于非零”的系数c_l（$l=-N,-N+1,\cdots,N-1,N$）尽可能地少，仅用少量的大系数就能表征 $f(t)\in L^2(R)$ 的主要特征。在数学上，采用较少的c_l（$l=-N,-N+1,\cdots,N-1,N$）逼近 $f(t)\in L^2(R)$。稀疏表示是信号数据有效压缩的关键，有利于数据的存储和传输[2-5]。

1.1.4 信号的联合时频分布

从物理的角度看，信号还可以分为两大类：时域信号和频域信号。在时间和频率平面上表现信号，可描述信号强度随着时间和频率的变化情况。非平稳信号在时频平面上（尤其对于频率）不是线状分布的，而是带状分布的，其带状的宽度称为局部带宽。信号在时频平面的聚集程度称为时频聚集性，它是衡量信号时频分析方法的最重要指标。理想的时频聚集性不仅能够定位时间和频率位置（不会产生定位的模糊或者歧义），而且不产生多余（比如没有交叉项）和现有隐藏的信息（无法显示某些信号的时频分量）。时频信号分析就是要抽取非平稳信号的分量，例如图 1.1 中明显含有三个分量：分量 1、分量 2 和分量 3。时频信号分析通常具有以下功能。

① 识别信号分量与交叉项。

② 确定信号包含的分量个数。

③ 估计各分量的瞬时频率。

④ 分辨在时频平面上相距很近的信号分量。

理想信号时频分析方法应具有较好的时频聚集性且没有交叉项。但是，为了某种特定目标，只能实现某些指标达到最优。根据不同的应用要求，选取合理的指标是信号处理与分析的常用手段。

1.2　几种常见信号变换及分辨率分析

信号处理领域，目前几乎所有信号变换都是借助于基函数变换，即通过式（1.4）和式（1.5）给定不同的基函数，就可以定义不同的变换。

根据式（1.4）和式（1.5），通过选定指数函数和尺度函数，可定义最经典的两种变换：Fourier 变换和小波变换。

如果式（1.4）和式（1.5）中 $\phi_l(t)=\mathrm{e}^{jlt}$（$j$ 为虚数单位），那么式（1.4）和式（1.5）可写为

$$f(t)=\sum_{l=-\infty}^{+\infty} c_l \mathrm{e}^{\mathrm{j}lt} \tag{1.8}$$

其中，

$$c_l=\int_{-\infty}^{+\infty} f(t)\mathrm{e}^{-\mathrm{j}lt}\mathrm{d}t=\left\langle f(t),\mathrm{e}^{\mathrm{j}lt}\right\rangle \tag{1.9}$$

通过 Euler 公式将 $\phi_l(t)=\mathrm{e}^{jlt}$ 展开为正弦和余弦两部分，式（1.8）可写为

$$f(t)=\sum_{l=-\infty}^{+\infty}\frac{c_l}{2}\cos(lt)+\mathrm{j}\sum_{l=-\infty}^{+\infty}\frac{c_l}{2}\sin(lt) \tag{1.10}$$

式（1.10）可转换为以下两种级数展开和变换：

$$\begin{cases} f(t)=\sum\limits_{l=-\infty}^{+\infty} a_l\cos(lt) \\ f(t)=\sum\limits_{l=-\infty}^{+\infty} b_l\sin(lt) \end{cases} \tag{1.11}$$

其中，

$$\begin{cases} a_l=\int_{-\infty}^{+\infty} f(t)\cos(lt)\,\mathrm{d}t=\langle f(t),\cos(lt)\rangle \\ b_l=\int_{-\infty}^{+\infty} f(t)\sin(lt)\,\mathrm{d}t=\langle f(t),\sin(lt)\rangle \end{cases} \tag{1.12}$$

式（1.8）和式（1.11）分别称为 Fourier 级数展开、余弦级数展开和正弦级数展开。式（1.9）和式（1.12）分别称为 Fourier 变换、余弦变换和正弦级变换，这三种变换统称为三角变换，相应的级数展开统称为三角级数展开。其中，正弦变换和余弦变换可以看作特殊的 Fourier 变换，且可以通过 Fourier 变换进行线性组合实现[7]。

如果 $\phi_l(t)=\frac{1}{\sqrt{a}}\phi\left(\frac{t-l}{a}\right)$（$a>0$），且满足条件 $\int_{-\infty}^{+\infty}\phi(t)\mathrm{d}t=0$，$\int_{-\infty}^{+\infty}|\phi(t)|^2\mathrm{d}t=1$，那么将其代入式（1.4）和式（1.5）可得

$$f(t)=\frac{1}{\sqrt{a}}\sum_{l=-\infty}^{+\infty} c_l\tilde{\phi}\left(\frac{t-l}{a}\right) \text{或} f(t)=\frac{1}{\sqrt{a}}\sum_{l=-\infty}^{+\infty} c_l\phi\left(\frac{t-l}{a}\right) \tag{1.13}$$

其中，$\tilde{\phi}_l(t)$ 是 $\phi_l(t)$ 的对偶基。

$$c_l=\frac{1}{\sqrt{a}}\int_{-\infty}^{+\infty} f(t)\phi^*\left(\frac{t-l}{a}\right)\mathrm{d}t=\left\langle f(t),\frac{1}{\sqrt{a}}\phi_l\left(\frac{t-l}{a}\right)\right\rangle \tag{1.14}$$

显然，式（1.13）为小波级数展开，式（1.14）为小波变换。

除了指数基函数和小波基函数外，还可以采用其他基函数定义不同的变换。而且通过选择不同的小波基函数，还可以得到不同的小波变换。小波基函数可选择正交的，也可选择双正交或者非正交的[1-5]。

1.2.1 Fourier 变换和短时 Fourier 变换

在信号处理中，Fourier 变换是将信号从时域映射到频域进行处理的方法，其逆变换则是从频域映射到时域。有些情况下，在频域进行信号处理简洁明了。例如，在系统响应分析中，通过分析信号幅频特性的变化，分析系统对不同频率分量的延迟[1,3,4]，对于平稳信号具有较强的特别适应特性。Fourier 变换是在全时域上的积分，描述信号的不同频率成分，无法刻划某一频率分量的发生时刻，Fourier 变换分析不具备局部特性。因此，人们又提出了其他的时频分析方法，如短时 Fourier 变换方法等。

短时 Fourier 变换方法是一种获取信号局部信息变换的有效方法。通过截取信号的局部，屏蔽信号的其余部分，并考虑内积的积分特性，获取局部信息。一般有如下策略[1]：

信号的局部变换 = 〈局域信号，全域核函数〉

信号的局部变换 = 〈全域信号，局域核函数〉

信号 $f(t)$ 的短时 Fourier 变换定义为

$$\begin{aligned}\mathrm{STFT}_f(t,u) &= \left\langle f(\xi), g(\xi-t)\,\mathrm{e}^{\mathrm{j}tu}\right\rangle \\ &= \int_{-\infty}^{+\infty} f(\xi) g^*(\xi-t)\,\mathrm{e}^{-\mathrm{j}tu}\mathrm{d}\xi \\ &= \int_{-\infty}^{+\infty} \left[f(\xi) g^*(\xi-t)\right]\mathrm{e}^{-\mathrm{j}tu}\mathrm{d}\xi \qquad (1.15)\end{aligned}$$

其中，$g(t)$ 为窄窗函数，满足 $\int_{-\infty}^{+\infty} g(t)\,\mathrm{d}x = 1$，$g(t)$ 截取信号 $f(t)$ 局部 $f(\xi)g^*(\xi-t)$，并对其进行 Fourier 变换。窗函数常采用 Gauss 函数，它具有很好的平滑性，可以得到相对较好的时频聚集性。通常将短时 Fourier 变换的模平方称为信号 $f(t)$ 的谱图 $\mathrm{SPEC}(t,u)$[1]：

$$\mathrm{SPEC}(t,u) = \left|\mathrm{STFT}_f(t,u)\right|^2 \qquad (1.16)$$

短时 Fourier 变换假定待分析的非平稳信号 $f(t)$ 在窗函数 $g(t)$ 的一个有效支撑内是平稳的或者几乎平稳的，移动窗口，分析各个不同支撑上的功率谱。对于自然界的信号，这一假定在多数情况下不成立，当信号的频谱随着频率激烈变化，则需要一个很窄的窗函数，反之，则需要一个相对较宽的窗函数。但是，窗函数在时频平面上是规则的时频网格（图 1.2），造成了窗函数与信号局部平稳长度不相适应。一种有效的解决办法就是

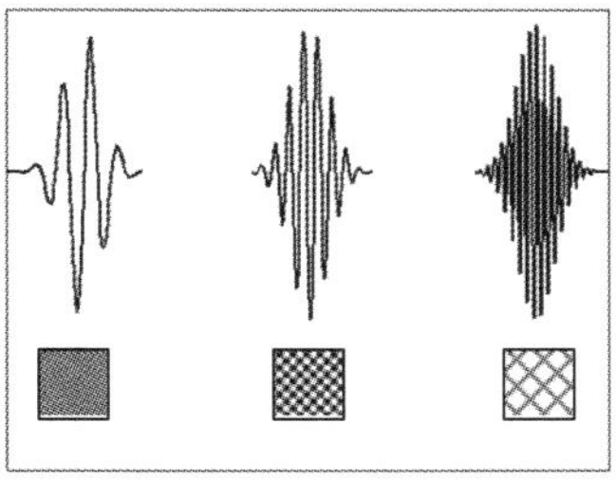

（a）短时 Fourier 变换基函数的时频网格

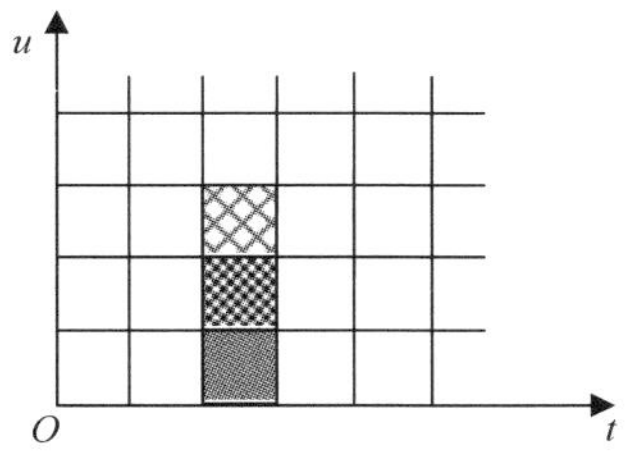

（b）时频平面内时频网格的对应分布

图 1.2　短时 Fourier 变换的时频网格示意图

窗函数也是变化的，采用自适应的方法对不同的信号段选择长度合适的窗函数。但是这种方法由于种种原因并没有成为主流的时频分析方法，并且其可以应用的实例也不多。

1.2.2　双线性时频分析

为了改善短时 Fourier 变换产生谱图的分辨率以及时频聚集性等，人们又提出了另外一种时频分析方法，即基于双线性变换等方法的时频分析。时频分析源于 Gabor、Wigner 以及 Ville 等的研究工作，其基本思想是设计时间和频率的联合函数，描述信号在不同时刻和频率的能量密度，从而得到时间-频率联合分布，如图 1.1 所示。描述非平稳信号的能量变化，考虑到能量的二次特性，因此，二次型的时频分析则是更直观、更合理的信号表示方法。

信号 $f(t)$ 的自相关函数为

$$R(\tau)=\int_{-\infty}^{+\infty} f(t)f^*(t-\tau)\,\mathrm{d}t=\langle f(t),f(t-\tau)\rangle \tag{1.17}$$

对其进行 Fourier 变换，得到功率谱为

$$P(u)=\int_{-\infty}^{+\infty} R(\tau)\mathrm{e}^{-\mathrm{j}u\tau}\mathrm{d}\tau \tag{1.18}$$

式（1.17）的对称形式为

$$R(\tau)=\int_{-\infty}^{+\infty} f\left(t+\frac{\tau}{2}\right)f^*\left(t-\frac{\tau}{2}\right)\mathrm{d}t=\left\langle f\left(t+\frac{\tau}{2}\right),f\left(t-\frac{\tau}{2}\right)\right\rangle \tag{1.19}$$

可见，由于在整个支撑上的积分，式（1.19）是全局变换。为了得到局部信息，对式（1.19）进行加窗处理

$$R(t,\tau)=\int_{-\infty}^{+\infty} g(s-t,\tau)f\left(s+\frac{\tau}{2}\right)f^*\left(s-\frac{\tau}{2}\right)\mathrm{d}s \tag{1.20}$$

其中，$g(t,\tau)$ 为窗函数；$R(t,\tau)$ 为局部自相关函数，也称为信号的局部积分变换。

通过自相关函数 $R(\tau)$ 计算信号 $f(t)$ 不同时刻的乘积，共性部分得到加强而保留，非共性部分相互抵消而削弱。局部自相关函数 $R(t,\tau)$ 则是在局部进行自相关运算，将信号局部的共性部分提取出来并抑制局部非共性部分。

对式（1.20）进行 Fourier 变换得到时变功率谱，即信号能量的时频分布：

$$P(t,u)=\int_{-\infty}^{+\infty} R(t,\tau)\mathrm{e}^{-\mathrm{j}u\tau}\mathrm{d}\tau \tag{1.21}$$

这表明，时频分布是局部自相关函数的 Fourier 变换，或自相关函数的局部 Fourier 变换。采用不同的局部自相关函数形式，就可以得到不同的时频分布。由于自相关函数涉及计算信号的乘积，在数学上表现为二次型，因此基于自相关函数的时频分布通常称为双线性变换，是一种非线性变换，不满足线性叠加原理。

如果窗函数是冲激函数，即 $g(t,\tau)=\delta(t,\tau)$，则有

$$\begin{aligned}R(t,\tau)&=\int_{-\infty}^{+\infty} \delta(s-t,\tau)f\left(s+\frac{\tau}{2}\right)f^*\left(s-\frac{\tau}{2}\right)\mathrm{d}s\\&=f\left(t+\frac{\tau}{2}\right)f^*\left(t-\frac{\tau}{2}\right)\end{aligned} \tag{1.22}$$

代入式（1.21）得到时频分布：

$$P(t,u)=\int_{-\infty}^{+\infty} f\left(t+\frac{\tau}{2}\right) f^{*}\left(t-\frac{\tau}{2}\right) \mathrm{e}^{-\mathrm{j} u \tau} \mathrm{d} \tau \tag{1.23}$$

式（1.23）就是 Wigner-Ville 分布，它是最早的时频分析方法，也是最典型的双线性变换。后来，为了改进 Wigner-Ville 分布不能在整个时频平面上总是正值以及有时候交叉项比较严重等缺陷，又提出了各种各样的双线性变换方法，包括与 Wigner-Ville 分布同属于 Cohen 类的 Choi-Williams 分布、锥形分布以及 Wigner-Ville 分布的几种变型：伪 Wigner-Ville 分布、平滑 Wigner-Ville 分布、B 分布等[1,4]，还包括后来出现的正时频分布[1,4]等多种时频分析方法。

理论分析表明[1]，双线性时频分布的交叉项总是存在的，因为基于双线性变换的时频分布的交叉项和时频聚集性是一对无法调和的矛盾，抑制交叉项会降低时频聚集性，反之如果想要保留好的时频聚集性，同时又会留下较为严重的交叉项。

1.2.3　小波变换

20 世纪 80 年代，法国工程师 Morlet 提出了 Wavelet 的概念，并建立了 Wavelet 的经验反演公式。1986 年法国著名数学家 Mayer 偶然构造了一个小波基函数，并与 S.Mallat 一起建立了构造小波基函数的统一方法——多尺度分析方法及 Mallat 金字塔算法，小波变换从此才得以真正的发展。

小波本质上是一小段信号波，或者看作是一小段（被窄窗提取的）谐波。通过伸缩因子 a 和平移因子 l 获得的小波集为 $\left\{\frac{1}{\sqrt{a}}\phi\left(\frac{t-l}{a}\right)\right\}_{a\neq 0,b}$，控制参数 l 可以获取任一时段信号的分析，控制参数 a 可以获取不同尺度的局部分析。因此，小波变换是将信号从时间域转换到时间-尺度联合域的工具，利用时间-尺度函数来表示和分析信号。小波变换可在不同分辨率下进行信号分析，除了时间平行移动外，还可以改变时间和频率的比例尺度，通过长宽不一但面积固定的矩形时频网格进行分析，对低频分量采用高分辨率，对高频分量采用低分辨率，这与人类的视觉特征相吻合，因此通常称小波变换为“数学显微镜”。但是由于采用固定面积的矩形时频网格（图 1.3），小波变换只能有效地分析具有固定比例带宽的信号。

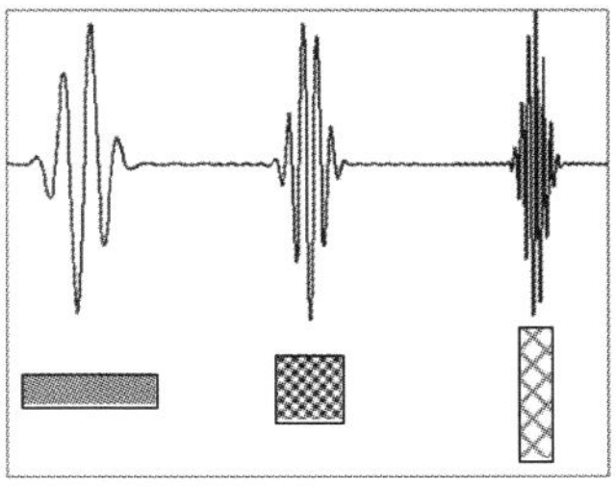

（a）小波基函数的时频网格

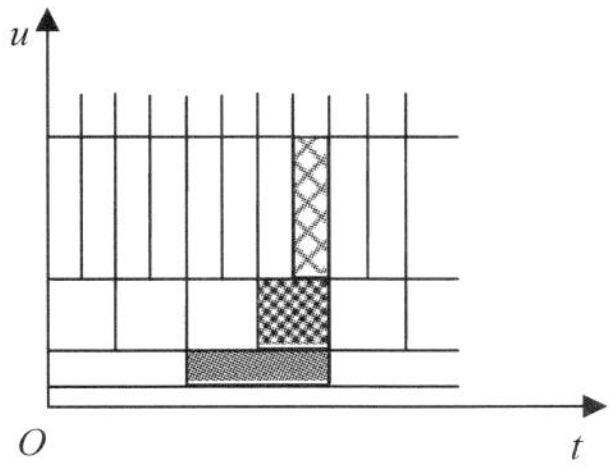

（b）时频平面内时频网格的对应分布

图 1.3　小波变换的时频网格示意图

为了提高小波变换的计算速度，简化小波变换实现的复杂程度，克服常见小波基函数有损表示信息的缺陷，W.Sweldens 于 1995 年提出通过矩阵的提升格式来研究完全重构滤波器，从而建立了第二代小波变换的理论体系。为了解决固定矩形时频网格分析的缺陷，出现了线性调频函数小波变换（chirplet transform）[2,4]，简称线调频小波变换（图 1.4）。除了时移、频移和尺度变化外，线调频小波变换的时频网格可以旋转以及尺度拉伸，它可以有效分析带宽比例变化的信号[1,2]。

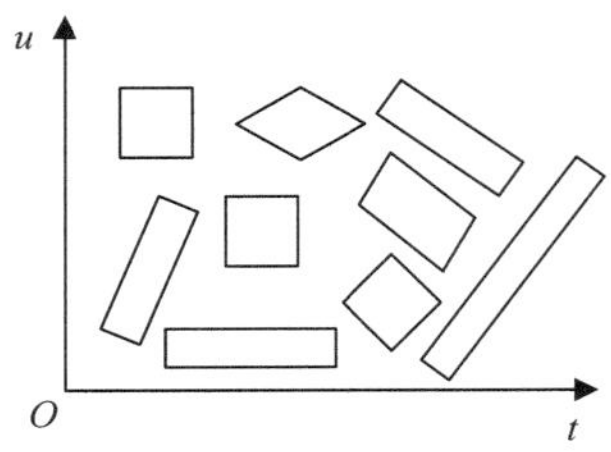

图 1.4　线调频小波、脊波变换等新型小波变换的时频网格示意图

为了解决二维或更高维信号的线状奇异性，Candès 和 Donoho 提出类似线调频小波变换的脊波变换，它有效分析和表征线性频散分布的信号。但是，对于二次或更高次的曲线状目标，小波变换、线调频小波变换和脊波变换的表征和分析能力明显下降。曲波变换等提高了上述三类变换描述高次曲线状目标的能力，可以对此类信号进行有效的稀疏表示和分析[2,5]。本质上，曲波变换是多尺度的局部脊波变换，它先对信号进行小波变换，将其分解为一系列不同尺度的子带信号，然后对每个子带再做局部脊波变换。此外，复数小波变换和带波等克服了小波不具平移不变性和无方向性能等缺陷[2,5]。

总之，经过 30 多年的发展，小波变换已形成了以多尺度多分辨率分析、框架和滤波器组为核心的理论体系，将多尺度分析以及多分辨率处理、压缩子带编码、基于非规则采样非平稳信号分析和数学小波级数展开等纳入统一的小波变换理论框架[1,2,4,5]。

1.2.4　分数阶 Fourier 变换

20 世纪初以来，科学家对 Fourier 变换的理论和方法研究不断深入，提出了分数阶 Fourier 变换，通常称为广义 Fourier 变换[6-11]。对分数阶 Fourier 变换理论方法的深入探讨在 20 世纪 90 年代进入高潮，现已广泛应用于微分方程求解、量子力学、光学传输和衍射理论、多路传输、时变滤波等领域。目前，分数阶 Fourier 变换仍然是信号处理领域研究的热点之一[6-11]。

从内积（或者积分变换）的角度，分数阶 Fourier 变换定义如下[4,5]：

$$F^{\alpha}(u)=\left\langle f(t),K_{\alpha}^{*}(t,u)\right\rangle=\begin{cases}\int_{-\infty}^{+\infty} f(t)K_{\alpha}(t,u)\,\mathrm{d}t, & \alpha\neq 2n\pi\\ f(t), & \alpha=2n\pi\\ f(-t), & \alpha=(2n+1)\pi\end{cases}\tag{1.24}$$

其中，$K_{\alpha}(t,u)=\sqrt{\dfrac{1-\mathrm{j}\cot\alpha}{2\pi}}\exp\left(\mathrm{j}\dfrac{t^2+u^2}{2}\cot\alpha-\dfrac{\mathrm{j}ut}{\sin\alpha}\right)$。

当 $\alpha=2n\pi+\pi/2$ 时，式（1.24）为传统 Fourier 变换。式（1.24）是线性正交变换，

正交基为 $K_{\alpha}^{*}(t,u)$，它通过积分运算获取 $f(t)$ 包含的 $K_{\alpha}^{*}(t,u)$ 分量。

分数阶 Fourier 变换还有一些特性和物理解释，如参数的叠加特性等[6-11]。Fourier 变换将信号从时域映射到频域，在时频平面从时间轴旋转到频率轴，旋转了 90°。而分数阶 Fourier 变换通过控制参数在时频平面可进行任意角度的旋转，如图 1.5 所示。如果线性调频信号在时频平面上存在耦合，那么分数阶 Fourier 变换通过选取合适的参数可起到解耦作用，在时域或者频域难以解决的信号与噪声的分离、信号的多路传输等问题，在分数阶 Fourier 变换域内可以得到很好的解决。

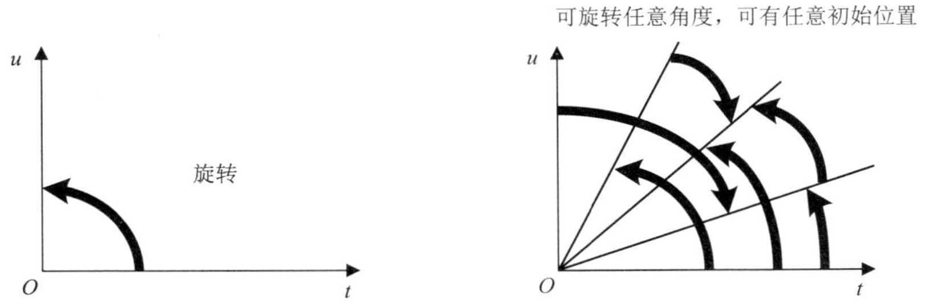

（a）Fourier 变换在时频平面上的映射　　（b）分数阶 Fourier 变换在时频平面上的映射

图 1.5　Fourier 变换和分数阶 Fourier 变换在时频平面上的物理映射

分数阶 Fourier 变换的旋转特性，与 Radon-Wigner 变换（又称为 Wigner-Hough 变换）的特性相吻合。Wigner 分布适合分析线性调频信号，因为线性调频信号的 Wigner 分布为直线冲激函数，有限支撑的线性调频信号的 Wigner 分布呈背鳍状。但是，多分量信号的 Wigner 分布存在严重的交叉项，抑制交叉项是线性调频信号分析的重点。Radon 定义了广义边缘积分，对给定轴进行投影积分，可以有效抑制交叉项。分数阶 Fourier 变换分析结果与 Radon-Wigner 变换一致，使线性调频多分量信号在时频平面呈现一系列分离的尖峰。

不过，分数阶 Fourier 变换仍然是一种全局性的变换方法，不具有局部特性。其应用对于线性调频信号具有较好的适应性，但是对于更为复杂的非平稳信号，如二次调频或者更高次调频的时变信号，其性能和 Fourier 变换类似，起不到解耦作用等。通过在分数阶 Fourier 变换的广义频率轴及其正交的广义时间轴构成的广义时间-频率平面表征复杂的非平稳信号，与短时 Fourier 变换一样进行广义时频分析，可大大改善分数阶 Fourier 变换的分析性能。但是，这种广义时间-频率分析方法还有大量的相关工作需要深入研究，目前尚处于初始阶段。

分数阶 Fourier 变换是线性完整变换（linear canonical transform，LCT）的特例[12,13]，是一种包含四个参数或六个参数的线性正交变换方法，称为广义分数阶 Fourier 变换。LCT 具有独特的特性，详细内容可参阅相关文献[6,7,10,12,13]。同样，LCT 是全局变换方法，不具有局部特性，这是 LCT、Fourier 变换和分数阶 Fourier 变换的共同缺陷。

针对标量（实数）和复数，分数阶 Fourier 变换和 LCT 的研究几近完善[6,7,10,12,13]，但是针对向量信号和四元复数信号的研究尚属空白，它们是否还具有以往那些变换的物理解释，它们的卷积、相关及乘积理论的定义以及之间的关系如何，有没有快速算法等。因此，针对标量、复数、向量和四元复数的统一分数阶 Fourier 变换和 LCT 很值得探讨。

1.2.5 Hilbert 变换

Hilbert 变换由 Gabor 于 1946 年[1]首次引入，用以构造复数信号。Hilbert 变换后的信号并不是复数信号，而是原实数信号相位平移后的一个实数信号，相移信号作为虚部，原实数信号作为实部，共同构成复数信号。

实数信号 $f(t)$ 的 Hilbert 变换为

$$H\{f(t)\} = f(t) * h(t) = \frac{1}{\pi}\int_{-\infty}^{+\infty} \frac{f(\tau)}{t-\tau}\,\mathrm{d}\tau \tag{1.25}$$

其中，$H\{\}$ 为 Hilbert 变换算子，其卷积函数为 $h(t) = \dfrac{1}{\pi t}$。

根据卷积和相关函数之间的关系，如果 $f(t)$ 是偶函数，则有

$$f(t) * h(t) = f(-t) * h(t) = \int_{-\infty}^{+\infty} f(-t)h(\tau - t)\,\mathrm{d}t = \int_{-\infty}^{+\infty} f(t)h(t+\tau)\,\mathrm{d}t = R_{fh} \tag{1.26}$$

即 Hilbert 变换将信号 $f(t)$ 与 $h(t) = \dfrac{1}{\pi t}$ 进行相关运算。

如果 $f(t)$ 为奇函数，则有

$$f(t) * h(t) = -f(-t) * h(t) = -\int_{-\infty}^{+\infty} f(-t)h(\tau - t)\mathrm{d}t = -\int_{-\infty}^{+\infty} f(t)h(\tau + t)\mathrm{d}t = -R_{fh} \tag{1.27}$$

即 Hilbert 变换将信号 $f(t)$ 与 $h(t) = \dfrac{1}{\pi t}$ 进行相关和取反运算。

任意信号 $f(t)$ 可分解为一个偶函数和一个奇函数之和：

$$f(t) = \left[\frac{f(t) + f(-t)}{2}\right] + \left[\frac{f(t) - f(-t)}{2}\right] \tag{1.28}$$

所以，从某种意义上讲，Hilbert 变换是一种相关运算，具有“提取共性，剔除差异”的作用，多数信号既有偶函数部分又有奇函数部分，偶函数部分的共性会和奇函数部分的共性进行一定量的抵消。

由于 $F\{f(t) * h(t)\} = F\{f(t)\} \cdot F\{h(t)\}$（这里 $F\{\}$ 为 Fourier 变换算子），因此，利用快速 Fourier 变换可以实现 Hilbert 变换的快速算法。从物理角度考虑，实数信号在频域内有关于频率坐标轴对称的双边谱，而复数信号在频域内只有单边谱。实数信号和复数信号之间的转换可以在频域内将双边谱变换成单边谱，抑制负频率成分而保留或者放大正频率部分则是最好的选择。而实际上，目前所有基于 Hilbert 变换的实数到复数的转换都是基于这种思路完成的。Hilbert 变换是信号处理中非常基础的理论内容，其中一维 Hilbert 变换已经有完善的理论基础。

但是，对于多维信号，其谱分布要比一维实数信号复杂得多，同时多维信号相对于一维信号具有更多的空间自由度，因此也具有更多的特性，比如空间方向特性、空间维数定义以及空间的多对称性等。一维 Hilbert 变换通过直接卷积积分和频域内对称对折的两种定义是等价的，对于多维信号，这种等价的定义关系不复存在。因此，多维 Hilbert 变换具有多样性、复杂性以及更大难度。所以，多维 Hilbert 变换目前仍有大量需要深入探讨的问题。

1.3　信号瞬时物理量

在时频域，通常在整个支撑上进行全局性质的分析，采用全局统计量，其中主要是均值和方差。

设 $f(t)$ 为能量有限的零均值信号，不失一般性，设 $\|f(t)\|_{L^2(R)}=1$，$f(t)$ 的平均时间和平均频率定义为

$$\overline{t}=\int_{-\infty}^{+\infty}t|f(t)|^2\mathrm{d}t \tag{1.29}$$

$$\overline{u}=\int_{-\infty}^{+\infty}u|F(u)|^2\mathrm{d}u \tag{1.30}$$

其中，$F(u)$ 是 $f(t)$ 的 Fourier 变换。

信号 $f(t)$ 的有效时间宽度（时间支撑）Δt 和有效频率宽度（频率支撑，有效带宽）Δu 定义为

$$\Delta t^2=\int_{-\infty}^{+\infty}t^2|f(t)|^2\mathrm{d}t \tag{1.31}$$

$$\Delta u^2=\int_{-\infty}^{+\infty}u^2|F(u)|^2\mathrm{d}u \tag{1.32}$$

除了这些全局统计量，为了表现信号局部特征，特别是非平稳信号的瞬时特征，需要定义并表现一些瞬时物理量。时频分析的主要瞬时物理量有瞬时相位、瞬时频率、瞬时幅度以及群延迟等。

对于（实数信号需要通过 Hilbert 变换转化成复数信号）复数信号 $f(t)=a(t)\mathrm{e}^{\mathrm{j}\varphi(t)}$，其瞬时相位为 $\varphi(t)$，瞬时幅度为 $|a(t)|$，瞬时频率定义为瞬时相位 $\varphi(t)$ 的导数

$$u(t)=\frac{\mathrm{d}}{\mathrm{d}t}\{\varphi(t)\} \tag{1.33}$$

瞬时频率是指信号在 t 时刻的频率。从物理学的角度讲，信号又可以分为单分量信号和多分量信号两大类，其中的重要指标就是瞬时频率。每个时刻只有一个瞬时频率的信号是单分量信号，否则是多分量信号。

设信号 $f(t)=a(t)\mathrm{e}^{\mathrm{j}\varphi(t)}$ 的 Fourier 变换为 $F(u)=A(u)\mathrm{e}^{\mathrm{j}\Phi(u)}$，其瞬时相位（严格来讲为瞬频相位）为 $\Phi(u)$，瞬时幅度（瞬频幅度）为 $|A(u)|$，群延迟定义为瞬时相位 $\Phi(u)$ 的导数

$$\tau(u)=\frac{\mathrm{d}}{\mathrm{d}u}\{\Phi(u)\} \tag{1.34}$$

群延迟是针对频率变量进行讨论的，如果信号为线性相位，其相位初始值为零，如果信号做不失真延迟，其延迟时间为该线性相位特性的负斜率。

1.4　测不准原理

时频分析中，通过识别信号分量与交叉项，以确定信号包含分量个数，估计各分量的瞬时频率。实际上，信号变换的时间和频率分辨率决定了在时频平面上信号分量的分

辨率。对于短时 Fourier 变换和双线性变换，为了与信号局部相适应，需要进行窗口宽度的调整，对于小波变换，通过尺度因子控制小波基函数的宽度，其目的都是为了获得更高的时间分辨率和频率分辨率以进行分析。

设信号 $f(t)$ 的能量集中于时间支撑 $[-T/2,T/2]$，在不改变信号幅值的条件下沿时间轴拉伸 $f(t)$，得到拉伸信号 $f_a(t)=f(at)$，其中 $a\,(a>0)$为拉伸比。根据时宽的定义，$f_a(t)$ 的时宽是 $f(t)$ 的 a 倍，即 $\Delta t_a^2 = a\Delta t^2$。$f_a(t)$ 的 Fourier 变换为 $F\{f(at)\}=\dfrac{1}{a}F\left(\dfrac{u}{a}\right)$，$\Delta u_a^2=\dfrac{1}{a}\Delta u^2$。显然，$\Delta u_a^2\cdot\Delta t_a^2=\Delta u^2\cdot\Delta t^2$ 成立，这一结论说明信号 $\Delta u^2\cdot\Delta t^2=$ 常数，这就是测不准原理的思想[14-33]。

对于能量有限的任意信号 $f(t)$，其时宽和带宽乘积总是满足不等式

$$\Delta u^2\cdot\Delta t^2 \geqslant \frac{1}{4} \tag{1.35}$$

式（1.35）是 Heisenberg 测不准原理，其表明：

① 时间与频率分辨率同时提高受到限制，它们的乘积存在一个下限。

② 时间与频率分辨率相互制约，即如果想取得较高的时间分辨率，就要降低频率分辨率，反之亦然。

式（1.35）给出了 Fourier 变换的时频分辨率的极限。但是，随着新的信号变换方法及其相关技术的不断发展，测不准原理的一些传统观点开始受到前所未有的挑战[34-60]，即下限是否总是存在且总是不小于零。也就是说，是否可以在某些情况下同时无限制地提高时间分辨率和频率分辨率。最近 Loughlin 和 Cohen [18]提出在条件概率分布下的局部测不准原理的下限可以达到零。另外 Sharma 和 Joshi[44]也提出了在线性完整变换域测不准原理的下限在某些情况下也可以达到零。随着新的信号变换方法及其相关技术的发展，该如何确定一些新型变换对应的时间和频率分辨率的极限，尤其是，一些突破传统的观点也许会给信号时频分析带来一些新的物理观念。

本 章 小 结

本章主要给出了几种常用的信号变换，包括 Fourier 变换、加窗 Fourier 变换、小波变换、Hilbert 变换、双线性变换、分数阶 Fourier 变换、Hilbert-Huang 变换等。这些变换都存在一个应用过程中绕不开的问题：分辨率问题，即信号分析时能有多高的可辨识性（度），这些信号变换所提供的分辨能力能否满足对混叠的复杂信号进行有效的分离或者分解，清晰再现每个信号的特征，实现目标特征提取、识别、分类及决策操作等。这就需要从理论上对信号的时频分辨率加以讨论，分析不同的信号变换所提供的分辨能力，这是本章的目的，也是本书的核心问题：测不准原理。

第 2 章　连续信号的 Heisenberg 广义测不准原理及应用

1927 年[14]，德国物理学家 Heisenberg 提出了测不准原理，又称 Heisenberg 测不准原理，它解释了量子力学存在的基本问题，即不能同时确定两个共轭变量（例如，位置和速度，时间和频率）的测量精度，这两个共轭变量准确度的乘积存在下限。若 Δp 表示粒子位置的测量误差，Δx 表示粒子动量的测量误差，则同时测定二者的精度极限为

$$\Delta x \Delta p \geqslant \frac{\hbar}{2} \quad （\hbar \text{ 为普朗克常数}） \tag{2.1}$$

现已证明 Heisenberg 测不准原理不仅是物理学领域的一个基本原理，而且在很多其他领域也是一条通用的自然法则，包括加窗测不准原理、对数测不准原理、熵测不准原理等[15-59]。

在信号分析中，时间和频率是实际信号，是可以观察的量，其值为实数。对于信号 $f(t)$，根据测不准原理，可以证明时间和频率的 Heisenberg 测不准关系（Heisenberg 测不准原理）为

$$\begin{cases} \Delta t^2 \cdot \Delta u^2 \geqslant \dfrac{1}{4} \\ \Delta t^2 = \displaystyle\int_{-\infty}^{+\infty} (t-\overline{t})^2 \left|f(t)\right|^2 \mathrm{d}t \\ \Delta u^2 = \displaystyle\int_{-\infty}^{+\infty} (u-\overline{u})^2 \left|F(u)\right|^2 \mathrm{d}u \end{cases} \tag{2.2}$$

其中，$F(u)$ 为 $f(t)$ 的 Fourier 变换；$\overline{t} = \int_{-\infty}^{+\infty} t\left|f(t)\right|^2 \mathrm{d}t$；$\overline{u} = \int_{-\infty}^{+\infty} u\left|F(u)\right|^2 \mathrm{d}u$；$\Delta t$、$\Delta u$ 分别为 $f(t)$ 的时间宽度（时间支撑）和频率宽度（频率支撑）。只有当 $f(t)$ 为 Gauss 分布或 Gauss 函数时，等号才成立。

因此，时间与频率分辨率同时提高受到限制，其乘积存在一个下限，提高时间分辨率的同时就得降低频率分辨率，反之亦然。Heisenberg 测不准原理为传统信号时频分析提供了理论依据，成为信号时频分析中的标准原则或准则，也是信号时频分析不可逾越的理论边界。

那么，在信号时频分析中到底有没有突破传统 Heisenberg 测不准原理理论边界的可能性呢？答案是：有，但必须更换变换域。也就是说，在传统的时频域内突破 Heisenberg 测不准原理理论边界是不可能的，必须在新的时频域内才有可能，这种新的变换域就是分数阶 Fourier 变换域（也称为广义变换域或广义时频域）以及分数阶 Fourier 变换域更一般的形式——广义分数阶 Fourier 变换域（也称为线性正则变换域）。

在分数阶 Fourier 变换域，文献[35]和文献[39]较早地证明了时间支撑和分数阶 Fourier 变换域的广义带宽之间乘积下限为 $(\sin\alpha)^2/4$，文献[36]也讨论了分数阶 Fourier 变换域的 Heisenberg 测不准原理。而几乎与我们同时开展工作的 K.K. Sharma 等也提出了广义分数阶 Fourier 变换域的实数和复数信号的 Heisenberg 测不准原理[34-40]，并对特殊参数情况下的物理意义给出了阐释。对于这些理论成果，由于其形式可以看作理论形

式的特例，并且它们的证明方法也包含在我们的证明方法范围之内，因此，在讨论时一并分析。

本章将重点对连续信号的 Heisenberg 测不准原理进行深入分析，通过多种数学证明和分析方法完整地给出广义分数阶 Fourier 变换域的 Heisenberg 测不准原理，从系统性的角度把当前 Heisenberg 广义测不准原理的理论形式、证明分析、物理阐释、应用前景等进行详尽的介绍。

2.1　分数阶 Fourier 变换域的连续 Heisenberg 广义测不准原理

首先，给出分数阶 Fourier 变换的定义以及部分特性。

对于给定信号 $f(t)$ ($\|f(t)\|_2=1$)，其分数阶 Fourier 变换 $F_\alpha(u)$ 的定义如下[6,10]：

$$F_\alpha(u)=F_\alpha[f(t)]=\int_{-\infty}^{+\infty}f(t)K_\alpha(u,t)\mathrm{d}t=\begin{cases}\sqrt{\dfrac{1-\mathrm{i}\cot\alpha}{2\pi}}\cdot \mathrm{e}^{\frac{\mathrm{i}u^2\cot\alpha}{2}}\displaystyle\int_{-\infty}^{+\infty}\mathrm{e}^{\frac{-\mathrm{i}ut}{\sin\alpha}}\mathrm{e}^{\frac{\mathrm{i}t^2\cot\alpha}{2}}f(t)\mathrm{d}t,\ \alpha\neq n\pi\\ f(t),\ \alpha=2n\pi\\ f(-t),\ \alpha=(2n\pm1)\pi\end{cases}\tag{2.3}$$

其中，F_α 为分数阶 Fourier 变换算子；$K_\alpha(u,t)=\sqrt{\dfrac{1-\mathrm{i}\cot\alpha}{2\pi}}\cdot\mathrm{e}^{\frac{\mathrm{i}u^2\cot\alpha}{2}}\mathrm{e}^{\frac{-\mathrm{i}ut}{\sin\alpha}}\mathrm{e}^{\frac{\mathrm{i}t^2\cot\alpha}{2}}$ 为分数阶 Fourier 变换的积分核；i 为虚数单位。

当 $\alpha=2n\pi+\dfrac{\pi}{2}$ 时，$F_{\frac{\pi}{2}}(u)=F(\omega)$，即为传统的 Fourier 变换。

其主要性质如下：

叠加特性

$$F_\alpha\{F_\beta[f(t)]\}=F_{(\alpha+\beta)}[f(t)]\tag{2.4}$$

可逆性

$$F_\alpha\{F_{-\alpha}[f(t)]\}=f(t)\tag{2.5}$$

乘积特性

$$F_\alpha\{tf(t)\}=u\cos\alpha\cdot F_\alpha(u)+\mathrm{i}\sin\alpha\cdot F_\alpha'(u)\tag{2.6}$$

微分特性

$$F_\alpha\{f'(t)\}=\cos\alpha\cdot F_\alpha'(u)+\mathrm{i}u\sin\alpha\cdot F_\alpha(u)\tag{2.7}$$

广义 Parseval 准则

$$\int_{-\infty}^{+\infty}f(t)g^*(t)\mathrm{d}t=\int_{-\infty}^{+\infty}F_{(a,b,c,d)}(u)G_{(a,b,c,d)}^*(u)\mathrm{d}u\tag{2.8}$$

总的来说，分数阶 Fourier 变换是传统 Fourier 变换的一种广义形式，或说传统 Fourier 变换是分数阶 Fourier 变换的一种特例，其物理意义以及对应的更多特性可以参考第 1 章对应内容及文献[6]和文献[10]中的内容。

同时需要注意的是，由于研究中发现在广义域内（包括分数阶 Fourier 变换和广义分数阶 Fourier 变换域）实数信号和复数信号的 Heisenberg 广义测不准原理具有不同的理论边界形式及物理意义，所以这里将实数和复数分开进行讨论介绍。

2.1.1　实数信号在分数阶 Fourier 变换域的三个测不准关系

一般来讲，传统 Heisenberg 测不准原理对于实数信号只有一种理论形式[或说只有一种测不准原理，见式（2.2），但是由于分数阶 Fourier 变换和广义分数阶 Fourier 变换具有更多的参数和自由度，它们的 Heisenberg 广义测不准原理形式也就变得多样化[34]。

给定信号 $f(t)$，该信号满足 $\int_{-\infty}^{+\infty}|f(t)|^2\mathrm{d}t=1$ 且 $f(t)$ 为绝对可积，以及 $\int_{-\infty}^{+\infty}|f(t)|\mathrm{d}t<+\infty$，那么，$\lim\limits_{t\to\pm\infty}f(t)=0$，$\lim\limits_{t\to\pm\infty}|f(t)|^2=0$，$\lim\limits_{t\to\pm\infty}t|f(t)|^2=0$，则有

$$\begin{cases}\int_{-\infty}^{+\infty}tf(t)f'(t)\mathrm{d}t=-\dfrac{1}{2}\\ \int_{-\infty}^{+\infty}f(t)f'(t)\mathrm{d}t=0\end{cases}\tag{2.9}$$

引理 2.1　给定实数信号 $f(t)$，假定 $F_\alpha(u)$ 和 $F_\beta(v)$ 分别为参数 α 和 β 的分数阶 Fourier 变换，若 $\int_{-\infty}^{+\infty}u|F_\alpha(u)|^2\mathrm{d}u\equiv 0$，则 $\int_{-\infty}^{+\infty}v|F_\beta(v)|^2\mathrm{d}v\equiv 0$。

证明：根据乘积特性式（2.6）和 Parseval 准则式（2.8），有

$$\begin{aligned}\int_{-\infty}^{+\infty}u|F_\alpha(u)|^2\mathrm{d}u&=\int_{-\infty}^{+\infty}uF_\alpha(u)\cdot[F_\alpha(u)]^*\mathrm{d}u\\&=\int_{-\infty}^{+\infty}[\cos\alpha\cdot tf(t)+\mathrm{i}\sin\alpha\cdot f'(t)]f^*(t)\mathrm{d}t\\&=\cos\alpha\int_{-\infty}^{+\infty}tf^2(t)\mathrm{d}t+\mathrm{i}\sin\alpha\int_{-\infty}^{+\infty}f(t)f'(t)\mathrm{d}t\\&=\cos\alpha\cdot t_0\equiv 0\end{aligned}\tag{2.10}$$

因此，

$$\int_{-\infty}^{+\infty}v|F_\beta(v)|^2\mathrm{d}v=\cos\beta\cdot t_0\equiv 0\tag{2.11}$$

证毕。

该引理表明，如果在一个分数阶 Fourier 变换域的变量期望为零，那么在其他分数阶 Fourier 变换域的变量期望也为零。因此，假定变量期望为零，证明测不准原理并不会影响其普遍性。

定理 2.1　给定实数信号 $f(t)$，设 $F_\alpha(u)$ 和 $F_\beta(v)$ 分别为参数 α 和 β 的分数阶 Fourier 变换，则存在如下关系：

$$\begin{aligned}&\int_{-\infty}^{+\infty}u^2|F_\alpha(u)|^2\mathrm{d}u\cdot\int_{-\infty}^{+\infty}v^2|F_\beta(v)|^2\mathrm{d}v\\&\geqslant\frac{(\cos\alpha\sin\beta-\cos\beta\sin\alpha)^2}{4}+\left(\cos\alpha\cos\beta\cdot\Delta t^2+\frac{\sin\alpha\sin\beta}{4\Delta t^2}\right)^2\end{aligned}\tag{2.12}$$

进一步

$$\int_{-\infty}^{+\infty}u^2|F_\alpha(u)|^2\mathrm{d}u\cdot\int_{-\infty}^{+\infty}v^2|F_\beta(v)|^2\mathrm{d}v\geqslant\frac{[\cos\alpha\sin\beta+\mathrm{sgn}(W)\cos\beta\sin\alpha]^2}{4}\tag{2.13}$$

其中，$\operatorname{sgn}(s)=\begin{cases}+1, s\geqslant 0\\ -1, s<0\end{cases}$，$W=\dfrac{\sin 2\alpha \sin 2\beta}{4}$。

证明：根据乘积特性式（2.6）和 Parseval 准则式（2.8），可得

$$\begin{cases}\int_{-\infty}^{+\infty} u^2 |F_\alpha(u)|^2 \mathrm{d}u = \int_{-\infty}^{+\infty} |\cos\alpha \cdot tf(t) + \mathrm{i}\sin\alpha \cdot f'(t)|^2 \mathrm{d}t \\ \int_{-\infty}^{+\infty} v^2 |F_\beta(v)|^2 \mathrm{d}v = \int_{-\infty}^{+\infty} |\cos\beta \cdot tf(t) + \mathrm{i}\sin\beta \cdot f'(t)|^2 \mathrm{d}t\end{cases} \tag{2.14}$$

应用 Cauchy-Schwartz 不等式，可得

$$\begin{aligned}&\int_{-\infty}^{+\infty} u^2 |F_\alpha(u)|^2 \mathrm{d}u \cdot \int_{-\infty}^{+\infty} v^2 |F_\beta(v)|^2 \mathrm{d}v \\ &\geqslant \left|\int_{-\infty}^{+\infty}\left(\cos\alpha \cdot tf(t) + \mathrm{i}\sin\alpha \frac{\mathrm{d}f(t)}{\mathrm{d}t}\right)\left(\cos\beta \cdot tf(t) + \mathrm{i}\sin\beta \frac{\mathrm{d}f(t)}{\mathrm{d}t}\right)^* \mathrm{d}t\right|^2\end{aligned} \tag{2.15}$$

对于实数信号 $f(t)$，有

$$\begin{aligned}&\left|\int_{-\infty}^{+\infty}\left(\cos\alpha \cdot tf(t) + \mathrm{i}\sin\alpha \frac{\mathrm{d}f(t)}{\mathrm{d}t}\right)\left(\cos\beta \cdot tf(t) + \mathrm{i}\sin\beta \frac{\mathrm{d}f(t)}{\mathrm{d}t}\right)^* \mathrm{d}t\right|^2 \\ &= \left|\int_{-\infty}^{+\infty}\left(\cos\alpha\cos\beta \cdot t^2 f^2(t) + \sin\alpha\sin\beta [f'(t)]^2 + \mathrm{i}(\cos\alpha\sin\beta - \cos\beta\sin\alpha)\, tf(t)f'(t)\right)\mathrm{d}t\right|^2\end{aligned} \tag{2.16}$$

在 Fourier 变换域，存在 $\int_{-\infty}^{+\infty}|f'(t)|^2\mathrm{d}t = \Delta\omega^2$ 和 $\Delta t^2 \cdot \Delta\omega^2 \geqslant 1/4$，将其代入式（2.15），整理得

$$\begin{aligned}&\int_{-\infty}^{+\infty} u^2 |F_\alpha(u)|^2 \mathrm{d}u \cdot \int_{-\infty}^{+\infty} v^2 |F_\beta(v)|^2 \mathrm{d}v \\ &\geqslant \frac{(\cos\alpha\sin\beta - \cos\beta\sin\alpha)^2}{4} + \left(\cos\alpha\cos\beta\Delta t^2 + \frac{\sin\alpha\sin\beta}{4\Delta t^2}\right)^2\end{aligned}$$

若 $\operatorname{sgn}(\cos\alpha\cos\beta) = \operatorname{sgn}(\sin\alpha\sin\beta)$，则有

$$\begin{aligned}&\left(\cos\alpha\cos\beta \cdot \Delta t^2 + \frac{\sin\alpha\sin\beta}{4\Delta t^2}\right)^2 \geqslant \left(2\sqrt{\cos\alpha\cos\beta \cdot \Delta t^2 \frac{\sin\alpha\sin\beta}{4\Delta t^2}}\right)^2 \\ &= \cos\alpha\cos\beta\sin\alpha\sin\beta\end{aligned} \tag{2.17}$$

若 $\operatorname{sgn}(\cos\alpha\cos\beta) = -\operatorname{sgn}(\sin\alpha\sin\beta)$，则有

$$\left(\cos\alpha\cos\beta \cdot \Delta t^2 + \frac{\sin\alpha\sin\beta}{4\Delta t^2}\right)^2 \geqslant 0 \tag{2.18}$$

设 $W=\dfrac{\sin 2\alpha \sin 2\beta}{4}$，整理可得

$$\int_{-\infty}^{+\infty} u^2 |F_\alpha(u)|^2 \mathrm{d}u \cdot \int_{-\infty}^{+\infty} v^2 |F_\beta(v)|^2 \mathrm{d}v \geqslant \frac{[\cos\alpha\sin\beta + \operatorname{sgn}(W)\cos\beta\sin\alpha]^2}{4}$$

证毕。

定理 2.1 表明，任意两个分数阶变换域的变量有效支撑的乘积不会无限制地减小，它存在一个下限，与变换参数 α 和 β 有关。

定理 2.2　给定实数信号 $f(t)$，设 $F_\alpha(u)$ 和 $F_\beta(v)$ 分别为参数 α 和 β 的分数阶 Fourier

变换，则存在如下关系：

$$\int_{-\infty}^{+\infty}|F'_{\alpha}(u)|^2\mathrm{d}u\cdot\int_{-\infty}^{+\infty}|F'_{\beta}(v)|^2\mathrm{d}v \geqslant \frac{(\sin\alpha\cos\beta-\cos\alpha\sin\beta)^2}{4}+\left(\sin\alpha\sin\beta\cdot\Delta t^2+\frac{\cos\alpha\cos\beta}{4\Delta t^2}\right)^2 \tag{2.19}$$

进一步

$$\int_{-\infty}^{+\infty}|F'_{\alpha}(u)|^2\mathrm{d}u\cdot\int_{-\infty}^{+\infty}|F'_{\beta}(v)|^2\mathrm{d}v \geqslant \frac{[\sin\alpha\cos\beta+\mathrm{sgn}(W)\cos\alpha\sin\beta]^2}{4} \tag{2.20}$$

其中，$W=\dfrac{\sin2\alpha\cdot\sin2\beta}{4}$。

证明：根据微分特性式（2.7）和 Parseval 准则式（2.8），可得

$$\begin{cases}\int_{-\infty}^{+\infty}|F'_{\alpha}(u)|^2\mathrm{d}u=\int_{-\infty}^{+\infty}|\cos\alpha\cdot f'(t)+\mathrm{i}\sin\alpha\cdot tf(t)|^2\mathrm{d}t\\ \int_{-\infty}^{+\infty}|F'_{\beta}(v)|^2\mathrm{d}v=\int_{-\infty}^{+\infty}|\cos\beta\cdot f''(t)+\mathrm{i}\sin\beta\cdot tf(t)|^2\mathrm{d}t\end{cases} \tag{2.21}$$

应用 Cauchy-Schwartz 不等式，可得

$$\int_{-\infty}^{+\infty}|F'_{\alpha}(u)|^2\mathrm{d}u\cdot\int_{-\infty}^{+\infty}|F'_{\beta}(v)|^2\mathrm{d}v \geqslant \left|\int_{-\infty}^{+\infty}[\cos\alpha\cdot f'(t)+\mathrm{i}\sin\alpha\cdot tf(t)][\cos\beta\cdot f'(t)+\mathrm{i}\sin\beta\cdot tf(t)]^*\,\mathrm{d}t\right|^2 \tag{2.22}$$

与定理 2.1 证明类似，可得

$$\int_{-\infty}^{+\infty}|F'_{\alpha}(u)|^2\mathrm{d}u\cdot\int_{-\infty}^{+\infty}|F'_{\beta}(v)|^2\mathrm{d}v \geqslant \frac{(\sin\alpha\cos\beta-\cos\alpha\sin\beta)^2}{4}+\left(\sin\alpha\sin\beta\cdot\Delta t^2+\frac{\cos\alpha\cos\beta}{4\Delta t^2}\right)^2$$

以及

$$\int_{-\infty}^{+\infty}|F'_{\alpha}(u)|^2\mathrm{d}u\cdot\int_{-\infty}^{+\infty}|F'_{\beta}(v)|^2\mathrm{d}v \geqslant \frac{[\sin\alpha\cos\beta+\mathrm{sgn}(W)\cos\alpha\sin\beta]^2}{4}$$

证毕。

定理 2.2 表明，分数阶 Fourier 变换域的两个“微分能量”的乘积不可能无限制地小，它存在一个下限，与变换参数 α 和 β 有关。

若设 $F_{\alpha}(u)=A\mathrm{e}^{\mathrm{i}\varphi(u)}$，$F_{\beta}(v)=B\mathrm{e}^{\mathrm{i}\varphi(v)}$，其中 A、B 为常数，代入式（2.20）可得

$$\int_{-\infty}^{+\infty}|\varphi'(u)|^2|F_{\alpha}(u)|^2\,\mathrm{d}u\cdot\int_{-\infty}^{+\infty}|\varphi'(v)|^2|F_{\beta}(v)|^2\mathrm{d}v \geqslant \frac{[\sin\alpha\cos\beta+\mathrm{sgn}(W)\cos\alpha\sin\beta]^2}{4} \tag{2.23}$$

其中，$\varphi'(u)$、$\varphi'(v)$ 为分数阶 Fourier 变换域的广义群延迟。

可见，分数阶 Fourier 变换域的广义群延迟方差（假定广义群延迟的均值为零）的乘积也不可能无限地小。

若设 $\varphi'(u)\equiv\tau_1$，$\varphi'(v)\equiv\tau_2$，即广义群延迟都为常数，代入式（2.23）可得

$$\int_{-\infty}^{+\infty}|\varphi'(u)|^2|F_{\alpha}(u)|^2\,\mathrm{d}u\cdot\int_{-\infty}^{+\infty}|\varphi'(v)|^2|F_{\beta}(v)|^2\mathrm{d}v=(\tau_1\tau_2)^2\geqslant\frac{[\sin\alpha\cos\beta+\mathrm{sgn}(W)\cos\alpha\sin\beta]^2}{4} \tag{2.24}$$

可见，分数阶 Fourier 变换域的广义群延迟的乘积满足

$$\tau_1\tau_2 \geqslant \frac{|\sin\alpha\cos\beta + \mathrm{sgn}(W)\cos\alpha\sin\beta|}{2}$$

定理 2.3　给定实数信号 $f(t)$，设 $F_\alpha(u)$ 和 $F_\beta(v)$ 分别为参数 α 和 β 的分数阶 Fourier 变换，则存在如下关系：

$$\begin{aligned}&\int_{-\infty}^{+\infty}|uF_\alpha(u)|^2\mathrm{d}u\cdot\int_{-\infty}^{+\infty}|F_\beta'(v)|^2\mathrm{d}v\\&\geqslant\frac{(\cos\alpha\cos\beta-\sin\alpha\sin\beta)^2}{4}+\left(\cos\alpha\sin\beta\cdot\Delta t^2+\frac{\sin\alpha\cos\beta}{4\Delta t^2}\right)^2\end{aligned}\tag{2.25}$$

进一步

$$\int_{-\infty}^{+\infty}|uF_\alpha(u)|^2\mathrm{d}u\cdot\int_{-\infty}^{+\infty}|F_\beta'(v)|^2\mathrm{d}v\geqslant\frac{[\cos\alpha\cos\beta+\mathrm{sgn}(W)\sin\alpha\sin\beta]^2}{4}\tag{2.26}$$

其中，$W=\dfrac{\sin2\alpha\cdot\sin2\beta}{4}$。

证明：根据乘积特性式（2.6），微分特性式（2.7）和 Parseval 准则式（2.8），可得

$$\begin{cases}\displaystyle\int_{-\infty}^{+\infty}u^2\,|F_\alpha(u)|\,\mathrm{d}u=\int_{-\infty}^{+\infty}|\cos\alpha\cdot tf(t)+\mathrm{i}\sin\alpha f'(t)|^2\mathrm{d}t\\\displaystyle\int_{-\infty}^{+\infty}|F_\beta'(v)|^2\mathrm{d}v=\int_{-\infty}^{+\infty}|\cos\beta\cdot f'(t)+\mathrm{i}\sin\beta\cdot tf(t)|^2\mathrm{d}t\end{cases}\tag{2.27}$$

应用 Cauchy-Schwartz 不等式，可得

$$\begin{aligned}&\int_{-\infty}^{+\infty}|uF_\alpha(u)|^2\mathrm{d}u\cdot\int_{-\infty}^{+\infty}|F_\beta'(v)|^2\mathrm{d}v\\&\geqslant\left|\int_{-\infty}^{+\infty}[\cos\alpha\cdot tf(t)+\mathrm{i}\sin\alpha\cdot f'(t)][\cos\beta\cdot f'(t)+\mathrm{i}\sin\beta\cdot tf(t)]^*\,\mathrm{d}t\right|^2\end{aligned}\tag{2.28}$$

与定理 2.1 和定理 2.2 证明类似，可得

$$\begin{aligned}&\int_{-\infty}^{+\infty}|uF_\alpha(u)|^2\mathrm{d}u\cdot\int_{-\infty}^{+\infty}|F_\beta'(v)|^2\mathrm{d}v\\&\geqslant\frac{(\cos\alpha\cos\beta-\sin\alpha\sin\beta)^2}{4}+\left(\cos\alpha\sin\beta\cdot\Delta t^2+\frac{\sin\alpha\cos\beta}{4\Delta t^2}\right)^2\end{aligned}$$

以及

$$\int_{-\infty}^{+\infty}|uF_\alpha(u)|^2\mathrm{d}u\cdot\int_{-\infty}^{+\infty}|F_\beta'(v)|^2\mathrm{d}v\geqslant\frac{[\cos\alpha\cos\beta+\mathrm{sgn}(W)\sin\alpha\sin\beta]^2}{4}$$

证毕。

定理 2.3 表明，分数阶 Fourier 变换域的“微分能”和有效支撑的乘积存在一个下限，它与变换参数 α 和 β 有关。其中定理 2.1 揭示了两个有效支撑的关系，定理 2.2 揭示了两个群延迟的关系，定理 2.3 揭示了有效支撑和群延迟的交叉关系。

当 $\alpha=2n\pi+\beta$，$F_\alpha(u)=A\mathrm{e}^{\mathrm{i}\varphi(u)}$ 时，其中 A 是常数，有

$$\int_{-\infty}^{+\infty}|uF_\alpha(u)|^2\mathrm{d}u\cdot\int_{-\infty}^{+\infty}|F_\alpha'(u)|^2\mathrm{d}u\geqslant\frac{1}{4}\tag{2.29}$$

式（2.29）表明，群延迟和有效支撑之间的交叉关系也存在 1/4 下限。

当 $\alpha = 2n\pi$， $\beta = 2n\pi + \dfrac{\pi}{2}$ 时，则定理 2.1、定理 2.2 和定理 2.3 就是传统的测不准原理：

$$\int_{-\infty}^{+\infty} u^2 |F_\alpha(u)|^2 \mathrm{d}u \cdot \int_{-\infty}^{+\infty} v^2 |F_\beta(v)|^2 \mathrm{d}v = \int_{-\infty}^{+\infty} t^2 |f(t)|^2 \mathrm{d}t \cdot \int_{-\infty}^{+\infty} v^2 |F(v)|^2 \mathrm{d}v \geqslant \frac{1}{4} \tag{2.30}$$

$$\int_{-\infty}^{+\infty} |F_\alpha'(u)|^2 \mathrm{d}u \cdot \int_{-\infty}^{+\infty} |F_\beta'(v)|^2 \mathrm{d}v = \int_{-\infty}^{+\infty} |f'(t)|^2 \mathrm{d}u \cdot \int_{-\infty}^{+\infty} |F'(v)|^2 \mathrm{d}v \geqslant \frac{1}{4} \tag{2.31}$$

$$\int_{-\infty}^{+\infty} |uF_\alpha(u)|^2 \mathrm{d}u \cdot \int_{-\infty}^{+\infty} |F_\beta'(v)|^2 \mathrm{d}v = \int_{-\infty}^{+\infty} |tf(t)|^2 \mathrm{d}t \cdot \int_{-\infty}^{+\infty} |F'(v)|^2 \mathrm{d}v \geqslant \frac{1}{4} \tag{2.32}$$

当 α、β 取其他值时，定理 2.1、定理 2.2 和定理 2.3 就是传统测不准原理的广义形式，尽管它们有不同的下限和物理解释。Shinde 等[36]给出的是定理 2.1 的结果的特例。下面给出一个实例说明定理 2.1、定理 2.2 和定理 2.3 的合理性。

设 $f(t) = \mathrm{H}_n(t)\mathrm{e}^{-\frac{t^2}{2}}$，其中 $\mathrm{H}_n(t)$ 为 n 阶 Hermite 多项式[2,35]，其分数阶 Fourier 变换 $F_\alpha(u)$ 为 $F_\alpha(u) = \mathrm{e}^{-\mathrm{j}n\alpha}\mathrm{H}_n(t)\mathrm{e}^{-\frac{u^2}{2}}$。为了简化运算，令 $n=1$， $\alpha = \dfrac{\pi}{4}$， $\beta = \dfrac{3\pi}{4}$，可得

$$\Delta t^2 = \int_{-\infty}^{+\infty} |tf(t)|^2 \mathrm{d}t = \int_{-\infty}^{+\infty} t^2 \left| \left(\frac{2}{\sqrt{\pi}}\right)^{\frac{1}{2}} t\mathrm{e}^{-\frac{t^2}{2}} \right|^2 \mathrm{d}t = \frac{3}{2} \tag{2.33}$$

$$\Delta u_\alpha^2 = \int_{-\infty}^{+\infty} |uF_\alpha(u)|^2 \mathrm{d}u = \int_{-\infty}^{+\infty} u^2 \left| \mathrm{e}^{-\mathrm{j}\alpha} \left(\frac{2}{\sqrt{\pi}}\right)^{\frac{1}{2}} t\mathrm{e}^{-\frac{u^2}{2}} \right|^2 \mathrm{d}u = \frac{3}{2} \tag{2.34}$$

$$\Delta u_\beta^2 = \int_{-\infty}^{+\infty} |vF_\beta(v)|^2 \mathrm{d}v = \int_{-\infty}^{+\infty} v^2 \left| \mathrm{e}^{-\mathrm{j}\beta} \left(\frac{2}{\sqrt{\pi}}\right)^{\frac{1}{2}} t\mathrm{e}^{-\frac{v^2}{2}} \right|^2 \mathrm{d}v = \frac{3}{2} \tag{2.35}$$

将式（2.34）和式（2.35）代入定理 2.1，则有

$$\int_{-\infty}^{+\infty} u^2 |F_\alpha(u)|^2 \mathrm{d}u \cdot \int_{-\infty}^{+\infty} v^2 |F_\beta(v)|^2 \mathrm{d}v = \frac{9}{4}$$

$$\geqslant \frac{(\cos\alpha\sin\beta - \cos\beta\sin\alpha)^2}{4} + \left(\cos\alpha\cos\beta \cdot \Delta t^2 + \frac{\sin\alpha\sin\beta}{4\Delta t^2}\right)^2 = \frac{25}{36}$$

$$\int_{-\infty}^{+\infty} u^2 |F_\alpha(u)|^2 \mathrm{d}u \cdot \int_{-\infty}^{+\infty} v^2 |F_\beta(v)|^2 \mathrm{d}v = \frac{9}{4} \geqslant \frac{[\cos\alpha\sin\beta + \mathrm{sgn}(W)\cos\beta\sin\alpha]^2}{4} = \frac{1}{4}$$

从计算结果可以看出，该实例计算出的结果比定理 2.1 给定的下限值要大。

同时，考虑到 $\alpha = \dfrac{\pi}{4}$， $\beta = \dfrac{3\pi}{4}$，所以

$$\int_{-\infty}^{+\infty} |F_\alpha'(u)|^2 \mathrm{d}u = \int_{-\infty}^{+\infty} u^2 |F_\alpha(u)|^2 \mathrm{d}u = \frac{3}{2} \tag{2.36}$$

$$\int_{-\infty}^{+\infty} |F_\beta'(v)|^2 \mathrm{d}v = \int_{-\infty}^{+\infty} v^2 |F_\beta(v)|^2 \mathrm{d}v = \frac{3}{2} \tag{2.37}$$

将式（2.38）和式（2.39）代入定理 2.2，则有

$$\int_{-\infty}^{+\infty}|F_\alpha'(u)|^2\mathrm{d}u\cdot\int_{-\infty}^{+\infty}|F_\beta'(v)|^2\mathrm{d}v=\frac{9}{4}$$

$$\geqslant\frac{(\sin\alpha\cos\beta-\cos\alpha\sin\beta)^2}{4}+\left(\sin\alpha\sin\beta\cdot\Delta t^2+\frac{\cos\alpha\cos\beta}{4\Delta t^2}\right)^2=\frac{25}{36}$$

$$\int_{-\infty}^{+\infty}|F_\alpha'(u)|^2\mathrm{d}u\cdot\int_{-\infty}^{+\infty}|F_\beta'(v)|^2\mathrm{d}v=\frac{9}{4}\geqslant\frac{[\sin\alpha\cos\beta+\mathrm{sgn}(W)\cos\alpha\sin\beta]^2}{4}=\frac{1}{4}$$

定理2.2也成立。

同样，可得

$$\int_{-\infty}^{+\infty}|uF_\alpha(u)|^2\mathrm{d}u\cdot\int_{-\infty}^{+\infty}|F_\beta'(v)|^2\mathrm{d}v=\frac{9}{4}$$

$$\geqslant\frac{(\cos\alpha\cos\beta-\sin\alpha\sin\beta)^2}{4}+\left(\cos\alpha\sin\beta\cdot\Delta t^2+\frac{\sin\alpha\cos\beta}{4\Delta t^2}\right)^2=\frac{25}{36}$$

$$\int_{-\infty}^{+\infty}|uF_\alpha(u)|^2\mathrm{d}u\cdot\int_{-\infty}^{+\infty}|F_\beta'(v)|^2\mathrm{d}v=\frac{9}{4}\geqslant\frac{[\cos\alpha\cos\beta+\mathrm{sgn}(W)\sin\alpha\sin\beta]^2}{4}=\frac{1}{4}$$

定理2.3成立。

该实例验证了定理 2.1、定理 2.2 和定理 2.3 的合理性。

2.1.2 复数信号分数阶 Fourier 变换域内的 Heisenberg 测不准原理

讨论完实数信号形式，接下来看复数信号的情况。复数信号是信号领域常用的另外一种表达形式。

定理 2.4 给定复数信号 $f(t)$，设 $\|f(t)\|_2=1$，$F_\alpha(u)$ 和 $F_\beta(v)$ 分别为参数 α 和 β 的分数阶 Fourier 变换，则存在如下关系[35,40]：

$$\int_{-\infty}^{+\infty}|u|^2|F_\alpha(u)|^2\mathrm{d}u\cdot\int_{-\infty}^{+\infty}|v|^2\cdot F_\beta(v)^2\,\mathrm{d}v\geqslant\frac{|\sin(\alpha-\beta)|^2}{4}\tag{2.38}$$

证明：令 $G(u)=F_\alpha(u)\exp\left(-\mathrm{i}\frac{u^2\cot\gamma}{2}\right)$，$F_\alpha(u)=F_\alpha[f(t)]$，$g(t)=\sqrt{\frac{1}{2\pi}}\int_{-\infty}^{+\infty}G(u)\mathrm{e}^{\mathrm{i}ut}\mathrm{d}u$ 。

考虑到 $\left|F_\alpha(u)\exp\left(-\mathrm{i}\frac{u^2\cot\gamma}{2}\right)\right|=|F_\alpha(u)|$，则有

$$\int_{-\infty}^{+\infty}|u||G(u)|^2\mathrm{d}u=\int_{-\infty}^{+\infty}|u||F_\alpha(u)|^2\mathrm{d}u\tag{2.39}$$

所以

$$\int_{-\infty}^{+\infty}|t|^2|g(t)|^2\mathrm{d}t\cdot\int_{-\infty}^{+\infty}|u||F_\alpha(u)|^2\mathrm{d}u\geqslant\frac{1}{4}\tag{2.40}$$

对 $g(t)$ 应用尺度变换特性，可得

$$\int_{-\infty}^{+\infty}|t|^2|g(t)|^2\mathrm{d}t=\int_{-\infty}^{+\infty}\left|\frac{t}{\sin\gamma}\right|^2\left|g\left(\frac{t}{\sin\gamma}\right)\right|^2\mathrm{d}\left(\frac{t}{\sin\gamma}\right)=\frac{1}{|\sin\gamma|}\int_{-\infty}^{+\infty}\left|\frac{t}{\sin\gamma}\right|^2\left|g\left(\frac{t}{\sin\gamma}\right)\right|^2\mathrm{d}t\tag{2.41}$$

根据 Fourier 变换的定义，存在

$$\left|g\left(\frac{t}{\sin\gamma}\right)\right|^2=\left|\sqrt{\frac{1}{2\pi}}\int_{-\infty}^{+\infty}G(u)\mathrm{e}^{\mathrm{i}\frac{ut}{\sin\gamma}}\mathrm{d}u\right|^2\tag{2.42}$$

使用 $F_\alpha(u)\exp\left(-\mathrm{i}\dfrac{u^2\cot\gamma}{2}\right)$ 替换 $G(u)$，可得

$$\left|g\left(\frac{t}{\sin\gamma}\right)\right|^2=|\sin\gamma|\cdot\left|F_{-\gamma}\{F_\alpha(u)\}(t)\right|^2 \tag{2.43}$$

所以

$$\int_{-\infty}^{+\infty}|t|^2|g(t)|^2\mathrm{d}t=\int_{-\infty}^{+\infty}\left|\frac{t}{\sin\gamma}\right|^2\left(\left|F_{-\gamma}\{F_\alpha(u)\}(t)\right|^2\right)\mathrm{d}t \tag{2.44}$$

令 $t=v$，应用 $F_{-\gamma}\{F_\alpha(u)\}(t)=F_{\alpha-\gamma}(t)$，可得

$$\int_{-\infty}^{+\infty}|t|^2|g(t)|^2\mathrm{d}t=\int_{-\infty}^{+\infty}\left|\frac{v}{\sin\gamma}\right|^2\cdot\left|F_{\alpha-\gamma}(v)\right|^2\mathrm{d}v \tag{2.45}$$

设 $\beta=\alpha-\gamma$，代入式（2.68），可得

$$\int_{-\infty}^{+\infty}|t|^2|g(t)|^2\mathrm{d}t=\int_{-\infty}^{+\infty}\left|\frac{v}{\sin(\alpha-\beta)}\right|^2\cdot\left|F_\beta(v)\right|^2\mathrm{d}v \tag{2.46}$$

应用Parseval准则 $\|f(t)\|_2=\|F_\beta(v)\|_2=1$，可得

$$\int_{-\infty}^{+\infty}|u|^2|F_\alpha(u)|^2\mathrm{d}u\cdot\int_{-\infty}^{+\infty}|v|^2\cdot|F_\beta(v)^2|\mathrm{d}v\geqslant\frac{|\sin(\alpha-\beta)|^2}{4}$$

证毕。

定理2.4表明，对于复数信号，它们在分数阶Fourier变换域的测不准原理的下限与变换参数 α 、β 有关。尤其是，当 $\alpha\to0$，$\beta\to\pi/2$ 时，定理2.4就是传统时频域的Heisenberg测不准原理。

2.2　线性正则变换域的 Heisenberg 广义测不准原理

在本书中，把广义分数阶 Fourier 变换和线性正则变换（linear canonical transform，LCT）的名称等价使用。

对于给定任意信号 $f(t)$ ($\|f(t)\|_2=1$)，其广义分数阶 Fourier 变换定义[12,13]如下：

$$F_{(a,b,c,d)}(u)=F_{(a,b,c,d)}[f(t)]=\int_{-\infty}^{+\infty}f(t)K_{a,b,c,d}(u,t)\mathrm{d}t$$

$$=\begin{cases}\sqrt{\dfrac{1}{\mathrm{i}2\pi b}}\cdot\mathrm{e}^{\frac{\mathrm{i}du^2}{2b}}\displaystyle\int_{-\infty}^{+\infty}\mathrm{e}^{\frac{-\mathrm{i}ut}{b}}\mathrm{e}^{\frac{\mathrm{i}at^2}{2b}}f(t)\mathrm{d}t, & b\neq0,ad-bc=1\\ \sqrt{d}\cdot\mathrm{e}^{\frac{\mathrm{i}cdu^2}{2}}f(du), & b=0\end{cases} \tag{2.47}$$

其主要性质如下：

叠加特性

$$F_{(a_2,b_2,c_2,d_2)}\{F_{(a_1,b_1,c_1,d_1)}[f(t)]\}=F_{(e,f,g,h)}[f(t)] \tag{2.48}$$

其中，$\begin{bmatrix}e & f\\ g & h\end{bmatrix}=\begin{bmatrix}a_2 & b_2\\ c_2 & d_2\end{bmatrix}\cdot\begin{bmatrix}a_1 & b_1\\ c_1 & d_1\end{bmatrix}$。

可逆性

$$F_{(a_2,b_2,c_2,d_2)}\left\{F_{(a_1,b_1,c_1,d_1)}[f(t)]\right\}=f(t) \tag{2.49}$$

其中，$\begin{bmatrix}a_2 & b_2\\ c_2 & d_2\end{bmatrix}\cdot\begin{bmatrix}a_1 & b_1\\ c_1 & d_1\end{bmatrix}=\begin{bmatrix}1 & 0\\ 0 & 1\end{bmatrix}$。

时移性

$$F_{(a,b,c,d)}[f(t-\tau)]=\mathrm{e}^{-\mathrm{i}\frac{ac}{2}\tau^2}\mathrm{e}^{\mathrm{i}cu\tau}F_{(a,b,c,d)}(u-a\tau) \tag{2.50}$$

尺度特性

$$F_{(a,b,c,d)}\left[\sqrt{\frac{1}{\sigma}}f\left(\frac{t}{\sigma}\right)\right]=F_{(a\sigma,b/\sigma,c\sigma,d/\sigma)}(u) \tag{2.51}$$

乘积特性

$$F_{(a,b,c,d)}[tf(t)]=u\mathrm{d}F_{(a,b,c,d)}(u)+\mathrm{i}b\frac{\mathrm{d}F_{(a,b,c,d)}(u)}{\mathrm{d}u} \tag{2.52}$$

广义 Parseval 准则

$$\int_{-\infty}^{+\infty}f(t)g^*(t)\mathrm{d}t=\int_{-\infty}^{+\infty}F_{(a,b,c,d)}(u)G_{(a,b,c,d)}^*(u)\mathrm{d}u \tag{2.53}$$

有关广义分数阶 Fourier 变换的详细论述可参阅文献[12]和文献[13]。

2.2.1 实数信号广义分数阶 Fourier 变换域的三个测不准关系[45]

不失一般性，假定给定信号 $f(t)$，满足 $\int_{-\infty}^{+\infty}|f(t)|^2\mathrm{d}t=1$，且 $\int_{-\infty}^{+\infty}|f(t)|\mathrm{d}t<+\infty$，那么

$$\begin{cases}\int_{-\infty}^{+\infty}tf(t)f'(t)\mathrm{d}t=\int_{-\infty}^{+\infty}tf(t)\mathrm{d}f(t)=\left[\dfrac{tf^2(t)}{2}\right]_{-\infty}^{+\infty}-\dfrac{1}{2}\int_{-\infty}^{+\infty}f^2(t)\mathrm{d}t=-\dfrac{1}{2}\\ \int_{-\infty}^{+\infty}f(t)f'(t)\mathrm{d}t=\int_{-\infty}^{+\infty}f(t)\mathrm{d}f(t)=\left[\dfrac{f^2(t)}{2}\right]_{-\infty}^{+\infty}=0\end{cases} \tag{2.54}$$

其中，

$$\begin{cases}\left[\dfrac{tf^2(t)}{2}\right]_{-\infty}^{+\infty}\overset{\Delta}{=}\dfrac{1}{2}\left[\lim\limits_{t\to\infty}tf^2(t)-\lim\limits_{t\to-\infty}tf^2(t)\right]=0\\ \left[\dfrac{f^2(t)}{2}\right]_{-\infty}^{+\infty}\overset{\Delta}{=}\dfrac{1}{2}\left[\lim\limits_{t\to\infty}f^2(t)-\lim\limits_{t\to-\infty}f^2(t)\right]=0\end{cases} \tag{2.55}$$

引理 2.2　给定实数信号 $f(t)$、$F_{(a_1,b_1,c_1,d_1)}(u)$ 和 $F_{(a_2,b_2,c_2,d_2)}(v)$ 分别为以 (a_1,b_1,c_1,d_1)、(a_2,b_2,c_2,d_2) 为变换参数的广义分数阶 Fourier 变换，如果

$$\int_{-\infty}^{+\infty}u\left|F_{(a_1,b_1,c_1,d_1)}(u)\right|^2\mathrm{d}u\equiv0,a_1\neq0,a_2\neq0 \tag{2.56}$$

那么

$$\int_{-\infty}^{+\infty}v\left|F_{(a_2,b_2,c_2,d_2)}(v)\right|^2\mathrm{d}v\equiv0 \tag{2.57}$$

证明：根据乘积特性式（2.52）和 Parseval 准则式（2.53），可得

$$\begin{aligned}\int_{-\infty}^{+\infty} u\left|F_{(a_1,b_1,c_1,d_1)}(u)\right|^2 \mathrm{d}u &= \int_{-\infty}^{+\infty} uF_{(a_1,b_1,c_1,d_1)}(u)\cdot\left[F_{(a_1,b_1,c_1,d_1)}(u)\right]^* \mathrm{d}u \\ &= \int_{-\infty}^{+\infty}\left[a_1 tf(t)-\mathrm{i}b_1 f'(t)\right]f^*(t)\mathrm{d}t \\ &= a_1\int_{-\infty}^{+\infty} t\left|f(t)\right|^2\mathrm{d}t-\mathrm{i}b_1\int_{-\infty}^{+\infty} f(t)f'(t)\mathrm{d}t \\ &= a_1 t_0 \equiv 0\end{aligned} \tag{2.58}$$

所以

$$\int_{-\infty}^{+\infty} v\left|F_{(a_2,b_2,c_2,d_2)}(v)\right|^2 \mathrm{d}v = a_2 t_0 \equiv 0 \tag{2.59}$$

证毕。

引理 2.2 表明，在广义分数阶 Fourier 变换域的变量均值为零，则在其他广义分数阶 Fourier 变换域的变量均值也为零。假定变量的均值为零，不影响定理的本质特性。这个结论与引理 2.1 具有类似的物理解释。

定理 2.5　给定的实数信号 $f(t)$、$F_{(a_1,b_1,c_1,d_1)}(u)$ 和 $F_{(a_2,b_2,c_2,d_2)}(v)$ 分别是以 (a_1,b_1,c_1,d_1)、(a_2,b_2,c_2,d_2) 为变换参数的广义分数阶 Fourier 变换，则存在如下关系：

$$\int_{-\infty}^{+\infty} u^2\left|F_{(a_1,b_1,c_1,d_1)}(u)\right|^2 \mathrm{d}u\cdot\int_{-\infty}^{+\infty} v^2\left|F_{(a_2,b_2,c_2,d_2)}(v)\right|^2 \mathrm{d}v \geqslant \frac{(a_1b_2-a_2b_1)^2}{4}+\left(a_1a_2\Delta t^2+\frac{b_1b_2}{4\Delta t^2}\right)^2 \tag{2.60}$$

进一步

$$\int_{-\infty}^{+\infty} u^2\left|F_{(a_1,b_1,c_1,d_1)}(u)\right|^2 \mathrm{d}u\cdot\int_{-\infty}^{+\infty} v^2\left|F_{(a_2,b_2,c_2,d_2)}(v)\right|^2 \mathrm{d}v \geqslant \frac{\left[a_1b_2+\mathrm{sgn}(a_1a_2b_1b_2)\cdot a_2b_1\right]^2}{4} \tag{2.61}$$

其中，$\mathrm{sgn}(s)=\begin{cases}+1, & s\geqslant 0\\ -1, & s<0\end{cases}$。

证明：根据乘积特性式（2.52）和 Parseval 准则式（2.53），可得

$$\begin{cases}\int_{-\infty}^{+\infty} u^2\left|F_{(a_1,b_1,c_1,d_1)}(u)\right|^2 \mathrm{d}u = \int_{-\infty}^{+\infty}\left|a_1 tf(t)-\mathrm{i}b_1 f'(t)\right|^2\mathrm{d}t \\ \int_{-\infty}^{+\infty} v^2\left|F_{(a_2,b_2,c_2,d_2)}(v)\right|^2 \mathrm{d}v = \int_{-\infty}^{+\infty}\left|a_2 tf(t)-\mathrm{i}b_2 f'(t)\right|^2\mathrm{d}t\end{cases} \tag{2.62}$$

应用 Cauchy-Schwartz 不等式，可得

$$\begin{aligned}&\int_{-\infty}^{+\infty} u^2\left|F_{(a_1,b_1,c_1,d_1)}(u)\right|^2 \mathrm{d}u\cdot\int_{-\infty}^{+\infty} v^2\left|F_{(a_2,b_2,c_2,d_2)}(v)\right|^2 \mathrm{d}v \\ &\geqslant\left|\int_{-\infty}^{+\infty}\left(a_1 tf(t)-\mathrm{i}b_1\frac{\mathrm{d}f(t)}{\mathrm{d}t}\right)\left(a_2 tf(t)-\mathrm{i}b_2\frac{\mathrm{d}f(t)}{\mathrm{d}t}\right)^*\mathrm{d}t\right|^2\end{aligned} \tag{2.63}$$

对于实数信号 $f(t)$，有

$$\begin{aligned}&\left|\int_{-\infty}^{+\infty}\left(a_1 tf(t)-\mathrm{i}b_1\frac{\mathrm{d}f(t)}{\mathrm{d}t}\right)\left(a_2 tf(t)-\mathrm{i}b_2\frac{\mathrm{d}f(t)}{\mathrm{d}t}\right)^*\mathrm{d}t\right|^2 \\ &=\left|\int_{-\infty}^{+\infty}\left\{a_1a_2t^2f^2(t)+b_1b_2\left[f'(t)\right]^2+\mathrm{i}(a_1b_2-a_2b_1)tf(t)f'(t)\right\}\mathrm{d}t\right|^2\end{aligned} \tag{2.64}$$

同理可得

$$\int_{-\infty}^{+\infty} u^2\left|F_{(a_1,b_1,c_1,d_1)}(u)\right|^2 \mathrm{d}u\cdot\int_{-\infty}^{+\infty} v^2\left|F_{(a_2,b_2,c_2,d_2)}(v)\right|^2 \mathrm{d}v \geqslant \frac{(a_1b_2-a_2b_1)^2}{4}+\left(a_1a_2\Delta t^2+\frac{b_1b_2}{4\Delta t^2}\right)^2$$

如果 $\operatorname{sgn}(a_1a_2)=\operatorname{sgn}(b_1b_2)$，则

$$\left(a_1a_2\Delta t^2+\frac{b_1b_2}{4\Delta t^2}\right)^2\geqslant\left(2\sqrt{a_1a_2\Delta t^2\cdot\frac{b_1b_2}{4\Delta t^2}}\right)^2=a_1a_2b_1b_2 \tag{2.65}$$

如果 $\operatorname{sgn}(a_1a_2)=-\operatorname{sgn}(b_1b_2)$，则

$$\left(a_1a_2\Delta t^2+\frac{b_1b_2}{4\Delta t^2}\right)^2\geqslant 0 \tag{2.66}$$

合并整理可得

$$\int_{-\infty}^{+\infty}u^2\left|F_{(a_1,b_1,c_1,d_1)}(u)\right|^2\mathrm{d}u\cdot\int_{-\infty}^{+\infty}v^2\left|F_{(a_2,b_2,c_2,d_2)}(v)\right|^2\mathrm{d}v\geqslant\frac{[a_1b_2+\operatorname{sgn}(a_1a_2b_1b_2)\cdot a_2b_1]^2}{4}$$

通过求解方程$\left(a_1tf(t)-\mathrm{i}b_1\dfrac{\mathrm{d}f(t)}{\mathrm{d}t}\right)=A_1\left(a_2tf(t)-\mathrm{i}b_2\dfrac{\mathrm{d}f(t)}{\mathrm{d}t}\right)^*$，可得到式（2.60）等号成立条件为

$$f(t)=A_2\mathrm{e}^{-\frac{(a_1-A_1a_2)t^2}{2(b_1+A_1b_2)}\mathrm{i}} \tag{2.67}$$

其中，A_2 为积分常数。

为了使 $f(t)$ 为实数，A_1 可取值为 $\dfrac{\sigma^2a_1+\mathrm{i}b_1}{\sigma^2a_2-\mathrm{i}b_2}$（$\sigma^2$ 为任意非负常数），A_2 可取使 $f(t)$ 为单位能量的任意常数。接下来，考虑二次不等式成立的条件，定理2.5等号成立的附加条件为

$$\int_{-\infty}^{+\infty}\left|tA_2\mathrm{e}^{-\frac{(a_1-A_1a_2)t^2}{2(b_1+A_1b_2)}\mathrm{i}}\right|^2\mathrm{d}t=\left|\frac{b_1b_2}{4a_1a_2}\right|^{1/2} \tag{2.68}$$

证毕。

定理 2.5 表明，广义分数阶 Fourier 变换域的变量有限支撑的乘积与变换参数 a、b 有关，与变换参数 c、d 无关。

定理 2.6 给定实数信号 $f(t)$、$F_{(a_1,b_1,c_1,d_1)}(u)$ 和 $F_{(a_2,b_2,c_2,d_2)}(v)$ 分别是以 (a_1,b_1,c_1,d_1)、(a_2,b_2,c_2,d_2) 为变换参数的广义分数阶 Fourier 变换，则存在如下关系：

$$\int_{-\infty}^{+\infty}\left|F'_{(a_1,b_1,c_1,d_1)}(u)\right|^2\mathrm{d}u\cdot\int_{-\infty}^{+\infty}\left|F'_{(a_2,b_2,c_2,d_2)}(v)\right|^2\mathrm{d}v\geqslant\frac{(c_1d_2-c_2d_1)^2}{4}+\left(c_1c_2\Delta t^2+\frac{d_1d_2}{4\Delta t^2}\right)^2 \tag{2.69}$$

进一步

$$\int_{-\infty}^{+\infty}\left|F'_{(a_1,b_1,c_1,d_1)}(u)\right|^2\mathrm{d}u\cdot\int_{-\infty}^{+\infty}\left|F'_{(a_2,b_2,c_2,d_2)}(v)\right|^2\mathrm{d}v\geqslant\frac{[c_1d_2+\operatorname{sgn}(c_1c_2d_1d_2)\cdot c_2d_1]^2}{4} \tag{2.70}$$

证明：根据广义分数阶 Fourier 变换的微分特性和 Parseval 准则式（2.53），可得

$$\begin{cases}\displaystyle\int_{-\infty}^{+\infty}\left|F'_{(a_1,b_1,c_1,d_1)}(u)\right|^2\mathrm{d}u=\int_{-\infty}^{+\infty}\left|d_1f'(t)+\mathrm{i}c_1tf(t)\right|^2\mathrm{d}t\\ \displaystyle\int_{-\infty}^{+\infty}\left|F'_{(a_2,b_2,c_2,d_2)}(v)\right|^2\mathrm{d}v=\int_{-\infty}^{+\infty}\left|d_2f'(t)+\mathrm{i}c_2tf(t)\right|^2\mathrm{d}t\end{cases} \tag{2.71}$$

应用 Cauchy-Schwartz 不等式，可得

$$\int_{-\infty}^{+\infty}\left|F'_{(a_1,b_1,c_1,d_1)}(u)\right|^2\mathrm{d}u\cdot\int_{-\infty}^{+\infty}\left|F'_{(a_2,b_2,c_2,d_2)}(v)\right|^2\mathrm{d}v\geqslant\left|\int_{-\infty}^{+\infty}[d_1f'(t)+\mathrm{i}c_1tf(t)][d_2f'(t)+\mathrm{i}c_2tf(t)]^*\,\mathrm{d}t\right|^2 \tag{2.72}$$

同理可得

$$\int_{-\infty}^{+\infty}\left|F'_{(a_1,b_1,c_1,d_1)}(u)\right|^2\mathrm{d}u\cdot\int_{-\infty}^{+\infty}\left|F'_{(a_2,b_2,c_2,d_2)}(v)\right|^2\mathrm{d}v\geqslant\frac{(c_1d_2+\mathrm{sgn}(c_1c_2d_1d_2)\cdot c_2d_1)^2}{4}$$

同理，可得式（2.69）等号成立的条件为

$$f(t)=B_2\mathrm{e}^{-\frac{(c_1+B_1c_2)t^2}{2(d_1-B_1d_2)}\mathrm{i}} \tag{2.73}$$

其中，B_2 为积分常数。

为了使 $f(t)$ 为实数，B_1 可取值为 $-\dfrac{\sigma^2c_1+\mathrm{i}d_1}{\sigma^2c_2-\mathrm{i}d_2}$（$\sigma^2$ 为任意非负常数），B_2 可取使 $f(t)$ 为单位能量的任意常数。接下来，考虑二次不等式成立的条件，定理2.6等号成立的附加条件为

$$\int_{-\infty}^{+\infty}\left|tB_2\mathrm{e}^{-\frac{(c_1+B_1c_2)t^2}{2(d_1-B_1d_2)}\mathrm{i}}\right|^2\mathrm{d}t=\left|\frac{d_1d_2}{4c_1c_2}\right|^{1/2} \tag{2.74}$$

证毕。

定理 2.6 表明，广义分数阶 Fourier 变换域的两个“微分能”的乘积存在一个下限，其下限与变换参数 c、d 有关，而与变换参数 a、b 无关。

令 $F_{(a_1,b_1,c_1,d_1)}(u)=A\mathrm{e}^{\mathrm{i}\varphi(u)}$，$F_{(a_2,b_2,c_2,d_2)}(v)=B\mathrm{e}^{\mathrm{i}\varphi(v)}$，$A$、$B$ 为常数，可得

$$\int_{-\infty}^{+\infty}|\varphi'(u)|^2\left|F_{(a_1,b_1,c_1,d_1)}(u)\right|^2\mathrm{d}u\cdot\int_{-\infty}^{+\infty}|\varphi'(v)|^2\left|F_{(a_2,b_2,c_2,d_2)}(v)\right|^2\mathrm{d}v\geqslant\frac{[c_1d_2+\mathrm{sgn}(c_1c_2d_1d_2)\cdot c_2d_1]^2}{4} \tag{2.75}$$

其中，$\varphi'(u)$，$\varphi'(v)$ 为广义分数阶 Fourier 变换域的两个广义群延迟。

式（2.75）表明，广义分数阶 Fourier 变换域的两个广义群的延迟方差（假定广义群延迟的均值为零）乘积存在明确的下限。

如果 $\varphi'(u)\equiv\tau_1$，$\varphi'(v)\equiv\tau_2$，则有

$$(\tau_1\tau_2)^2\geqslant\frac{[c_1d_2+\mathrm{sgn}(c_1c_2d_1d_2)\cdot c_2d_1]^2}{4} \tag{2.76}$$

式（2.69）给出了群延迟的测不准关系。

定理 2.7　给定实数信号 $f(t)$、$F_{(a_1,b_1,c_1,d_1)}(u)$ 和 $F_{(a_2,b_2,c_2,d_2)}(v)$ 分别是以 (a_1,b_1,c_1,d_1)、(a_2,b_2,c_2,d_2) 为变换参数的广义分数阶 Fourier 变换，则存在如下关系：

$$\int_{-\infty}^{+\infty}\left|uF_{(a_1,b_1,c_1,d_1)}(u)\right|^2\mathrm{d}u\cdot\int_{-\infty}^{+\infty}\left|F'_{(a_2,b_2,c_2,d_2)}(v)\right|^2\mathrm{d}v\geqslant\frac{(a_1d_2-b_1c_2)^2}{4}+\left(a_1c_2\Delta t^2+\frac{b_1d_2}{4\Delta t^2}\right)^2 \tag{2.77}$$

进一步

$$\int_{-\infty}^{+\infty}\left|uF_{(a_1,b_1,c_1,d_1)}(u)\right|^2\mathrm{d}u\cdot\int_{-\infty}^{+\infty}\left|F'_{(a_2,b_2,c_2,d_2)}(v)\right|^2\mathrm{d}v\geqslant\frac{[a_1d_2+\mathrm{sgn}(a_1b_1c_2d_2)+b_1c_2]^2}{4} \tag{2.78}$$

证明：根据乘积特性式（2.52）、微分特性、Parseval 准则式（2.53）和 Cauchy-Schwartz

不等式，可得

$$\int_{-\infty}^{+\infty}\left|uF_{(a_1,b_1,c_1,d_1)}(u)\right|^2\mathrm{d}u\cdot\int_{-\infty}^{+\infty}\left|F'_{(a_2,b_2,c_2,d_2)}(v)\right|^2\mathrm{d}v\geqslant\left|\int_{-\infty}^{+\infty}[a_1tf(t)-\mathrm{i}b_1f'(t)][d_2f'(t)+\mathrm{i}c_2tf(t)]^*\,\mathrm{d}t\right|^2 \tag{2.79}$$

与定理 2.5 和定理 2.6 的证明同理，可得

$$\int_{-\infty}^{+\infty}\left|uF_{(a_1,b_1,c_1,d_1)}(u)\right|^2\mathrm{d}u\cdot\int_{-\infty}^{+\infty}\left|F'_{(a_2,b_2,c_2,d_2)}(v)\right|^2\mathrm{d}v\geqslant\frac{(a_1d_2-b_1c_2)^2}{4}+\left(a_1c_2\Delta t^2+\frac{b_1d_2}{4\Delta t^2}\right)^2$$

$$\int_{-\infty}^{+\infty}\left|uF_{(a_1,b_1,c_1,d_1)}(u)\right|^2\mathrm{d}u\cdot\int_{-\infty}^{+\infty}\left|F'_{(a_2,b_2,c_2,d_2)}(v)\right|^2\mathrm{d}v\geqslant\frac{[a_1d_2+\mathrm{sgn}(a_1b_1c_2d_2)\cdot b_1c_2]^2}{4}$$

同理，求解得到式（2.77）等号成立的条件为

$$f(t)=C_2\mathrm{e}^{-\frac{(-a_1-\mathrm{i}C_1c_2)t^2}{2(C_1d_2+\mathrm{i}b_1)}} \tag{2.80}$$

其中，C_2 为积分常数。

为了使 $f(t)$ 为实数，C_1 可取值为 $-\dfrac{\sigma^2a_1+\mathrm{i}b_1}{d_2+\mathrm{i}\sigma^2c_2}$（$\sigma^2$ 为任意非负常数），C_2 可取使 $f(t)$ 为单位能量的任意常数。接下来，考虑二次不等式成立的条件，定理 2.7 等式成立的附加条件为

$$\int_{-\infty}^{+\infty}\left|tC_2\mathrm{e}^{-\frac{(-a_1-\mathrm{i}C_1c_2)t^2}{2(C_1d_2+\mathrm{i}b_1)}}\right|^2\mathrm{d}t=\left|\frac{b_1d_2}{4a_1c_2}\right|^{1/2} \tag{2.81}$$

证毕。

定理 2.7 表明，广义分数阶 Fourier 变换域的“微分能”和有效支撑的乘积存在一个下限，其下限与变换参数 a、b、c、d 有关。定理 2.5 揭示了两个有效支撑的关系，定理 2.6 揭示了两个群延迟的关系，定理 2.7 揭示了一个有效支撑和一个群延迟之间的交叉关系。

需要注意的是，“微分能”和广义群延迟的定义和概念是传统说法的扩展，不是十分严格，不过可用以阐述定理的物理意义。

如果 $(a_1,b_1,c_1,d_1)=(a_2,b_2,c_2,d_2)=(a,b,c,d)$，$F_{(a,b,c,d)}(u)=A\mathrm{e}^{\mathrm{i}\varphi(u)}$，且 A 为常数，那么有

$$\int_{-\infty}^{+\infty}\left|uF_{(a,b,c,d)}(u)\right|^2\mathrm{d}u\cdot\int_{-\infty}^{+\infty}|\varphi'(u)|^2\left|F_{(a,b,c,d)}(u)\right|^2\mathrm{d}u\geqslant\frac{[ad+\mathrm{sgn}(abcd)\cdot bc]^2}{4} \tag{2.82}$$

式（2.82）表明，广义分数阶 Fourier 变换域的变量方差（有效支撑）与群延迟的方差之间受到定理 2.6 的限制，其下限与四个变换参数有关。

如果 $\begin{bmatrix}a_1 & b_1\\ c_1 & d_1\end{bmatrix}=\begin{bmatrix}0 & 1\\ -1 & 0\end{bmatrix}$ 且 $\begin{bmatrix}a_2 & b_2\\ c_2 & d_2\end{bmatrix}=\begin{bmatrix}1 & 0\\ 0 & 1\end{bmatrix}$，或 $\begin{bmatrix}a_1 & b_1\\ c_1 & d_1\end{bmatrix}=\begin{bmatrix}1 & 0\\ 0 & 1\end{bmatrix}$ 且 $\begin{bmatrix}a_2 & b_2\\ c_2 & d_2\end{bmatrix}=\begin{bmatrix}0 & 1\\ -1 & 0\end{bmatrix}$，则定理 2.5、定理 2.6 和定理 2.7 为传统的 Heisenberg 测不准原理。

设 $g(t)=\sqrt{\dfrac{1}{\sigma}}f\left(\dfrac{t}{\sigma}\right)$，根据广义分数阶 Fourier 变换的尺度特性有

$$G_{(a,b,c,d)}(u)=F_{(a,b,c,d)}[g(t)]=F_{\left(a\sigma,\frac{b}{\sigma},c\sigma,\frac{d}{\sigma}\right)}[f(t)]=F_{\left(a\sigma,\frac{b}{\sigma},c\sigma,\frac{d}{\sigma}\right)}(u) \tag{2.83}$$

因此

$$\begin{cases} F_{\left(\frac{d}{\lambda},-\frac{b}{\lambda},-c\lambda,a\lambda\right)}[G'_{(a,b,c,d)}(u)]=\dfrac{d}{\lambda}f'(t)+\mathrm{i}\lambda c\,tf(t) \\ F_{\left(\frac{d}{\lambda},-\frac{b}{\lambda},-c\lambda,a\lambda\right)}[uG_{(a,b,c,d)}(u)]=-\mathrm{i}\dfrac{b}{\lambda}f'(t)+a\lambda\,tf(t) \end{cases} \tag{2.84}$$

所以

$$\begin{aligned} &\int_{-\infty}^{+\infty}u^2\left|G_{(a_1,b_1,c_1,d_1)}(u)\right|^2\mathrm{d}u\cdot\int_{-\infty}^{+\infty}v^2\left|G_{(a_2,b_2,c_2,d_2)}(v)\right|^2\mathrm{d}v \\ &\geqslant\left|\int_{-\infty}^{+\infty}\left(a_1\lambda tf(t)-\mathrm{i}\frac{b_1}{\lambda}\cdot\frac{\mathrm{d}f(t)}{\mathrm{d}t}\right)\left(a_2\lambda tf(t)-\mathrm{i}\frac{b_2}{\lambda}\cdot\frac{\mathrm{d}f(t)}{\mathrm{d}t}\right)^*\mathrm{d}t\right|^2 \\ &\geqslant\frac{(a_1b_2-a_2b_1)^2}{4}+\left(a_1a_2\lambda^2\Delta t^2+\frac{b_1b_2}{4\lambda^2\Delta t^2}\right)^2 \end{aligned} \tag{2.85}$$

进一步

$$\frac{(a_1b_2-a_2b_1)^2}{4}+\left(a_1a_2\lambda^2\Delta t^2+\frac{b_1b_2}{4\lambda^2\Delta t^2}\right)^2\geqslant\frac{[a_1b_2+\mathrm{sgn}(a_1a_2b_1b_2)\cdot a_2b_1]^2}{4} \tag{2.86}$$

综合上述各式，时间尺度变换改变了定理给定的第一个下限，而不改变第二个下限。

同样可得

$$\int_{-\infty}^{+\infty}\left|G'_{(a_1,b_1,c_1,d_1)}(u)\right|^2\mathrm{d}u\cdot\int_{-\infty}^{+\infty}\left|G'_{(a_2,b_2,c_2,d_2)}(v)\right|^2\mathrm{d}v\geqslant\frac{(c_1d_2-c_2d_1)^2}{4}+\left(\frac{d_1d_2}{\lambda^2}\Delta t^2+\frac{c_1c_2\lambda^2}{4\Delta t^2}\right)^2 \tag{2.87}$$

进一步

$$\frac{(c_1d_2-c_2d_1)^2}{4}+\left(\frac{d_1d_2}{\lambda^2}\Delta t^2+\frac{c_1c_2\lambda^2}{4\Delta t^2}\right)^2\geqslant\frac{[c_1d_2+\mathrm{sgn}(c_1c_2d_1d_2)\cdot c_2d_1]^2}{4} \tag{2.88}$$

以及

$$\int_{-\infty}^{+\infty}\left|uG_{(a_1,b_1,c_1,d_1)}(u)\right|^2\mathrm{d}u\cdot\int_{-\infty}^{+\infty}\left|G'_{(a_2,b_2,c_2,d_2)}(v)\right|^2\mathrm{d}v\geqslant\frac{(a_1d_2+b_1c_2)^2}{4}+\left(a_1c_2\lambda^2\Delta t^2-\frac{b_1d_2}{4\lambda^2\Delta t^2}\right)^2 \tag{2.89}$$

进一步

$$\frac{(a_1d_2+b_1c_2)^2}{4}+\left(a_1c_2\lambda^2\Delta t^2-\frac{b_1d_2}{4\lambda^2\Delta t^2}\right)^2\geqslant\frac{[a_1d_2+\mathrm{sgn}(a_1b_1c_2d_2)\cdot b_1c_2]^2}{4} \tag{2.90}$$

式（2.85）～式（2.90）表明，时间尺度变换改变的是定理给定的第一个下限，而不改变第二个下限。考虑到第二个下限更加严格，因此时间尺度变换对测不准原理没有影响，这与传统测不准原理的特性一致。而且，多数实数广义测不准原理[44,47,49-52]均是上述三个关系的特例。

2.2.2　复数信号线性正则变换域的 Heisenberg 测不准原理[46]

本节主要讨论复数信号在广义分数阶 Fourier 变换域的 Heisenberg 测不准原理。

首先，假定 $a_l, b_l, c_l, d_l \in \mathbf{R}$ 且 $b_l \neq 0$（$l = 1,2,3$）。设

$$\begin{cases} G(u) = F_{(a_1,b_1,c_1,d_1)}(u)\exp\left(-\mathrm{i}\dfrac{a_3u^2}{2b_3}\right) \\ F_{(a_1,b_1,c_1,d_1)}(u) = F_{(a_1,b_1,c_1,d_1)}[f(t)] \\ g(t) = \sqrt{\dfrac{1}{2\pi}}\displaystyle\int_{-\infty}^{\infty} G(u)\mathrm{e}^{\mathrm{i}ut}\mathrm{d}u \end{cases} \tag{2.91}$$

结合等式

$$\left|F_{(a_1,b_1,c_1,d_1)}(u)\exp\left(-\mathrm{i}\frac{a_3u^2}{2b_3}\right)\right| = \left|F_{(a_1,b_1,c_1,d_1)}(u)\right| \tag{2.92}$$

可得

$$\int_{-\infty}^{+\infty}|u|^2|G(u)|^2\mathrm{d}u = \int_{-\infty}^{+\infty}|u|^2\left|F_{(a_1,b_1,c_1,d_1)}(u)\right|^2\mathrm{d}u \tag{2.93}$$

即

$$\int_{-\infty}^{+\infty}|t|^2|g(t)|^2\mathrm{d}t \cdot \int_{-\infty}^{+\infty}|u|^2\left|F_{(a_1,b_1,c_1,d_1)}(u)\right|^2\mathrm{d}u \geqslant \frac{1}{4} \tag{2.94}$$

根据尺度特性

$$\begin{cases} \displaystyle\int_{-\infty}^{+\infty}|t|^2|g(t)|^2\mathrm{d}t = \int_{-\infty}^{+\infty}\left|\frac{t}{b_3}\right|^2\left|g\left(\frac{t}{b_3}\right)\right|^2\mathrm{d}\left(\frac{t}{b_3}\right) = \frac{1}{|b_3|^3}\int_{-\infty}^{+\infty}|t|^2\left|g\left(\frac{t}{b_3}\right)\right|^2\mathrm{d}t \\ \left|g\left(\dfrac{t}{b_3}\right)\right|^2 = \left|\sqrt{\dfrac{1}{2\pi}}\displaystyle\int_{-\infty}^{+\infty}G(u)\mathrm{e}^{\mathrm{i}\frac{ut}{b_3}}\mathrm{d}u\right|^2 \end{cases} \tag{2.95}$$

并通过变量代换，可得

$$\left|g\left(\frac{t}{b_3}\right)\right|^2 = \left|\sqrt{\frac{1}{2\pi}}\int_{-\infty}^{+\infty}F_{(a_1,b_1,c_1,d_1)}(u)\mathrm{e}^{-\mathrm{i}\frac{a_3u^2}{2b_3}}\mathrm{e}^{\mathrm{i}\frac{ut}{b_3}}\mathrm{d}u\right|^2 = |b_3|\left|F_{(d_3,-b_3,-c_3,a_3)}\left(F_{(a_1,b_1,c_1,d_1)}\right)(t)\right|^2 \tag{2.96}$$

所以

$$\int_{-\infty}^{+\infty}|t|^2|g(t)|^2\mathrm{d}t = \frac{1}{|b_3|^2}\int_{-\infty}^{+\infty}|t|^2\left[\left|F_{(d_3,-b_3,-c_3,a_3)}\left(F_{(a_1,b_1,c_1,d_1)}\right)(t)\right|^2\right]\mathrm{d}t \tag{2.97}$$

令 $t = v$，并将式（2.97）代入式（2.94）可得

$$\frac{1}{|b_3|^2}\int_{-\infty}^{+\infty}|v|^2\left[\left|F_{(d_3,-b_3,-c_3,a_3)}\left(F_{(a_1,b_1,c_1,d_1)}\right)(v)\right|^2\right]\mathrm{d}v \cdot \int_{-\infty}^{+\infty}|u|^2\left|F_{(a_1,b_1,c_1,d_1)}(u)\right|^2\mathrm{d}u \geqslant \frac{1}{4} \tag{2.98}$$

所以

$$\int_{-\infty}^{+\infty}|u|^2\left|F_{(a_1,b_1,c_1,d_1)}(u)\right|^2\mathrm{d}u \cdot \int_{-\infty}^{+\infty}|v|^2\left(F_{(a_2,b_2,c_2,d_2)}(v)^2\right)\mathrm{d}v \geqslant \frac{|a_1b_2 - a_2b_1|^2}{4} \tag{2.99}$$

显然该测不准原理的下限只与四个变换参数中的两个有关，即与变换参数 a、b 相关，而与变换参数 c、d 无关。为什么会出现这种情况呢？原因在于变换参数 c、d 在广

义分数阶 Fourier 变换的定义中只是起到了尺度变换和频率调制的作用，因此在绝对值算子中它们不起作用。

当 $(a_1,b_1,c_1,d_1)=(\cos\alpha,\sin\alpha,-\sin\alpha,\cos\alpha)$，$(a_2,b_2,c_2,d_2)=(\cos\beta,\sin\beta,-\sin\beta,\cos\beta)$ 时，式（2.99）可简化为

$$\int_{-\infty}^{+\infty}|u|^2|F_\alpha(u)|^2\mathrm{d}u\cdot\int_{-\infty}^{+\infty}|v|^2\cdot F_\beta(v)^2\mathrm{d}v\geqslant\frac{|\sin(\alpha-\beta)|^2}{4}\tag{2.100}$$

式（2.100）就是式（2.38）。当 $(a_1,b_1,c_1,d_1)=(1,0,0,1)$，$(a_2,b_2,c_2,d_2)=(0,1,-1,0)$ 时，即为传统测不准原理。

2.3　多项式相位复数信号的 Heisenberg 广义测不准原理

对于给定复数信号 $f(t)=s(t)\mathrm{e}^{\mathrm{i}\varphi(t)}$ [$s(t)$ 和 $\varphi(t)$ 为实数且 $s(t)\in L^2(R)$][48]，其 LCT 定义为[12,13]

$$F_M(u)=L_M\{f(t)\}=\int_{-\infty}^{+\infty}f(t)K_M(t,u)\mathrm{d}t$$
$$=\begin{cases}\sqrt{\dfrac{1}{\mathrm{i}2\pi b}}\cdot\mathrm{e}^{\frac{\mathrm{i}du^2}{2b}}\displaystyle\int_{-\infty}^{+\infty}\mathrm{e}^{\frac{-\mathrm{i}ut}{b}}\mathrm{e}^{\frac{\mathrm{i}at^2}{2b}}f(t)\mathrm{d}t, & b\neq0,ad-bc=1\\ \sqrt{d}\cdot\mathrm{e}^{\frac{\mathrm{i}cdu^2}{2}}f(\mathrm{d}u), & b=0\end{cases}\tag{2.101}$$

其中，$M=(a,b,c,d)$，$a,b,c,d\in\mathbf{R}$，$ad-bc=1$；i 为虚数单位。

若假定

$$\varphi(t)=\sum_{n=1}^{N}\varphi_n t^n+\varphi_0\tag{2.102}$$

其中，φ_n、φ_0 为实常数，$N\in\mathbf{N}$。

且假定 $\|f(t)\|_2=1$，则有

$$\|F(\omega)\|_2=\|F_M(u)\|_2=\left\|s(t)\mathrm{e}^{\mathrm{i}\varphi(t)}\right\|_2=\|s(t)\|_2=\|S(\omega)\|_2=\|S_M(u)\|_2=1\tag{2.103}$$

所以，均值和时频宽度定义为

$$\begin{cases}\Delta t_f^2=\displaystyle\int_{-\infty}^{+\infty}\left|(t-t_{f,0})f(t)\right|^2\mathrm{d}t,\ t_{f,0}=\int_{-\infty}^{+\infty}t|f(t)|^2\,\mathrm{d}t\\ \Delta\omega_f^2=\displaystyle\int_{-\infty}^{+\infty}\left|(\omega-\omega_{f,0})F(\omega)\right|^2\mathrm{d}\omega,\ \omega_{f,0}=\int_{-\infty}^{+\infty}\omega|F(\omega)|^2\,\mathrm{d}\omega\end{cases}\tag{2.104}$$

$$\begin{cases}\Delta t_s^2=\displaystyle\int_{-\infty}^{+\infty}\left|(t-t_{s,0})s(t)\right|^2\mathrm{d}t,\ t_{s,0}=\int_{-\infty}^{+\infty}t|s(t)|^2\,\mathrm{d}t\\ \Delta\omega_s^2=\displaystyle\int_{-\infty}^{+\infty}\left|(\omega-\omega_{s,0})S(\omega)\right|^2\mathrm{d}\omega,\ \omega_{s,0}=\int_{-\infty}^{+\infty}\omega|S(\omega)|^2\,\mathrm{d}\omega\end{cases}\tag{2.105}$$

$$\begin{cases}\Delta u_{M,f}^2=\displaystyle\int_{-\infty}^{+\infty}(u-u_{M,f,0})^2|F_M(u)|^2\,\mathrm{d}u,\ \Delta u_{M,f,0}=\int_{-\infty}^{+\infty}u|F_M(u)|^2\,\mathrm{d}u\\ \Delta u_{M,s}^2=\displaystyle\int_{-\infty}^{+\infty}(u-u_{M,s,0})^2|S_M(u)|^2\,\mathrm{d}u,\ \Delta u_{M,s,0}=\int_{-\infty}^{+\infty}u|S_M(u)|^2\,\mathrm{d}u\end{cases}\tag{2.106}$$

由于 $|f(t)|=\left|s(t)\mathrm{e}^{\mathrm{i}\varphi(t)}\right|=|s(t)|$，所以 $t_{f,0}=t_{s,0}=t_0$，$\Delta t_f^2=\Delta t_s^2=\Delta t^2$。

同理，可得

$$\begin{cases}\int_{-\infty}^{+\infty} ts(t)s'(t)\mathrm{d}t=\int_{-\infty}^{+\infty} ts(t)\mathrm{d}s(t)=\left[\dfrac{ts^2(t)}{2}\right]_{-\infty}^{+\infty}-\dfrac{1}{2}\int_{-\infty}^{+\infty} s^2(t)\mathrm{d}t=-\dfrac{1}{2}\\ \int_{-\infty}^{+\infty} s(t)s'(t)\mathrm{d}t=\int_{-\infty}^{+\infty} s(t)\mathrm{d}s(t)=\left[\dfrac{s^2(t)}{2}\right]_{-\infty}^{+\infty}=0\end{cases} \tag{2.107}$$

其中，

$$\begin{cases}\left[\dfrac{ts^2(t)}{2}\right]_{-\infty}^{+\infty}\overset{\Delta}{=}\dfrac{1}{2}\left[\lim\limits_{t\to+\infty} ts^2(t)-\lim\limits_{t\to-\infty} ts^2(t)\right]=0\\ \left[\dfrac{s^2(t)}{2}\right]_{-\infty}^{+\infty}\overset{\Delta}{=}\dfrac{1}{2}\left[\lim\limits_{t\to+\infty} s^2(t)-\lim\limits_{t\to-\infty} s^2(t)\right]=0\end{cases} \tag{2.108}$$

引理 2.3　给定复数信号 $f(t)=s(t)\mathrm{e}^{\mathrm{i}\varphi(t)}$，有

$$\Delta u_{M,f,0}=at_0+b\omega_{s,0}+b\Phi \tag{2.109}$$

其中，$\Phi=\int_{-\infty}^{+\infty}\varphi'(t)s^2(t)\mathrm{d}t$ 。

证明：略。

推论 2.1　若复数信号 $f(t)=s(t)\mathrm{e}^{\mathrm{i}\varphi(t)}$ 有 $t_{f,0}=0$，那么 $u_{M,f,0}$ 不一定为 0。

证明：可以由上述引理直接得到。

引理 2.4　给定复数信号 $f(t)=s(t)\mathrm{e}^{\mathrm{i}\varphi(t)}$，有

$$\int_{-\infty}^{+\infty} u^2\left|F_M(u)\right|^2\mathrm{d}u=a^2\Delta t^2+b^2\Delta\omega_s^2+b^2K_1+2abK_2 \tag{2.110}$$

其中，$K_1=\int_{-\infty}^{+\infty}[\varphi'(t)s(t)]^2\mathrm{d}t$，$K_2=\int_{-\infty}^{+\infty} ts^2(t)\varphi'(t)\mathrm{d}t$ 。

证明：由于其证明与式（2.104）～式（2.108）相似，过程省略。

定理 2.8　给定复数信号 $f(t)=s(t)\mathrm{e}^{\mathrm{i}\varphi(t)}$，有

$$\begin{aligned}&\int_{-\infty}^{+\infty}\left|uF_{M_1}(u)\right|^2\mathrm{d}u\cdot\int_{-\infty}^{+\infty}\left|uF_{M_2}(u)\right|^2\mathrm{d}u\\ &\geqslant\frac{(a_1b_2-a_2b_1)^2}{4}+\left[a_1a_2\Delta t^2+b_1b_2\Delta\omega_s^2+b_1b_2K_1+(a_1b_2+a_2b_1)K_2\right]^2\end{aligned} \tag{2.111}$$

其中，$K_1=\int_{-\infty}^{+\infty}[\varphi'(t)s(t)]^2\mathrm{d}t$，$K_2=\int_{-\infty}^{+\infty} ts^2(t)\varphi'(t)\mathrm{d}t$ 。

等号成立的条件为

$$f(t)=k_2\mathrm{e}^{-\mathrm{i}\frac{k_1a_2-a_1}{k_1b_2-b_1}\cdot\frac{t^2}{2}} \tag{2.112}$$

其中，k_1、k_2 为任意复常数。

证明：应用 Cauchy-Schwartz 不等式和式（2.106）的结果，可得

$$\begin{aligned}&\int_{-\infty}^{+\infty}\left|uF_{M_1}(u)\right|^2\mathrm{d}u\cdot\int_{-\infty}^{+\infty}\left|uF_{M_2}(u)\right|^2\mathrm{d}u\\ &\geqslant\left|\int_{-\infty}^{+\infty}\left[a_1tf(t)-\mathrm{i}b_1\frac{\mathrm{d}f(t)}{\mathrm{d}t}\right]\left[a_2tf(t)-\mathrm{i}b_2\frac{\mathrm{d}f(t)}{\mathrm{d}t}\right]^*\mathrm{d}t\right|^2\\ &=\left|\int_{-\infty}^{+\infty}\left[a_1tf(t)-\mathrm{i}b_1\frac{\mathrm{d}f(t)}{\mathrm{d}t}\right]\left[a_2tf(t)-\mathrm{i}b_2\frac{\mathrm{d}f(t)}{\mathrm{d}t}\right]^*\mathrm{d}t\right|^2\end{aligned}$$

$$=\frac{(a_1b_2-a_2b_1)^2}{4}+\left[a_1a_2\Delta t^2+b_1b_2\Delta\omega_f^2+(a_1b_2+a_2b_1)\cdot\int_{-\infty}^{+\infty}ts^2(t)\varphi'(t)\mathrm{d}t\right]^2 \qquad (2.113)$$

解方程$\left[a_1tf(t)-\mathrm{i}b_1\dfrac{\mathrm{d}f(t)}{\mathrm{d}t}\right]=k_1\left[a_2tf(t)-\mathrm{i}b_2\dfrac{\mathrm{d}f(t)}{\mathrm{d}t}\right]$可得等式成立条件。

例如，令

$$f(t)=\left(\frac{2}{\sqrt{\pi}}\right)^{1/2}t\mathrm{e}^{-\frac{t^2}{2}}\mathrm{e}^{\mathrm{i}\frac{t^2}{2}} \qquad (2.114)$$

所以$\Delta t^2=\dfrac{3}{2}$，有

$$\begin{cases}\Delta t^2=\Delta\omega_s^2=K_1=K_2=\dfrac{3}{2}\\ \varPhi=0\\ \displaystyle\int_{-\infty}^{+\infty}u^2\left|F_M(u)\right|^2\mathrm{d}u=\frac{3a^2}{2}+3b^2+3ab\end{cases} \qquad (2.115)$$

则

$$\begin{aligned}&\int_{-\infty}^{+\infty}\left|uF_{M_1}(u)\right|^2\mathrm{d}u\cdot\int_{-\infty}^{+\infty}\left|uF_{M_2}(u)\right|^2\mathrm{d}u\\ &=\left(\frac{3a_1^2}{2}+3b_1^2+3a_1b_1\right)\left(\frac{3a_2^2}{2}+3b_2^2+3a_2b_2\right)\\ &=\frac{9(a_1b_2-a_2b_1)^2}{4}+\left[\frac{3a_1a_2}{2}+3b_1b_2+\frac{3(a_1b_2+a_2b_1)}{2}\right]^2\\ &\geqslant\frac{(a_1b_2-a_2b_1)^2}{4}+\left[\frac{3a_1a_2}{2}+3b_1b_2+\frac{3(a_1b_2+a_2b_1)}{2}\right]^2\\ &=\frac{(a_1b_2-a_2b_1)^2}{4}+\left[a_1a_2\Delta t^2+b_1b_2\Delta\omega_s^2+b_1b_2K_1+(a_1b_2+a_2b_1)K_2\right]^2\end{aligned}$$

验证了该定理。

证毕。

推论 2.2　给定复数信号 $f(t)=s(t)\mathrm{e}^{\mathrm{i}(\varphi_1t+\varphi_0)}$，有

$$\int_{-\infty}^{+\infty}\left|uF_{M_1}(u)\right|^2\mathrm{d}u\cdot\int_{-\infty}^{\infty}\left|uF_{M_2}(u)\right|^2\mathrm{d}u\geqslant\frac{(a_1b_2-a_2b_1)^2}{4}+\left(a_1a_2\Delta t^2+b_1b_2\Delta\omega_f^2\right)^2 \qquad (2.116)$$

推论 2.3　给定复数信号 $f(t)=s(t)\mathrm{e}^{\mathrm{i}(t^2\varphi_2+t\varphi_1+\varphi_0)}$，有

$$\begin{aligned}&\int_{-\infty}^{+\infty}\left|uF_{M_1}(u)\right|^2\mathrm{d}u\cdot\int_{-\infty}^{+\infty}\left|uF_{M_2}(u)\right|^2\mathrm{d}u\\ &\geqslant\frac{(a_1b_2-a_2b_1)^2}{4}+\left[a_1a_2\Delta t^2+b_1b_2\Delta\omega_s^2+\frac{b_1b_2\varphi_2^2}{4}\Delta t^2+(a_1b_2+a_2b_1)\frac{\varphi_2\Delta t^2}{2}\right]^2\end{aligned} \qquad (2.117)$$

推论 2.4　给定复数信号 $f(t)=s(t)\mathrm{e}^{\mathrm{i}\varphi(t)}$，如果 $g(t)=s^2(t)\varphi'(t)$ 为偶函数，则有

$$\int_{-\infty}^{+\infty}\left|uF_{M_1}(u)\right|^2\mathrm{d}u\cdot\int_{-\infty}^{+\infty}\left|uF_{M_2}(u)\right|^2\mathrm{d}u\geqslant\frac{(a_1b_2-a_2b_1)^2}{4}+\left(a_1a_2\Delta t^2+b_1b_2\Delta\omega_f^2\right)^2 \qquad (2.118)$$

结论：具有线性相位的复数信号或者满足 $g(t)=s^2(t)\varphi'(t)$ 是偶函数的复数信号具有和实数信号相同的测不准原理下限。

同理，可以得到如下定理。

定理 2.9　给定复数信号 $f(t)=s(t)\mathrm{e}^{\mathrm{i}\varphi(t)}$，有

$$\int_{-\infty}^{+\infty}\left|F'_{M_1}(u)\right|^2\mathrm{d}u\cdot\int_{-\infty}^{+\infty}\left|F'_{M_2}(v)\right|^2\mathrm{d}v \geqslant \frac{(c_1d_2-c_2d_1)^2}{4}+\left[c_1c_2\Delta t^2+d_1d_2\Delta\omega_s^2+d_1d_2K_1+(c_1d_2+c_2d_1)K_2\right]^2 \tag{2.119}$$

其中，$K_1=\int_{-\infty}^{+\infty}[\varphi'(t)s(t)]^2\mathrm{d}t$，$K_2=\int_{-\infty}^{+\infty}ts^2(t)\varphi'(t)\mathrm{d}t$。

等号成立的条件为

$$f(t)=k_2\mathrm{e}^{-\mathrm{i}\frac{k_1c_2-c_1}{k_1d_2-d_1}\cdot\frac{t^2}{2}} \tag{2.120}$$

其中，k_1、k_2 为任意复常数。

定理 2.10　给定复数信号 $f(t)=s(t)\mathrm{e}^{\mathrm{i}\varphi(t)}$，有

$$\int_{-\infty}^{+\infty}\left|uF_{M_1}(u)\right|^2\mathrm{d}u\cdot\int_{-\infty}^{+\infty}\left|F'_{M_2}(v)\right|^2\mathrm{d}v \geqslant \frac{(a_1d_2-b_1c_2)^2}{4}+\left[a_1c_2\Delta t^2+b_1d_2\Delta\omega_s^2+b_1d_2K_1+(a_1d_2+b_1c_2)K_2\right]^2 \tag{2.121}$$

其中，$K_1=\int_{-\infty}^{+\infty}[\varphi'(t)s(t)]^2\mathrm{d}t$，$K_2=\int_{-\infty}^{+\infty}ts^2(t)\varphi'(t)\mathrm{d}t$。等号成立的条件为

$$f(t)=k_2\mathrm{e}^{-\mathrm{i}\frac{k_1c_2-a_1}{k_1d_2-b_1}\cdot\frac{t^2}{2}} \tag{2.122}$$

其中，k_1、k_2 为任意复常数。

如果 $M_1=(\cos\alpha,\sin\alpha,-\sin\alpha,\cos\alpha)$、$M_2=(\cos\beta,\sin\beta,-\sin\beta,\cos\beta)$，那么可得如下推论。

推论 2.5　给定复数信号 $f(t)=s(t)\mathrm{e}^{\mathrm{i}\varphi(t)}$，有

$$\int_{-\infty}^{+\infty}\left|uF_\alpha(u)\right|^2\mathrm{d}u\cdot\int_{-\infty}^{+\infty}\left|uF_\beta(u)\right|^2\mathrm{d}u \geqslant \frac{\sin^2(\alpha-\beta)}{4}+\left[\cos\alpha\cos\beta\cdot\Delta t^2+\sin\alpha\sin\beta\cdot\left(\Delta\omega_s^2+K_1\right)+\sin(\alpha+\beta)\cdot K_2\right]^2 \tag{2.123}$$

其中，$K_1=\int_{-\infty}^{+\infty}[\varphi'(t)s(t)]^2\mathrm{d}t$，$K_2=\int_{-\infty}^{+\infty}ts^2(t)\varphi'(t)\mathrm{d}t$。

等号成立的条件为

$$f(t)=k_2\mathrm{e}^{-\mathrm{i}\frac{k_1\cos\beta-\cos\alpha}{k_1\sin\beta-\sin\alpha}\cdot\frac{t^2}{2}} \tag{2.124}$$

其中，k_1、k_2 为任意复常数。

推论 2.6　给定复数信号 $f(t)=s(t)\mathrm{e}^{\mathrm{i}\varphi(t)}$，有

$$\int_{-\infty}^{+\infty}\left|F'_\alpha(u)\right|^2\mathrm{d}u\cdot\int_{-\infty}^{+\infty}\left|F'_\beta(v)\right|^2\mathrm{d}v \geqslant \frac{\sin^2(\alpha-\beta)}{4}+\left[\sin\alpha\sin\beta\cdot\Delta t^2+\cos\alpha\cos\beta\cdot\left(\Delta\omega_s^2+K_1\right)-\sin(\alpha-\beta)\cdot K_2\right]^2 \tag{2.125}$$

其中，$K_1=\int_{-\infty}^{+\infty}[\varphi'(t)s(t)]^2\mathrm{d}t$，$K_2=\int_{-\infty}^{+\infty}ts^2(t)\varphi'(t)\mathrm{d}t$。

等号成立的条件为

$$f(t)=k_2\mathrm{e}^{-\mathrm{i}\frac{-(k_1\sin\beta-\sin\alpha)}{k_1\cos\beta-\cos\alpha}\cdot\frac{t^2}{2}} \tag{2.126}$$

其中，k_1、k_2 为任意复常数。

推论 2.7　给定复数信号 $f(t)=s(t)\mathrm{e}^{\mathrm{i}\varphi(t)}$，有

$$\int_{-\infty}^{+\infty}|uF_\alpha(u)|^2\mathrm{d}u\cdot\int_{-\infty}^{+\infty}|F_\beta'(v)|^2\mathrm{d}v$$
$$\geqslant\frac{\cos^2(\alpha-\beta)}{4}+\left[-\cos\alpha\sin\beta\cdot\Delta t^2+\sin\alpha\cos\beta\cdot\left(\Delta\omega_s^2+K_1\right)+\cos(\alpha-\beta)\cdot K_2\right]^2 \tag{2.127}$$

其中，$K_1=\int_{-\infty}^{+\infty}[\varphi'(t)s(t)]^2\mathrm{d}t$，$K_2=\int_{-\infty}^{+\infty}ts^2(t)\varphi'(t)\mathrm{d}t$。

等号成立的条件为

$$f(t)=k_2\mathrm{e}^{-\mathrm{i}\frac{-(k_1\sin\beta+\cos\alpha)}{k_1\cos\beta-\sin\alpha}\cdot\frac{t^2}{2}} \tag{2.128}$$

其中，k_1、k_2 为任意复常数。

2.4　分数阶 Fourier 变换域的加窗测不准原理

短时 Fourier 变换广泛应用于语音信号、水声学等处理领域。最近，一些学者讨论了加窗 Fourier 变换域的测不准原理[54-59]。Tao 等[56]进一步讨论了加窗分数阶 Fourier 变换。本节推导分数阶 Fourier 变换域的加窗测不准原理。

给定信号 $f(t)$ 和窗信号 $g(t)$，设 $F_\alpha(u)=F_\alpha[f(t)]$，$G_\alpha(u)=F_\alpha[g(t)]$，且 $\|g(t)\|_2=1$，那么，加窗分数阶 Fourier 变换[56,59]的定义如下：

$$\mathrm{ST}_\alpha(u,v)=\sqrt{\frac{1}{2\pi}}\int_{-\infty}^{+\infty}F_\alpha(x)[G_0(x-u)]^*\mathrm{e}^{-\mathrm{i}xv}\mathrm{d}x \tag{2.129}$$

其中，u 和 v 为在正交域的两个变量。

由文献[56]和文献[59]，可以得到

$$\overline{v}_{\mathrm{ST}}=\int_{-\infty}^{+\infty}\int_{-\infty}^{+\infty}v|\mathrm{ST}_\alpha(u,v)|^2\mathrm{d}u\mathrm{d}v \tag{2.130}$$

$$\begin{cases}\left(\Delta v_\alpha^2\right)_{\mathrm{ST}}=\int_{-\infty}^{+\infty}\int_{-\infty}^{+\infty}(v-\overline{v}_{\mathrm{ST}})^2|\mathrm{ST}_\alpha(u,v)|^2\mathrm{d}u\mathrm{d}v\\ \left(\Delta u_\alpha^2\right)_{\mathrm{ST}}=\left(\Delta v_{\alpha-\pi/2}^2\right)_{\mathrm{ST}}=\int_{-\infty}^{+\infty}\int_{-\infty}^{+\infty}(u-\overline{u}_{\mathrm{ST}})^2|\mathrm{ST}_\alpha(u,v)|^2\mathrm{d}u\mathrm{d}v\end{cases} \tag{2.131}$$

其中，$\overline{v}_{\mathrm{ST}}$、$\overline{u}_{\mathrm{ST}}$ 分别为变量 v 和 u 在谱图 $|\mathrm{ST}_\alpha(u,v)|^2$ 中的均值；$\left(\Delta v_\alpha^2\right)_{\mathrm{ST}}$ 和 $\left(\Delta u_\alpha^2\right)_{\mathrm{ST}}$ 分别为变量 v 和 u 在谱图 $|\mathrm{ST}_\alpha(u,v)|^2$ 中的方差。

所以，可以得到如下关系

$$\begin{cases}\left(\Delta v_\alpha^2\right)_{\mathrm{ST}}=\left(\Delta v_\alpha^2\right)_{f(t)}+\left(\Delta v_0^2\right)_{g(t)}\\ \left(\Delta u_\alpha^2\right)_{\mathrm{ST}}=\left(\Delta u_\alpha^2\right)_{f(t)}+\left(\Delta u_0^2\right)_{g(t)}\end{cases} \tag{2.132}$$

其中，

$$\begin{cases}\left(\Delta v_{\alpha}^{2}\right)_{f(t)}=\int_{-\infty}^{+\infty}\left|(v-\overline{v}_{1})F_{\alpha}(v)\right|^{2}\mathrm{d}v,\ \overline{v}_{1}=\int_{-\infty}^{+\infty}v\left|F_{\alpha}(v)\right|^{2}\mathrm{d}v\\ \left(\Delta u_{\alpha}^{2}\right)_{f(t)}=\int_{-\infty}^{+\infty}\left|(u-\overline{u}_{1})F_{\alpha-\pi/2}(u)\right|^{2}\mathrm{d}u,\ \overline{u}_{1}=\int_{-\infty}^{+\infty}u\left|F_{\alpha-\pi/2}(u)\right|^{2}\mathrm{d}u\\ \left(\Delta v_{0}^{2}\right)_{g(t)}=\int_{-\infty}^{+\infty}\left|(t-\overline{t}_{1})g(t)\right|^{2}\mathrm{d}t,\ \overline{t}_{1}=\int_{-\infty}^{+\infty}t\left|g(t)\right|^{2}\mathrm{d}t\\ \left(\Delta u_{0}^{2}\right)_{g(t)}=\int_{-\infty}^{+\infty}\left|(u-\overline{u}_{1})F(u)\right|^{2}\mathrm{d}u,\ \overline{u}_{1}=\int_{-\infty}^{+\infty}u\left|F(u)\right|^{2}\mathrm{d}u\end{cases}\tag{2.133}$$

同理，对于变换参数α、β，有

$$\begin{cases}\left(\Delta v_{\alpha}^{2}\right)_{\mathrm{ST}}=\left(\Delta v_{\alpha}^{2}\right)_{f(t)}+\left(\Delta v_{0}^{2}\right)_{g(t)}\\ \left(\Delta u_{\beta}^{2}\right)_{\mathrm{ST}}=\left(\Delta u_{\beta}^{2}\right)_{f(t)}+\left(\Delta u_{0}^{2}\right)_{g(t)}\end{cases}\tag{2.134}$$

式（2.134）两式相乘，整理可得

$$\begin{aligned}\left(\Delta v_{\alpha}^{2}\right)_{\mathrm{ST}}\left(\Delta u_{\beta}^{2}\right)_{\mathrm{ST}}=&\left(\Delta v_{\alpha}^{2}\right)_{f(t)}\left(\Delta u_{\beta}^{2}\right)_{f(t)}+\left(\Delta v_{0}^{2}\right)_{g(t)}\left(\Delta u_{0}^{2}\right)_{g(t)}+\left(\Delta v_{0}^{2}\right)_{g(t)}\left(\Delta u_{\beta}^{2}\right)_{f(t)}\\&+\left(\Delta v_{\alpha}^{2}\right)_{f(t)}\left(\Delta u_{0}^{2}\right)_{g(t)}\end{aligned}\tag{2.135}$$

由于

$$\left(\Delta v_{\alpha}^{2}\right)_{f(t)}\left(\Delta u_{\beta}^{2}\right)_{f(t)}\geqslant\frac{\left|\cos(\alpha-\beta)\right|^{2}}{4},\quad\left(\Delta v_{0}^{2}\right)_{g(t)}\left(\Delta u_{0}^{2}\right)_{g(t)}=\left(\Delta v_{0}^{2}\right)_{g(t)}\left(\Delta v_{\pi/2}^{2}\right)_{g(t)}\geqslant\frac{1}{4}\tag{2.136}$$

所以

$$\left(\Delta v_{\alpha}^{2}\right)_{\mathrm{ST}}\left(\Delta u_{\beta}^{2}\right)_{\mathrm{ST}}=\frac{\left|\cos(\alpha-\beta)\right|^{2}+1}{4}+\left(\Delta v_{0}^{2}\right)_{g(t)}\left(\Delta u_{\beta}^{2}\right)_{f(t)}+\left(\Delta v_{\alpha}^{2}\right)_{f(t)}\left(\Delta u_{0}^{2}\right)_{g(t)}\tag{2.137}$$

应用$a^2+b^2\geqslant 2ab$不等式，可得

$$\begin{aligned}\left(\Delta v_{0}^{2}\right)_{g(t)}\left(\Delta u_{\beta}^{2}\right)_{f(t)}+\left(\Delta v_{\alpha}^{2}\right)_{f(t)}\left(\Delta u_{0}^{2}\right)_{g(t)}&\geqslant 2\sqrt{\left(\Delta v_{0}^{2}\right)_{g(t)}\left(\Delta u_{0}^{2}\right)_{g(t)}\left(\Delta u_{\beta}^{2}\right)_{f(t)}\left(\Delta v_{\alpha}^{2}\right)_{f(t)}}\\&=\frac{\left|\cos(\alpha-\beta)\right|}{2}\end{aligned}\tag{2.138}$$

综合以上各式，整理可得[58]

$$\left(\Delta v_{\alpha}^{2}\right)_{\mathrm{ST}}\left(\Delta u_{\beta}^{2}\right)_{\mathrm{ST}}\geqslant\frac{\left[\left|\cos(\alpha-\beta)\right|+1\right]^{2}}{4}\tag{2.139}$$

式（2.131）的下限与变换参数α、β有关。

当$\alpha=\beta$时，有$\left(\Delta v_{\alpha}^{2}\right)_{\mathrm{ST}}\left(\Delta u_{\alpha}^{2}\right)_{\mathrm{ST}}\geqslant 1$。

当$\alpha=\pi/2$时，有$\left(\Delta v_{\pi/2}^{2}\right)_{\mathrm{ST}}\left(\Delta v_{0}^{2}\right)_{\mathrm{ST}}=\left(\Delta v^{2}\right)_{\mathrm{ST}}\left(\Delta t^{2}\right)_{\mathrm{ST}}\geqslant 1$，这一关系式与文献[55]给出的结果相同，即为传统加窗测不准原理的广义形式。

通过求解，可以得到式（2.131）等式成立的条件为

$$f(t)=X\mathrm{e}^{-\mathrm{i}\frac{(Y\cos\beta-\cos\alpha)t^{2}}{(Y\sin\beta-\sin\alpha)}}\tag{2.140}$$

其中，X和Y为任意常数。

2.5　广义分数阶 Fourier 变换域的加窗测不准原理

给定信号 $f(t)$ 和窗函数 $g(t)$，设 $F_{(a,b,c,d)}(u)=F^{(a,b,c,d)}[f(t)]$，$G_{(a,b,c,d)}(u)=F^{(a,b,c,d)}[g(t)]$。且假定 $\|g(t)\|_2=1$。由文献[53]可得广义短时分数阶 Fourier 变换：

$$\mathrm{ST}_{(a,b,c,d)}(u,v)=\sqrt{\frac{1}{2\pi}}\int_{-\infty}^{+\infty}F_{(a,b,c,d)}(x)\left[G_{(1,0,0,1)}(x-u)\right]^{*}\mathrm{e}^{-\mathrm{i}xv}\mathrm{d}x \tag{2.141}$$

同理，可得

$$\overline{v}_{\mathrm{ST}}=\int_{-\infty}^{+\infty}\int_{-\infty}^{+\infty}v\left|\mathrm{ST}_{(a,b,c,d)}(u,v)\right|^2\mathrm{d}u\mathrm{d}v \tag{2.142}$$

$$\begin{cases}\left(\Delta v_{(a,b,c,d)}^2\right)_{\mathrm{ST}}=\int_{-\infty}^{+\infty}\int_{-\infty}^{+\infty}(v-\overline{v}_{\mathrm{ST}})^2\left|\mathrm{ST}_{(a,b,c,d)}(u,v)\right|^2\mathrm{d}u\mathrm{d}v\\ \left(\Delta u_{(a,b,c,d)}^2\right)_{\mathrm{ST}}=\left(\Delta v_{(a',b',c',d')}^2\right)=\int_{-\infty}^{+\infty}\int_{-\infty}^{+\infty}(u-\overline{u}_{\mathrm{ST}})^2\left|\mathrm{ST}_{(a,b,c,d)}(u,v)\right|^2\mathrm{d}u\mathrm{d}v\end{cases} \tag{2.143}$$

其中，$\overline{v}_{\mathrm{ST}}$、$\overline{u}_{\mathrm{ST}}$ 分别为变量 v 和 u 在谱图 $\left|\mathrm{ST}_{(a,b,c,d)}(u,v)\right|^2$ 中的均值；$\left(\Delta v_{(a,b,c,d)}^2\right)_{\mathrm{ST}}$ 和 $\left(\Delta u_{(a,b,c,d)}^2\right)_{\mathrm{ST}}$ 分别为变量 v 和 u 对应的方差，若满足 $\begin{bmatrix}a & b\\ c & d\end{bmatrix}\cdot\begin{bmatrix}0 & 1\\ -1 & 0\end{bmatrix}=\begin{bmatrix}a' & b'\\ c' & d'\end{bmatrix}$，则说明这两个方差为正交坐标系中的方差。

因此，可以得到

$$\begin{cases}\left(\Delta v_{(a,b,c,d)}^2\right)_{\mathrm{ST}}=\left(\Delta v_{(a,b,c,d)}^2\right)_{f(t)}+\left(\Delta v_{(1,0,0,1)}^2\right)_{g(t)}\\ \left(\Delta u_{(a,b,c,d)}^2\right)_{\mathrm{ST}}=\left(\Delta u_{(a,b,c,d)}^2\right)_{f(t)}+\left(\Delta u_{(1,0,0,1)}^2\right)_{g(t)}\end{cases} \tag{2.144}$$

其中，

$$\begin{cases}\left(\Delta v_{(a,b,c,d)}^2\right)_{f(t)}=\int_{-\infty}^{+\infty}\left|(v-\overline{v}_1)F_{(a,b,c,d)}(v)\right|^2\mathrm{d}v,\ \overline{v}_1=\int_{-\infty}^{+\infty}v\left|F_{(a,b,c,d)}(v)\right|^2\mathrm{d}v\\ \left(\Delta u_{(a,b,c,d)}^2\right)_{f(t)}=\int_{-\infty}^{+\infty}\left|(u-\overline{u}_1)F_{(-b,a,-d,c)}(u)\right|^2\mathrm{d}u,\ \overline{u}_1=\int_{-\infty}^{+\infty}u\left|F_{(-b,a,-d,c)}(u)\right|^2\mathrm{d}u\\ \left(\Delta v_{(1,0,0,1)}^2\right)_{g(t)}=\int_{-\infty}^{+\infty}\left|(t-\overline{t}_1)g(t)\right|^2\mathrm{d}t,\ \overline{t}_1=\int_{-\infty}^{+\infty}t\left|g(t)\right|^2\mathrm{d}t\\ \left(\Delta u_{(1,0,0,1)}^2\right)_{g(t)}=\int_{-\infty}^{+\infty}\left|(u-\overline{u}_1)G(u)\right|^2\mathrm{d}u,\ \overline{u}_1=\int_{-\infty}^{+\infty}u\left|F(u)\right|^2\mathrm{d}u\end{cases} \tag{2.145}$$

同理，可得

$$\begin{cases}\left(\Delta v_{(a_1,b_1,c_1,d_1)}^2\right)_{\mathrm{ST}}=\left(\Delta v_{(a_1,b_1,c_1,d_1)}^2\right)_{f(t)}+\left(\Delta v_{(1,0,0,1)}^2\right)_{g(t)}\\ \left(\Delta u_{(a_2,b_2,c_2,d_2)}^2\right)_{\mathrm{ST}}=\left(\Delta u_{(a_2,b_2,c_2,d_2)}^2\right)_{f(t)}+\left(\Delta u_{(1,0,0,1)}^2\right)_{g(t)}\end{cases} \tag{2.146}$$

式（2.146）两式相乘，整理可得

$$\begin{aligned}&\left(\Delta v_{(a_1,b_1,c_1,d_1)}^2\right)_{\mathrm{ST}}\left(\Delta u_{(a_2,b_2,c_2,d_2)}^2\right)_{\mathrm{ST}}\\ &=\left(\Delta v_{(a_1,b_1,c_1,d_1)}^2\right)_{f(t)}\left(\Delta u_{(a_2,b_2,c_2,d_2)}^2\right)_{f(t)}+\left(\Delta v_{(1,0,0,1)}^2\right)_{g(t)}\left(\Delta u_{(1,0,0,1)}^2\right)_{g(t)}\\ &\quad+\left(\Delta v_{(1,0,0,1)}^2\right)_{g(t)}\left(\Delta u_{(a_2,b_2,c_2,d_2)}^2\right)_{f(t)}+\left(\Delta v_{(a_1,b_1,c_1,d_1)}^2\right)_{f(t)}\left(\Delta u_{(1,0,0,1)}^2\right)_{g(t)}\end{aligned} \tag{2.147}$$

考虑到

$$\left(\Delta v^2_{(a_1,b_1,c_1,d_1)}\right)_{f(t)}\left(\Delta u^2_{(a_2,b_2,c_2,d_2)}\right)_{f(t)} \geqslant \frac{|a_1b_2-a_2b_1|^2}{4} \tag{2.148}$$

根据$\begin{bmatrix} a & b \\ c & d \end{bmatrix}\cdot\begin{bmatrix} 0 & 1 \\ -1 & 0 \end{bmatrix}=\begin{bmatrix} a' & b' \\ c' & d' \end{bmatrix}$，则有

$$\left(\Delta v^2_{(1,0,0,1)}\right)_{g(t)}\left(\Delta v^2_{(1,0,0,1)}\right)_{g(t)} = \left(\Delta v^2_{(1,0,0,1)}\right)_{g(t)}\left(\Delta u^2_{(0,1,-1,0)}\right)_{g(t)} \geqslant \frac{1}{4} \tag{2.149}$$

所以

$$\begin{aligned}&\left(\Delta v^2_{(a_1,b_1,c_1,d_1)}\right)_{\mathrm{ST}}\left(\Delta u^2_{(a_2,b_2,c_2,d_2)}\right)_{\mathrm{ST}}\\ \geqslant &\frac{|a_1b_2-a_2b_1|^2+1}{4}+\left(\Delta v^2_{(1,0,0,1)}\right)_{g(t)}\left(\Delta u^2_{(a_2,b_2,c_2,d_2)}\right)_{f(t)}+\left(\Delta v^2_{(a_1,b_1,c_1,d_1)}\right)_{f(t)}\left(\Delta u^2_{(1,0,0,1)}\right)_{g(t)}\end{aligned} \tag{2.150}$$

应用不等式$a^2+b^2 \geqslant 2ab$，可得

$$\begin{aligned}&\left(\Delta v^2_{(1,0,0,1)}\right)_{g(t)}\left(\Delta u^2_{(a_2,b_2,c_2,d_2)}\right)_{f(t)}+\left(\Delta v^2_{(a_1,b_1,c_1,d_1)}\right)_{f(t)}\left(\Delta u^2_{(1,0,0,1)}\right)_{g(t)}\\ \geqslant &2\sqrt{\left(\Delta v^2_{(1,0,0,1)}\right)_{g(t)}\left(\Delta u^2_{(a_2,b_2,c_2,d_2)}\right)_{f(t)}\left(\Delta v^2_{(a_1,b_1,c_1,d_1)}\right)_{f(t)}\left(\Delta u^2_{(1,0,0,1)}\right)_{g(t)}}\\ = &2\sqrt{\left[\left(\Delta v^2_{(a_1,b_1,c_1,d_1)}\right)_{f(t)}\left(\Delta u^2_{(a_2,b_2,c_2,d_2)}\right)_{f(t)}\right]\times\left[\left(\Delta v^2_{(1,0,0,1)}\right)_{g(t)}\left(\Delta u^2_{(1,0,0,1)}\right)_{g(t)}\right]}\\ \geqslant &\frac{|a_1b_2-a_2b_1|}{2}\end{aligned} \tag{2.151}$$

所以

$$\left(\Delta v^2_{(a_1,b_1,c_1,d_1)}\right)_{\mathrm{ST}}\left(\Delta u^2_{(a_2,b_2,c_2,d_2)}\right)_{\mathrm{ST}} \geqslant \left(\frac{|a_1b_2-a_2b_1|+1}{2}\right)^2 \tag{2.152}$$

短时广义分数阶 Fourier 变换域的加窗测不准原理只与变换参数 a、b 有关。

当$a_1b_2-a_2b_1=1$时，有$\left(\Delta v^2_{(a_1,b_1,c_1,d_1)}\right)_{\mathrm{ST}}\left(\Delta u^2_{(a_2,b_2,c_2,d_2)}\right)_{\mathrm{ST}} \geqslant 1$，表明在$\left|\mathrm{ST}_{(a,b,c,d)}(u,v)\right|^2$给定的($u$–$v$)面上，式（2.152）的下限为 1，即$\left(\Delta v^2_{(a_1,b_1,c_1,d_1)}\right)_{\mathrm{ST}}$和$\left(\Delta u^2_{(a_2,b_2,c_2,d_2)}\right)_{\mathrm{ST}}$源于两个正交域。

当$(a_1,b_1,c_1,d_1)=(a_2,b_2,c_2,d_2)=(a,b,c,d)$时，表明在$\left|\mathrm{ST}_{(a,b,c,d)}(u,v)\right|^2$给定的($u$–$v$)面上，$\left(\Delta v^2_{(a,b,c,d)}\right)_{\mathrm{ST}}$和$\left(\Delta u^2_{(a,b,c,d)}\right)_{\mathrm{ST}}$具有正交的坐标系，其物理解释与文献[55]的结果一致，当$\left(\Delta v^2_\alpha\right)_{\mathrm{ST}}\left(\Delta u^2_\alpha\right)_{\mathrm{ST}}=\left(\Delta v^2_\alpha\right)_{\mathrm{ST}}\left(\Delta v^2_{\alpha-\pi/2}\right)_{\mathrm{ST}} \geqslant 1$时，则表示它们之间的夹角为$\pi/2$。

2.6　Heisenberg 广义测不准原理在分数阶 S 变换中的应用

本节将讨论测不准原理的一个应用实例：Heisenberg 测不准原理在分数阶 S 变换（FrST）中的应用。S 变换严格意义上说属于变分辨率的短时 Fourier 变换，其定义的窗函数中包含频率因子，因此 S 变换具有了在低频区具有高的频率分辨率，而在高频区具有低的频率分辨率的自适应特性[1]，因此 S 变换也具备了小波分析的特点，从而也可以通过小波变换的角度进行分析。S 变换可以通过小波变换构建[2]。在电力系统等多种场合中 S 变换已经获得了广泛的应用[1]。

本节将首先定义 FrST，给出 FrST 的性质，然后讨论 FrST 的测不准原理和分辨率，最后给出一个试验分析[60]。

2.6.1　FrST

1. FrST 的定义

一个给定函数 $f(t)$ 在参数 α 下的 FrST 定义为

$$\mathrm{ST}_{\alpha}(\tau,u)=\int_{-\infty}^{+\infty} f(t)w(t-\tau,u)K_{\alpha}(u,t)\mathrm{d}t \tag{2.153}$$

其中，$w(t,u)=\dfrac{|u|}{k\sqrt{2\pi}}\mathrm{e}^{-\frac{u^2t^2}{2k^2}}$，$k>0$，且满足 $\int_{-\infty}^{+\infty} w(t,u)\mathrm{d}t=1$，$\forall u\in\mathbf{R}$。

u 是分数阶 Fourier 变换域内的广义频率，t 和 τ 是时间变量，k 是尺度因子，控制着窗函数的宽度。随着 k 的递增，频率分辨率提高，时间分辨率降低，反之亦然。值得注意的是，Gauss 窗的方差是频率相关的，即 $\sigma^2=k^2/u^2$。也就是说，时间窗可以看作是时间和频率的联合函数。

另外，考虑到 Gauss 函数的分数阶 Fourier 变换（FrFT）仍然是 Gauss 函数，因此 FrST 还可以写为

$$\mathrm{ST}_{\alpha}(\tau,u)=\int_{-\infty}^{+\infty} F_{\alpha}(u+\xi)W_{\alpha}(u)K_{-\alpha}(u,\tau)\mathrm{d}\xi \tag{2.154}$$

其中，$F_{\alpha}(u)$ 是 $f(t)$ 的FrFT；$W_{\alpha}(u)$ 是 $w(t,u)$ 的FrFT。式（2.154）又称为FrST的频率定义式，而式（2.153）称为FrST的时间定义式。

2. FrST 逆变换

FrST 的一个良好特性就是能够完全重构。经过分析，FrST 逆变换定义为

$$\int_{-\infty}^{+\infty}\int_{-\infty}^{+\infty}\mathrm{ST}_{\alpha}(\tau,u)K_{-\alpha}(u,t)\mathrm{d}\tau\mathrm{d}u=f(t) \tag{2.155}$$

3. FrST 的窗支撑

由于 FrST 中的关键在于窗函数，因此对窗函数分析可以获得 FrST 的重要特性。曰于窗函数 $w(t,u)$ 是时间和频率的联合函数[32]，因此

$$P(t,u)=|w(t,u)|^2 \tag{2.156}$$

频率的边缘概率为

$$P(u)=\int_{-\infty}^{+\infty}P(t,u)\mathrm{d}t=\int_{-\infty}^{+\infty}\frac{u^2}{2\pi k^2}\cdot\mathrm{e}^{-\frac{u^2t^2}{k^2}}\mathrm{d}t=\frac{u}{2k\sqrt{\pi}} \tag{2.157}$$

窗函数 $w(t,u)$ 中时间的条件概率密度定义为

$$P(t\,|\,u)=\frac{P(t,u)}{P(u)}=\frac{u\mathrm{e}^{-\frac{u^2t^2}{k^2}}}{k\sqrt{\pi}} \tag{2.158}$$

因此，获得时间均值

$$\overline{t_u}=\int_{-\infty}^{+\infty}tP(t\,|\,u)\mathrm{d}t=\int_{-\infty}^{+\infty}\frac{ut\mathrm{e}^{-\frac{u^2t^2}{k^2}}}{k\sqrt{\pi}}\mathrm{d}t=0,\quad \forall u\in\mathbf{R} \tag{2.159}$$

这里应用了奇函数在 $(-\infty,+\infty)$ 积分为零的特性。

时间支撑为

$$\sigma_{t|u}^2=\int_{-\infty}^{+\infty}(t-\overline{t}_u)^2P(t\mid u)\mathrm{d}t=\int_{-\infty}^{+\infty}\frac{ut^2\mathrm{e}^{-\frac{u^2t^2}{k^2}}}{k\sqrt{\pi}}\mathrm{d}t=\frac{k^2}{2u^2} \tag{2.160}$$

由式（2.160）可知，窗函数的一维时间分辨率为

$$R_t=\frac{1}{\sigma_{t|u}}=\frac{u\sqrt{2}}{k} \tag{2.161}$$

也就是说，时间分辨率和频率分辨率是成正比的（图 2.1）。类似小波分析，在低频区希望获得高的频率分辨率，在高频区希望获得低的频率分辨率，窗函数 $w(t,u)$ 正好满足要求。

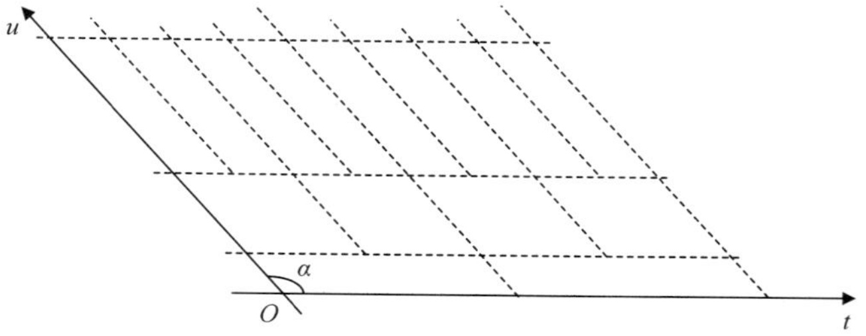

图 2.1　FrST 的时频平面

现在考虑 $w(t,u)$ 的 FrFT：

$$W_u^\alpha(u')=\int_{-\infty}^{+\infty}w(t,u)K_\alpha(t,u')\,\mathrm{d}t=\frac{\sqrt{c}}{\sqrt{2\pi}}\sqrt{\frac{1-\mathrm{j}\cot\alpha}{c-\mathrm{j}\cot\alpha}}\cdot\mathrm{e}^{\mathrm{i}\frac{u'^2}{2}\cdot\frac{(c^2-1)\cot\alpha}{c^2+\cot^2\alpha}}\mathrm{e}^{-\frac{u'^2}{2}\cdot\frac{c\csc^2\alpha}{c^2+\cot^2\alpha}} \tag{2.162}$$

其中，$c=\dfrac{u^2}{k^2}$；均值 $u':\overline{u}'_u=\int_{-\infty}^{+\infty}W_u^\alpha(u')\,\mathrm{d}u'=0$，$\forall u\in\mathbf{R}$。

$w(t,u)$ 的有效广义频率支撑为

$$\sigma_{u'|u}^2=\int_{-\infty}^{+\infty}(u'-\overline{u}'_u)^2P(u'\mid u)\mathrm{d}u'=\frac{u^2\sin^2\alpha}{2k^2}+\frac{k^2\cos^2\alpha}{2u^2} \tag{2.163}$$

因此，可以获得一维频率分辨率：

$$R_u=\frac{\sqrt{2}k|u|}{\sqrt{u^4\sin^2\alpha+k^4\cos^2\alpha}} \tag{2.164}$$

由式（2.164）可知，随着频率的增加频率分辨率是降低的，反之亦然。

图 2.2 所示为频率分辨率和时间分辨率的变化图。为了简化表示，采用二分法进行时频平面的分隔。

由此，可以得出二维分辨率：

$$R_{(t,u)}=R_uR_t=\frac{2u^2}{\sqrt{u^4\sin^2\alpha+k^4\cos^2\alpha}} \tag{2.165}$$

可获得如下结论：在 FrST 定义的时频平面内，时间分辨率为 $\dfrac{u\sqrt{2}}{k}$，正比于频率 u；频率分辨率为 $\dfrac{\sqrt{2}k|u|}{\sqrt{u^4\sin^2\alpha+k^4\cos^2\alpha}}$，反比于频率 u 和 $|\sin\alpha|$；二维分辨率为

$$\frac{2u^2}{\sqrt{u^4\sin^2\alpha+k^4\cos^2\alpha}}。$$

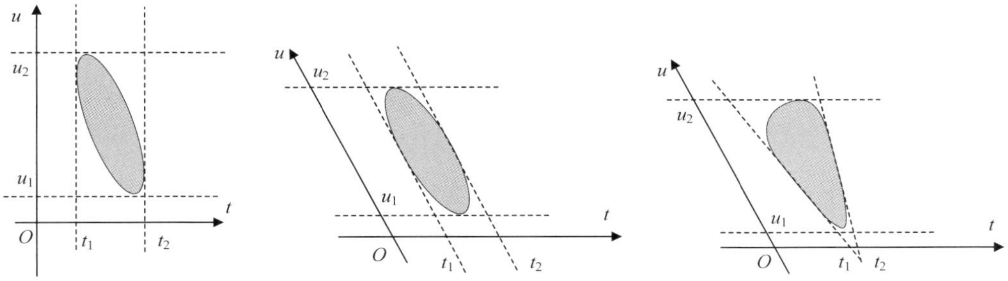

（a）短时 Fourier 变换域内 chirp 信号的矩形支撑　（b）分数阶 Fourier 变换域内 chirp 信号的平行四边形支撑　（c）FrFT 域内 chirp 信号的梯形支撑

图 2.2　频率分辨率和时间分辨率的变化图

4. FrST 的测不准关系

如图 2.2 所示，考虑一个具有倾斜支撑的 chirp 信号，其在传统的短时 Fourier 变换域内可以被一个矩形框界定，在分类阶 Fourier 变换域内可以被一个倾斜的平行四边形界定，在分数阶 S 变换域内可以被一个上宽下窄的梯形界定。

平均时间、平均频率以及时宽和带宽可以定义为

$$\begin{cases}\bar{t}=\dfrac{1}{E}\displaystyle\int_{-\infty}^{+\infty}\int_{-\infty}^{+\infty}t\left|\mathrm{ST}_\alpha(t,u)\right|^2\mathrm{d}t\mathrm{d}u\\ \bar{u}_\alpha=\dfrac{1}{E}\displaystyle\int_{-\infty}^{+\infty}\int_{-\infty}^{+\infty}u\left|\mathrm{ST}_\alpha(t,u)\right|^2\mathrm{d}t\mathrm{d}u\\ \sigma_t^2=\dfrac{1}{E}\displaystyle\int_{-\infty}^{+\infty}\int_{-\infty}^{+\infty}(t-\bar{t})^2\left|\mathrm{ST}_\alpha(t,u)\right|^2\mathrm{d}t\mathrm{d}u\\ \sigma_{u_\alpha}^2=\dfrac{1}{E}\displaystyle\int_{-\infty}^{+\infty}\int_{-\infty}^{+\infty}(u-\bar{u})^2\left|\mathrm{ST}_\alpha(t,u)\right|^2\mathrm{d}t\mathrm{d}u\end{cases}\tag{2.166}$$

其中，$E=\int_{-\infty}^{+\infty}\int_{-\infty}^{+\infty}\left|\mathrm{ST}_\alpha(t,u)\right|^2\mathrm{d}t\mathrm{d}u$。

容易证明：$\bar{t}=\bar{t}_f-\bar{t}_w$，$\bar{u}_\alpha=\bar{u}_{\alpha,f}+\bar{u}_{\alpha,w}$，$\sigma_t^2=\sigma_{t,f}^2+\sigma_{t,w}^2$，$\sigma_{u_\alpha}^2=\sigma_{u_\alpha,f}^2+\sigma_{u_\alpha,w}^2$。

最终可得FrST参数 α 对应的测不准原理为

$$\sigma_t^2\cdot\sigma_{u_\alpha}^2=\left(\sigma_{t,f}^2+\sigma_{t,w}^2\right)\cdot\left(\sigma_{u_\alpha,f}^2+\sigma_{u_\alpha,w}^2\right)=\sigma_{t,f}^2\sigma_{u_\alpha,f}^2+\sigma_{t,w}^2\sigma_{u_\alpha,w}^2+\sigma_{t,w}^2\sigma_{u_\alpha,f}^2+\sigma_{t,f}^2\sigma_{u_\alpha,w}^2\tag{2.167}$$

5. FrST 的性质

1）线性

由于

$$\begin{aligned}&\int_{-\infty}^{+\infty}[af_1(\tau)+bf_2(\tau)]w(\tau-t,u)K_\alpha(u,\tau)\mathrm{d}\tau\\&=a\int_{-\infty}^{+\infty}f_1(\tau)w(\tau-t,u)K_\alpha(u,\tau)\mathrm{d}\tau+b\int_{-\infty}^{+\infty}f_2(\tau)w(\tau-t,u)K_\alpha(u,\tau)\mathrm{d}\tau\end{aligned}\tag{2.168}$$

因此，FrST 是线性的。

2）尺度特性

FrST 尺度特性可表述如下。

如果 $f(t) \Leftrightarrow \mathrm{ST}_\alpha(\tau,u)$，那么

$$\frac{1}{|\eta|} f\left(\frac{t}{\eta}\right) \leftrightarrow F_\alpha \left\{ \frac{F_{-\alpha}\{M_\alpha(u) \otimes W_\alpha(u)\}}{\mathrm{e}^{\mathrm{i}\frac{\cot\alpha}{2}t^2}} \right\},\quad \eta \in \mathbf{R} \tag{2.169}$$

其中，$M_\alpha(u) = \sqrt{\dfrac{1-\mathrm{i}\cot\alpha}{1-\mathrm{i}\eta^2\cot\alpha}} \mathrm{e}^{\frac{\mathrm{i}u^2\cot\alpha}{2}\left(\frac{\cos^2\alpha-\cos^2\beta}{\cos^2\alpha}\right)} F_\beta\left(\dfrac{\tau}{\eta}, \dfrac{\eta u \sin\beta}{\sin\alpha}\right)$，$\eta \in \mathbf{R}$，$\beta = \arctan\left(\dfrac{\tan\alpha}{\eta^2}\right)$；“$\otimes$”为文献[37]定义的卷积算子；$F_\beta(u)$、$W_\alpha(u)$ 为 $f(t)$、$w(t,u)$ 的 FrFT。

3）平移特性

FrST 平移特性可表述如下。

如果 $f(t) \Leftrightarrow \mathrm{ST}_\alpha(\tau,u)$，那么

$$f(t-\xi) \Leftrightarrow \mathrm{e}^{-\mathrm{i}u\xi\sin\alpha} \mathrm{e}^{\frac{\mathrm{i}\xi^2\sin\alpha\cos\alpha}{2}} \mathrm{ST}_\alpha(\tau-\xi, u-\xi\cos\alpha),\quad \xi \in \mathbf{R} \tag{2.170}$$

如果 $f(t) \Leftrightarrow \mathrm{ST}_\alpha(\tau,u)$，那么

$$f(t)\mathrm{e}^{\mathrm{i}\rho t} \Leftrightarrow \mathrm{e}^{\mathrm{i}u\rho\cos\alpha} \mathrm{e}^{\frac{-\mathrm{i}\rho^2\sin\alpha\cos\alpha}{2}} \mathrm{ST}_\alpha(\tau, u-\rho\sin\alpha),\quad \rho \in \mathbf{R} \tag{2.171}$$

4）旋转叠加性

与 FrFT 相似，FrST 满足：

$$F_\alpha\{\mathrm{ST}_\beta(\tau,u)\} = \mathrm{ST}_{\alpha+\beta}(\tau,u) \tag{2.172}$$

2.6.2　离散 FrST

设$f[kT]$（k=0,1,⋯, N−1）代表 $f(t)$ 的一个离散序列，采样周期为T。离散FrFT[6]为

$$F_\alpha\left[\frac{n}{NT}\right] = \frac{1}{N}\sum_{k=0}^{N-1} f[kT] K_\alpha\left[kT, \frac{n}{NT}\right] \tag{2.173}$$

其中，$n = 0,1,\cdots,N-1$；$K_\alpha\left[kT,\dfrac{n}{NT}\right] = \sqrt{\dfrac{1-\mathrm{i}\cot\alpha}{2\pi}} \cdot \mathrm{e}^{\frac{\mathrm{i}n^2\cot\alpha}{2N^2T^2}} \mathrm{e}^{\frac{-\mathrm{i}kn}{N\sin\alpha}} \mathrm{e}^{\frac{\mathrm{i}k^2T^2\cot\alpha}{2}}$。

基于离散定义式（2.173），离散FrST定义为（设$u \to n/NT, \tau \to lT$）

$$S_\alpha\left[lT, \frac{n}{NT}\right] = \sum_{m=0}^{N-1} F_\alpha\left[\frac{n+m}{NT}\right] W_\alpha\left(\frac{n}{NT}\right) K_{-\alpha}\left(\frac{n}{NT}, lT\right) \tag{2.174}$$

其中，$n,l = 0,1,\cdots,N-1$；$K_{-\alpha}\left[\dfrac{n}{NT}, lT\right] = \sqrt{\dfrac{1+\mathrm{i}\cot\alpha}{2\pi}} \cdot \mathrm{e}^{\frac{-\mathrm{i}n^2\cot\alpha}{2N^2T^2}} \mathrm{e}^{\frac{\mathrm{i}nl}{N\sin\alpha}} \mathrm{e}^{\frac{-\mathrm{i}l^2T^2\cot\alpha}{2}}$；$W_\alpha\left(\dfrac{n}{NT}\right)$为$w\left(kT, \dfrac{n}{NT}\right)$的离散FrFT。

对于$n = 0$，等价于 $S_\alpha[lT,0] = \dfrac{1}{N}\sum_{k=0}^{N-1} f[kT]$。

离散FrST逆变换为

$$f[kT]=\sum_{n=0}^{N-1}\left\{\frac{1}{N}\sum_{l=0}^{N-1}S_{\alpha}\left[lT,\frac{n}{NT}\right]\right\}K_{-\alpha}\left(\frac{n}{NT},kT\right) \tag{2.175}$$

其中，$n,l=0,1,\cdots,N-1$；$K_{-\alpha}\left(\frac{n}{NT},kT\right)=\sqrt{\frac{1+\mathrm{i}\cot\alpha}{2\pi}}\cdot \mathrm{e}^{\frac{-\mathrm{i}n^2\cot\alpha}{2N^2T^2}}\mathrm{e}^{\frac{\mathrm{i}nk}{N\sin\alpha}}\mathrm{e}^{\frac{-\mathrm{i}k^2T^2\cot\alpha}{2}}$。

通过分析发现离散 FrST 的计算复杂度为 $O\left(N^2\log_2 N\right)$。

2.6.3 分辨率分析实例

对于一个复信号 $f(t)=\mathrm{e}^{-\frac{t^2}{2}}\mathrm{e}^{\mathrm{i}\frac{t^2}{2}}$，容易推导 $\sigma_{t,f}^2=\frac{1}{2}$，$\sigma_{u_{\pi/2},f}^2=1$，且

$$C[f(t),k,u,\alpha]=\left(\frac{u^2}{4k^2}+\frac{1}{2}+\frac{k^2}{4u^2}\right)\sin^2\alpha+\left(\frac{1}{4}+\frac{k^2}{4u^2}\right)(1+\sin 2\alpha) \tag{2.176}$$

若参数 α 和 k 固定，频率 u 的影响容易获得。

考虑到

$$\frac{u^2}{4k^2}\sin^2\alpha+\frac{k^2}{4u^2}(1+\sin 2\alpha+\sin^2\alpha)\geqslant\frac{1}{2}\sqrt{\sin^2\alpha(1+\sin 2\alpha+\sin^2\alpha)} \tag{2.177}$$

有

$$C[f(t),k,u,\alpha]\geqslant\frac{1}{2}\sqrt{\sin^2\alpha(1+\sin 2\alpha+\sin^2\alpha)}+\frac{2\sin^2\alpha+1+\sin 2\alpha}{4}\geqslant\frac{1}{4} \tag{2.178}$$

当且仅当 $u=k\left(\frac{\sin^2\alpha+1+\sin 2\alpha}{\sin^2\alpha}\right)^{1/4}$ 时，$C[f(t),k,u,\alpha]$ 获得最小值：

$$\frac{1}{2}\sqrt{\sin^2\alpha(1+\sin 2\alpha+\sin^2\alpha)}+\frac{2\sin^2\alpha+1+\sin 2\alpha}{4}$$

随着 $\left|u-k\left(\frac{\sin^2\alpha+1+\sin 2\alpha}{\sin^2\alpha}\right)^{1/4}\right|$ 的增加，$C[f(t),k,u,\alpha]$ 也会增加。二维分辨率 $\frac{1}{\sqrt{C[f(t),k,u,\alpha]}}$ 降低，反之亦然。

图2.3所示为不同频率 u、尺度因子 k 以及参数 α 对二维分辨率的影响。每一系列参

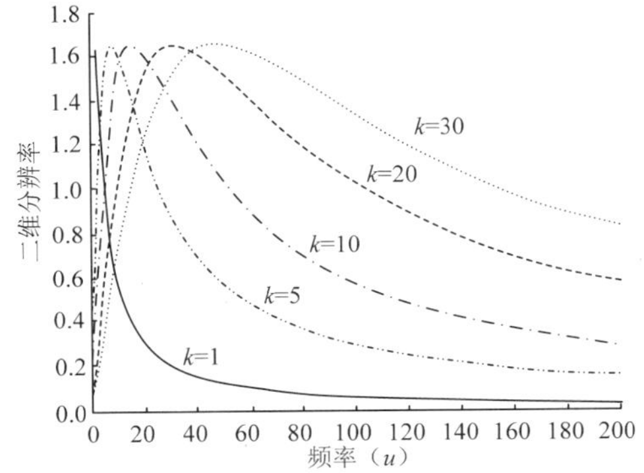

（a）$\alpha=\pi/9$时频率u和尺度因子k对二维分辨率的影响

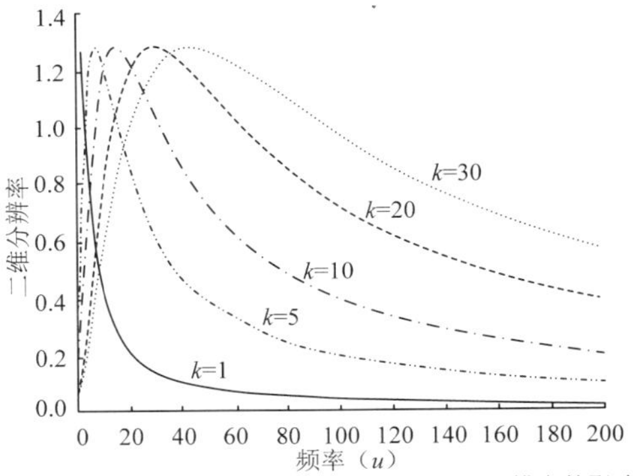

（b）$\alpha=\pi/6$对应下的频率u和尺度因子k对二维分辨率的影响

图 2.3　不同参数对二维分辨率的影响

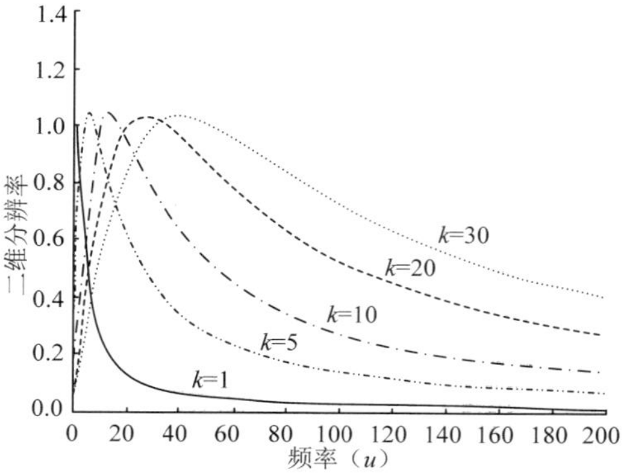

（c）$\alpha=\pi/4$时频率u和尺度因子k对二维分辨率的影响

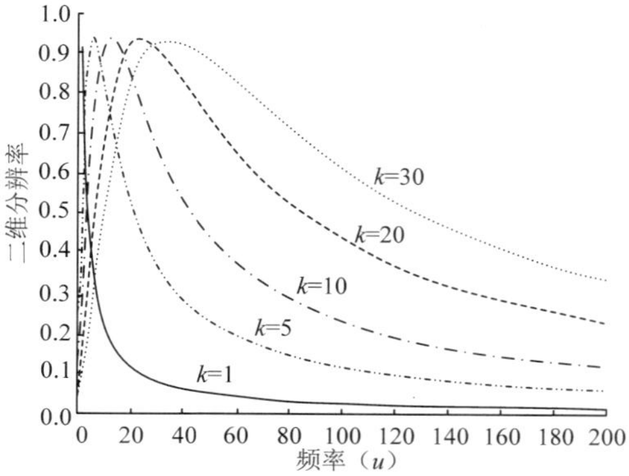

（d）$\alpha=\pi/3$时频率u和尺度因子k对二维分辨率的影响

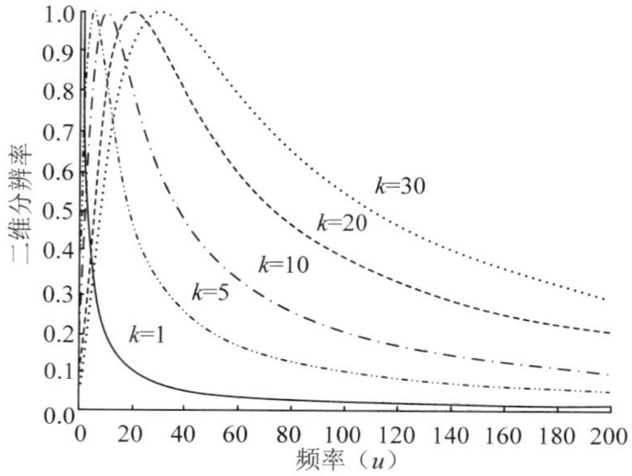

（e）$\alpha=\pi/2$时频率u和尺度因子k对二维分辨率的影响

图 2.3（续）

数（k、α）下，总有一个频率值使得二维分辨率达到最大值。随着尺度因子k的增加，二维分辨率达到最大值的频率也相应增加。如果$\alpha=\pi/9$，当$k=10$时，二维分辨率达到的最大频率$u\approx 20$；当$k=30$时，二维分辨率达到的最大频率$u\approx 50$。而且，高频区域时间分辨率低、低频区域时间分辨率高可以在图中清晰地展示出来，但同时又受尺度因子k的影响。

从图 2.3 中还可以看出，若参数α固定，则最大二维分辨率也就固定了。随着参数α的增加，二维分辨率先降低后增加，呈现出近似的“V”型趋势。同时，当$\alpha=\pi/9$时，最大二维分辨率约为 1.62；当$\alpha=\pi/6$时，最大二维分辨率约为 1.24；当$\alpha=\pi/4$时，最大二维分辨率约为 1.04；当$\alpha=\pi/3$时，最大二维分辨率约为 0.94；当$\alpha=\pi/2$时，最大二维分辨率为 1。

本例为信号$f(t)=\mathrm{e}^{-\frac{t^2}{2}}\mathrm{e}^{\mathrm{i}\frac{t^2}{2}}$在不同参数影响下的二维分辨率的变化规律，不同的信号具有不同的二维分辨率。但是，二维分辨率的走势规律对于任何信号而言都是相似的。

在（广义）分数阶 Fourier 变换域的 Heisenberg 测不准原理中，其下限均与变换参数有关。下面将以$\int_{-\infty}^{+\infty}\left|(u-u_1)F_{(a_1,b_1,c_1,d_1)}(u)\right|^2\mathrm{d}u\cdot\int_{-\infty}^{+\infty}\left|(u-u_2)F_{(a_2,b_2,c_2,d_2)}(u)\right|^2\mathrm{d}u\geqslant\frac{|a_1b_2-a_2b_1|^2}{4}$

为例，分析这些新推导的测不准原理的物理含义。

在传统时频域中，Heisenberg 测不准原理的下限为 1/4。

在广义分数阶 Fourier 变换域中，当 $\begin{bmatrix} a_1 & b_1 \\ c_1 & d_1 \end{bmatrix} = \begin{bmatrix} \cos\alpha & \sin\alpha \\ -\sin\alpha & \cos\alpha \end{bmatrix}$，$\begin{bmatrix} a_2 & b_2 \\ c_2 & d_2 \end{bmatrix} = \begin{bmatrix} \cos\beta & \sin\beta \\ -\sin\beta & \cos\beta \end{bmatrix}$ 时，当 $\alpha-\beta\in[0,\pi/2]$ 时，Heisenberg 测不准原理下限值为 $\sin^2(\alpha-\beta)/4\in[0,1/4]$。在理论上，通过选择合适的变换参数，广义分数阶 Fourier 变换域的 Heisenberg 测不准原理的下限值可以接近于零。如果为零，这一新变换域仅仅是通过单纯尺度变换或调制得到的，即对于同一信号，它在两个广义分数阶 Fourier 变换域可同为带限信号。因此，广义分数阶 Fourier 变换域的时频分析可以有更好更多的选择，只要选择合适的变换参数就可以获得比传统时频域更高的分辨率分析。

对于实数信号，本章给出了三种新的测不准关系，它们不仅是传统实数信号 Heisenberg 测不准原理的广义形式，而且广义分数阶 Fourier 变换具有更多的自由度，并给出了新的物理意义：支撑之间、群延迟之间、支撑与群延迟之间均满足测不准关系。新给出的测不准关系与变换参数相关，使研究者可从新的视角审视测不准原理这一自然规律，也对广义分数阶 Fourier 变换的多自由度特征有了新的认识。

与传统情况相比较，广义分数阶 Fourier 变换域的 Shannon 熵测不准原理具有更小的下限。如以下式为例：

$$H\left\{\left|F_{(a_1,b_1,c_1,d_1)}(u)\right|^2\right\}+H\left\{\left|F_{(a_2,b_2,c_2,d_2)}(u)\right|^2\right\}\geqslant\ln\left(\pi e\left|a_1b_2-a_2b_1\right|\right) \tag{2.179}$$

只要选择合适的 $\begin{bmatrix} a_1 & b_1 \\ c_1 & d_1 \end{bmatrix}$ 和 $\begin{bmatrix} a_2 & b_2 \\ c_2 & d_2 \end{bmatrix}$，并考虑到 $b\neq 0$ 时 $ad-bc=1$，就可能使 $\ln\left(\pi e\left|a_1b_2-a_2b_1\right|\right)=0$，即 $\left|a_1b_2-a_2b_1\right|=\dfrac{1}{\pi e}$。

求解方程组：

$$\begin{cases} a_1d_1-b_1c_1=1 \\ a_2d_2-b_2c_2=1 \\ \left|a_1b_2-a_2b_1\right|=1/\pi e \end{cases},\quad b_1\neq 0,\ b_2\neq 0 \tag{2.180}$$

得到 $\begin{bmatrix} a_1 & b_1 \\ c_1 & d_1 \end{bmatrix}=\begin{bmatrix} 0 & -1 \\ 1 & 1 \end{bmatrix}$，$\begin{bmatrix} a_2 & b_2 \\ c_2 & d_2 \end{bmatrix}=\begin{bmatrix} 1/\pi e & 1/\pi e-1 \\ 1 & 1 \end{bmatrix}$。

当 $\ln\left(\pi e\left|a_1b_2-a_2b_1\right|\right)=0$ 时，广义分数阶 Fourier 变换域的 Shannon 熵测不准原理的下限可以达到零。注意，方程组（2.180）为欠定的，存在无数解。

Rényi 熵与 Shannon 熵测不准原理类似。与传统的 Rényi 熵测不准原理相比较，广义分数阶 Fourier 变换域的 Rényi 熵测不准原理可以达到更小的下限。例如，对于

$$H_\theta\left\{\left|F_{(a_2,b_2,c_2,d_2)}(u)\right|^2\right\}+H_\gamma\left\{\left|F_{(a_1,b_1,c_1,d_1)}(u)\right|^2\right\}\geqslant\frac{\ln(\theta/\pi)}{2(\theta-1)}+\frac{\ln(\gamma/\pi)}{2(\gamma-1)}+\ln\left|a_1b_2-a_2b_1\right| \tag{2.181}$$

只要 $\begin{bmatrix} a_1 & b_1 \\ c_1 & d_1 \end{bmatrix}$，$\begin{bmatrix} a_2 & b_2 \\ c_2 & d_2 \end{bmatrix}$ 可使 $\dfrac{\ln(\theta/\pi)}{2(\theta-1)}+\dfrac{\ln(\gamma/\pi)}{2(\gamma-1)}+\ln\left|a_1b_2-a_2b_1\right|=0$ 成立，则分数阶及广义分数阶 Fourier 变换域的 Rényi 熵测不准原理的下限可以达到零。同理，可解得当

$\begin{bmatrix} a_1 & b_1 \\ c_1 & d_1 \end{bmatrix} = \begin{bmatrix} 0 & -1 \\ 1 & 1 \end{bmatrix}$，$\begin{bmatrix} a_2 & b_2 \\ c_2 & d_2 \end{bmatrix} = \begin{bmatrix} \vartheta & \vartheta-1 \\ 1 & 1 \end{bmatrix}$时$\left[\text{其中}, \vartheta = \left(\frac{\pi}{\theta}\right)^{\frac{1}{2(1-\theta)}} \left(\frac{\pi}{\gamma}\right)^{\frac{1}{2(1-\gamma)}}\right]$，其下限可为零。

广义分数阶 Fourier 变换域的加窗测不准原理同样可以获得比传统加窗测不准原理更小的下限。

例如，对于

$$\left(\Delta v^2_{(a_1,b_1,c_1,d_1)}\right)_{\mathrm{ST}} \cdot \left(\Delta u^2_{(a_2,b_2,c_2,d_2)}\right)_{\mathrm{ST}} \geqslant \left(\frac{|a_1 b_2 - a_2 b_1| + 1}{2}\right)^2 \tag{2.182}$$

当$\begin{bmatrix} a_1 & b_1 \\ c_1 & d_1 \end{bmatrix} = \begin{bmatrix} \cos\alpha & \sin\alpha \\ -\sin\alpha & \cos\alpha \end{bmatrix}$，$\begin{bmatrix} a_2 & b_2 \\ c_2 & d_2 \end{bmatrix} = \begin{bmatrix} \cos\beta & \sin\beta \\ -\sin\beta & \cos\beta \end{bmatrix}$时，则其下限值为

$$\left(\frac{|a_1 b_2 - a_2 b_1| + 1}{2}\right)^2 = \left(\frac{|\sin(\alpha-\beta)| + 1}{2}\right)^2 \in [1/4, 1] \tag{2.183}$$

即分数阶及广义分数阶 Fourier 变换域的加窗测不准原理可以达到的最小下限为 1/4，要小于传统的下限 1。

广义分数阶 Fourier 变换域的对数测不准原理的下限与变换参数相关，如以下式为例：

$$\int_{-\infty}^{+\infty} \ln|u|^2 \left|F_{(a_1,b_1,c_1,d_1)}(u)\right|^2 \mathrm{d}u + \int_{-\infty}^{+\infty} \ln|v|^2 \left|F_{(a_2,b_2,c_2,d_2)}(v)\right|^2 \mathrm{d}v \geqslant \ln\left(|a_1 b_2 - a_2 b_1|^2\right) + \frac{2\Gamma'(1/4)}{\Gamma(1/4)} \tag{2.184}$$

只要$\ln\left(|a_1 b_2 - a_2 b_1|^2\right) + \frac{2\Gamma'(1/4)}{\Gamma(1/4)} = 0$，则其下限也可以达到零。同理，可得到一组解，当$\begin{bmatrix} a_1 & b_1 \\ c_1 & d_1 \end{bmatrix} = \begin{bmatrix} 0 & -1 \\ 1 & 1 \end{bmatrix}$，$\begin{bmatrix} a_2 & b_2 \\ c_2 & d_2 \end{bmatrix} = \begin{bmatrix} \vartheta & \vartheta-1 \\ 1 & 1 \end{bmatrix}$时，其中$\vartheta = \sqrt{-\frac{2\Gamma'(1/4)}{\Gamma(1/4)}}$，则其下限可为零。

上述分析说明，在广义分数阶 Fourier 变换域的时频分析可提供更好更多的选择，只要选择合适的变换参数就可获得更高分辨率的分析，而且在某些特定情况下，信号分辨率可以在两个不同变换域极大地提高。在信息学和量子力学中，新型变换域的熵测不准原理又可以提供新的思路，为潜在的应用提供了重要的理论基础。

值得注意的是，本章所有测不准原理不等式关系中当等号成立时，信号几乎均为 Gauss 类型的函数，目前还没有发现特例。

本 章 小 结

本章主要讨论和证明了分数阶及广义分数阶 Fourier 变换域的 Heisenberg 测不准原理，并给出了几个新的数学不等式。通过深入分析，揭示了新型变换域的测不准原理具有更小的下限（某些情况下可以为零），为信号提供更多的选择和更高的分辨率分析。对于实数信号和复数信号分别提供了两种全新的测不准关系，并给出了新的物理解释，同时找到了复数和实数信号 Heisenberg 广义测不准原理的异同性及其原因。另外，给出了经由 Hilbert 变换后的复数信号的 Heisenberg 广义测不准原理，它不同于一般的复数信号，并详细地分析了异同性。最后给出了广义测不准原理在分数阶 S 变换中的一个应用实例。

第 3 章　离散信号的 Heisenberg 广义测不准原理及应用

本章将重点对离散信号的 Heisenberg 测不准原理进行深入分析，通过多种数学证明和分析方法完整地给出广义分数阶 Fourier 变换域的 Heisenberg 测不准原理，并从系统性的角度把当前 Heisenberg 广义测不准原理的理论形式、证明分析、物理阐释、应用前景等进行详尽的介绍。

3.1　分数阶 Fourier 变换域内离散信号的 Heisenberg 广义测不准原理及应用

3.1.1　分数阶 Fourier 变换域内离散信号的 Heisenberg 广义测不准原理

首先，在给出离散信号的分数阶 Fourier 变换以前，简单回顾前面章节介绍的连续信号的分数阶 Fourier 变换，然后，给出离散情况。

不同于离散 Fourier 变换，由于分数阶 Fourier 变换的特殊性，离散分数阶 Fourier 变换的定义也有很多种[6]，本书为了和广义测不准原理对应，采用了文献[6]中的定义形式：

$$\hat{x}(k)=\sum_{n=1}^{N}\sqrt{(1-\mathrm{i}\cot\alpha)/N}\cdot \mathrm{e}^{\frac{\mathrm{i}k^2\cot\alpha}{2}}\mathrm{e}^{\frac{-\mathrm{i}kn}{N\sin\alpha}}\mathrm{e}^{\frac{\mathrm{i}n^2\cot\alpha}{2N^2}}\tilde{x}(n)=\sum_{n=1}^{N}u_\alpha(k,n)\cdot\tilde{x}(n)\,,\quad 1\leqslant n,k\leqslant N \tag{3.1}$$

很显然，如果 $\alpha=\pi/2$，定义就转化为传统的离散 Fourier 变换。同时，还可以把定义式写出如下形式：

$$\hat{\boldsymbol{X}}_\alpha=\boldsymbol{U}_\alpha\hat{\boldsymbol{X}} \tag{3.2}$$

其中，$\boldsymbol{U}_\alpha=[u_\alpha(k,n)]_{N\times N}$；$\tilde{\boldsymbol{X}}=[\tilde{x}(n)]_{N\times 1}$。

离散分数阶 Fourier 变换（DFrFT）有如下特性[4]：

$$\left\|\hat{\boldsymbol{X}}_\alpha\right\|_2=\left\|\boldsymbol{U}_\alpha\tilde{\boldsymbol{X}}\right\|_2=1 \tag{3.3}$$

离散分数阶 Fourier 变换更多的特性可以参见文献[6]。

定义 3.1　假定 $x(t)$ 为单位能量 $\|x(t)\|_{L^2(R)}=1$ 的复数信号，其离散分数阶 Fourier 变换为 $\boldsymbol{X}_\alpha(u)$，如果函数 $\boldsymbol{G}_\alpha(u)$ 的支撑为 W_α（W_α 以外信号能量为 0）且 $\|\boldsymbol{X}_\alpha(u)-\boldsymbol{G}_\alpha(u)\|_{L^2(R)}\leqslant\varepsilon_\alpha$，那么 $\boldsymbol{X}_\alpha(u)$ 称为 ε_α-聚集的。

如果 $\alpha=0$，定义 3.1 转化为传统的时域[6]。如果 $\alpha=\pi/2$，定义 3.1 转化为传统的频域[6]。

定义 3.2　广义频限算子 $\boldsymbol{P}_{W_\alpha}$ 定义如下：

$$\left(\boldsymbol{P}_{W_\alpha}x\right)(t)\equiv\int_{W_\alpha}\boldsymbol{X}_\alpha(u)\boldsymbol{K}_{-\alpha}(u,t)\mathrm{d}u\,,\quad \boldsymbol{X}_\alpha(u)=\boldsymbol{F}_\alpha[x(t)] \tag{3.4}$$

如果 $\alpha=0$，定义 3.2 是时限算子[51]。如果 $\alpha=\pi/2$，定义 3.2 是带限算子[51]。定义 3.1 和定义 3.2 揭示了 ε_α 和 W_α 之间的关系。对于离散情况，有如下定义。

定义 3.3　假定 $\tilde{x}(n)\in L^2(R)$ ($n=1,2,\cdots,N$) 是一个离散数据序列，满足 $\|\tilde{x}(n)\|_{L^2(R)}=1$，设其离散分数阶 Fourier 变换为 $\hat{x}(k)$，如果有一个序列 $\hat{x}'_\alpha(k)$ 满足 $\|\hat{x}'_\alpha(k)\|_0=N_\alpha$ 且满足 $\|\hat{x}_\alpha(k)-\hat{x}'_\alpha(k)\|_{L^2(R)}\leqslant\varepsilon_\alpha$，那么 $\hat{x}(k)$ 称为 ε_α-聚集的。

这里 $\|\cdot\|_0$ 为 0-范数算子，用来计算非零数据的个数。

定义 3.4　广义离散频限算子 P_{N_α} 定义如下：

$$\left(P_{N_\alpha}\tilde{x}\right)(n)=\sum_{k=1}^{N}\chi_{N_\alpha}\hat{x}(k)u_{-\alpha}(k,n) \tag{3.5}$$

其中，$\hat{x}(k)$ 为 $\tilde{x}(n)$ 的离散分数阶 Fourier 变换；χ_{N_α} 为支撑 $N_\alpha(N_\alpha\leqslant N)$ 上的特征函数。

显然，定义 3.3 和定义 3.4 是定义 3.1 和定义 3.2 的扩展，它们具有相同的物理意义。这些定义是首次引入，它们的传统形式只是这些定义形式的特例。定义 3.3 和定义 3.4 揭示了 ε_α 和 N_α 之间的关系。

引理 3.1　$\|\boldsymbol{P}_{W_\alpha}\boldsymbol{P}_{W_\beta}\|_{\text{HS}}=\sqrt{\dfrac{|W_\alpha||W_\beta|}{|\sin(\alpha-\beta)|}}$，其中，$\|\ \|_{\text{HS}}$ 为 Hilbert-Schmidt 范数算子。

证明：根据算子 $\boldsymbol{P}_{W_\alpha}\boldsymbol{P}_{W_\beta}$ 的定义，可得如下关系式：

$$\left(\boldsymbol{P}_{W_\alpha}\boldsymbol{P}_{W_\beta}x\right)(t)=\int_{W_\alpha}K_{-\alpha}(v,t)\left\{\int_{-\infty}^{\infty}K_\alpha(v,t)\left[\int_{W_\beta}K_{-\beta}(t,u)\boldsymbol{X}_\beta(u)\mathrm{d}u\right]\mathrm{d}t\right\}\mathrm{d}v \tag{3.6}$$

交换式（3.6）中的两个积分符号算子（根据积分特性，其结果不变），可得

$$\left(\boldsymbol{P}_{W_\alpha}\boldsymbol{P}_{W_\beta}x\right)(t)=\int_{W_\alpha}K_{-\alpha}(v,t)\left[\int_{W_\beta}K_{\alpha-\beta}(v,u)\boldsymbol{X}_\beta(u)\mathrm{d}u\right]\mathrm{d}v \tag{3.7}$$

于是有

$$\left(\boldsymbol{P}_{W_\alpha}\boldsymbol{P}_{W_\beta}x\right)(t)=\int_{W_\beta}\left[\int_{W_\alpha}K_{-\alpha}(v,t)K_{\alpha-\beta}(v,u)\mathrm{d}v\right]\boldsymbol{X}_\beta(u)\mathrm{d}u \tag{3.8}$$

设 $q(u,t)=\begin{cases}\int_{W_\alpha}K_{-\alpha}(v,t)K_{\alpha-\beta}(v,u)\mathrm{d}v, & u\in W_\beta\\ 0, & 其他\end{cases}$，可得 $\left(\boldsymbol{P}_{W_\alpha}\boldsymbol{P}_{W_\beta}x\right)(t)=\int_{W_\beta}q(u,t)\boldsymbol{X}_\beta(u)\mathrm{d}u$。

根据文献[51]和文献[61]的结论可知 $\|\boldsymbol{P}_{W_\alpha}\boldsymbol{P}_{W_0}\|_{\text{HS}}^2=\int_{W_\beta}\int_{-\infty}^{+\infty}|q(u,t)|^2\mathrm{d}u\mathrm{d}t$，令 $g_u(t)=q(u,t)$，有

$$\begin{aligned}F_\alpha[g_u(t)]&=\int_{-\infty}^{+\infty}K_\alpha(u,t)\left[\int_{W_\alpha}K_{-\alpha}(v,t)K_{\alpha-\beta}(v,u)\mathrm{d}v\right]\mathrm{d}t\\&=\int_{W_\alpha}K_{\alpha-\beta}(v,u)\left[\int_{-\infty}^{+\infty}K_{-\alpha}(v,t)K_\alpha(u,t)\mathrm{d}t\right]\mathrm{d}v\\&=\int_{W_\alpha}K_{\alpha-\beta}(v,u)\delta(u-v)\,\mathrm{d}v\\&=\chi_{W_\alpha}K_{\alpha-\beta}(v,u)\end{aligned} \tag{3.9}$$

其中，χ_{W_α} 为集合 W_α 的特征函数。

因此，由 Parseval 定理及分数阶 Fourier 变换的定义可知：

$$\int_{-\infty}^{+\infty}|g_u(t)|^2\mathrm{d}t=\int_{-\infty}^{+\infty}|F_\alpha(g_u(t))|^2\mathrm{d}u$$
$$=\int_{-\infty}^{+\infty}\left|\chi_{W_\alpha}K_{\alpha-\beta}(v,u)\right|^2\mathrm{d}u$$
$$=\frac{|W_\alpha|}{|\sin(\alpha-\beta)|} \tag{3.10}$$

因此，可得最终结果：

$$\left\|\boldsymbol{P}_{W_\alpha}\boldsymbol{P}_{W_\beta}\right\|_{\mathrm{HS}}^2=\int_{W_\beta}\int_{-\infty}^{+\infty}|q(u,t)|^2\mathrm{d}t\mathrm{d}u$$
$$=\int_{W_\beta}\frac{|W_\alpha|}{|\sin(\alpha-\beta)|}\mathrm{d}u$$
$$=\frac{|W_\alpha||W_\beta|}{|\sin(\alpha-\beta)|}$$

证毕。

现在，首先给出第一个定理。

定理 3.1 设$\boldsymbol{W}_\alpha(\boldsymbol{W}_\beta)$为一个测度集合且假定$\boldsymbol{X}_\alpha(u)\ [\boldsymbol{X}_\beta(u)]$为$x(t)$在参数$\alpha(\beta)$下的分数阶 Fourier 变换，同时满足$\boldsymbol{X}_\alpha(u)\ [\boldsymbol{X}_\beta(u)]$是$W_\alpha\ (W_\beta)$上$\varepsilon_{W_\alpha}\ (\varepsilon_{W_\beta})$-聚集的，那么

$$|W_\alpha||W_\beta|\geqslant(1-\varepsilon_{W_\alpha}-\varepsilon_{W_\beta})^2|\sin(\alpha-\beta)| \tag{3.11}$$

证明：由于$\left\|\boldsymbol{P}_{W_\alpha}\right\|_{L^2(R)}=\sup\limits_{f(t)\in L^2(R)}\dfrac{\left\|\boldsymbol{P}_{W_\alpha}x(t)\right\|_{L^2(R)}}{\left\|x(t)\right\|_{L^2(R)}}$，因此可以找到函数$x(t)$使得$\left\|\boldsymbol{P}_{W_\alpha}\right\|_{L^2(R)}=1$。

同时，利用三角不等式和集聚性定义可得

$$\left\|x(t)-\boldsymbol{P}_{W_\alpha}\boldsymbol{P}_{W_\beta}x(t)\right\|_{L^2(R)}=\left\|x(t)-\boldsymbol{P}_{W_\alpha}x(t)+\boldsymbol{P}_{W_\alpha}\left[x(t)-\boldsymbol{P}_{W_\beta}x(t)\right]\right\|_{L^2(R)}$$
$$\leqslant\left\|x(t)-\boldsymbol{P}_{W_\alpha}x(t)\right\|_{L^2(R)}+\left\|\boldsymbol{P}_{W_\alpha}\left[x(t)-\boldsymbol{P}_{W_\beta}x(t)\right]\right\|_{L^2(R)}$$
$$\leqslant\varepsilon_{W_\alpha}+\varepsilon_{W_\beta} \tag{3.12}$$

同时，已知

$$\left\|x(t)-\boldsymbol{P}_{W_\alpha}\boldsymbol{P}_{W_\beta}x(t)\right\|_{L^2(R)}\geqslant\left\|x(t)\right\|_{L^2(R)}-\left\|\boldsymbol{P}_{W_\alpha}\boldsymbol{P}_{W_\beta}x(t)\right\|_{L^2(R)}=1-\left\|\boldsymbol{P}_{W_\alpha}\boldsymbol{P}_{W_\beta}x(t)\right\|_{L^2(R)} \tag{3.13}$$

于是有

$$\left\|\boldsymbol{P}_{W_\alpha}\boldsymbol{P}_{W_\beta}x(t)\right\|_{L^2(R)}\geqslant 1-(\varepsilon_{W_\beta}+\varepsilon_{W_\alpha}) \tag{3.14}$$

即

$$\frac{\left\|\boldsymbol{P}_{W_\alpha}\boldsymbol{P}_{W_\beta}x(t)\right\|_{L^2(R)}}{\left\|x(t)\right\|_{L^2(R)}}\geqslant 1-(\varepsilon_{W_\beta}+\varepsilon_{W_\alpha}) \tag{3.15}$$

所以

$$\left\|\boldsymbol{P}_{W_\alpha}\boldsymbol{P}_{W_\beta}\right\|_{L^2(R)}\geqslant\frac{\left\|\boldsymbol{P}_{W_\alpha}\boldsymbol{P}_{W_\beta}x(t)\right\|_{L^2(R)}}{\left\|x(t)\right\|_{L^2(R)}}\geqslant 1-(\varepsilon_{W_\beta}+\varepsilon_{W_\alpha}) \tag{3.16}$$

从文献[51]和文献[61]的结果可知

$$\left\|\boldsymbol{P}_{W_\alpha}\boldsymbol{P}_{W_\beta}\right\|_{\mathrm{HS}} \geqslant \left\|\boldsymbol{P}_{W_\alpha}\boldsymbol{P}_{W_\beta}\right\|_{L^2(R)} \tag{3.17}$$

利用上述结果，可得

$$\left\|\boldsymbol{P}_{W_\alpha}\boldsymbol{P}_{W_\beta}\right\|_{\mathrm{HS}} = \sqrt{\frac{|W_\alpha||W_\beta|}{|\sin(\alpha-\beta)|}} \geqslant \left\|\boldsymbol{P}_{W_\alpha}\boldsymbol{P}_{W_\beta}\right\|_{L^2(R)} \tag{3.18}$$

即

$$\sqrt{|W_\alpha||W_\beta|} \geqslant \left\|\boldsymbol{P}_{W_\alpha}\boldsymbol{P}_{W_\beta}\right\|_{L^2(R)} \sqrt{|\sin(\alpha-\beta)|} \tag{3.19}$$

因此，可得最终结果：

$$|W_\alpha||W_\beta| \geqslant \left\|\boldsymbol{P}_{W_\alpha}\boldsymbol{P}_{W_\beta}\right\|_{L^2(R)}^2 |\sin(\alpha-\beta)| \geqslant (1-\varepsilon_{W_\alpha}-\varepsilon_{W_\beta})^2 |\sin(\alpha-\beta)|$$

式（3.11）的特殊情况 $\alpha-\beta=n\pi$ 相对简单，这里不做讨论。

证毕。

很明显，上述定理的边界明显不同于文献[61]中无限情况的结果。在文献[61]中，主要涉及的问题是信号在无限支撑上的方差。本书中这些集合(W_α、W_β)被讨论，它们对下文中要讨论的测不准关系具有指导意义。$\varepsilon_{W_\alpha}=\varepsilon_{W_\beta}=0$ 的情况不会发生，根据文献[61]的结论，如果 $\varepsilon_{W_\alpha}=0$，有 $\varepsilon_{W_\beta}\neq 0$，否则 $W_\beta=\infty$，这又与 W_β 是可测性和有限性相矛盾。所以，在连续的情况下，$\varepsilon_{W_\alpha}=\varepsilon_{W_\beta}=0$ 不可能成立。

接下来分析离散情况，首先引入一个引理。

引理 3.2　$\left\|\boldsymbol{P}_{N_\alpha}\boldsymbol{P}_{N_\beta}\right\|_{\mathrm{F}} = \sqrt{\dfrac{N_\alpha N_\beta}{N|\sin(\alpha-\beta)|}}$，其中，$\|\ \|_{\mathrm{F}}$ 为矩阵的 Frobenius 范数算子。

证明：由定义 3.4 可知

$$\left(\boldsymbol{P}_{N_\alpha}\boldsymbol{P}_{N_\beta}\tilde{x}\right)(n) = \sum_{k=1}^{N}\chi_{N_\alpha}u_\alpha(k,n)\sum_{v=1}^{N}\chi_{N_\beta}\hat{x}(v)u_{-\beta}(k,v) \tag{3.20}$$

交换两个求和算子（显然结果不变），可得

$$\begin{aligned}\left(\boldsymbol{P}_{N_\alpha}\boldsymbol{P}_{N_\beta}\tilde{x}\right)(n) &= \sum_{v=1}^{N}\sum_{k=1}^{N}\chi_{N_\alpha}\chi_{N_\beta}u_\alpha(k,n)\hat{x}(v)u_{-\beta}(k,v)\\ &= \sum_{k=1}^{N}\chi_{N_\alpha}\sum_{v=1}^{N}\chi_{N_\beta}\hat{x}(v)u_{\alpha-\beta}(n,v)\end{aligned} \tag{3.21}$$

因此，根据矩阵的 Frobenius 范数算子的定义[3]和离散分数阶 Fourier 变换的定义，可得

$$\left\|\boldsymbol{P}_{N_\alpha}\boldsymbol{P}_{N_\beta}\right\|_{\mathrm{F}} = \left(\sum_{k=1}^{N}\chi_{N_\alpha}\sum_{v=1}^{N}\chi_{N_\beta}\left|u_{\alpha-\beta}(n,v)\right|^2\right)^{1/2} = \sqrt{\frac{N_\alpha N_\beta}{N|\sin(\alpha-\beta)|}} \tag{3.22}$$

同理，对于连续情况可得

$$\frac{\left\|\boldsymbol{P}_{N_\alpha}\boldsymbol{P}_{N_\beta}\tilde{x}(n)\right\|_{L^2(R)}}{\left\|\tilde{x}(n)\right\|_{L^2(R)}} \geqslant 1-(\varepsilon_\alpha+\varepsilon_\beta) \tag{3.23}$$

由于

$$\left\|\boldsymbol{P}_{N_\alpha}\boldsymbol{P}_{N_\beta}\right\|_{\mathrm{F}} \geqslant \left\|\boldsymbol{P}_{N_\alpha}\boldsymbol{P}_{N_\beta}\right\|_{L^2(R)} = \sup_{x(n)\in L^2(R)}\frac{\left\|\boldsymbol{P}_{N_\alpha}\boldsymbol{P}_{N_\beta}\tilde{x}(n)\right\|_{L^2(R)}}{\left\|\tilde{x}(n)\right\|_{L^2(R)}} \tag{3.24}$$

所以

$$\sqrt{\frac{N_\alpha N_\beta}{N|\sin(\alpha-\beta)|}}=\left\|\boldsymbol{P}_{N_\alpha}\boldsymbol{P}_{N_\beta}\right\|_{\mathrm{F}}\geqslant\frac{\left\|\boldsymbol{P}_{N_\alpha}\boldsymbol{P}_{N_\beta}\tilde{x}(n)\right\|_{L^2(R)}}{\left\|\tilde{x}(n)\right\|_{L^2(R)}}\geqslant 1-(\varepsilon_\alpha+\varepsilon_\beta) \tag{3.25}$$

故

$$N_\alpha N_\beta\geqslant N(1-\varepsilon_\alpha-\varepsilon_\beta)^2|\sin(\alpha-\beta)| \tag{3.26}$$

证毕。

因此，可得如下定理 3.2。

定理 3.2　设 $\hat{x}_\alpha(k)$ $[\hat{x}_\beta(k)]$ 是时间序列信号 $\tilde{x}(n)\in L^2(R)(n=1,2,\cdots,N)$ 在参数 $\alpha(\beta)$ 下的离散分数阶 Fourier 变换，$\hat{x}_\alpha(k)[\hat{x}_\beta(k)]$ 在索引集合 $N(\varepsilon_\alpha\varepsilon_\beta\neq 0)$ 上是 $\varepsilon_\alpha(\varepsilon_\beta)$-聚集的。令 $N_\alpha(N_\beta)$ 分别表示 $\hat{x}_\alpha(k)[\hat{x}_\beta(k)]$ 上非零数据的个数，于是有

$$\begin{cases}N_\alpha N_\beta\geqslant N(1-\varepsilon_\alpha-\varepsilon_\beta)^2|\sin(\alpha-\beta)|, & \alpha-\beta\neq n\pi\\ N_\alpha N_\beta\geqslant 1, & \alpha-\beta=n\pi\end{cases} \tag{3.27}$$

令 $\varepsilon_\alpha=\varepsilon_\beta=0$，可以直接得到如下定理 3.3。

定理 3.3　设 $\hat{x}_\alpha(k)[\hat{x}_\beta(k)]$ 是时间序列 $\tilde{x}(n)\in L^2(R)$ ($n=1,2,\cdots,N$)的离散分数阶 Fourier 变换，N 是时间序列 $\tilde{x}(n)\in L^2(R)(n=1,2,\cdots,N)$ 中离散数据的个数。$N_\alpha(N_\beta)$ 分别表示 $\hat{x}_\alpha(k)[\hat{x}_\beta(k)]$ 上非零数据的个数，则有

$$\begin{cases}N_\alpha N_\beta\geqslant N|\sin(\alpha-\beta)|, & \alpha-\beta\neq n\pi\\ N_\alpha N_\beta\geqslant 1, & \alpha-\beta=n\pi\end{cases} \tag{3.28}$$

显然，定理 3.3 是定理 3.2 的特例。而且，定理 3.3 也可以通过定理 3.1 推导出来。不同的是，本书给出了一个不同的证明方式。由于 $\|\tilde{x}(n)\|_{L^2(R)}=1$，所以在每个分数阶 Fourier 变换域（ $\alpha-\beta=n\pi$ ）内至少有一个非零值，即对于 $\alpha-\beta=n\pi$，一定有 $N_\alpha N_\beta\geqslant 1$。

在定理3.3 中，如果设定 $=\beta 0$，则有如下推论。

推论 3.1　$\begin{cases}N_\alpha N_0\geqslant N|\sin\alpha|, & \alpha\neq n\pi\\ N_\alpha N_0\geqslant 1, & \alpha=n\pi\end{cases}$。

证明：下面从采样和数学分析的角度证明该推论可以更好地理解这些关系。

假定连续信号 $x(t)$ 是带限的[即 $\tilde{x}(n)$ 对应的连续信号]，$\tilde{x}(n)$ 通过对 $x(t)$ 采样量化获得。

根据离散分数阶 Fourier 变换定义中的长度 N 可知，采样周期为 T_s，满足：$T_s=$ [$\tilde{x}(n)=\tilde{x}(nT_s)$ 表明了该结果]。假定在分数阶 Fourier 变换域内采样后没有畸变，从 Shannon 采样定理可知，$\hat{x}_\alpha(k)$ 的所有能量被限定在支撑区间 $\left[-\frac{N|\sin\alpha|}{2T_s},\frac{N|\sin\alpha|}{2T_s}\right]$[51]，即 $\hat{x}_\alpha(k)$ 所有能量必定限定在 $[m+1,m+\lceil N|\sin\alpha|\rceil]$ $(0\leqslant m,m+\lceil N|\sin\alpha|\rceil\leqslant N)$ 上。

基于分数阶 Fourier 变换特性[6,33]，假定 $m=0$，即 $\hat{x}_\alpha(k)$ 的所有能量被限定在支撑区间 $[1,\lceil N|\sin\alpha|\rceil]$。

令 $n_1,n_2,\cdots,n_{N_t}$ 为 $\tilde{x}(n)$ 中非零点，$\tilde{x}(n_l)$ $(l=1,2,\cdots,N_t)$ 为 $\tilde{x}(n)$ 中对应的非零元素。

因此，根据离散分数阶 Fourier 变换定义[6]，可得如下关系式：

$$\hat{x}_\alpha(k)=\sum_{l=1}^{N_t}\sqrt{(1-\mathrm{i}\cot\alpha)/N}\cdot \mathrm{e}^{\frac{\mathrm{i}k^2\cot\alpha}{2}}\mathrm{e}^{\frac{-\mathrm{i}kn_l}{N\sin\alpha}}\mathrm{e}^{\frac{\mathrm{i}n_l^2\cot\alpha}{2N^2}}\tilde{x}(n_l) \tag{3.29}$$

其中，$k=1,2,\cdots,\lceil N|\sin\alpha|\rceil$ 且 $\tilde{x}(n_l)\neq 0$ 。

采用矩阵和向量形式重写上述式子，并定义如下矩阵：

$$\boldsymbol{Z}_{k,l}\equiv\sqrt{(1-\mathrm{i}\cot\alpha)/N}D_\alpha(n_l,k) \tag{3.30}$$

其中，

$$D_\alpha(n_l,k)=\mathrm{e}^{\frac{\mathrm{i}k^2\cot\alpha}{2}}\mathrm{e}^{\frac{-\mathrm{i}kn_l}{N\sin\alpha}}\mathrm{e}^{\frac{\mathrm{i}n_l^2\cot\alpha}{2N^2}} \tag{3.31}$$

于是有

$$\hat{\boldsymbol{x}}_\alpha=\boldsymbol{Zb} \tag{3.32}$$

其中，$\hat{\boldsymbol{x}}_\alpha=[\hat{x}_\alpha(1),\hat{x}_\alpha(2),\cdots,\hat{x}_\alpha(\lceil N|\sin\alpha|\rceil)]^{\mathrm{T}}$；$\boldsymbol{Z}=\left(\boldsymbol{Z}_{k,l}\right)_{\lceil N|\sin\alpha|\rceil\times N_t}$；$\boldsymbol{b}=[\tilde{x}(n_1),\tilde{x}(n_2),\cdots,\tilde{x}(n_{N_t})]^{\mathrm{T}}$。

显然，$\boldsymbol{Z}$ 是一个 $\lceil N|\sin\alpha|\rceil\times N_t$ 矩阵，包含 $\dfrac{\lceil N|\sin\alpha|\rceil}{N_0}$ 个 $N_t\times N_t$ 矩阵，所以，矩阵 $\boldsymbol{Z}$ 可以重写为如下形式：

$$\boldsymbol{Z}=[\boldsymbol{Z}_1,\boldsymbol{Z}_2,\cdots,\boldsymbol{Z}_s,\cdots]^{\mathrm{T}},\quad \hat{\boldsymbol{x}}_\alpha=[\hat{x}_{\alpha,1},\hat{x}_{\alpha,2},\cdots,\hat{x}_{\alpha,s},\cdots]^{\mathrm{T}} \tag{3.33}$$

其中，$s=1,2,\cdots,\dfrac{\lceil N|\sin\alpha|\rceil}{N_0}$。

由离散分数阶 Fourier 变换的定义可知，基函数 $\sqrt{(1-\mathrm{i}\cot\alpha)/N}\cdot \mathrm{e}^{\frac{\mathrm{i}k^2\cot\alpha}{2}}\mathrm{e}^{\frac{-\mathrm{i}kn_l}{N\sin\alpha}}\mathrm{e}^{\frac{\mathrm{i}n_l^2\cot\alpha}{2N^2}}$（针对不同的 ks 和 n_ls）是相互正交的。因此，不同行之间是不相关的，因而知道 Z_s（$s=1,2,\cdots,\dfrac{\lceil N|\sin\alpha|\rceil}{N_0}$）是非奇异矩阵，从而 $\hat{\boldsymbol{x}}_{\alpha,s}=\boldsymbol{Z}_s\boldsymbol{b}$ 可以重写为如下形式：

$$(\boldsymbol{Z}_s)^{-1}\hat{\boldsymbol{x}}_{\alpha,s}=\boldsymbol{b} \tag{3.34}$$

由于 b 中每个元素均为非零值且 $\boldsymbol{Z}_s$ 是非奇异的，那么 $\hat{\boldsymbol{x}}_{\alpha,s}$ 中至少有一个非零元素，否则 $b=0$，这与 $b\neq 0$ 相矛盾。

所以，在每个 $\hat{\boldsymbol{x}}_{\alpha,s}$（$s=1,2,\cdots,\dfrac{\lceil N|\sin\alpha|\rceil}{N_0}$）中至少有一个非零元素。所以，在离散分数阶 Fourier 变换域中至少有 $N_\alpha\geqslant\dfrac{\lceil N|\sin\alpha|\rceil}{N_0}$ 个非零元素。

证毕。

进一步，在离散分数阶 Fourier 域内可以得到如下更为一般形式的广义测不准关系。

同时，很显然，如果 $|\sin\alpha|<1$ 并且 $|\sin(\alpha-\beta)|<1$，则该测不准关系的下界比传统测不准关系的下界更低。这表明在这些新的变化域内其分辨率可以更高。

定理 3.4　设 $\hat{x}_{\alpha_l}(k)$（$l=1,2,\cdots,L$）为离散数据序列 $\tilde{x}(n)\in L^2(R)$（$n=1,2,\cdots,N$ 且 $N>L$）的离散分数阶 Fourier 变换，其支撑长度为 N 且 $\|\tilde{x}(n)\|_{L^2(R)}=1$。$N_{\alpha_l}$ 为 $\hat{x}_{\alpha_l}(k)$ 中的非零个数，则有

$$\frac{N_{\alpha_1}+N_{\alpha_2}+\cdots+N_{\alpha_L}}{L}\geqslant\sqrt{N|\sin\xi|} \tag{3.35}$$

其中，$\xi=\inf\limits_{\substack{1\leqslant l_1,l_2\leqslant L\\ l_1\neq l_2}}\{|\alpha_{l_1}-\alpha_{l_2}|\}$。

证明：根据假设及离散分数阶 Fourier 变换的定义[6]，有

$$\tilde{x}(n)=\sum_{k_1=1}^{N}u_{-\alpha_1}(n,k_1)\hat{x}_{\alpha_1}(k_1)=\sum_{k_2=1}^{N}u_{-\alpha_2}(n,k_2)\hat{x}_{\alpha_2}(k_2)=\cdots=\sum_{k_L=1}^{N}u_{-\alpha_L}(n,k_L)\hat{x}_{\alpha_L}(k_L) \tag{3.36}$$

其中，$n=1,2,\cdots,N$；$u_{-\alpha_l}(n,k_l)=\sqrt{(1-\mathrm{i}\cot\alpha_l)/N}\cdot \mathrm{e}^{\frac{-\mathrm{i}k_l^2\cot\alpha_l}{2}}\mathrm{e}^{\frac{\mathrm{i}k_l n}{N\sin\alpha_l}}\mathrm{e}^{\frac{-\mathrm{i}n^2\cot\alpha_l}{2N^2}}$，$l=1,2,\cdots,L$。

因此，设 $\tilde{\boldsymbol{X}}=[\tilde{x}(1)\ \tilde{x}(2)\cdots\tilde{x}(N)]^{\mathrm{T}}$，有[51]

$$\tilde{\boldsymbol{X}}^{\mathrm{T}}\tilde{\boldsymbol{X}}=\left[\hat{x}_{\alpha_{l_1}}(1)\ \ \hat{x}_{\alpha_{l_1}}(2)\ \cdots\ \hat{x}_{\alpha_{l_1}}(N)\right]\begin{bmatrix}\boldsymbol{u}_{-\alpha_{l_1}}^{\mathrm{T}}(1,:)\\ \boldsymbol{u}_{-\alpha_{l_1}}^{\mathrm{T}}(2,:)\\ \vdots\\ \boldsymbol{u}_{-\alpha_{l_1}}^{\mathrm{T}}(N,:)\end{bmatrix}\left[u_{-\alpha_{l_2}}(1,:)\ \ u_{-\alpha_{l_2}}(2,:)\ \cdots\ u_{-\alpha_{l_2}}(N,:)\right]\begin{bmatrix}\hat{x}_{-\alpha_{l_2}}(1)\\ \hat{x}_{-\alpha_{l_2}}(2)\\ \vdots\\ \hat{x}_{-\alpha_{l_2}}(N)\end{bmatrix} \tag{3.37}$$

其中，

$$\boldsymbol{u}_{-\alpha_{l_1}}^{\mathrm{T}}(n,:)=\left[u_{-\alpha_{l_1}}(n,1)\,u_{-\alpha_{l_1}}(n,2)\cdots u_{-\alpha_{l_1}}(n,N)\right]$$

$$\boldsymbol{u}_{-\alpha_{l_2}}(n,:)=\left[u_{-\alpha_{l_2}}(n,1)\,u_{-\alpha_{l_2}}(n,2)\cdots u_{-\alpha_{l_2}}(n,N)\right]^{\mathrm{T}}$$

且有 $n=1,2,\cdots,N$；$l_1,l_2=1,2,\cdots,L$，$l_1\neq l_2$。

所以，可得

$$\tilde{\boldsymbol{X}}^{\mathrm{T}}\tilde{\boldsymbol{X}}=\sum_{n=1}^{N}\sum_{k=1}^{N}\hat{x}_{\alpha_{l_1}}(n)\left\langle\boldsymbol{u}_{-\alpha_{l_1}}(n,:),\boldsymbol{u}_{-\alpha_{l_2}}(k,:)\right\rangle\hat{x}_{\alpha_{l_2}}(k) \tag{3.38}$$

令 $M_{(l_1,l_2)}=\sup\limits_{n,k}\left(\left|\left\langle\boldsymbol{u}_{-\alpha_{l_1}}(n,:),\boldsymbol{u}_{-\alpha_{l_2}}(k,:)\right\rangle\right|\right)$，有

$$\begin{aligned}\tilde{\boldsymbol{X}}^{\mathrm{T}}\tilde{\boldsymbol{X}}&\leqslant\sum_{n=1}^{N}\sum_{k=1}^{N}\left|\hat{x}_{\alpha_{l_1}}(n)\left\langle\boldsymbol{u}_{-\alpha_{l_1}}(n,:),\boldsymbol{u}_{-\alpha_{l_2}}(k,:)\right\rangle\hat{x}_{\alpha_{l_2}}(k)\right|\\&\leqslant\sum_{s_1=1}^{N_{\alpha_{l_1}}}\sum_{s_2=1}^{N_{\alpha_{l_2}}}\left|\hat{x}_{\alpha_{l_1}}(s_1)\right|\cdot M_{(l_1,l_2)}\cdot\left|\hat{x}_{\alpha_{l_2}}(s_2)\right|\\&\leqslant M_{(l_1,l_2)}\sum_{s_1=1}^{N_{\alpha_{l_1}}}\sum_{s_2=1}^{N_{\alpha_{l_2}}}\left|\hat{x}_{\alpha_{l_1}}(s_1)\right|\cdot\left|\hat{x}_{\alpha_{l_2}}(s_2)\right|\end{aligned} \tag{3.39}$$

利用三角不等式关系，可得

$$\left|\hat{x}_{\alpha_{l_1}}(s_1)\right|\cdot\left|\hat{x}_{\alpha_{l_2}}(s_2)\right|\leqslant\frac{\left|\hat{x}_{\alpha_{l_1}}(s_1)\right|^2+\left|\hat{x}_{\alpha_{l_2}}(s_2)\right|^2}{2} \tag{3.40}$$

所以

$$\tilde{X}^{\mathrm{T}}\tilde{X}\leqslant M_{(l_1,l_2)}\sum_{s_1=1}^{N_{\alpha_{l_1}}}\sum_{s_2=1}^{N_{\alpha_{l_2}}}\frac{\left|\hat{x}_{\alpha_{l_1}}(s_1)\right|^2+\left|\hat{x}_{\alpha_{l_2}}(s_2)\right|^2}{2}$$

$$= M_{(l_1,l_2)}\left[\sum_{s_1=1}^{N_{\alpha_{l_1}}}\sum_{s_2=1}^{N_{\alpha_{l_2}}}\frac{\left|\hat{x}_{\alpha_{l_1}}(s_1)\right|^2}{2}+\sum_{s_1=1}^{N_{\alpha_{l_1}}}\sum_{s_2=1}^{N_{\alpha_{l_2}}}\frac{\left|\hat{x}_{\alpha_{l_2}}(s_2)\right|^2}{2}\right]$$

$$= M_{(l_1,l_2)}\left\{\sum_{s_2=1}^{N_{\alpha_{l_2}}}\left[\sum_{s_1=1}^{N_{\alpha_{l_1}}}\frac{\left|\hat{x}_{\alpha_{l_1}}(s_1)\right|^2}{2}\right]+\sum_{s_1=1}^{N_{\alpha_{l_1}}}\left[\sum_{s_2=1}^{N_{\alpha_{l_2}}}\frac{\left|\hat{x}_{\alpha_{l_2}}(s_2)\right|^2}{2}\right]\right\} \tag{3.41}$$

根据$\|\tilde{x}(n)\|_2=1$和 Parseval 定理，有

$$\sum_{s_1=1}^{N_{\alpha_{l_1}}}\frac{\left|\hat{x}_{\alpha_{l_1}}(s_1)\right|^2}{2}=\sum_{s_2=1}^{N_{\alpha_{l_2}}}\frac{\left|\hat{x}_{\alpha_{l_2}}(s_2)\right|^2}{2}=\frac{1}{2} \tag{3.42}$$

因此

$$\tilde{\boldsymbol{X}}^{\mathrm{T}}\tilde{\boldsymbol{X}} \leqslant M_{(l_1,l_2)}\left(\sum_{s_2=1}^{N_{\alpha_{l_2}}}\frac{1}{2}+\sum_{s_1=1}^{N_{\alpha_{l_1}}}\frac{1}{2}\right)=M_{(l_1,l_2)}\frac{N_{\alpha_{l_1}}+N_{\alpha_{l_2}}}{2} \tag{3.43}$$

因此，可得如下关系式：

$$\begin{cases}\tilde{\boldsymbol{X}}^{\mathrm{T}}\tilde{\boldsymbol{X}} \leqslant M_{(1,2)}\dfrac{N_1+N_2}{2}\\ \tilde{\boldsymbol{X}}^{\mathrm{T}}\tilde{\boldsymbol{X}} \leqslant M_{(1,3)}\dfrac{N_1+N_3}{2}\\ \quad\vdots\\ \tilde{\boldsymbol{X}}^{\mathrm{T}}\tilde{\boldsymbol{X}} \leqslant M_{(L-1,L)}\dfrac{N_{L-1}+N_L}{2}\end{cases} \tag{3.44}$$

根据上述所有不等式，可得

$$\Gamma_L^2\tilde{\boldsymbol{X}}^{\mathrm{T}}\tilde{\boldsymbol{X}} \leqslant \sup_{\substack{1\leqslant l_1,l_2\leqslant L\\ l_1\neq l_2}}\left\{M_{(l_1,l_2)}\right\}\frac{(L-1)(N_1+N_2+\cdots+N_L)}{2} \tag{3.45}$$

其中，$\Gamma_L^2=\dfrac{L(L-1)}{2\times 1}$。

同理，根据$\|\tilde{x}(n)\|_2=1$和 Parseval 定理[6]，有$\tilde{\boldsymbol{X}}^{\mathrm{T}}\tilde{\boldsymbol{X}}=1$，因此

$$\frac{(L-1)(N_1+N_2+\cdots+N_L)}{2} \geqslant \frac{\Gamma_L^2}{\sup\limits_{\substack{1\leqslant l_1,l_2\leqslant L\\ l_1\neq l_2}}\left\{M_{(l_1,l_2)}\right\}} \tag{3.46}$$

由离散分数阶 Fourier 变换的定义和特性[5]可知

$$\sup_{\substack{1\leqslant l_1,l_2\leqslant L\\ l_1\neq l_2}}\left\{M_{(l_1,l_2)}\right\}=\sup_{\substack{1\leqslant s_1,s_2\leqslant N\\ 1\leqslant l_1,l_2\leqslant L,l_1\neq l_2}}\left(\left|K_{-\alpha_{l_1}+\alpha_{l_2}}(s_1,s_2)\right|\right)=\sup_{\substack{1\leqslant s_1,s_2\leqslant N\\ 1\leqslant l_1,l_2\leqslant L,l_1\neq l_2}}\left(\left|\frac{1}{\sqrt{N\left|\sin(\alpha_{l_1}-\alpha_{l_2})\right|}}\right|\right)=\frac{1}{\sqrt{N|\sin\xi|}} \tag{3.47}$$

其中，$\xi=\inf\limits_{\substack{1\leqslant l_1,l_2\leqslant L\\ l_1\neq l_2}}\left(\left|\alpha_{l_1}-\alpha_{l_2}\right|\right)$。

因此，最终可证明：

$$\frac{N_1+N_2+\cdots+N_L}{L} \geqslant \sqrt{N|\sin\xi|}$$

其中，$\xi = \inf_{\substack{1 \leqslant l_1, l_2 \leqslant L \\ l_1 \neq l_2}} \left(\left| \alpha_{l_1} - \alpha_{l_2} \right| \right)$。

证毕。

3.1.2 分数阶 Fourier 变换域内离散信号的 Heisenberg 广义测不准原理在 LFM 信号滤波中的应用[38]

3.1.2.1 LFM 单分量去噪

通常频域内信号的主要的频谱能量占据很小的区域（支撑），其余频谱能量占据大部分区域（支撑），而噪声（主要是 Gauss 白噪声）在频域内的频谱能量通常较为均匀地占据整个区域（支撑）。因此，如果仅保留主要频谱能量占据的小区域，而将其余区域的频谱能量置零，那么信号的主要部分会被保留同时大部分噪声会被抑制。基于这种思想，可以对线性调频（LFM）信号进行有效的白噪声去除。

滤波器定义如下：对于一个给定的信号 $\tilde{x}(n)$ 及其分数阶 Fourier 变换 $\hat{x}_\alpha(k)$，定义函数 $H(k)$ 为

$$H(k) = \begin{cases} 1, & n \in \left[k_0 - \dfrac{N_\alpha}{2}, k_0 + \dfrac{N_\alpha}{2} \right] \\ 0, & \text{其他} \end{cases} \tag{3.48}$$

因此，可以通过下面操作获得滤波信号：

$$\hat{x}(n) = F_{-\alpha}\left[H(k) \hat{x}_\alpha(k) \right] \tag{3.49}$$

其中，$N_\alpha = \dfrac{W}{\sigma}$，$\sigma$ 为噪声方差，$W = \operatorname{width}\left(\dfrac{\max_k |\hat{x}_\alpha(k)|}{2} \right)$（大量实验后的经验值）为最大谱能量高度 $|\hat{x}_\alpha(k)|[(\alpha, k_0) = \arg\max_{\alpha,k} |\hat{x}_\alpha(k)|]$ 一半时的谱形宽度。

可以通过调整参数 $\varepsilon_\alpha(\varepsilon_\beta)$ 保留信号的主要能量而去除噪声的主要能量。然而，上述情况仅适合单分量的情况。在任何单独的分数阶 Fourier 变换域内都无法获得两个频率完全不同的单分量信号的高聚集性。而且，对于单分量 LFM 信号来说，有且仅有一个变换参数 α 满足使得该单分量在分数阶 Fourier 变换域内具有最大的聚集性。所以，对于两个 LFM 单分量信号来说，在两个分数阶 Fourier 变换域内通过分割这两个分量来获得它们的高聚集性是可能的。对于多个 LFM 单分量信号来说，在多个分数阶 Fourier 变换域内通过分割多个分量来获得它们的高聚集性也是可能的。后文将讨论多个分数阶 Fourier 变换域内的多分量情况。

3.1.2.2 广义 Parseval 定理

假定用两个离散分数阶 Fourier 变换域表示一个信号，即将信号 $\tilde{\boldsymbol{X}}$ 用两个离散分数阶 Fourier 变换基函数 $\boldsymbol{U}_\alpha$ 和 $\boldsymbol{U}_\beta$ 联合表示，即

$$\tilde{X}=\left[\boldsymbol{U}_{\alpha}\ \boldsymbol{U}_{\beta}\right]\begin{bmatrix}\boldsymbol{\gamma}^{\alpha}\\ \boldsymbol{\gamma}^{\beta}\end{bmatrix}=\sum_{n=1}^{N}\gamma_{n}^{\alpha}u_{n}^{\alpha}+\sum_{n=1}^{N}\gamma_{n}^{\beta}u_{n}^{\beta} \tag{3.50}$$

那么，$\|\boldsymbol{\gamma}\|_2$（$\boldsymbol{\gamma}=\left[\boldsymbol{\gamma}^{\alpha}\quad \boldsymbol{\gamma}^{\beta}\right]^{\mathrm{T}}$）会发生什么情况呢？如果将信号 $\tilde{\boldsymbol{X}}$ 用离散分数阶 Fourier 变换基函数 $\boldsymbol{U}_{\alpha}$（或 $\boldsymbol{U}_{\beta}$）来表示，根据 Parseval 定理，有

$$\sum_{n=1}^{N}|\alpha_n|^2=1\text{（或}\sum_{n=1}^{N}|\beta_n|^2=1\text{）} \tag{3.51}$$

定理 3.5 如果将信号 $\tilde{\boldsymbol{X}}$ 用两个离散分数阶 Fourier 变换基函数 $\boldsymbol{U}_{\alpha}$ 和 $\boldsymbol{U}_{\beta}$ 联合表示，即

$$\tilde{\boldsymbol{X}}=\left[\boldsymbol{U}_{\alpha}\ \boldsymbol{U}_{\beta}\right]\begin{bmatrix}\boldsymbol{\gamma}^{\alpha}\\ \boldsymbol{\gamma}^{\beta}\end{bmatrix}=\sum_{n=1}^{N}\gamma_{n}^{\alpha}u_{n}^{\alpha}+\sum_{n=1}^{N}\gamma_{n}^{\beta}u_{n}^{\beta} \tag{3.52}$$

有

$$\frac{1}{N\xi+1}\leqslant\sum_{n=1}^{N}|\gamma_{n}^{\alpha}|^2+\sum_{n=1}^{N}|\gamma_{n}^{\beta}|^2\leqslant\frac{1}{N\xi-1} \tag{3.53}$$

其中，$\xi=\dfrac{1}{N|\sin(\alpha-\beta)|}$。

证明：考虑等式

$$\tilde{\boldsymbol{X}}^{\mathrm{T}}\tilde{\boldsymbol{X}}=\left[\boldsymbol{\gamma}^{\alpha}\ \boldsymbol{\gamma}^{\beta}\right]\begin{bmatrix}(\boldsymbol{U}_{\alpha})^{\mathrm{T}}\\ (\boldsymbol{U}_{\beta})^{\mathrm{T}}\end{bmatrix}\left[U_{\alpha}\ U_{\beta}\right]\begin{bmatrix}\boldsymbol{\gamma}^{\alpha}\\ \boldsymbol{\gamma}^{\beta}\end{bmatrix}=\left[\boldsymbol{\gamma}^{\alpha}\ \boldsymbol{\gamma}^{\beta}\right]\begin{bmatrix}(\boldsymbol{U}_{\alpha})^{\mathrm{T}}\boldsymbol{U}_{\alpha} & (\boldsymbol{U}_{\alpha})^{\mathrm{T}}\boldsymbol{U}_{\beta}\\ (\boldsymbol{U}_{\beta})^{\mathrm{T}}\boldsymbol{U}_{\alpha} & (\boldsymbol{U}_{\beta})^{\mathrm{T}}\boldsymbol{U}_{\beta}\end{bmatrix}\begin{bmatrix}\boldsymbol{\gamma}^{\alpha}\\ \boldsymbol{\gamma}^{\beta}\end{bmatrix}$$

$$=\left[\gamma_1^{\alpha}\ \gamma_2^{\alpha}\cdots\gamma_N^{\alpha}\ \gamma_1^{\beta}\ \gamma_2^{\beta}\cdots\gamma_N^{\beta}\right]\begin{bmatrix}(u_1^{\alpha})^{\mathrm{T}}\\ (u_2^{\alpha})^{\mathrm{T}}\\ \vdots\\ (u_N^{\alpha})^{\mathrm{T}}\\ (u_1^{\beta})^{\mathrm{T}}\\ (u_2^{\beta})^{\mathrm{T}}\\ \vdots\\ (u_N^{\beta})^{\mathrm{T}}\end{bmatrix}\left[u_1^{\alpha}\ u_2^{\alpha}\cdots u_N^{\alpha}\ u_1^{\beta}\ u_2^{\beta}\cdots u_N^{\beta}\right]\begin{bmatrix}\gamma_1^{\alpha}\\ \gamma_2^{\alpha}\\ \vdots\\ \gamma_N^{\alpha}\\ \gamma_1^{\beta}\\ \gamma_2^{\beta}\\ \vdots\\ \gamma_N^{\beta}\end{bmatrix}$$

$$=\sum_{m=1}^{N}\sum_{n=1}^{N}\gamma_m^{\alpha}\left\langle u_m^{\alpha},u_n^{\alpha}\right\rangle\gamma_n^{\alpha}+\sum_{m=1}^{N}\sum_{n=1}^{N}\gamma_m^{\beta}\left\langle u_m^{\beta},u_n^{\beta}\right\rangle\gamma_n^{\beta}+\sum_{m=1}^{N}\sum_{n=1}^{N}\gamma_m^{\alpha}\left\langle u_m^{\alpha},u_n^{\beta}\right\rangle\gamma_n^{\beta}+\sum_{m=1}^{N}\sum_{n=1}^{N}\gamma_m^{\beta}\left\langle u_m^{\beta},u_n^{\alpha}\right\rangle\gamma_n^{\alpha} \tag{3.54}$$

由于 $\boldsymbol{U}_{\alpha}$ 和 $\boldsymbol{U}_{\beta}$ 是两个正交基函数序列，可知

$$\begin{cases}\displaystyle\sum_{m=1}^{N}\sum_{n=1}^{N}\gamma_m^{\alpha}\left\langle u_m^{\alpha},u_n^{\alpha}\right\rangle\gamma_n^{\alpha}=\sum_{n=1}^{N}|\gamma_n^{\alpha}|^2\\ \displaystyle\sum_{m=1}^{N}\sum_{n=1}^{N}\gamma_m^{\beta}\left\langle u_m^{\beta},u_n^{\beta}\right\rangle\gamma_n^{\beta}=\sum_{n=1}^{N}|\gamma_n^{\beta}|^2\\ \displaystyle\sum_{m=1}^{N}\sum_{n=1}^{N}\gamma_m^{\alpha}\left\langle u_m^{\alpha},u_n^{\beta}\right\rangle\gamma_n^{\beta}=\sum_{m=1}^{N}\sum_{n=1}^{N}\gamma_m^{\beta}\left\langle u_m^{\beta},u_n^{\alpha}\right\rangle\gamma_n^{\alpha}\end{cases} \tag{3.55}$$

由 $\|\tilde{\boldsymbol{X}}\|_2=1$ 和式（3.55）可得

$$1=\tilde{\boldsymbol{X}}^{\mathrm{T}}\tilde{\boldsymbol{X}}=\sum_{n=1}^{N}\left|\gamma_n^{\alpha}\right|^2+\sum_{n=1}^{N}\left|\gamma_n^{\beta}\right|^2+2\sum_{m=1}^{N}\sum_{n=1}^{N}\gamma_m^{\beta}\left\langle u_m^{\beta},u_n^{\alpha}\right\rangle\gamma_n^{\alpha} \tag{3.56}$$

因此，有

$$\begin{aligned}1=\left|\tilde{\boldsymbol{X}}^{\mathrm{T}}\tilde{\boldsymbol{X}}\right|&=\left|\left(\sum_{n=1}^{N}\left|\gamma_n^{\alpha}\right|^2+\sum_{n=1}^{N}\left|\gamma_n^{\beta}\right|^2\right)+2\sum_{m=1}^{N}\sum_{n=1}^{N}\gamma_m^{\beta}\left\langle u_m^{\beta},u_n^{\alpha}\right\rangle\gamma_n^{\alpha}\right|\\&\geqslant\left|\left(\left|\sum_{n=1}^{N}\left|\gamma_n^{\alpha}\right|^2\right|+\left|\sum_{n=1}^{N}\left|\gamma_n^{\beta}\right|^2\right|\right)-\left|2\sum_{m=1}^{N}\sum_{n=1}^{N}\gamma_m^{\beta}\left\langle u_m^{\beta},u_n^{\alpha}\right\rangle\gamma_n^{\alpha}\right|\right|\end{aligned} \tag{3.57}$$

即

$$\left|2\sum_{m=1}^{N}\sum_{n=1}^{N}\gamma_m^{\beta}\left\langle u_m^{\beta},u_n^{\alpha}\right\rangle\gamma_n^{\alpha}\right|-1\leqslant\sum_{n=1}^{N}\left|\gamma_n^{\alpha}\right|^2+\sum_{n=1}^{N}\left|\gamma_n^{\beta}\right|^2\leqslant1+\left|2\sum_{m=1}^{N}\sum_{n=1}^{N}\gamma_m^{\beta}\left\langle u_m^{\beta},u_n^{\alpha}\right\rangle\gamma_n^{\alpha}\right| \tag{3.58}$$

所以

$$-1+2\left|\sum_{m=1}^{N}\sum_{n=1}^{N}\gamma_m^{\beta}\left\langle u_m^{\beta},u_n^{\alpha}\right\rangle\gamma_n^{\alpha}\right|\leqslant\sum_{n=1}^{N}\left|\gamma_n^{\alpha}\right|^2+\sum_{n=1}^{N}\left|\gamma_n^{\beta}\right|^2\leqslant1+2\left|\sum_{m=1}^{N}\sum_{n=1}^{N}\gamma_m^{\beta}\left\langle u_m^{\beta},u_n^{\alpha}\right\rangle\gamma_n^{\alpha}\right| \tag{3.59}$$

考虑到 $\xi=\sup\limits_{m,n}\left[\left|\left(u_m^{\beta}\right)^{\mathrm{T}}u_n^{\alpha}\right|\right]$，有

$$\begin{aligned}\left|\sum_{m=1}^{N}\sum_{n=1}^{N}\gamma_m^{\beta}\left\langle u_m^{\beta},u_n^{\alpha}\right\rangle\gamma_n^{\alpha}\right|&=\sum_{m=1}^{N}\sum_{n=1}^{N}\left|\gamma_m^{\beta}\right|\cdot\left|\left\langle u_m^{\beta},u_n^{\alpha}\right\rangle\right|\cdot\left|\gamma_n^{\alpha}\right|\\&\leqslant\sum_{m=1}^{N}\sum_{n=1}^{N}\left|\gamma_m^{\beta}\right|\cdot\xi\cdot\left|\gamma_n^{\alpha}\right|\\&\leqslant\xi\sum_{m=1}^{N}\sum_{n=1}^{N}\frac{\left|\gamma_m^{\beta}\right|^2+\left|\gamma_n^{\alpha}\right|^2}{2}\\&=\frac{\xi}{2}\sum_{m=1}^{N}\sum_{n=1}^{N}\left|\gamma_m^{\beta}\right|^2+\frac{\xi}{2}\sum_{m=1}^{N}\sum_{n=1}^{N}\left|\gamma_n^{\alpha}\right|^2\\&=\frac{\xi N}{2}\sum_{m=1}^{N}\left|\gamma_m^{\beta}\right|^2+\frac{\xi N}{2}\sum_{n=1}^{N}\left|\gamma_n^{\alpha}\right|^2\\&=\frac{\xi N}{2}\left(\sum_{m=1}^{N}\left|\gamma_m^{\beta}\right|^2+\sum_{n=1}^{N}\left|\gamma_n^{\alpha}\right|^2\right)\end{aligned} \tag{3.60}$$

考虑 $N\xi\geqslant1$，可得如下能量关系：

$$\frac{1}{N\xi+1}\leqslant\sum_{n=1}^{N}\left|\gamma_n^{\alpha}\right|^2+\sum_{n=1}^{N}\left|\gamma_n^{\beta}\right|^2\leqslant\frac{1}{N\xi-1} \tag{3.61}$$

其中，$\xi=\dfrac{1}{N\left|\sin(\alpha-\beta)\right|}$。

证毕。

该定理表明，如果信号 $\tilde{\boldsymbol{X}}$ 被两个离散分数阶 Fourier 变换正交基函数序列 $\boldsymbol{U}_{\alpha}$ 和 $\boldsymbol{U}_{\beta}$ 联合表示，那么 Parseval 定理就不一定再成立。也就是说，Parseval 定理是定理 3.5 中能量不等式在这种条件下的特例：$\sum_{n=1}^{N}\left|\gamma_n^{\alpha}\right|^2=1$ 且 $\gamma_n^{\beta}=0$，或 $\sum_{n=1}^{N}\left|\gamma_n^{\beta}\right|^2=1$ 且 $\gamma_n^{\alpha}=0$。为了统一这些特性，把定理 3.5 称为广义 Parseval 定理。

该定理表明，在多离散分数阶 Fourier 变换域内，信号的能量是可能小于 1 的。也

就是说，在多离散分数阶 Fourier 变换域内，信号是可能被更少的能量表示的。这意味着，如果想要最稀疏地表示信号，可能一定程度上已经拥有信号的最少能量。也就是说，如果想要最稀疏地表示信号，可能一定程度上信号的能量已经大于 1。所以，即使拥有信号的（0-范数或 1-范数意义上的）最稀疏表示，也并不能表明拥有的信号具有最小的能量，这也是测量信号稀疏性时采用 0-范数或 1-范数而不是 2-范数的主要原因。

同理，可以得到多离散分数阶 Fourier 变换域内有关 Parseval 定理的一个推论。

推论 3.2 如果信号 $\tilde{\boldsymbol{X}}$ 被多个离散分数阶 Fourier 变换正交基函数序列 $\boldsymbol{U}_{\theta_l}$ ($l=1,2,\cdots,L$)联合表示，即

$$\tilde{\boldsymbol{X}}=\sum_{l=1}^{L}\sum_{n=1}^{N}\gamma_n^{\theta_l}\boldsymbol{u}_n^{\theta_l} \tag{3.62}$$

有

$$\frac{1}{N\xi+1}\leqslant\sum_{l=1}^{L}\sum_{n=1}^{N}\left|\gamma_n^{\theta_l}\right|^2\leqslant\frac{1}{N\xi-1} \tag{3.63}$$

其中，$\xi=\sup_{i,j}\sup_{m,n}\left[\left|\left(u_n^{\theta_i}\right)^{\mathrm{T}}u_m^{\theta_j}\right|\right]$。

证明略。

3.1.2.3 LFM 多分量去噪

LFM 分量是一类被各个领域[7]广泛应用的特殊信号，由于其特殊的频率带宽性质，即在时频平面内是一段线段(图 3.1)。它在频率轴上的投影往往占有很小的带宽(图 3.1)。因此，如果分数阶 Fourier 变换的参数选取恰当，任何 LFM 分量都可以具有很高的聚集性。

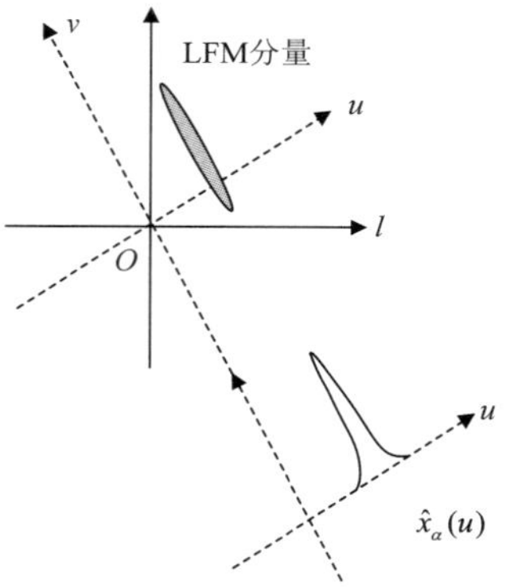

图 3.1 典型 LFM 分量在时频平面上的投影示意图

下面给出一个实例，在不和其他滤波算法对比的情况下，展示前期广义 Parseval 定理对应的特性和对信号处理的一些潜在应用价值。

这里通过一个具体实例进行验证。假定有三个 LFM 分量：$\tilde{x}_1(n)$、$\tilde{x}_2(n)$ 和 $\tilde{x}_3(n)$，它们的和为

$$\tilde{x}(n)=\tilde{x}_1(n)+\tilde{x}_2(n)+\tilde{x}_3(n) \tag{3.64}$$

其中，$\tilde{x}_1(n)=\mathrm{e}^{\mathrm{i}(0.0001n^2+0.0048n+0.025\pi)}$，$\tilde{x}_2(n)=\left[\dfrac{\cos(0.03n)}{5}+0.5\right]\mathrm{e}^{\mathrm{i}(0.0005(1024-n)^2-0.008(1024-n)+0.25\pi)}$，$\tilde{x}_3(n)=\mathrm{e}^{\mathrm{i}(0.0003n^2+0.0015n+0.0075\pi)}$，$n=1,2,\cdots,N$，$N=1024$。

图 3.2 所示为不同分数阶 Fourier 变换参数[0.50π、0.51π、0.55π 和 0.53π（其对应传统 Fourier 变换）]下的频谱图。从图中可以看出，任何一个参数都不可能使频谱具有最高的能量聚集性。前三个参数都使频谱有一个较为突出的频谱峰值，该峰值对应一个 LFM 分量，表示在这种分数阶 Fourier 变换参数下该 LFM 分量具有最高的聚集性（占用的带宽最小，即最稀疏）。也就是说，如果在前三个频谱图中分别提取聚集性最好的分量后相加，就可以得到 $\tilde{x}(n)$ 的近似值。同理，还可以利用这种方法去除 Gauss 白噪声，以获得比单分数阶 Fourier 变换域去噪更好的滤波效果。

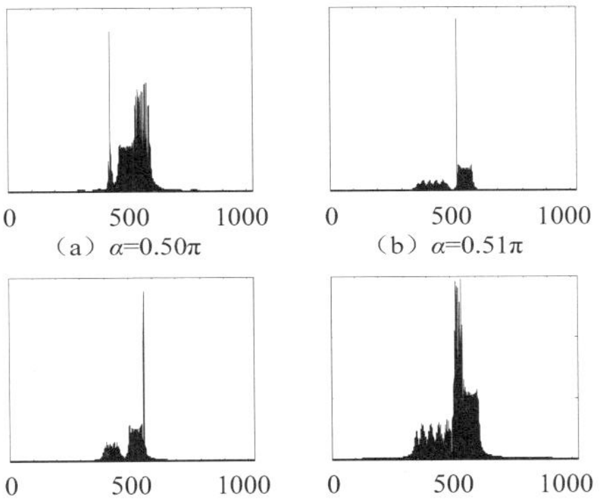

（a）α=0.50π　（b）α=0.51π　（c）α=0.55π　（d）α=0.53π

图 3.2　不同参数 α 下三个分量的离散分数阶 Fourier 变换域内频谱能量分布

多 LFM 分量的滤波算子为

$$\hat{x}(n)=\sum_{l=1}^{L}F_{-\alpha_l}\left[H_l(k)\cdot\hat{x}_{\alpha_l}(k)\right] \tag{3.65}$$

其中，$H_l(k)=\begin{cases}1, & n\in\left[k_{0,l}-\dfrac{N_{\alpha_l}}{2},k_{0,l}+\dfrac{N_{\alpha_l}}{2}\right]\\ 0, & 其他\end{cases}$，$N_{\alpha_l}=\dfrac{W_l}{\sigma}$

$$\begin{cases}W_l=\mathrm{width}\left(\dfrac{\max\limits_k\left|\hat{x}_{\alpha_l}(k)\right|}{2}\right)\\ (\alpha_l,k_{0,l})=\arg\max\limits_{\alpha,k}\left|\hat{x}_{\alpha_l}(k)\right|\end{cases} \tag{3.66}$$

滤波器中有一个可变参数 N_α，该参数是为了适应不同方差的噪声而设置的一个自适应性变量。通常，噪声方差可以事先进行估计，如果噪声方差事先不能估计或很难估计，则利用固定 N_α 代替可变 N_α，固定 N_α 一般取值为 $N/100\sim N/10$。

表 3.1 中列出了不同分数阶频率域内信号 $\tilde{x}(n)$ 滤波后的结果比对。在滤波算子定义式（3.65）中采用两种策略，一种是固定 N_α，另一种是自适应可变 N_α。另外四种方法分别是在不同分数阶频率域内进行滤波，其采用的分数阶变换参数分别是 0.50π、0.51π、

0.55π 和 0.53π。这四种方法分别在单分数阶变换域内定义式（3.65）和式（3.66）的滤波，N_α 分别是 400、270、250 和 250。相反，在多 LFM 分量的滤波算子中，固定 N_α 是 20，自适应可变 N_α 由 $N_{\alpha_l}=\dfrac{W_l}{\sigma}(l=1,2,3)$ 确定。

表 3.1　不同离散分数阶 Fourier 变换域内信号滤波比较

σ	MSE					
	固定 N_α	可变 N_α	α			
			0.50π	0.51π	0.55π	0.53π
0.1	0.0535	0.0502	**0.0063**	0.0066	0.0425	0.0149
0.2	0.0580	0.0535	0.0171	**0.0128**	0.0480	0.0229
0.3	0.0623	0.0582	0.0364	**0.0249**	0.0586	0.0304
0.4	0.0665	0.0611	0.0637	**0.0468**	0.0759	0.0490
0.5	0.0726	0.0700	0.0887	**0.0596**	0.0997	0.0744
0.6	0.0760	**0.0717**	0.1294	0.0868	0.1112	0.0890
0.7	0.0826	**0.0742**	0.1793	0.1169	0.1370	0.1071
0.8	0.0912	**0.0852**	0.2611	0.1498	0.1879	0.1588
0.9	0.0942	**0.0912**	0.2914	0.1817	0.2334	0.2054
1.0	0.0960	**0.0923**	0.3668	0.1995	0.2154	0.1977
1.2	0.1361	**0.1225**	0.5583	0.3183	0.3289	0.3020
1.5	0.2051	**0.1832**	0.8442	0.5568	0.5927	0.5591

注：$\mathrm{MSE}=\sum_{n=1}^{N}\left|\hat{x}(n)-\tilde{x}(n)\right|^2\Big/\sum_{n=1}^{N}\left|\tilde{x}(n)\right|^2$。

显然，当 $\sigma\leqslant 0.1$ 时，在信号 $\hat{x}_{0.50\pi}(k)$ 的域内滤波结果最好。当 $0.1<\sigma<0.6$ 时，在信号 $\hat{x}_{0.51\pi}(k)$ 的域内滤波结果最好。当 $\sigma\geqslant 0.6$ 时，基于自适应可变 N_α 的滤波结果最好，原因有两个。

（1）Gauss 白噪声在分数阶 Fourier 变换域内是均匀分布的，N_α 越大，Gauss 噪声保留的越多。同时，随着 N_α 的增加，越来越多的信号能量会被保留。当 σ 较小时，随着 N_α 的增加，噪声能量的增加量要小于信号能量的增加量，所以较大的 N_α 值会带来较好的滤波效果（表 3.1），反之亦然。这种物理意义上的解释正好对应了前面所述测不准原理（即 N_α 和 ε 之间的关系）。

（2）信号能量的重叠。根据 N_α 和 ε 之间的关系，当 $N_\alpha=N$ 时，$\varepsilon=0$，否则 $\varepsilon>0$。所以，不论 $N_\alpha(1\leqslant N_\alpha\leqslant N)$ 取什么值，$F_{-\alpha_1}\left[H_1(k)\cdot\hat{x}_{\alpha_1}(k)\right]$ 中除了 $\tilde{x}_1(n)$ 的绝大多数能量还将会包含 $\tilde{x}_2(n)$ 和 $\tilde{x}_3(n)$ 的小部分能量。同理，$F_{-\alpha_2}\left[H_2(k)\cdot\hat{x}_{\alpha_2}(k)\right]$ 中除了 $\tilde{x}_2(n)$ 的绝大多数能量还将会包含 $\tilde{x}_1(n)$ 和 $\tilde{x}_3(n)$ 的小部分能量，$F_{-\alpha_3}\left[H_3(k)\cdot\hat{x}_{\alpha_3}(k)\right]$ 中除了 $\tilde{x}_3(n)$ 的绝大多数能量还将会包含 $\tilde{x}_1(n)$ 和 $\tilde{x}_2(n)$ 的小部分能量。当 σ 较小时，信号能量的重叠相对于噪声来说更为重要，反之亦然。

所以，只有当 σ 较大时滤波效果才会最佳（见表 3.1，$\sigma\geqslant 0.6$）。

由以上分析可知

$$\begin{cases}\widehat{x}(n)=\widehat{x}_1(n)+\widehat{x}_2(n)+\widehat{x}_3(n)\\ \widehat{x}_1(n)=F_{-\alpha}\left\{\hat{x}_1^{\alpha}(k)\cdot\chi_{N\alpha}+\hat{x}_2^{\alpha}(k)\cdot\chi_{N\alpha}+\hat{x}_3^{\alpha}(k)\cdot\chi_{N\alpha}+G^{\alpha}(k)\cdot\chi_{N\alpha}\right\}\\ \widehat{x}_2(n)=F_{-\beta}\left\{\hat{x}_2^{\beta}(k)\cdot\chi_{N\beta}+\hat{x}_1^{\beta}(k)\cdot\chi_{N\beta}+\hat{x}_3^{\beta}(k)\cdot\chi_{N\beta}+G^{\beta}(k)\cdot\chi_{N\beta}\right\}\\ \widehat{x}_3(n)=F_{-\theta}\left\{\hat{x}_3^{\theta}(k)\cdot\chi_{N\theta}+\hat{x}_1^{\theta}(k)\cdot\chi_{N\theta}+\hat{x}_2^{\theta}(k)\cdot\chi_{N\theta}+G^{\theta}(k)\cdot\chi_{N\theta}\right\}\end{cases}\tag{3.67}$$

其中，$\alpha=0.51\pi$，$\beta=0.55\pi$，$\theta=0.53\pi$；$G^{(\cdot)}(k)$ 分别为离散分数阶 Fourier 变换域为 Gauss 白噪声在参数 α、β 和 θ 下的变换量；$\chi_{N\alpha}$、$\chi_{N\beta}$ 和 $\chi_{N\theta}$ 分别为 N_α、N_β 和 N_θ 的特征函数。

现在考虑 $\widehat{x}_1(n)$，对于 $\widehat{x}_1(n)$，$F_{-\alpha}\left\{\hat{x}_2^{\alpha}(k)\cdot\chi_{N\alpha}+\hat{x}_3^{\alpha}(k)\cdot\chi_{N\alpha}+G^{\alpha}(k)\cdot\chi_{N\alpha}\right\}$ 可以当作附加的噪声。而且，$\widehat{x}_1(n)$ 的泄露部分为 $\hat{x}_1^{\alpha}(k)\cdot\chi_{N\alpha}^{c}$，其中，$\chi_{N\alpha}^{c}$ 是 $\chi_{N\alpha}$ 在 N 上的补。也就是说，$\widehat{x}_1(n)$ 和 $\tilde{x}_1(n)$ 的不同点在于

$$F_{-\alpha}\left\{\hat{x}_1^{\alpha}(k)\cdot\chi_{N\alpha}^{c}+\hat{x}_2^{\alpha}(k)\cdot\chi_{N\alpha}+\hat{x}_3^{\alpha}(k)\cdot\chi_{N\alpha}+G^{\alpha}(k)\cdot\chi_{N\alpha}\right\}\tag{3.68}$$

从式（3.68）可以看出，MSE 主要是受四个分量影响。随着 N_α 的增加，$\hat{x}_1^{\alpha}(k)\cdot\chi_{N\alpha}^{c}$ 会降低（对应地 $\hat{x}_1^{\alpha}(k)\cdot\chi_{N\alpha}$ 会增加），但是 $\hat{x}_2^{\alpha}(k)\cdot\chi_{N\alpha}$、$\hat{x}_3^{\alpha}(k)\cdot\chi_{N\alpha}$ 和 $G^{\alpha}(k)\cdot\chi_{N\alpha}$ 会增加。如果 $\hat{x}_1^{\alpha}(k)\cdot\chi_{N\alpha}$ 的增量大于 $\hat{x}_2^{\alpha}(k)\cdot\chi_{N\alpha}$、$\hat{x}_3^{\alpha}(k)\cdot\chi_{N\alpha}$ 和 $G^{\alpha}(k)\cdot\chi_{N\alpha}$ 的增量，那么 MSE 会降低，反之亦然。也就是说，信号具有非常高的聚集性（或稀疏性）且和其他信号在分数阶频域内的交叉重叠非常小是多分数阶 Fourier 变换域滤波性能的重要保证。

上述示例比较简单，但是对于 Gauss 白噪声在 LFM 信号中的滤出确实非常有效和实用，这也是大多数频域内滤波的主要思路。同时，该实验也展示了频域内滤波的局限性，说明了广义测不准原理理论的有效性。

3.2　线性正则变换域内离散信号 Heisenberg 广义测不准原理

3.2.1　线性正则变换域内离散信号的 Heisenberg 广义测不准原理

首先给出离散线性正则变换的定义。类似于离散分数阶 Fourier 变换，离散线性正则变换的定义也有多种[12,13]。为了和广义测不准原理对应，本书采用文献[12]中的定义：

$$\hat{x}_{(a,b,c,d)}(k)=\sum_{n=1}^{N}\sqrt{1/\mathrm{i}Nb}\cdot\mathrm{e}^{\frac{idk^2}{2b}}\mathrm{e}^{\frac{-ikn}{Nb}}\mathrm{e}^{\frac{in^2a}{2bN^2}}\tilde{x}(n)=\sum_{n=1}^{N}u_{(a,b,c,d)}(k,n)\cdot\tilde{x}(n),\quad 1\leqslant n,k\leqslant N\tag{3.69}$$

显然，如果 $(a,b,c,d)=(1,0,0,1)$，定义式（3.69）退化为传统的离散 Fourier 变换。

同时，还可以把定义式（3.69）写成如下形式：

$$\hat{\boldsymbol{X}}_A=\boldsymbol{U}_A\hat{\boldsymbol{X}}\tag{3.70}$$

其中，$\boldsymbol{A}=(a,b,c,d)$，$\boldsymbol{A}^{-1}\boldsymbol{A}=\boldsymbol{I}$；$\boldsymbol{U}_A=[u_A(k,n)]_{N\times N}$；$\hat{\boldsymbol{X}}=[\tilde{x}(n)]_{N\times 1}$。

离散线性正则变换有如下性质：

$$\left\|\hat{\boldsymbol{X}}_A\right\|_2=\left\|\boldsymbol{U}_A\hat{\boldsymbol{X}}\right\|_2=1\tag{3.71}$$

更多关于离散线性正则变换的内容可以参见文献[12]。

定义 3.5　假定 $x(t)$ 为单位能量 $\|x(t)\|_{L^2(R)}=1$ 的复数信号，其离散线性正则变换为

$\boldsymbol{X}_A(u)$，如果函数 $\boldsymbol{G}_A(u)$ 支撑为 W_A（W_A 以外信号能量为 0）且 $\|\boldsymbol{X}_A(u)-\boldsymbol{G}_A(u)\|_{L^2(R)}\leqslant\varepsilon_A$，那么 $\boldsymbol{X}_A(u)$ 称为 ε_A-聚集的。

如果 $\boldsymbol{A}=(1,0,0,1)$，定义 3.5 转化为传统的时域；如果 $\boldsymbol{A}=(0,1,-1,0)$，定义 3.5 转化为传统的频域 [106]。

定义 3.6　广义频限算子 $\boldsymbol{P}_{W_A}$ 定义如下：

$$\left(\boldsymbol{P}_{W_A}x\right)(t)\equiv\int_{W_A}\boldsymbol{X}_A(u)K_{A^{-1}}(u,t)\mathrm{d}u\,,\quad \boldsymbol{X}_A(u)=\boldsymbol{F}_A[x(t)] \tag{3.72}$$

如果 $\boldsymbol{A}=(1,0,0,1)$，定义 3.6 是时限算子；如果 $\boldsymbol{A}=(0,1,-1,0)$，定义 3.6 是带限算子。定义 3.5 和定义 3.6 揭示了 ε_A 和 W_A 之间的关系。对于离散情况，有如下定义：

定义 3.7　假定 $\tilde{x}(n)\in L^2(R)$（$n=1,2,\cdots,N$）是一个离散数据序列，满足 $\|\tilde{x}(n)\|_{L^2(R)}=1$ 且设其离散分数阶 Fourier 变换为 $\hat{x}_A(k)$，如果有一个序列 $\hat{x}'_A(k)$ 满足 $\|\hat{x}'_\alpha(k)\|_0=N_A$，且满足 $\|\hat{x}_A(k)-\hat{x}'_A(k)\|_{L^2(R)}\leqslant\varepsilon_A$，那么 $\hat{x}(k)$ 称为 ε_A-聚集的。

这里 $\|\ \|_0$ 为 0-范数算子，用来计算非零数据的个数。

定义 3.8　广义离散频限算子 P_{N_A} 定义如下：

$$\left(\boldsymbol{P}_{N_A}\tilde{x}\right)(n)=\sum_{k=1}^{N}\chi_{N_A}\hat{x}(k)u_{A^{-1}}(k,n) \tag{3.73}$$

其中，$\tilde{x}(n)$ 为 $\hat{x}(k)$ 的离散分数阶 Fourier 变换，χ_{N_A} 为支撑 N_A（$N_A\leqslant N$）上的特征函数。

显然，定义 3.7 和定义 3.8 是定义 3.5 和定义 3.6 的扩展，它们具有相同的物理意义。这些定义是首次引入，它们的传统形式只是这些定义形式的特例。定义 3.7 和定义 3.8 揭示了 ε_A 和 N_A 之间的关系。

引理 3.3　$\|\boldsymbol{P}_{W_A}\boldsymbol{P}_{W_B}\|_{\mathrm{HS}}=\sqrt{\dfrac{|W_A||W_B|}{|a_1b_2-a_2b_1|}}$，其中，$\|\ \|_{\mathrm{HS}}$ 为 Hilbert-Schmidt 范数算子，$\boldsymbol{A}=(a_1,b_1,c_1,d_1)$，$\boldsymbol{B}=(a_2,b_2,c_2,d_2)$。

证明：根据算子 $\boldsymbol{P}_{W_A}\boldsymbol{P}_{W_B}$ 的定义，可得如下关系式：

$$\left(\boldsymbol{P}_{W_A}\boldsymbol{P}_{W_B}x\right)(t)=\int_{W_A}K_{A^{-1}}(v,t)\left\{\int_{-\infty}^{\infty}K_A(v,t)\left[\int_{W_B}K_{B^{-1}}(t,u)\boldsymbol{X}_B(u)\mathrm{d}u\right]\mathrm{d}t\right\}\mathrm{d}v \tag{3.74}$$

交换式（3.74）中的两个积分符号算子（根据积分特性，其结果不变），可得

$$\left(\boldsymbol{P}_{W_A}\boldsymbol{P}_{W_B}x\right)(t)=\int_{W_A}K_{B^{-1}}(v,t)\left[\int_{W_B}K_{AB^{-1}}(v,u)\boldsymbol{X}_B(u)\mathrm{d}u\right]\mathrm{d}v \tag{3.75}$$

于是有

$$\left(\boldsymbol{P}_{W_A}\boldsymbol{P}_{W_B}x\right)(t)=\int_{W_B}\left[\int_{W_A}K_{A^{-1}}(v,t)K_{AB^{-1}}(v,u)\mathrm{d}v\right]\boldsymbol{X}_B(u)\mathrm{d}u \tag{3.76}$$

设 $q(u,t)=\begin{cases}\int_{W_A}K_{A^{-1}}(v,t)K_{AB^{-1}}(v,u)\mathrm{d}v, & u\in W_B\\ 0, & \text{其他}\end{cases}$，可得 $\left(\boldsymbol{P}_{W_A}\boldsymbol{P}_{W_B}x\right)(t)=\int_{W_B}q(u,t)\boldsymbol{X}_B(u)\mathrm{d}u$

根据文献[51]的结论可知

$$\|\boldsymbol{P}_{W_A}\boldsymbol{P}_{W_0}\|_{\mathrm{HS}}^2=\int_{W_B}\int_{-\infty}^{+\infty}|q(u,t)|^2\mathrm{d}u\mathrm{d}t\,,\quad W_0=W_{(1,0,0,1)}$$

令 $g_u(t)=q(u,t)$，有

$$
\begin{aligned}
F_A[g_u(t)] &= \int_{-\infty}^{+\infty} K_A(u,t)\left[\int_{W_A} K_{A^{-1}}(v,t)K_{AB^{-1}}(v,u)\mathrm{d}v\right]\mathrm{d}t \\
&= \int_{W_A} K_{AB^{-1}}(v,u)\left[\int_{-\infty}^{\infty} K_{A^{-1}}(v,t)K_A(u,t)\mathrm{d}t\right]\mathrm{d}v \\
&= \int_{W_A} K_{AB^{-1}}(v,u)\delta(u-v)\,\mathrm{d}v \\
&= \chi_{W_A} K_{AB^{-1}}(v,u)
\end{aligned} \tag{3.77}
$$

其中，χ_{W_A} 为集合 W_A 的特征函数。

因此，由 Parseval 定理及线性正则变换的定义可知

$$
\begin{aligned}
\int_{-\infty}^{\infty} |g_u(t)|^2 \mathrm{d}t &= \int_{-\infty}^{+\infty} |F_A[g_u(t)]|^2 \mathrm{d}u \\
&= \int_{-\infty}^{+\infty} \left|\chi_{W_A} K_{AB^{-1}}(v,u)\right|^2 \mathrm{d}u = \frac{|W_A|}{|a_1b_2 - a_2b_1|}
\end{aligned} \tag{3.78}
$$

因此，可得最终结果：

$$
\begin{aligned}
\|\boldsymbol{P}_{W_A}\boldsymbol{P}_{W_B}\|_{\mathrm{HS}}^2 &= \int_{W_B}\int_{-\infty}^{+\infty} |q(u,t)|^2 \mathrm{d}t\mathrm{d}u \\
&= \int_{W_B} \frac{|W_A|}{|a_1b_2 - a_2b_1|}\mathrm{d}u \\
&= \frac{|W_A||W_B|}{|a_1b_2 - a_2b_1|}
\end{aligned}
$$

证毕。

现在，首先给出第一个定理。

定理 3.6　设 $W_A(W_B)$ 为一个测度集合且假定 $\boldsymbol{X}_A(u)$ $[\boldsymbol{X}_B(u)]$ 为 $x(t)$ 在参数 $A(B)$ 下的线性正则变换，同时满足 $\boldsymbol{X}_A(u)[\boldsymbol{X}_B(u)]$ 是 $W_A(W_B)$ 上 $\varepsilon_{W_A}(\varepsilon_{W_B})$-聚集的，那么

$$
|W_A||W_B| \geqslant \left(1-\varepsilon_{W_A}-\varepsilon_{W_B}\right)^2 |a_1b_2 - a_2b_1| \tag{3.79}
$$

证明：由于 $\|\boldsymbol{P}_{W_A}\|_{L^2(R)} = \sup\limits_{f(t)\in L^2(R)} \dfrac{\|\boldsymbol{P}_{W_A}x(t)\|_{L^2(R)}}{\|x(t)\|_{L^2(R)}}$，因此可以找到函数 $x(t)$ 使得 $\|\boldsymbol{P}_{W_A}\|_{L^2(R)} = 1$。

同时，利用三角不等式和集聚性定义可得

$$
\begin{aligned}
\|x(t)-\boldsymbol{P}_{W_A}\boldsymbol{P}_{W_B}x(t)\|_{L^2(R)} &= \left\|x(t)-\boldsymbol{P}_{W_A}x(t)+\boldsymbol{P}_{W_A}\left[x(t)-\boldsymbol{P}_{W_B}x(t)\right]\right\|_{L^2(R)} \\
&\leqslant \|x(t)-\boldsymbol{P}_{W_A}x(t)\|_{L^2(R)} + \left\|\boldsymbol{P}_{W_A}\left[x(t)-\boldsymbol{P}_{W_B}x(t)\right]\right\|_{L^2(R)} \\
&= \|x(t)-\boldsymbol{P}_{W_A}x(t)\|_{L^2(R)} + \|x(t)-\boldsymbol{P}_{W_B}x(t)\|_{L^2(R)} \\
&\leqslant \varepsilon_{W_A} + \varepsilon_{W_B}
\end{aligned} \tag{3.80}
$$

同时，已知

$$
\|x(t)-\boldsymbol{P}_{W_A}\boldsymbol{P}_{W_B}x(t)\|_{L^2(R)} \geqslant \|x(t)\|_{L^2(R)} - \|\boldsymbol{P}_{W_A}\boldsymbol{P}_{W_B}x(t)\|_{L^2(R)} = 1 - \|\boldsymbol{P}_{W_A}\boldsymbol{P}_{W_B}x(t)\|_{L^2(R)} \tag{3.81}
$$

于是有

$$
\|\boldsymbol{P}_{W_A}\boldsymbol{P}_{W_B}x(t)\|_{L^2(R)} \geqslant 1-(\varepsilon_{W_B}+\varepsilon_{W_A}) \tag{3.82}
$$

即

$$\frac{\|\boldsymbol{P}_{W_A}\boldsymbol{P}_{W_B}x(t)\|_{L^2(R)}}{\|x(t)\|_{L^2(R)}} \geqslant 1-(\varepsilon_{W_B}+\varepsilon_{W_A}) \tag{3.83}$$

所以

$$\|\boldsymbol{P}_{W_A}\boldsymbol{P}_{W_B}\|_{L^2(R)} \geqslant \frac{\|\boldsymbol{P}_{W_A}\boldsymbol{P}_{W_B}x(t)\|_{L^2(R)}}{\|x(t)\|_{L^2(R)}} \geqslant 1-(\varepsilon_{W_A}+\varepsilon_{W_B}) \tag{3.84}$$

从文献[51]的结果可知

$$\|\boldsymbol{P}_{W_A}\boldsymbol{P}_{W_B}\|_{\mathrm{HS}} \geqslant \|\boldsymbol{P}_{W_A}\boldsymbol{P}_{W_B}\|_{L^2(R)} \tag{3.85}$$

利用上述结果，可得

$$\|\boldsymbol{P}_{W_A}\boldsymbol{P}_{W_B}\|_{\mathrm{HS}} = \sqrt{\frac{|W_A||W_B|}{|a_1b_2-a_2b_1|}} \geqslant \|\boldsymbol{P}_{W_A}\boldsymbol{P}_{W_B}\|_{L^2(R)} \tag{3.86}$$

即

$$\sqrt{|W_A||W_B|} \geqslant \|\boldsymbol{P}_{W_A}\boldsymbol{P}_{W_B}\|_{L^2(R)}\sqrt{|a_1b_2-a_2b_1|} \tag{3.87}$$

因此，可得最终结果：

$$|W_A||W_B| \geqslant \|\boldsymbol{P}_{W_A}\boldsymbol{P}_{W_B}\|_{L^2(R)}^2 |a_1b_2-a_2b_1| \geqslant (1-\varepsilon_{W_A}-\varepsilon_{W_B})^2|a_1b_2-a_2b_1|$$

式（3.79）的特殊情况 $a_1/b_1=a_2/b_2$ 相对简单，这里不做讨论。

证毕。

很明显，上述定理的边界明显不同于文献[61]中无限情况的结果。在文献[61]中，主要涉及的问题是信号在无限支撑上的方差。本书中这些集合（W_A、W_B）被讨论，它们对下文中要讨论的测不准关系具有指导意义。$\varepsilon_{W_A}=\varepsilon_{W_B}=0$ 的情况不会发生，根据文献[61]的结论，如果 $\varepsilon_{W_A}=0$，有 $\varepsilon_{W_B}\neq 0$，否则 $W_B=\infty$，这又与 W_B 是可测性和有限性相矛盾。所以，在连续的情况下，$\varepsilon_{W_A}=\varepsilon_{W_B}=0$ 不可能成立。

接下来分析离散情况，首先引入一个引理。

引理 3.4　$\|\boldsymbol{P}_{N_A}\boldsymbol{P}_{N_B}\|_{\mathrm{F}}=\sqrt{\dfrac{N_AN_B}{N|a_1b_2-a_2b_1|}}$，其中，$\|\ \|_{\mathrm{F}}$ 为矩阵的 Frobenius 范数算子。

证明：由定义 3.8 可知

$$\left(\boldsymbol{P}_{N_A}\boldsymbol{P}_{N_B}\tilde{x}\right)(n)=\sum_{k=1}^{N}\chi_{N_A}u_A(k,n)\sum_{v=1}^{N}\chi_{N_B}\hat{x}(v)u_{B^{-1}}(k,v) \tag{3.88}$$

交换两个求和算子（显然结果不变），可得

$$\begin{aligned}\left(\boldsymbol{P}_{N_A}\boldsymbol{P}_{N_B}\tilde{x}\right)(n)&=\sum_{v=1}^{N}\sum_{k=1}^{N}\chi_{N_A}\chi_{N_B}u_A(k,n)\hat{x}(v)u_{B^{-1}}(k,v)\\&=\sum_{k=1}^{N}\chi_{N_A}\sum_{v=1}^{N}\chi_{N_B}\hat{x}(v)u_{AB^{-1}}(n,v)\end{aligned} \tag{3.89}$$

因此，根据矩阵的 Frobenius 范数算子的定义和线性正则变换的定义，可得

$$\|\boldsymbol{P}_{N_A}\boldsymbol{P}_{N_B}\|_{\mathrm{F}}=\left(\sum_{k=1}^{N}\chi_{N_A}\sum_{v=1}^{N}\chi_{N_B}\left|u_{AB^{-1}}(n,v)\right|^2\right)^{1/2}=\sqrt{\frac{N_AN_B}{N|a_1b_2-a_2b_1|}} \tag{3.90}$$

同理，对于连续情况可得

$$\frac{\|\boldsymbol{P}_{N_A}\boldsymbol{P}_{N_B}\tilde{x}(n)\|_{L^2(R)}}{\|\tilde{x}(n)\|_{L^2(R)}} \geqslant 1-(\varepsilon_A+\varepsilon_B) \tag{3.91}$$

由于

$$\|\boldsymbol{P}_{N_A}\boldsymbol{P}_{N_B}\|_{\mathrm{F}} \geqslant \|\boldsymbol{P}_{N_A}\boldsymbol{P}_{N_B}\|_{L^2(R)} = \sup_{\tilde{x}(n)\in L^2(R)} \frac{\|P_{N_A}P_{N_B}\tilde{x}(n)\|_{L^2(R)}}{\|\tilde{x}(n)\|_{L^2(R)}} \tag{3.92}$$

所以

$$\sqrt{\frac{N_A N_B}{N|a_1b_2-a_2b_1|}} = \|P_{N_A}P_{N_B}\|_{\mathrm{F}} \geqslant \frac{\|\boldsymbol{P}_{N_A}\boldsymbol{P}_{N_B}\tilde{x}(n)\|_{L^2(R)}}{\|\tilde{x}(n)\|_{L^2(R)}} \geqslant 1-(\varepsilon_A+\varepsilon_B) \tag{3.93}$$

故

$$N_A N_B \geqslant N(1-\varepsilon_A-\varepsilon_B)^2|a_1b_2-a_2b_1| \tag{3.94}$$

证毕。

因此，可得如下定理 3.7。

定理 3.7　设 $\hat{x}_A(k)$ $[\hat{x}_B(k)]$ 是时间序列信号 $\tilde{x}(n)\in L^2(R)$ ($n=1,2,\cdots,N$)在参数 $A(B)$ 下的离散线性正则变换，$\hat{x}_A(k)[\hat{x}_B(k)]$ 在索引集合 N($\varepsilon_A\varepsilon_B\neq 0$) 上是 $\varepsilon_A(\varepsilon_B)$-聚集的。令 N_A(N_B) 分别表示 $\hat{x}_A(k)[\hat{x}_B(k)]$ 上非零数据的个数，于是有

$$\begin{cases} N_A N_B \geqslant N(1-\varepsilon_A-\varepsilon_B)^2|a_1b_2-a_2b_1|, & a_1/b_1\neq a_2/b_2 \\ N_A N_B \geqslant 1, & a_1/b_1=a_2/b_2 \end{cases} \tag{3.95}$$

令 $\varepsilon_A=\varepsilon_B=0$，可以直接得到如下定理 3.8。

定理 3.8　设 $\hat{x}_A(k)[\hat{x}_B(k)]$ 是时间序列 $\tilde{x}(n)\in L^2(R)$ ($n=1,2,\cdots,N$) 的离散线性正则变换，N 是时间序列 $\tilde{x}(n)\in L^2(R)(n=1,2,\cdots,N)$ 中离散数据的个数。N_A(N_B) 分别表示 $\hat{x}_A(k)[\hat{x}_B(k)]$ 上非零数据的个数，则有

$$\begin{cases} N_A N_B \geqslant N|a_1b_2-a_2b_1|, & a_1/b_1\neq a_2/b_2 \\ N_A N_B \geqslant 1, & a_1/b_1=a_2/b_2 \end{cases} \tag{3.96}$$

显然，定理 3.8 是定理 3.7 的特例。而且，定理 3.8 也可以通过定理 3.6 推导出来[27]。不同的是，本书给出了一个不同的证明方式。由于 $\|\tilde{x}(n)\|_{L^2(R)}=1$，所以在每个线性正则变换域（ $a_1/b_1=a_2/b_2$ ）内至少有一个非零值，即对于 $a_1/b_1=a_2/b_2$，一定有 $N_A N_B\geqslant 1$。

在定理 3.8 中，如果设定 $B=(1,0,0,1)$，则有

推论 3.3　$\begin{cases} N_A N_0 \geqslant N|b_1|, & b_1\neq 0 \\ N_A N_0 \geqslant 1, & b_1=0 \end{cases}$，$N_0=N_{(1,0,0,1)}$。

证明：下面从采样和数学分析的角度证明该推论可以更好地理解这些关系。

假定连续信号 $x(t)$ 是带限的[即 $\tilde{x}(n)$ 对应的连续信号]，$\tilde{x}(n)$ 通过对 $x(t)$ 采样量化获得。

根据离散线性正则变换定义中的长度 N 可知，采样周期为 T_s，满足：$T_s=1$ [$\tilde{x}(n)=\tilde{x}(nT_s)$ 表明了该结果]。假定在线性正则变换域内采样后没有畸变，从 Shannon

采样定理可知，$\hat{x}_A(k)$ 的所有能量被限定在支撑区间$\left[-\frac{N|b_1|}{2T_s},\frac{N|b_1|}{2T_s}\right]$[106]，即 $\hat{x}_A(k)$ 所有能量必定限定在$[m+1,m+\lceil N|b_1|\rceil]$ $(0\leqslant m,m+\lceil N|b_1|\rceil\leqslant N)$上。

基于线性正则变换特性[112]，假定 $m=0$，即 $\hat{x}_A(k)$ 的所有能量被限定在支撑区间$[1,\lceil N|b_1|\rceil]$。

令 $n_1,n_2,\cdots,n_{N_t}$ 为 $\tilde{x}(n)$ 中非零点，$\tilde{x}(n_l)$ $(l=1,2,\cdots,N_t)$ 为 $\tilde{x}(n)$ 中对应的非零元素。

因此，根据离散线性正则变换定义[12]，可得如下关系式：

$$\hat{x}_A(k)=\sum_{l=1}^{N_t}\sqrt{1/\mathrm{i}b_1N}\cdot \mathrm{e}^{\frac{\mathrm{i}d_1k^2}{2b_1}}\mathrm{e}^{\frac{-\mathrm{i}kn_l}{Nb_1}}\mathrm{e}^{\frac{\mathrm{i}a_1n_l^2}{2b_1N^2}}\tilde{x}(n_l) \tag{3.97}$$

其中，$k=1,2,\cdots,\lceil N|b_1|\rceil$ 且 $\tilde{x}(n_l)\neq 0$。

采用矩阵和向量形式重写上述式子，并定义如下矩阵：

$$\boldsymbol{Z}_{k,l}\equiv\sqrt{1/\mathrm{i}b_1N}\cdot D_A(n_l,k) \tag{3.98}$$

其中，

$$D_A(n_l,k)=\mathrm{e}^{\frac{\mathrm{i}d_1k^2}{2b_1}}\mathrm{e}^{\frac{-\mathrm{i}kn_l}{Nb_1}}\mathrm{e}^{\frac{\mathrm{i}a_1n_l^2}{2b_1N^2}} \tag{3.99}$$

于是有

$$\hat{\boldsymbol{x}}_A=\boldsymbol{Z}\boldsymbol{b} \tag{3.100}$$

其中，$\hat{\boldsymbol{x}}_A=[\hat{x}_A(1),\hat{x}_A(2),\cdots,\hat{x}_A(\lceil N|b_1|\rceil)]^{\mathrm{T}}$；$\boldsymbol{Z}=(\boldsymbol{Z}_{k,l})_{\lceil N|b_1|\rceil\times N_t}$；$\boldsymbol{b}=\left[\tilde{x}(n_1),\tilde{x}(n_2),\cdots,\tilde{x}(n_{N_t})\right]^{\mathrm{T}}$。

显然，$\boldsymbol{Z}$ 是一个 $\lceil N|b_1|\rceil\times N_t$ 矩阵，包含$\frac{\lceil N|b_1|\rceil}{N_0}$个 $N_t\times N_t$ 矩阵，所以，矩阵 $\boldsymbol{Z}$ 可重写为如下形式：

$$\boldsymbol{Z}=[\boldsymbol{Z}_1,\boldsymbol{Z}_2,\cdots,\boldsymbol{Z}_s,\cdots]^{\mathrm{T}},\quad \hat{\boldsymbol{x}}_A=[\hat{x}_{A,1},\hat{x}_{A,2},\cdots,\hat{x}_{A,s},\cdots]^{\mathrm{T}} \tag{3.101}$$

其中，$s=1,2,\cdots,\frac{\lceil N|b_1|\rceil}{N_0}$。

由离散线性正则变换的定义可知，基函数$\sqrt{1/\mathrm{i}b_1N}\cdot \mathrm{e}^{\frac{\mathrm{i}d_1k^2}{2b_1}}\mathrm{e}^{\frac{-\mathrm{i}kn_l}{Nb_1}}\mathrm{e}^{\frac{\mathrm{i}a_1n_l^2}{2b_1N^2}}$（针对不同的 ks 和 n_ls）是相互正交的[12]。因此，不同行之间是不相关的，因而知道 $\boldsymbol{Z}_s\left(s=1,2,\cdots,\frac{\lceil N|\sin\alpha|\rceil}{N_0}\right)$是非奇异矩阵，从而 $\hat{\boldsymbol{x}}_{A,s}=\boldsymbol{Z}_s\boldsymbol{b}$ 可以重写为如下形式：

$$(\boldsymbol{Z}_s)^{-1}\hat{\boldsymbol{x}}_{A,s}=\boldsymbol{b} \tag{3.102}$$

由于 $\boldsymbol{b}$ 中每个元素均为非零值且 $\boldsymbol{Z}_s$ 是非奇异的，那么 $\hat{\boldsymbol{x}}_{A,s}$ 中至少有一个非零元素，否则 $\boldsymbol{b}=0$，这与 $\boldsymbol{b}\neq 0$ 相矛盾。

所以，在每个 $\hat{\boldsymbol{x}}_{A,s}\left(s=1,2,\cdots,\frac{\lceil N|b_1|\rceil}{N_0}\right)$中至少有一个非零元素。所以，在离散线性正则变换域中至少有 $N_A\geqslant\frac{\lceil N|b_1|\rceil}{N_0}$个非零元素。

证毕。

进一步，在离散线性正则变换域内可以得到如下更为一般形式的广义测不准关系。

定理 3.9　设 $\hat{x}_{A_l}(k)(l=1,2,\cdots,L)$ 为离散数据序列 $\tilde{x}(n)\in L^2(R)$ ($n=1,2,\cdots,N$ 且 $N>L$)的离散线性正则变换，其支撑长度为 N 且 $\|\tilde{x}(n)\|_{L^2(R)}=1$。$N_{\alpha_l}$ 为 $\hat{x}_{A_l}(k)$ 中的非零个数，则有

$$\frac{N_{A_1}+N_{A_2}+\cdots+N_{A_L}}{L}\geqslant\sqrt{N\xi}\tag{3.103}$$

其中，$\xi=\inf\limits_{\substack{1\leqslant l_1,l_2\leqslant L\\ l_1\neq l_2}}\left\{\left|a_{l_1}b_{l_2}-a_{l_2}b_{l_1}\right|\right\}$。

证明：根据假设及离散线性正则变换的定义[12]，有

$$\tilde{x}(n)=\sum_{k_1=1}^{N}u_{(A_1)^{-1}}(n,k_1)\hat{x}_{A_1}(k_1)=\sum_{k_2=1}^{N}u_{(A_2)^{-1}}(n,k_2)\hat{x}_{A_2}(k_2)=\cdots=\sum_{k_L=1}^{N}u_{(A_L)^{-1}}(n,k_L)\hat{x}_{A_L}(k_L)\tag{3.104}$$

其中，$n=1,2,\cdots,N$；$u_{(A_l)^{-1}}(n,k_l)=\sqrt{-1/\mathrm{i}b_lN}\cdot\mathrm{e}^{\frac{-\mathrm{i}a_lk_l^2\cot\alpha_l}{2b_l}}\mathrm{e}^{\frac{\mathrm{i}k_ln}{Nb_l}}\mathrm{e}^{\frac{-\mathrm{i}n^2d_l}{2b_lN^2}}$，$l=1,2,\cdots,L$。

因此，设 $\tilde{\boldsymbol{X}}=[\tilde{x}(1)\ \tilde{x}(2)\cdots\tilde{x}(N)]^{\mathrm{T}}$，根据文献[51]有

$$\tilde{\boldsymbol{X}}^{\mathrm{T}}\tilde{\boldsymbol{X}}=\left[\hat{x}_{A_{l_1}}(1)\ \ \hat{x}_{A_{l_1}}(2)\cdots\hat{x}_{A_{l_1}}(N)\right]\begin{bmatrix}\boldsymbol{u}^{\mathrm{T}}_{(A_{l_1})^{-1}}(1,:)\\ \boldsymbol{u}^{\mathrm{T}}_{(A_{l_1})^{-1}}(2,:)\\ \vdots\\ \boldsymbol{u}^{\mathrm{T}}_{(A_{l_1})^{-1}}(N,:)\end{bmatrix}$$

$$\times\left[\boldsymbol{u}_{(A_{l_2})^{-1}}(1,:)\ \ \boldsymbol{u}_{(A_{l_2})^{-1}}(2,:)\ \cdots\ \boldsymbol{u}_{(A_{l_2})^{-1}}(N,:)\right]\begin{bmatrix}\hat{x}_{(A_{l_2})^{-1}}(1)\\ \hat{x}_{(A_{l_2})^{-1}}(2)\\ \vdots\\ \hat{x}_{(A_{l_2})^{-1}}(N)\end{bmatrix}\tag{3.105}$$

其中，

$$\boldsymbol{u}^{\mathrm{T}}_{(A_{l_1})^{-1}}(n,:)=\left[u_{(A_{l_1})^{-1}}(n,1)\,u_{(A_{l_1})^{-1}}(n,2)\cdots u_{(A_{l_1})^{-1}}(n,N)\right]$$

$$\boldsymbol{u}_{(A_{l_2})^{-1}}(n,:)=\left[u_{(A_{l_2})^{-1}}(n,1)\,u_{(A_{l_2})^{-1}}(n,2)\cdots u_{(A_{l_2})^{-1}}(n,N)\right]^{\mathrm{T}}$$

且有 $n=1,2,\cdots,N$；$l_1,l_2=1,2,\cdots,L$，$l_1\neq l_2$。

所以，可得

$$\tilde{\boldsymbol{X}}^{\mathrm{T}}\tilde{\boldsymbol{X}}=\left[\hat{x}_{A_{l_1}}(1)\ \ \hat{x}_{A_{l_1}}(2)\ \cdots\ \hat{x}_{A_{l_1}}(N)\right]$$

$$\times\begin{bmatrix}\boldsymbol{u}^{\mathrm{T}}_{(A_{l_1})^{-1}}(1,:)\boldsymbol{u}_{(A_{l_2})^{-1}}(1,:) & \boldsymbol{u}^{\mathrm{T}}_{(A_{l_1})^{-1}}(1,:)\boldsymbol{u}_{(A_{l_2})^{-1}}(2,:) & \cdots & \boldsymbol{u}^{\mathrm{T}}_{(A_{l_1})^{-1}}(1,:)\boldsymbol{u}_{(A_{l_2})^{-1}}(N,:)\\ \boldsymbol{u}^{\mathrm{T}}_{(A_{l_1})^{-1}}(2,:)\boldsymbol{u}_{(A_{l_2})^{-1}}(1,:) & \boldsymbol{u}^{\mathrm{T}}_{(A_{l_1})^{-1}}(2,:)\boldsymbol{u}_{(A_{l_2})^{-1}}(2,:) & \cdots & \boldsymbol{u}^{\mathrm{T}}_{(A_{l_1})^{-1}}(2,:)\boldsymbol{u}_{(A_{l_2})^{-1}}(N,:)\\ \vdots & \vdots & & \vdots\\ \boldsymbol{u}^{\mathrm{T}}_{(A_{l_1})^{-1}}(N,:)\boldsymbol{u}_{(A_{l_2})^{-1}}(1,:) & \boldsymbol{u}^{\mathrm{T}}_{(A_{l_1})^{-1}}(N,:)\boldsymbol{u}_{(A_{l_2})^{-1}}(2,:) & \cdots & \boldsymbol{u}^{\mathrm{T}}_{(A_{l_1})^{-1}}(N,:)\boldsymbol{u}_{(A_{l_2})^{-1}}(N,:)\end{bmatrix}\begin{bmatrix}\hat{x}_{(A_{l_2})^{-1}}(1)\\ \hat{x}_{(A_{l_2})^{-1}}(2)\\ \vdots\\ \hat{x}_{(A_{l_2})^{-1}}(N)\end{bmatrix}$$

$$=\sum_{n=1}^{N}\sum_{k=1}^{N}\hat{x}_{A_{l_1}}(n)\left\langle \boldsymbol{u}_{(A_{l_1})^{-1}}(n,:),\boldsymbol{u}_{(A_{l_2})^{-1}}(k,:)\right\rangle \hat{x}_{A_{l_2}}(k) \tag{3.106}$$

令 $M_{(l_1,l_2)}=\sup\limits_{n,k}\left(\left|\left\langle \boldsymbol{u}_{(A_{l_1})^{-1}}(n,:),\boldsymbol{u}_{(A_{l_2})^{-1}}(k,:)\right\rangle\right|\right)$，有

$$\begin{aligned}\tilde{\boldsymbol{X}}^{\mathrm{T}}\tilde{\boldsymbol{X}} &\leqslant \sum_{n=1}^{N}\sum_{k=1}^{N}\left|\hat{x}_{A_{l_1}}(n)\left\langle \boldsymbol{u}_{(A_{l_1})^{-1}}(n,:),\boldsymbol{u}_{(A_{l_2})^{-1}}(k,:)\right\rangle \hat{x}_{A_{l_2}}(k)\right| \\ &\leqslant \sum_{s_1=1}^{N_{A_{l_1}}}\sum_{s_2=1}^{N_{A_{l_2}}}\left|\hat{x}_{A_{l_1}}(s_1)\right|\cdot M_{(l_1,l_2)}\cdot\left|\hat{x}_{A_{l_2}}(s_2)\right| \\ &\leqslant M_{(l_1,l_2)}\sum_{s_1=1}^{N_{A_{l_1}}}\sum_{s_2=1}^{N_{A_{l_2}}}\left|\hat{x}_{A_{l_1}}(s_1)\right|\cdot\left|\hat{x}_{A_{l_2}}(s_2)\right|\end{aligned} \tag{3.107}$$

利用三角不等式关系，可得

$$\left|\hat{x}_{A_{l_1}}(s_1)\right|\cdot\left|\hat{x}_{A_{l_2}}(s_2)\right|\leqslant\frac{\left|\hat{x}_{A_{l_1}}(s_1)\right|^2+\left|\hat{x}_{A_{l_2}}(s_2)\right|^2}{2} \tag{3.108}$$

所以

$$\begin{aligned}\tilde{\boldsymbol{X}}^{\mathrm{T}}\tilde{\boldsymbol{X}} &\leqslant M_{(l_1,l_2)}\sum_{s_1=1}^{N_{\alpha_{l_1}}}\sum_{s_2=1}^{N_{\alpha_{l_2}}}\frac{\left|\hat{x}_{\alpha_{l_1}}(s_1)\right|^2+\left|\hat{x}_{\alpha_{l_2}}(s_2)\right|^2}{2} \\ &= M_{(l_1,l_2)}\left(\sum_{s_1=1}^{N_{\alpha_{l_1}}}\sum_{s_2=1}^{N_{\alpha_{l_2}}}\frac{\left|\hat{x}_{\alpha_{l_1}}(s_1)\right|^2}{2}+\sum_{s_1=1}^{N_{\alpha_{l_1}}}\sum_{s_2=1}^{N_{\alpha_{l_2}}}\frac{\left|\hat{x}_{\alpha_{l_2}}(s_2)\right|^2}{2}\right) \\ &= M_{(l_1,l_2)}\left[\sum_{s_2=1}^{N_{\alpha_{l_2}}}\left(\sum_{s_1=1}^{N_{\alpha_{l_1}}}\frac{\left|\hat{x}_{\alpha_{l_1}}(s_1)\right|^2}{2}\right)+\sum_{s_1=1}^{N_{\alpha_{l_1}}}\left(\sum_{s_2=1}^{N_{\alpha_{l_2}}}\frac{\left|\hat{x}_{\alpha_{l_2}}(s_2)\right|^2}{2}\right)\right]\end{aligned} \tag{3.109}$$

根据 $\|\tilde{x}(n)\|_2=1$ 和 Parseval 定理，有

$$\sum_{s_1=1}^{N_{A_{l_1}}}\frac{\left|\hat{x}_{A_{l_1}}(s_1)\right|^2}{2}=\sum_{s_2=1}^{N_{\alpha_{l_2}}}\frac{\left|\hat{x}_{A_{l_2}}(s_2)\right|^2}{2}=\frac{1}{2} \tag{3.110}$$

因此

$$\tilde{\boldsymbol{X}}^{\mathrm{T}}\tilde{\boldsymbol{X}}\leqslant M_{(l_1,l_2)}\left(\sum_{s_2=1}^{N_{A_{l_2}}}\frac{1}{2}+\sum_{s_1=1}^{N_{A_{l_1}}}\frac{1}{2}\right)=M_{(l_1,l_2)}\frac{N_{A_{l_1}}+N_{A_{l_2}}}{2} \tag{3.111}$$

因此，可得如下关系式：

$$\begin{cases}\tilde{\boldsymbol{X}}^{\mathrm{T}}\tilde{\boldsymbol{X}}\leqslant M_{(1,2)}\dfrac{N_1+N_2}{2} \\ \tilde{\boldsymbol{X}}^{\mathrm{T}}\tilde{\boldsymbol{X}}\leqslant M_{(1,3)}\dfrac{N_1+N_3}{2} \\ \qquad\vdots \\ \tilde{\boldsymbol{X}}^{\mathrm{T}}\tilde{\boldsymbol{X}}\leqslant M_{(L-1,L)}\dfrac{N_{L-1}+N_L}{2}\end{cases} \tag{3.112}$$

根据上述所有不等式，得

$$\Gamma_L^2 \cdot \tilde{\boldsymbol{X}}^{\mathrm{T}}\tilde{\boldsymbol{X}} \leqslant \sup_{\substack{1\leqslant l_1,l_2\leqslant L \\ l_1\neq l_2}}\left\{M_{(l_1,l_2)}\right\}\frac{(L-1)(N_1+N_2+\cdots+N_L)}{2} \tag{3.113}$$

其中，$\Gamma_L^2 = \dfrac{L(L-1)}{2\times 1}$。

同理，根据$\|\tilde{x}(n)\|_2 = 1$和 Parseval 定理，有$\tilde{\boldsymbol{X}}^{\mathrm{T}}\tilde{\boldsymbol{X}} = 1$，因此

$$\frac{(L-1)(N_1+N_2+\cdots+N_L)}{2} \geqslant \frac{\Gamma_L^2}{\sup\limits_{\substack{1\leqslant l_1,l_2\leqslant L \\ l_1\neq l_2}}\left\{M_{(l_1,l_2)}\right\}} \tag{3.114}$$

由离散线性正则变换的定义和特性可知

$$\begin{aligned}\sup_{\substack{1\leqslant l_1,l_2\leqslant L \\ l_1\neq l_2}}\left\{M_{(l_1,l_2)}\right\} &= \sup_{\substack{1\leqslant s_1,s_2\leqslant N \\ 1\leqslant l_1,l_2\leqslant L,l_1\neq l_2}}\left(\left|K_{(A_{l_1})^{-1}A_{l_2}}(s_1,s_2)\right|\right) \\ &= \sup_{\substack{1\leqslant s_1,s_2\leqslant N \\ 1\leqslant l_1,l_2\leqslant L,l_1\neq l_2}}\left(\left|\frac{1}{\sqrt{N\cdot\left|a_{l_1}b_{l_2}-a_{l_2}b_{l_1}\right|}}\right|\right) \\ &= \frac{1}{\sqrt{N\xi}}\end{aligned} \tag{3.115}$$

其中，$\xi = \inf\limits_{\substack{1\leqslant l_1,l_2\leqslant L \\ l_1\neq l_2}}\left\{\left|a_{l_1}b_{l_2}-a_{l_2}b_{l_1}\right|\right\}$。

因此，最终可证明：

$$\frac{N_1+N_2+\cdots+N_L}{L} \geqslant \sqrt{N\xi}$$

其中，$\xi = \inf\limits_{\substack{1\leqslant l_1,l_2\leqslant L \\ l_1\neq l_2}}\left\{\left|a_{l_1}b_{l_2}-a_{l_2}b_{l_1}\right|\right\}$。

证毕。

3.2.2　线性正则变换域内的广义 Parseval 定理

假定用两个离散线性正则变换域表示一个信号，即将信号$\tilde{\boldsymbol{X}}$用两个离散线性正则变换基函数$\boldsymbol{U}_A$和$\boldsymbol{U}_B$联合表示，即

$$\tilde{\boldsymbol{X}} = [\boldsymbol{U}_A\ \boldsymbol{U}_B]\begin{bmatrix}\boldsymbol{\gamma}^A \\ \boldsymbol{\gamma}^B\end{bmatrix} = \sum_{n=1}^{N}\gamma_n^A\boldsymbol{u}_n^A + \sum_{n=1}^{N}\gamma_n^B\boldsymbol{u}_n^B \tag{3.116}$$

其中，$\boldsymbol{A}=(a_1,b_1,c_1,d_1)$，$\boldsymbol{B}=(a_2,b_2,c_2,d_2)$，那么$\|\boldsymbol{\gamma}\|_2$($\boldsymbol{\gamma}=[\boldsymbol{\gamma}^\alpha\quad \boldsymbol{\gamma}^\beta]^{\mathrm{T}}$)会发生什么情况呢？如果将信号$\tilde{\boldsymbol{X}}$用离散分数阶 Fourier 变换基函数$\boldsymbol{U}_A$（或$\boldsymbol{U}_B$）来表示，根据 Parseval 定理，有

$$\sum_{n=1}^{N}|\alpha_n|^2 = 1\quad（或\sum_{n=1}^{N}|\beta_n|^2 = 1） \tag{3.117}$$

定理 3.10　如果将信号$\tilde{\boldsymbol{X}}$用两个离散线性正则变换基函数$\boldsymbol{U}_A$和$\boldsymbol{U}_B$联合表示，即

$$\tilde{\boldsymbol{X}} = [\boldsymbol{U}_A\ \boldsymbol{U}_B]\begin{bmatrix}\boldsymbol{\gamma}^A \\ \boldsymbol{\gamma}^B\end{bmatrix} = \sum_{n=1}^{N}\gamma_n^A\boldsymbol{u}_n^A + \sum_{n=1}^{N}\gamma_n^B\boldsymbol{u}_n^B \tag{3.118}$$

有

$$\frac{1}{N\xi+1}\leqslant\sum_{n=1}^{N}\left|\gamma_n^A\right|^2+\sum_{n=1}^{N}\left|\gamma_n^B\right|^2\leqslant\frac{1}{N\xi-1} \tag{3.119}$$

其中，$\xi=\dfrac{1}{N\left|a_1b_2-a_2b_1\right|}$。

证明：考虑等式

$$\begin{aligned}
\tilde{\boldsymbol{X}}^{\mathrm{T}}\tilde{\boldsymbol{X}}&=\left[\boldsymbol{\gamma}^A\ \boldsymbol{\gamma}^B\right]\begin{bmatrix}(\boldsymbol{U}_A)^{\mathrm{T}}\\(\boldsymbol{U}_B)^{\mathrm{T}}\end{bmatrix}\left[\boldsymbol{U}_A\ \boldsymbol{U}_B\right]\begin{bmatrix}\boldsymbol{\gamma}^A\\\boldsymbol{\gamma}^B\end{bmatrix}\\
&=\left[\boldsymbol{\gamma}^A\ \boldsymbol{\gamma}^B\right]\begin{bmatrix}(\boldsymbol{U}_A)^{\mathrm{T}}\boldsymbol{U}_A & (\boldsymbol{U}_A)^{\mathrm{T}}\boldsymbol{U}_B\\(\boldsymbol{U}_B)^{\mathrm{T}}\boldsymbol{U}_A & (\boldsymbol{U}_B)^{\mathrm{T}}\boldsymbol{U}_B\end{bmatrix}\begin{bmatrix}\boldsymbol{\gamma}^A\\\boldsymbol{\gamma}^B\end{bmatrix}\\
&=\left[\gamma_1^A\cdots\gamma_N^A\,\gamma_1^B\ \cdots\gamma_N^B\right]\begin{bmatrix}\left(u_1^A\right)^{\mathrm{T}}\\\vdots\\\left(u_N^A\right)^{\mathrm{T}}\\\left(u_1^B\right)^{\mathrm{T}}\\\vdots\\\left(u_N^B\right)^{\mathrm{T}}\end{bmatrix}\left[u_1^A\ \cdots u_N^A\,u_1^B\ \cdots u_N^B\right]\begin{bmatrix}\gamma_1^A\\\vdots\\\gamma_N^A\\\gamma_1^B\\\vdots\\\gamma_N^B\end{bmatrix}\\
&=\sum_{m=1}^{N}\sum_{n=1}^{N}\gamma_m^A\left\langle u_m^A,u_n^A\right\rangle\gamma_n^A+\sum_{m=1}^{N}\sum_{n=1}^{N}\gamma_m^B\left\langle u_m^B,u_n^B\right\rangle\gamma_n^B\\
&\quad+\sum_{m=1}^{N}\sum_{n=1}^{N}\gamma_m^A\left\langle u_m^A,u_n^B\right\rangle\gamma_n^B+\sum_{m=1}^{N}\sum_{n=1}^{N}\gamma_m^B\left\langle u_m^B,u_n^A\right\rangle\gamma_n^A
\end{aligned} \tag{3.120}$$

由于$\boldsymbol{U}_A$和$\boldsymbol{U}_B$是两个正交基函数序列[51]，可知

$$\begin{cases}\displaystyle\sum_{m=1}^{N}\sum_{n=1}^{N}\gamma_m^A\left\langle u_m^A,u_n^A\right\rangle\gamma_n^A=\sum_{n=1}^{N}\left|\gamma_n^A\right|^2\\ \displaystyle\sum_{m=1}^{N}\sum_{n=1}^{N}\gamma_m^B\left\langle u_m^B,u_n^B\right\rangle\gamma_n^B=\sum_{n=1}^{N}\left|\gamma_n^B\right|^2\\ \displaystyle\sum_{m=1}^{N}\sum_{n=1}^{N}\gamma_m^A\left\langle u_m^A,u_n^B\right\rangle\gamma_n^B=\sum_{m=1}^{N}\sum_{n=1}^{N}\gamma_m^B\left\langle u_m^B,u_n^A\right\rangle\gamma_n^A\end{cases} \tag{3.121}$$

由$\left\|\tilde{\boldsymbol{X}}\right\|_2=1$和式（3.121）可得

$$1=\tilde{\boldsymbol{X}}^{\mathrm{T}}\tilde{\boldsymbol{X}}=\sum_{n=1}^{N}\left|\gamma_n^A\right|^2+\sum_{n=1}^{N}\left|\gamma_n^B\right|^2+2\sum_{m=1}^{N}\sum_{n=1}^{N}\gamma_m^B\left\langle u_m^B,u_n^A\right\rangle\gamma_n^A$$

因此，有

$$\begin{aligned}
1=\left|\tilde{\boldsymbol{X}}^{\mathrm{T}}\tilde{\boldsymbol{X}}\right|&=\left|\left(\sum_{n=1}^{N}\left|\gamma_n^A\right|^2+\sum_{n=1}^{N}\left|\gamma_n^B\right|^2\right)+2\sum_{m=1}^{N}\sum_{n=1}^{N}\gamma_m^B\left\langle u_m^B,u_n^A\right\rangle\gamma_n^A\right|\\
&\geqslant\left|\left(\left|\sum_{n=1}^{N}\left|\gamma_n^A\right|^2\right|+\left|\sum_{n=1}^{N}\left|\gamma_n^B\right|^2\right|\right)-\left|2\sum_{m=1}^{N}\sum_{n=1}^{N}\gamma_m^B\left\langle u_m^B,u_n^A\right\rangle\gamma_n^A\right|\right|
\end{aligned} \tag{3.122}$$

即

$$\left|2\sum_{m=1}^{N}\sum_{n=1}^{N}\gamma_m^B\left\langle u_m^B,u_n^A\right\rangle\gamma_n^A\right|-1\leqslant\sum_{n=1}^{N}\left|\gamma_n^A\right|^2+\sum_{n=1}^{N}\left|\gamma_n^B\right|^2\leqslant 1+\left|2\sum_{m=1}^{N}\sum_{n=1}^{N}\gamma_m^B\left\langle u_m^B,u_n^A\right\rangle\gamma_n^A\right| \quad (3.123)$$

所以

$$-1+2\left|\sum_{m=1}^{N}\sum_{n=1}^{N}\gamma_m^B\left\langle u_m^B,u_n^A\right\rangle\gamma_n^A\right|\leqslant\sum_{n=1}^{N}\left|\gamma_n^A\right|^2+\sum_{n=1}^{N}\left|\gamma_n^B\right|^2\leqslant 1+2\left|\sum_{m=1}^{N}\sum_{n=1}^{N}\gamma_m^B\left\langle u_m^B,u_n^A\right\rangle\gamma_n^A\right| \quad (3.124)$$

考虑到 $\xi=\sup_{m,n}\left[\left|\left(u_m^B\right)^{\mathrm{T}}\cdot u_n^A\right|\right]$，有

$$\begin{aligned}\left|\sum_{m=1}^{N}\sum_{n=1}^{N}\gamma_m^B\left\langle u_m^B,u_n^A\right\rangle\gamma_n^A\right|&=\sum_{m=1}^{N}\sum_{n=1}^{N}\left|\gamma_m^B\right|\cdot\left|\left\langle u_m^B,u_n^A\right\rangle\right|\cdot\left|\gamma_n^A\right|\\&\leqslant\sum_{m=1}^{N}\sum_{n=1}^{N}\left|\gamma_m^B\right|\cdot\xi\cdot\left|\gamma_n^A\right|\\&\leqslant\xi\sum_{m=1}^{N}\sum_{n=1}^{N}\frac{\left|\gamma_m^B\right|^2+\left|\gamma_n^A\right|^2}{2}\\&=\frac{\xi}{2}\sum_{m=1}^{N}\sum_{n=1}^{N}\left|\gamma_m^B\right|^2+\frac{\xi}{2}\sum_{m=1}^{N}\sum_{n=1}^{N}\left|\gamma_n^A\right|^2\\&=\frac{\xi N}{2}\sum_{m=1}^{N}\left|\gamma_m^B\right|^2+\frac{\xi N}{2}\sum_{n=1}^{N}\left|\gamma_n^A\right|^2\\&=\frac{\xi N}{2}\left(\sum_{m=1}^{N}\left|\gamma_m^B\right|^2+\sum_{n=1}^{N}\left|\gamma_n^A\right|^2\right)\end{aligned} \quad (3.125)$$

考虑 $N\xi\geqslant 1$，可得如下能量关系：

$$\frac{1}{N\xi+1}\leqslant\sum_{n=1}^{N}\left|\gamma_n^A\right|^2+\sum_{n=1}^{N}\left|\gamma_n^B\right|^2\leqslant\frac{1}{N\xi-1} \quad (3.126)$$

其中，$\xi=\dfrac{1}{N\cdot\left|a_1b_2-a_2b_1\right|}$。

证毕。

该定理表明，如果信号 $\tilde{\boldsymbol{X}}$ 被两个离散线性正则变换正交基函数序列 $\boldsymbol{U}_A$ 和 $\boldsymbol{U}_B$ 联合表示，那么 Parseval 定理就不再一定成立。也就是说，Parseval 定理是定理 3.10 中能量不等式在这种条件下的特例：$\sum_{n=1}^{N}\left|\gamma_n^A\right|^2=1$ 且 $\gamma_n^B=0$，或 $\sum_{n=1}^{N}\left|\gamma_n^B\right|^2=1$ 且 $\gamma_n^A=0$。为了统一这些特性，把定理 3.10 称为广义 Parseval 定理。

该定理表明，在多离散线性正则变换域内，信号的能量是可能小于 1 的。也就是说，在多离散线性正则变换域内，信号是可能被更少的能量表示的。这意味着，如果想要最稀疏地表示信号，可能一定程度上已经拥有信号的最少能量，也就是说如果想要最稀疏地表示信号，可能一定程度上信号的能量已经大于 1。所以，即使拥有信号的（0-范数或 1-范数意义上的）最稀疏表示，也并不能表明拥有的信号具有最小的能量，这也是测量信号稀疏性时采用 0-范数或 1-范数而不是 2-范数的主要原因。

同理，可以得到多离散线性正则变换域内有关 Parseval 定理的一个推论。

推论 3.4 如果信号 $\tilde{\boldsymbol{X}}$ 被多个离散线性正则变换正交基函数序列 $\boldsymbol{U}_{A_l}$［其中 $\boldsymbol{U}_{A_l}=(a_l,b_l,c_l,d_l)$，$l=1,2,\cdots,L$］联合表示，即

$$\tilde{X} = \sum_{l=1}^{L}\sum_{n=1}^{N}\gamma_n^{A_l}u_n^{A_l} \tag{3.127}$$

有

$$\frac{1}{N\xi+1} \leqslant \sum_{l=1}^{L}\sum_{n=1}^{N}\left|\gamma_n^{A_l}\right|^2 \leqslant \frac{1}{N\xi-1} \tag{3.128}$$

其中，$\xi = \sup_{i,j}\sup_{m,n}\left[\left|\left(u_n^{A_i}\right)^{\mathrm{T}} u_m^{A_j}\right|\right]$。

证明略。

本章小结

本章主要讨论和证明了分数阶及广义分数阶离散 Fourier 变换（线性正则变换）域的 Heisenberg 测不准原理，并给出了几个新的数学不等式。通过深入分析，揭示了新型变换域的离散测不准原理具有更小的下限（某些情况下可以为零），为信号提供更多的选择和更高的分辨率分析。并用滤波实例证明了离散信号 Heisenberg 广义测不准原理的指导性作用。另一方面，给出了分数阶Fourier变换域及线性正则变换域内的广义 Parseval 定理，并讨论了它们和传统 Parseval 定理之间的关系。

第 4 章　熵广义测不准原理与对数广义测不准原理

熵是信息学、数学、量子物理学、信号处理等多个领域内广泛应用的物理量，其表征了能量（信息）的聚散程度，因此采用熵进行信号的聚集性表征同样可以对分辨率进行分析。同时，对数测不准原理也从数学的角度对能量（信息）的聚散性进行分析。本章将对 Shannon 熵广义测不准原理、Rényi 熵广义测不准原理以及对数广义测不准原理进行讨论[41-43,53]。

4.1　分数阶 Fourier 变换域的熵广义测不准原理

Shannon 熵已经广泛应用到量子理论、信息理论、通信以及信号处理领域，定义[20-33]如下：

$$E[\rho(x)]=-\int_{-\infty}^{+\infty}\rho(x)\ln\rho(x)\mathrm{d}x \tag{4.1}$$

其中，$\rho(x)$ 为变量 x 的概率密度函数。

Rényi 熵是 Shannon 熵的广义形式，定义[20-33]如下：

$$H_{\mu}[\rho(x)]=\frac{1}{1-\mu}\int_{-\infty}^{+\infty}[\rho(x)]^{\mu}\mathrm{d}x \tag{4.2}$$

当 $\mu\to 1$ 时，Rényi 熵就是 Shannon 熵。

4.1.1　分数阶 Fourier 变换域内的 Shannon 熵广义测不准原理

在时频域和物理学中，Shannon 熵的测不准原理已被广泛讨论[20-33]，其推导过程基于一些特定的不等式[33]。本节根据传统 Shannon 熵的测不准原理和分数阶 Fourier 变换的定义，直接推导分数阶 Fourier 变换域的 Shannon 熵测不准原理，证明简单明了。

传统 Shannon 熵的测不准原理[20-33]如下：

$$E(|F(u)|^2)+E(|f(t)|^2)\geqslant\ln(\pi e) \tag{4.3}$$

假定 $\sin\alpha,\sin\beta,\sin\gamma\neq 0$。设

$$\begin{cases}G(u)=F_{\alpha}(u)\exp\left(-\mathrm{i}\dfrac{u^2\cot\gamma}{2}\right)\\F_{\alpha}(u)=F_{\alpha}[f(t)]\\g(t)=\sqrt{\dfrac{1}{2\pi}}\displaystyle\int_{-\infty}^{+\infty}G(u)\mathrm{e}^{\mathrm{i}ut}\mathrm{d}u\end{cases} \tag{4.4}$$

应用等式

$$\left|F_{\alpha}(u)\exp\left(-\mathrm{i}\frac{u^2\cot\gamma}{2}\right)\right|=|F_{\alpha}(u)|$$

可得

$$\int_{-\infty}^{+\infty}|G(u)|^2\ln|G(u)|^2\mathrm{d}u=\int_{-\infty}^{+\infty}|F_\alpha(u)|^2\ln|F_\alpha(u)|^2\mathrm{d}u \tag{4.5}$$

根据Fourier变换域的Shannon熵测不准原理，可推得

$$-\int_{-\infty}^{+\infty}|F_\alpha(u)|^2\ln|F_\alpha(u)|^2\mathrm{d}u-\int_{-\infty}^{+\infty}|g(t)|^2\ln|g(t)|^2\,\mathrm{d}t\geqslant\ln(\pi\mathrm{e}) \tag{4.6}$$

根据广义分数阶Fourier变换的尺度特性，可推得等式：

$$\int_{-\infty}^{+\infty}|g(t)|^2\ln|g(t)|^2\,\mathrm{d}t=\frac{1}{|\sin\gamma|}\int_{-\infty}^{+\infty}\left|g\left(\frac{t}{\sin\gamma}\right)\right|^2\ln\left|g\left(\frac{t}{\sin\gamma}\right)\right|^2\mathrm{d}t \tag{4.7}$$

根据 Fourier 变换的定义，有

$$\left|g\left(\frac{t}{\sin\gamma}\right)\right|^2=\left|\sqrt{\frac{1}{2\pi}}\int_{-\infty}^{\infty}G(u)\mathrm{e}^{\mathrm{i}\frac{ut}{\sin\gamma}}\mathrm{d}u\right|^2 \tag{4.8}$$

将已知条件 $G(u)=F_\alpha(u)\exp\left(-\mathrm{i}\dfrac{u^2\cot\gamma}{2}\right)$ 代入式（4.8），整理可得

$$\begin{aligned}\left|g\left(\frac{t}{\sin\gamma}\right)\right|^2&=\left|\sqrt{\frac{1}{2\pi}}\int_{-\infty}^{+\infty}F_\alpha(u)\mathrm{e}^{\left(-\mathrm{i}\frac{u^2\cot\gamma}{2}\right)}\mathrm{e}^{\mathrm{i}\frac{ut}{\sin\gamma}}\mathrm{d}u\right|^2\\&=\left|\frac{\sqrt{\dfrac{1+\cot\gamma}{2\pi\mathrm{i}}}\mathrm{e}^{-\mathrm{i}\frac{u^2\cot\gamma}{2}}\displaystyle\int_{-\infty}^{+\infty}F_\alpha(u)\mathrm{e}^{-\mathrm{i}\frac{u^2\cot\gamma}{2}}\mathrm{e}^{\mathrm{i}\frac{ut}{\sin\gamma}}\mathrm{d}u}{\mathrm{e}^{-\mathrm{i}\frac{u^2\cot\gamma}{2}}\sqrt{\dfrac{1+\cot\gamma}{\mathrm{i}}}}\right|^2\\&=|\sin\gamma|\cdot\left|\sqrt{\frac{1+\cot\gamma}{2\pi\mathrm{i}}}\mathrm{e}^{-\mathrm{i}\frac{u^2\cot\gamma}{2}}\int_{-\infty}^{\infty}F_\alpha(u)\mathrm{e}^{-\mathrm{i}\frac{u^2\cot\gamma}{2}}\mathrm{e}^{\mathrm{i}\frac{ut}{\sin\gamma}}\mathrm{d}u\right|^2\\&=|\sin\gamma|\cdot|F_{-\gamma}\{F_\alpha(u)\}(t)|^2\end{aligned} \tag{4.9}$$

根据广义分数阶 Fourier 变换定义，可得

$$\int_{-\infty}^{+\infty}|g(t)|^2\ln|g(t)|^2\,\mathrm{d}t=\int_{-\infty}^{+\infty}\left(|F_{-\gamma}\{F_\alpha(u)\}(t)|^2\right)\ln\left(|\sin\gamma|\cdot|F_{-\gamma}\{F_\alpha(u)\}(t)|^2\right)\mathrm{d}t \tag{4.10}$$

令 $t=v$，代入式（4.10），并应用 $F_{-\gamma}\{F_\alpha(u)\}(t)=F_{\alpha-\gamma}(t)$，可得

$$\int_{-\infty}^{+\infty}|g(t)|^2\ln|g(t)|^2\,dt=\int_{-\infty}^{+\infty}\left[|F_{\alpha-\gamma}(v)|^2\right]\ln\left[|\sin\gamma|\cdot|F_{\alpha-\gamma}(v)|^2\right]\mathrm{d}v \tag{4.11}$$

令 $\beta=\alpha-\gamma$，代入式（4.11），可得

$$\int_{-\infty}^{+\infty}|g(t)|^2\ln|g(t)|^2\,\mathrm{d}t=\int_{-\infty}^{+\infty}\left[|F_\beta(v)|^2\right]\ln\left[|\sin(\alpha-\beta)|\cdot|F_\beta(v)|^2\right]\mathrm{d}v \tag{4.12}$$

应用Parseval准则，整理上面各式，可得

$$-\int_{-\infty}^{+\infty}|F_\alpha(u)|^2\ln|F_\alpha(u)|^2\mathrm{d}u-\int_{-\infty}^{+\infty}|F_\beta(v)|^2\ln|F_\beta(v)|^2\,\mathrm{d}v\geqslant\ln[\pi\mathrm{e}|\sin(\alpha-\beta)|] \tag{4.13}$$

即

$$E\left[|F_\alpha(u)|^2\right]+E\left[|F_\beta(v)|^2\right]\geqslant\ln[\pi\mathrm{e}|\sin(\alpha-\beta)|]$$

可见，分数阶 Fourier 变换域的 Shannon 熵测不准原理与变换参数 α、β 有关。当 $\alpha\to0,\beta\to\pi/2$ 时，式（4.13）就是 Fourier 变换域的 Shannon 熵测不准原理。

4.1.2　分数阶 Fourier 变换域内的 Rényi 熵广义测不准原理

传统 Rényi 熵测不准原理如下：

$$\frac{1}{1-\theta}\ln\left(\int_{-\infty}^{+\infty}\left[|f(t)|^2\right]^\theta \mathrm{d}t\right)+\frac{1}{1-\lambda}\ln\left(\int_{-\infty}^{+\infty}\left[|F(u)|^2\right]^\lambda \mathrm{d}u\right)\geqslant\frac{\ln(\theta/\pi)}{2(\theta-1)}+\frac{\ln(\lambda/\pi)}{2(\lambda-1)}\tag{4.14}$$

即

$$H_\theta\left[|f(t)|^2\right]+H_\lambda\left[|F(u)|^2\right]\geqslant\frac{\ln(\theta/\pi)}{2(\theta-1)}+\frac{\ln(\lambda/\pi)}{2(\lambda-1)}\tag{4.15}$$

设 $\sin\alpha,\sin\beta,\sin\gamma\neq0$，并令

$$\begin{cases}G(u)=F_\alpha(u)\exp\left(-\mathrm{i}\dfrac{u^2\cot\gamma}{2}\right)\\F_\alpha(u)=F_\alpha[f(t)]\\g(t)=\sqrt{\dfrac{1}{2\pi}}\displaystyle\int_{-\infty}^{+\infty}G(u)\mathrm{e}^{\mathrm{i}ut}\mathrm{d}u\end{cases}\tag{4.16}$$

可得

$$\frac{1}{1-\lambda}\ln\left\{\int_{-\infty}^{+\infty}\left[|G(u)|^2\right]^\lambda \mathrm{d}u\right\}=\frac{1}{1-\lambda}\ln\left\{\int_{-\infty}^{+\infty}\left[|F_\alpha(u)|^2\right]^\lambda \mathrm{d}u\right\}\tag{4.17}$$

根据式（4.16）和式（4.17），通过代换可得

$$\frac{1}{1-\theta}\ln\left\{\int_{-\infty}^{+\infty}\left[|g(t)|^2\right]^\theta \mathrm{d}t\right\}+\frac{1}{1-\lambda}\ln\left\{\int_{-\infty}^{+\infty}\left[|F_\alpha(u)|^2\right]^\lambda \mathrm{d}u\right\}\geqslant\frac{\ln(\theta/\pi)}{2(\theta-1)}+\frac{\ln(\lambda/\pi)}{2(\lambda-1)}\tag{4.18}$$

又因为

$$\begin{cases}\dfrac{1}{1-\theta}\ln\left\{\displaystyle\int_{-\infty}^{+\infty}\left[|g(t)|^2\right]^\theta \mathrm{d}t\right\}=\dfrac{1}{1-\theta}\ln\left\{\displaystyle\int_{-\infty}^{+\infty}\left[\left|g\left(\dfrac{t}{\sin\gamma}\right)\right|^2\right]^\theta \mathrm{d}\left(\dfrac{t}{\sin\gamma}\right)\right\}\\ \qquad\qquad=\dfrac{1}{1-\theta}\ln\left\{\dfrac{1}{|\sin\gamma|}\displaystyle\int_{-\infty}^{+\infty}\left[\left|g\left(\dfrac{t}{\sin\gamma}\right)\right|^2\right]^\theta \mathrm{d}t\right\}\\ \left|g\left(\dfrac{t}{\sin\gamma}\right)\right|^2=\left|\sqrt{\dfrac{1}{2\pi}}\displaystyle\int_{-\infty}^{+\infty}G(u)\mathrm{e}^{\mathrm{i}\frac{ut}{\sin\gamma}}\mathrm{d}u\right|^2\end{cases}\tag{4.19}$$

可得

$$\begin{cases}\left|g\left(\dfrac{t}{\sin\gamma}\right)\right|^2=|\sin\gamma|\cdot\left|F_{-\gamma}\{F_\alpha(u)\}(t)\right|^2\\ \dfrac{1}{1-\theta}\ln\left\{\displaystyle\int_{-\infty}^{+\infty}\left[|g(t)|^2\right]^\theta \mathrm{d}t\right\}=\dfrac{1}{1-\theta}\ln\left\{\dfrac{1}{|\sin\gamma|}\displaystyle\int_{-\infty}^{+\infty}\left[|\sin\gamma|\cdot\left|F_{-\gamma}\{F_\alpha(u)\}(t)\right|^2\right]^\theta \mathrm{d}t\right\}\end{cases}\tag{4.20}$$

令 $t=v$，应用 $F_{-\gamma}\{F_\alpha(u)\}(t)=F_{\alpha-\gamma}(t)$，有

$$\frac{1}{1-\theta}\ln\left\{\int_{-\infty}^{+\infty}\left[|g(t)|^2\right]^\theta \mathrm{d}t\right\}=\frac{1}{1-\theta}\ln\left\{\frac{1}{|\sin\gamma|}\int_{-\infty}^{+\infty}\left[|\sin\gamma|\cdot\left|F_{\alpha-\gamma}(v)\right|^2\right]^\theta \mathrm{d}v\right\}\tag{4.21}$$

令 $\beta=\alpha-\gamma$，代入式（4.20），整理可得

$$\frac{1}{1-\theta}\ln\left\{\int_{-\infty}^{+\infty}\left[|g(t)|^2\right]^\theta \mathrm{d}t\right\}=\frac{1}{1-\theta}\ln\left\{|\sin(\alpha-\beta)|^{\theta-1}\int_{-\infty}^{+\infty}\left[|F_\beta(v)|^2\right]^\theta \mathrm{d}v\right\}\tag{4.22}$$

根据式（4.21）和式（4.22），并应用 Parseval 准则，整理可得

$$\frac{1}{1-\theta}\ln\left\{\int_{-\infty}^{+\infty}\left[|f(t)|^2\right]^\theta \mathrm{d}t\right\}+\frac{1}{1-\lambda}\ln\left\{\int_{-\infty}^{+\infty}\left[|F(u)|^2\right]^\lambda \mathrm{d}u\right\}\geqslant\frac{\ln(\theta/\pi)}{2(\theta-1)}+\frac{\ln(\lambda/\pi)}{2(\lambda-1)}+\ln|\sin(\alpha-\beta)| \tag{4.23}$$

即

$$H_\theta\left\{|F_\alpha(u)|^2\right\}+H_\lambda\left\{|F_\beta(v)|^2\right\}\geqslant\frac{\ln(\theta/\pi)}{2(\theta-1)}+\frac{\ln(\lambda/\pi)}{2(\lambda-1)}+\ln|\sin(\alpha-\beta)| \tag{4.24}$$

分数阶 Fourier 变换域的 Rényi 熵测不准原理与变换参数 α、β 有关。当 $\alpha\to 0$，$\beta\to\pi/2$ 时，式（4.24）即为传统 Rényi 熵测不准原理；当 $\theta\to 1$，$\lambda\to 1$ 时，式（4.24）即为分数阶 Fourier 变换域的 Shannon 熵测不准原理。

4.1.3 分数阶 Fourier 变换域的多路信号 Rényi 熵广义测不准原理

前面讨论了单路信号（单函数）的测不准关系，下面将讨论多路信号（多函数）的测不准关系。Minkowski 不等式[33]为

$$\begin{cases}\left[\int_{-\infty}^{+\infty}\left|\sum_{l=1}^{n}\xi_l\eta_l(t)\right|^\gamma \mathrm{d}t\right]^{1/\lambda}\leqslant\sum_{l=1}^{n}\xi_l\left[\int_{-\infty}^{+\infty}|\xi_l(t)|^\gamma \mathrm{d}t\right]^{1/\lambda}\\ \left[\int_{-\infty}^{+\infty}\left|\sum_{l=1}^{n}\xi_l\rho_l(t)\right|^\theta \mathrm{d}t\right]^{1/\theta}\geqslant\sum_{l=1}^{n}\xi_l\left[\int_{-\infty}^{+\infty}|\rho_l(t)|^\theta \mathrm{d}t\right]^{1/\theta}\end{cases} \tag{4.25}$$

其中，$\frac{1}{2}<\theta\leqslant 1$，$\frac{1}{\theta}+\frac{1}{\lambda}=2$；$\sum_{l=1}^{n}\xi_l=1$（$\xi_l\in\mathbf{R}$，$n\in\mathbf{Z}$）；$\eta_l(t)\geqslant 0$；$\rho_l(t)\geqslant 0$。

Hausdorff-Young 不等式[33]：

$$\|F(u)\|_p\leqslant\left[\left(\frac{q}{2\pi}\right)^{1/q}\bigg/\left(\frac{p}{2\pi}\right)^{1/p}\right]^{1/2}\|f(t)\|_q \tag{4.26}$$

其中，$\frac{1}{p}+\frac{1}{q}=1$，$1<q\leqslant 2$；$\|F(u)\|_p=\left(\int_{-\infty}^{+\infty}|F(u)|^p \mathrm{d}u\right)^{1/p}$；$\|f(t)\|_q=\left[\int_{-\infty}^{+\infty}|f(t)|^q \mathrm{d}t\right]^{1/q}$。

根据式（4.24）、式（4.25）可推得

$$\begin{aligned}\left[\int_{-\infty}^{+\infty}\left|\sum_{l=1}^{n}\xi_l|F_l(u)|^2\right|^\gamma \mathrm{d}u\right]^{1/\lambda}&\leqslant\sum_{l=1}^{n}\xi_l\left[\int_{-\infty}^{+\infty}\left||F_l(u)|^2\right|^\gamma \mathrm{d}u\right]^{1/\lambda}\\&\leqslant\left[\left(\frac{\theta}{\pi}\right)^{1/\theta}\bigg/\left(\frac{\lambda}{\pi}\right)^{1/\lambda}\right]^{1/2}\sum_{l=1}^{n}\xi_l\left\{\int_{-\infty}^{+\infty}\left[|f_l(t)|^2\right]^\theta \mathrm{d}t\right\}^{1/\theta}\\&\leqslant\left[\left(\frac{\theta}{\pi}\right)^{1/\theta}\bigg/\left(\frac{\lambda}{\pi}\right)^{1/\lambda}\right]^{1/2}\left[\int_{-\infty}^{+\infty}\left|\sum_{l=1}^{n}\xi_l|f_l(t)|^2\right|^\theta \mathrm{d}t\right]^{1/\theta}\end{aligned} \tag{4.27}$$

整理可得

$$\left[\int_{-\infty}^{+\infty}\left|\sum_{l=1}^{n}\xi_l|F_l(u)|^2\right|^\gamma \mathrm{d}u\right]^{1/\lambda}\leqslant\left[\left(\frac{\theta}{\pi}\right)^{1/\theta}\bigg/\left(\frac{\lambda}{\pi}\right)^{1/\lambda}\right]^{1/2}\left[\int_{-\infty}^{+\infty}\left|\sum_{l=1}^{n}\xi_l|f_l(t)|^2\right|^\theta \mathrm{d}t\right]^{1/\theta} \tag{4.28}$$

对式（4.28）两边取对数，即得

$$H_\theta\left\{\sum_{l=1}^{n}\xi_l|f_l(t)|^2\right\}+H_\lambda\left\{\sum_{l=1}^{n}\xi_l|F_l(u)|^2\right\}\geqslant\frac{\ln(\theta/\pi)}{2(\theta-1)}+\frac{\ln(\lambda/\pi)}{2(\lambda-1)} \tag{4.29}$$

设

$$\begin{cases} G_l(u) = F_{l,\alpha}(u)\exp\left(-\mathrm{i}\dfrac{u^2\cot\gamma}{2}\right) \\ F_{l,\alpha}(u) = F_\alpha\left[f_l(t)\right] \\ g_l(t) = \sqrt{\dfrac{1}{2\pi}}\displaystyle\int_{-\infty}^{+\infty} G_l(u)\mathrm{e}^{\mathrm{i}ut}\mathrm{d}u \end{cases} \tag{4.30}$$

可得

$$H_\theta\left\{\sum_{l=1}^{n}\xi_l\left|g_l(t)\right|^2\right\} + H_\lambda\left\{\sum_{l=1}^{n}\xi_l\left|F_{l,\alpha}(u)\right|^2\right\} \geqslant \frac{\ln(\theta/\pi)}{2(\theta-1)} + \frac{\ln(\lambda/\pi)}{2(\lambda-1)} \tag{4.31}$$

即

$$H_\theta\left\{\sum_{l=1}^{n}\xi_l\left|F_{l,\beta}(v)\right|^2\right\} + H_\lambda\left\{\sum_{l=1}^{n}\xi_l\left|F_{l,\alpha}(u)\right|^2\right\} \geqslant \frac{\ln(\theta/\pi)}{2(\theta-1)} + \frac{\ln(\lambda/\pi)}{2(\lambda-1)} + \ln\left|\sin(\alpha-\beta)\right| \tag{4.32}$$

在分数阶 Fourier 变换域，多路信号 Rényi 熵测不准原理的下限与变换参数 α 、β 有关。当 $l=1$ 时，式（4.31）就是单路信号的分数阶 Fourier 变换域的 Rényi 熵测不准原理。

4.2　线性正则变换域的熵广义测不准原理

4.2.1　线性正则变换域的 Shannon 熵广义测不准原理

4.2.1.1　证明方法一

传统 Shannon 熵测不准原理为[33]

$$-\int_{-\infty}^{+\infty}\left|f(t)\right|^2\ln\left|f(t)\right|^2\mathrm{d}t - \int_{-\infty}^{+\infty}\left|F(u)\right|^2\ln\left|F(u)\right|^2\mathrm{d}u \geqslant \ln(\pi\mathrm{e}) \tag{4.33}$$

假定 $a_l,b_l,c_l,d_l \in \mathbf{R}$， $b_l \neq 0$（$l=1,2,3$），设

$$\begin{cases} G(u) = F_{(a_1,b_1,c_1,d_1)}(u)\exp\left(-\mathrm{i}\dfrac{a_3u^2}{2b_3}\right) \\ F_{(a_1,b_1,c_1,d_1)}(u) = F_{(a_1,b_1,c_1,d_1)}\left[f(t)\right] \\ g(t) = \sqrt{\dfrac{1}{2\pi}}\displaystyle\int_{-\infty}^{+\infty} G(u)\mathrm{e}^{\mathrm{i}ut}\mathrm{d}u \end{cases} \tag{4.34}$$

应用等式

$$\left|F_{(a_1,b_1,c_1,d_1)}(u)\exp\left(-\mathrm{i}\frac{a_3u^2}{2b_3}\right)\right| = \left|F_{(a_1,b_1,c_1,d_1)}(u)\right|$$

可得

$$\int_{-\infty}^{+\infty}\left|G(u)\right|^2\ln\left|G(u)\right|^2\mathrm{d}u = \int_{-\infty}^{+\infty}\left|F_{(a_1,b_1,c_1,d_1)}(u)\right|^2\ln\left|F_{(a_1,b_1,c_1,d_1)}(u)\right|^2\mathrm{d}u \tag{4.35}$$

所以

$$-\int_{-\infty}^{+\infty}\left|g(t)\right|^2\ln\left|g(t)\right|^2\mathrm{d}t - \int_{-\infty}^{+\infty}\left|F_{(a_1,b_1,c_1,d_1)}(u)\right|^2\ln\left|F_{(a_1,b_1,c_1,d_1)}(u)\right|^2\mathrm{d}u \geqslant \ln(\pi\mathrm{e}) \tag{4.36}$$

应用下面尺度特性式（4.37）、Fourier 变换定义式（4.38），再进行变量代换式（4.39）：

$$\int_{-\infty}^{+\infty}|g(t)|^2\ln|g(t)|^2\,\mathrm{d}t=\frac{1}{|b_3|}\int_{-\infty}^{+\infty}\left|g\left(\frac{t}{b_3}\right)\right|^2\ln\left|g\left(\frac{t}{b_3}\right)\right|^2\mathrm{d}t \tag{4.37}$$

$$\left|g\left(\frac{t}{b_3}\right)\right|^2=\left|\sqrt{\frac{1}{2\pi}}\int_{-\infty}^{+\infty}G(u)\mathrm{e}^{\mathrm{i}\frac{ut}{b_3}}\mathrm{d}u\right|^2 \tag{4.38}$$

$$G(u)=F_{(a_1,b_1,c_1,d_1)}(u)\exp\left(-\mathrm{i}\frac{a_3u^2}{2b_3}\right) \tag{4.39}$$

可得

$$\begin{aligned}\left|g\left(\frac{t}{b_3}\right)\right|^2&=\left|\sqrt{\frac{1}{2\pi}}\int_{-\infty}^{+\infty}F_{(a_1,b_1,c_1,d_1)}(u)\mathrm{e}^{-\mathrm{i}\frac{a_3u^2}{2b_3}}\mathrm{e}^{\mathrm{i}\frac{ut}{b_3}}\mathrm{d}u\right|^2\\&=|b_3|\left|F_{(d_3,-b_3,-c_3,a_3)}\left(F_{(a_1,b_1,c_1,d_1)}\right)(t)\right|^2\end{aligned} \tag{4.40}$$

即

$$\begin{aligned}&\int_{-\infty}^{+\infty}|g(t)|^2\ln|g(t)|^2\,\mathrm{d}t\\&=\frac{1}{|b_3|}\int_{-\infty}^{+\infty}\left(|b_3|\left|F_{(d_3,-b_3,-c_3,a_3)}\left(F_{(a_1,b_1,c_1,d_1)}\right)(t)\right|^2\right)\ln\left(|b_3|\left|F_{(d_3,-b_3,-c_3,a_3)}\left(F_{(a_1,b_1,c_1,d_1)}\right)(t)\right|^2\right)\mathrm{d}t\end{aligned} \tag{4.41}$$

令 $t=v$，有

$$\begin{aligned}&-\frac{1}{|b_3|}\int_{-\infty}^{+\infty}\left[|b_3|\left|F_{(d_3,-b_3,-c_3,a_3)}\left(F_{(a_1,b_1,c_1,d_1)}\right)(v)\right|^2\right]\ln\left[|b_3|\left|F_{(d_3,-b_3,-c_3,a_3)}\left(F_{(a_1,b_1,c_1,d_1)}\right)(v)\right|^2\right]\mathrm{d}v\\&-\int_{-\infty}^{+\infty}\left|F_{(a_1,b_1,c_1,d_1)}(u)\right|^2\ln\left|F_{(a_1,b_1,c_1,d_1)}(u)\right|^2\mathrm{d}u\geqslant\ln(\pi\mathrm{e})\end{aligned} \tag{4.42}$$

设 $\begin{bmatrix}a_2 & b_2\\ c_2 & d_2\end{bmatrix}=\begin{bmatrix}d_3 & -b_3\\ -c_3 & a_3\end{bmatrix}\cdot\begin{bmatrix}a_1 & b_1\\ c_1 & d_1\end{bmatrix}$，可得

$$F_{(d_3,-b_3,-c_3,a_3)}\left[F_{(a_1,b_1,c_1,d_1)}(v)\right]=F_{(a_2,b_2,c_2,d_2)}(v),\quad b_3=-a_1b_2+a_2b_1 \tag{4.43}$$

对比上述各式，可得

$$\begin{aligned}&-\int_{-\infty}^{+\infty}\left|F_{(a_2,b_2,c_2,d_2)}(v)\right|^2\ln\left[\left|F_{(a_2,b_2,c_2,d_2)}(v)\right|^2\right]\mathrm{d}v-\int_{-\infty}^{+\infty}\left|F_{(a_1,b_1,c_1,d_1)}(u)\right|^2\ln\left|F_{(a_1,b_1,c_1,d_1)}(u)\right|^2\mathrm{d}u\\&\geqslant\ln\left(\pi\mathrm{e}|a_1b_2-a_2b_1|\right)\end{aligned} \tag{4.44}$$

即

$$E\left[\left|F_{(a_1,b_1,c_1,d_1)}(u)\right|^2\right]+E\left[\left|F_{(a_2,b_2,c_2,d_2)}(v)\right|^2\right]\geqslant\ln\left(\pi\mathrm{e}|a_1b_2-a_2b_1|\right) \tag{4.45}$$

可见，广义分数阶 Fourier 变换域的 Shannon 熵测不准原理与变换参数 a、b 有关，与变换参数 c、d 无关[41-43]。从广义分数阶 Fourier 变换的定义和特性可知，变换参数 c、d 只起尺度变换和调制的作用，证明过程可知，尺度变换：

$$F_{(a,b,c,d)}\left[\sqrt{\rho}f(t/\rho)\right]=F_{(a\rho,b/\rho,c\rho,d/\rho)}\left[f(t)\right] \tag{4.46}$$

和调制：

$$\left|F_{(a_1,b_1,c_1,d_1)}(u)\exp\left(-\mathrm{i}\frac{a_3u^2}{2b_3}\right)\right|=\left|F_{(a_1,b_1,c_1,d_1)}(u)\right| \tag{4.47}$$

的影响被消除了，同样适用于解释分数阶 Fourier 变换域的测不准原理。

当 $(a_1,b_1,c_1,d_1)=(\cos\alpha,\sin\alpha,-\sin\alpha,\cos\alpha)$，$(a_2,b_2,c_2,d_2)=(\cos\beta,\sin\beta,-\sin\beta,\cos\beta)$ 时，有

$$-\int_{-\infty}^{+\infty}|F_\alpha(v)|^2\ln\left(|F_\alpha(v)|^2\right)\mathrm{d}v-\int_{-\infty}^{+\infty}|F_\beta(u)|^2\ln|F_\beta(u)|^2\,\mathrm{d}u\geqslant\ln(\pi\mathrm{e}|\sin(\alpha-\beta)|) \tag{4.48}$$

当 $(a_1,b_1,c_1,d_1)=(1,0,0,1)$，$(a_2,b_2,c_2,d_2)=(0,1,-1,0)$ 时，即为广义分数阶 Fourier 变换域内的 Shannon 熵测不准原理。

4.2.1.2　证明方法二

考虑 W. Beckner 的 Hausdorff-Young 不等式[53]：

$$\|F(u)\|_p\leqslant\left(\left(\frac{q}{2\pi}\right)^{1/q}\bigg/\left(\frac{p}{2\pi}\right)^{1/p}\right)^{1/2}\|f(t)\|_q \tag{4.49}$$

其中，$\dfrac{1}{p}+\dfrac{1}{q}=1$，$1<q\leqslant 2$；$\|F(u)\|_p=\left[\int_{-\infty}^{+\infty}|F(u)|^p\mathrm{d}u\right]^{1/p}$，$\|f(t)\|_q=\left[\int_{-\infty}^{+\infty}|f(t)|^q\mathrm{d}t\right]^{1/q}$。

假定 $a_l,b_l,c_l,d_l\in\mathbf{R}$（$l=1,2,3$），且设

$$\begin{cases}G(u)=F_{(a_1,b_1,c_1,d_1)}(u)\exp\left(-\mathrm{i}\dfrac{a_3u^2}{2b_3}\right)\\ F_{(a_1,b_1,c_1,d_1)}(u)=F_{(a_1,b_1,c_1,d_1)}[f(t)]\\ g(t)=\sqrt{\dfrac{1}{2\pi}}\displaystyle\int_{-\infty}^{+\infty}G(u)\mathrm{e}^{\mathrm{i}ut}\mathrm{d}u\end{cases} \tag{4.50}$$

应用等式

$$\left|F_{(a_1,b_1,c_1,d_1)}(u)\exp\left(-\mathrm{i}\frac{a_3u^2}{2b_3}\right)\right|=\left|F_{(a_1,b_1,c_1,d_1)}(u)\right|$$

可得

$$\|G(u)\|_p=\left\|F_{(a_1,b_1,c_1,d_1)}(u)\exp\left(-\mathrm{i}\frac{a_3u^2}{2b_3}\right)\right\|_p=\left\|F_{(a_1,b_1,c_1,d_1)}(u)\right\|_p \tag{4.51}$$

即

$$\|G(u)\|_p=\left\|F_{(a_1,b_1,c_1,d_1)}(u)\right\|_p\leqslant\left[\left(\frac{q}{2\pi}\right)^{1/q}\bigg/\left(\frac{p}{2\pi}\right)^{1/p}\right]^{1/2}\|g(t)\|_q \tag{4.52}$$

由于 $g(t)=F^{-1}[G(u)]$，有

$$\begin{aligned}\|g(t)\|_q&=\left[\int_{-\infty}^{+\infty}|g(t)|^q\,\mathrm{d}t\right]^{1/q}\\&=\left[\frac{1}{|b_3|}\int_{-\infty}^{+\infty}|g(t/b_3)|^q\,\mathrm{d}t\right]^{1/q}\\&=\left[\frac{1}{|b_3|}\int_{-\infty}^{+\infty}\left|\sqrt{\frac{1}{2\pi}}\int_{-\infty}^{+\infty}G(u)\mathrm{e}^{\frac{\mathrm{i}ut}{b_3}}\mathrm{d}u\right|^q\mathrm{d}t\right]^{1/q}\end{aligned} \tag{4.53}$$

通过变量代换，并应用 Fourier 变换定义可得

$$\|g(t)\|_q=\left[\frac{1}{|b_3|}\int_{-\infty}^{+\infty}\left|\sqrt{\frac{1}{2\pi}}\int_{-\infty}^{+\infty}F_{(a_1,b_1,c_1,d_1)}(u)\exp\left(-\mathrm{i}\frac{a_3u^2}{2b_3}\right)\exp\left(\frac{\mathrm{i}ut}{b_3}\right)\mathrm{d}u\right|^q\mathrm{d}t\right]^{1/q}$$

$$=\left[\frac{1}{|b_3|}\int_{-\infty}^{+\infty}\left|\frac{\sqrt{\frac{1}{2\mathrm{i}b_3\pi}}\int_{-\infty}^{+\infty}F_{(a_1,b_1,c_1,d_1)}(u)\exp\left(-\mathrm{i}\frac{d_3t^2}{2b_3}\right)\exp\left(-\mathrm{i}\frac{a_3u^2}{2b_3}\right)\exp\left(\frac{\mathrm{i}ut}{b_3}\right)\mathrm{d}u}{\exp\left(-\mathrm{i}\frac{d_3t^2}{2b_3}\right)\sqrt{\frac{1}{\mathrm{i}b_3}}}\right|^q\mathrm{d}t\right]^{1/q}$$

$$=\left(\frac{1}{|b_3|}\right)^{1/q}|b_3|^{1/2}\left(\int_{-\infty}^{+\infty}\left|\sqrt{\frac{1}{2\mathrm{i}b_3\pi}}\int_{-\infty}^{+\infty}F_{(a_1,b_1,c_1,d_1)}(u)\exp\left(-\mathrm{i}\frac{d_3t^2}{2b_3}\right)\exp\left(-\mathrm{i}\frac{a_3u^2}{2b_3}\right)\exp\left(\frac{\mathrm{i}ut}{b_3}\right)\mathrm{d}u\right|^q\mathrm{d}t\right)^{1/q}$$

$$=\left(\frac{1}{|b_3|}\right)^{1/q}|b_3|^{1/2}\left\|F_{(d_3,-b_3,-c_3,a_3)}\left[F_{(a_1,b_1,c_1,d_1)}(u)\right]\right\|_q \tag{4.54}$$

令 $\begin{bmatrix}a_2 & b_2\\ c_2 & d_2\end{bmatrix}=\begin{bmatrix}d_3 & -b_3\\ -c_3 & a_3\end{bmatrix}\cdot\begin{bmatrix}a_1 & b_1\\ c_1 & d_1\end{bmatrix}$，可得

$$F_{(d_3,-b_3,-c_3,a_3)}\left[F_{(a_1,b_1,c_1,d_1)}(u)\right]=F_{(a_2,b_2,c_2,d_2)}(u),\quad b_3=-a_1b_2+a_2b_1 \tag{4.55}$$

所以

$$\|g(t)\|_q=\left(\frac{1}{|a_1b_2-a_2b_1|}\right)^{1/q}|a_1b_2-a_2b_1|^{1/2}\left\|F_{(a_2,b_2,c_2,d_2)}(u)\right\|_q \tag{4.56}$$

所以

$$\left\|F_{(a_1,b_1,c_1,d_1)}(u)\right\|_p\leqslant\left[\left(\frac{q}{2\pi}\right)^{1/q}\Big/\left(\frac{p}{2\pi}\right)^{1/p}\right]^{1/2}\left(\frac{1}{|a_1b_2-a_2b_1|}\right)^{1/q}|a_1b_2-a_2b_1|^{1/2}\left\|F_{(a_2,b_2,c_2,d_2)}(u)\right\|_q \tag{4.57}$$

广义分数阶 Fourier 变换域的 Hausdorff-Young 不等式与变换参数 a、b 有关，与变换参数 c、d 无关。

当 $(a_1,b_1,c_1,d_1)=(0,1,-1,0)$，$(a_2,b_2,c_2,d_2)=(1,0,0,1)$ 时，有

$$\|f(t)\|_p\leqslant\left[\left(\frac{q}{2\pi}\right)^{1/q}\Big/\left(\frac{p}{2\pi}\right)^{1/p}\right]^{1/2}\|F(u)\|_q \tag{4.58}$$

式（4.58）是传统 Hausdorff-Young 不等式的第二种书写版本。

当 $p=q=2$ 时，即可得到广义分数阶 Fourier 变换域的 Parseval 准则：

$$\int_{-\infty}^{+\infty}\left|F_{(a_1,b_1,c_1,d_1)}(u)\right|^2\mathrm{d}u=\int_{-\infty}^{+\infty}\left|F_{(a_2,b_2,c_2,d_2)}(u)\right|^2\mathrm{d}u \tag{4.59}$$

根据 p 和 q 的关系，即可得到广义分数阶 Fourier 变换域的 Hausdorff-Young 不等式的第二种形式：

$$\left(\frac{1}{|a_1b_2-a_2b_1|}\right)^{1/p}|a_1b_2-a_2b_1|^{1/2}\left\|F_{(a_1,b_1,c_1,d_1)}(u)\right\|_p\leqslant\left(\left(\frac{q}{2\pi}\right)^{1/q}\Big/\left(\frac{p}{2\pi}\right)^{1/p}\right)^{1/2}\left\|F_{(a_2,b_2,c_2,d_2)}(u)\right\|_q \tag{4.60}$$

即

$$\frac{\left(\frac{1}{|a_1b_2-a_2b_1|}\right)^{1/p}|a_1b_2-a_2b_1|^{1/2}\left\|F_{(a_1,b_1,c_1,d_1)}(u)\right\|_p}{\left[\left(\frac{q}{2\pi}\right)^{1/q}\Big/\left(\frac{p}{2\pi}\right)^{1/p}\right]^{1/2}\left\|F_{(a_2,b_2,c_2,d_2)}(u)\right\|_q}\leqslant 1 \tag{4.61}$$

对式（4.61）两边取对数，可得

$$S(q)\leqslant 0 \tag{4.62}$$

其中，

$$S(q)=-\frac{\ln|a_1b_2-a_2b_1|}{p}+\frac{\ln|a_1b_2-a_2b_1|}{2}+\frac{\ln\left[\int_{-\infty}^{+\infty}\left|F_{(a_1,b_1,c_1,d_1)}(u)\right|^p\mathrm{d}u\right]}{p}$$
$$+\frac{\ln\frac{p}{2\pi}}{2p}-\frac{\ln\left[\int_{-\infty}^{+\infty}\left|F_{(a_2,b_2,c_2,d_2)}(u)\right|^q\mathrm{d}u\right]}{q}-\frac{\ln\frac{q}{2\pi}}{2q} \tag{4.63}$$

其中，$\frac{1}{p}+\frac{1}{q}=1$，$1<q\leqslant 2$。

则

$$S'(q)=\frac{\ln\left[\int_{-\infty}^{+\infty}\left|F_{(a_1,b_1,c_1,d_1)}(u)\right|^{\frac{q}{q-1}}\mathrm{d}u\right]}{q^2}-\frac{\int_{-\infty}^{+\infty}\left|F_{(a_1,b_1,c_1,d_1)}(u)\right|^{\frac{q}{q-1}}\ln\left|F_{(a_1,b_1,c_1,d_1)}(u)\right|\mathrm{d}u}{q(q-1)\int_{-\infty}^{+\infty}\left|F_{(a_1,b_1,c_1,d_1)}(u)\right|^{\frac{q}{q-1}}\mathrm{d}u}$$
$$+\frac{\ln\left(\frac{q}{q-1}\right)-1}{2q^2}-\frac{1-\ln q}{2q^2}+\frac{\ln\left(\int_{-\infty}^{+\infty}\left|F_{(a_2,b_2,c_2,d_2)}(u)\right|^q\mathrm{d}u\right)}{q^2}$$
$$-\frac{1}{q}\frac{\int_{-\infty}^{+\infty}\left|F_{(a_2,b_2,c_2,d_2)}(u)\right|^q\ln\left|F_{(a_2,b_2,c_2,d_2)}(u)\right|\mathrm{d}u}{\int_{-\infty}^{+\infty}\left|F_{(a_2,b_2,c_2,d_2)}(u)\right|^q\mathrm{d}u}$$
$$-\frac{1}{q^2}\ln|a_1b_2-a_2b_1|-\frac{1}{q^2}\ln 2\pi \tag{4.64}$$

根据广义分数阶 Fourier 变换域的 Hausdorff-Young 不等式，$1/p+1/q=1$ 以及 Parseval 准则，可得 $S(2)=0$。

当 $1<q\leqslant 2$ 时，$S(q)\leqslant 0$，所以 $S'(2^-)=S'(2)\geqslant 0$。结合条件 $\|f(t)\|_2=1$，可得

$$-\int_{-\infty}^{+\infty}|F_\alpha(v)|^2\ln\left(|F_\alpha(v)|^2\right)\mathrm{d}v-\int_{-\infty}^{+\infty}\left|F_\beta(u)\right|^2\ln\left|F_\beta(u)\right|^2\mathrm{d}u\geqslant\ln\left(\pi\mathrm{e}|\sin(\alpha-\beta)|\right) \tag{4.65}$$

即

$$H\left\{\left|F_{(a_1,b_1,c_1,d_1)}(u)\right|^2\right\}+H\left\{\left|F_{(a_2,b_2,c_2,d_2)}(u)\right|^2\right\}\geqslant\ln\left(\pi\mathrm{e}|a_1b_2-a_2b_1|\right) \tag{4.66}$$

4.2.2 线性正则变换域的 Rényi 熵广义测不准原理

4.2.2.1 Rényi 熵测不准原理

下面推导广义分数阶 Fourier 变换域的 Rényi 熵测不准原理。

由式（4.57）可知

$$\frac{\left[\left(\frac{q}{2\pi}\right)^{1/q}\Big/\left(\frac{p}{2\pi}\right)^{1/p}\right]^{1/2}\left\|F_{(a_2,b_2,c_2,d_2)}(u)\right\|_q}{\left(\frac{1}{|a_1b_2-a_2b_1|}\right)^{1/p}|a_1b_2-a_2b_1|^{1/2}\left\|F_{(a_1,b_1,c_1,d_1)}(u)\right\|_p}\geqslant 1 \tag{4.67}$$

设 $q=2\theta$， $p=2\gamma$，可得 $\frac{1}{2}<\theta\leqslant 1$， $\frac{1}{\theta}+\frac{1}{\gamma}=2$，代入式（4.67），得

$$\frac{\left(\left(\frac{\theta}{\pi}\right)^{1/2\theta}\Big/\left(\frac{\gamma}{\pi}\right)^{1/2\gamma}\right)^{1/2}\left\{\int_{-\infty}^{+\infty}\left[\left|F_{(a_2,b_2,c_2,d_2)}(u)\right|^2\right]^{\theta}\mathrm{d}u\right\}^{1/2\theta}}{\left(\frac{1}{|a_1b_2-a_2b_1|}\right)^{1/2\gamma}|a_1b_2-a_2b_1|^{1/2}\left\{\int_{-\infty}^{+\infty}\left[\left|F_{(a_1,b_1,c_1,d_1)}(u)\right|^2\right]^{\gamma}\mathrm{d}u\right\}^{1/2\gamma}}\geqslant 1 \tag{4.68}$$

对式（4.68）两边平方，得

$$\begin{aligned}&\left(\frac{1}{|a_1b_2-a_2b_1|}\right)^{1/\gamma}|a_1b_2-a_2b_1|\left\{\int_{-\infty}^{+\infty}\left[\left|F_{(a_1,b_1,c_1,d_1)}(u)\right|^2\right]^{\gamma}\mathrm{d}u\right\}^{1/\gamma}\\&\leqslant\left[\left(\frac{\theta}{\pi}\right)^{1/\theta}\Big/\left(\frac{\gamma}{\pi}\right)^{1/\gamma}\right]^{1/2}\left\{\int_{-\infty}^{+\infty}\left[\left|F_{(a_2,b_2,c_2,d_2)}(u)\right|^2\right]^{\theta}\mathrm{d}u\right\}^{1/\theta}\end{aligned} \tag{4.69}$$

对式（4.69）两边取 $\frac{\theta}{1-\theta}$ 次幂，并应用 θ 和 γ 的关系，可得

$$\frac{\left(\frac{\theta}{\pi}\right)^{\frac{1}{2(1-\theta)}}\left\{\int_{-\infty}^{+\infty}\left[\left|F_{(a_2,b_2,c_2,d_2)}(u)\right|^2\right]^{\theta}\mathrm{d}u\right\}^{\frac{1}{1-\theta}}}{\left(\frac{1}{|a_1b_2-a_2b_1|}\right)^{\frac{1}{\gamma-1}}|a_1b_2-a_2b_1|^{\frac{\gamma}{\gamma-1}}\left(\frac{\gamma}{\pi}\right)^{\frac{1}{2(\gamma-1)}}\left\{\int_{-\infty}^{+\infty}\left[\left|F_{(a_1,b_1,c_1,d_1)}(u)\right|^2\right]^{\gamma}\mathrm{d}u\right\}^{\frac{1}{\gamma-1}}}\geqslant 1 \tag{4.70}$$

对式（4.70）两边取对数，得

$$\begin{aligned}&\frac{\ln\left\{\int_{-\infty}^{+\infty}\left[\left|F_{(a_2,b_2,c_2,d_2)}(u)\right|^2\right]^{\theta}\mathrm{d}u\right\}}{1-\theta}+\frac{\ln\left\{\int_{-\infty}^{+\infty}\left[\left|F_{(a_1,b_1,c_1,d_1)}(u)\right|^2\right]^{\gamma}\mathrm{d}u\right\}}{1-\gamma}\\&\geqslant\frac{\ln(\theta/\pi)}{2(\theta-1)}+\frac{\ln(\gamma/\pi)}{2(\gamma-1)}+\ln|a_1b_2-a_2b_1|\end{aligned} \tag{4.71}$$

即

$$H_\theta\left\{\left|F_{(a_2,b_2,c_2,d_2)}(u)\right|^2\right\}+H_\gamma\left\{\left|F_{(a_1,b_1,c_1,d_1)}(u)\right|^2\right\}\geqslant\frac{\ln(\theta/\pi)}{2(\theta-1)}+\frac{\ln(\gamma/\pi)}{2(\gamma-1)}+\ln|a_1b_2-a_2b_1| \tag{4.72}$$

广义分数阶 Fourier 变换域的 Rényi 熵测不准原理与变换参数 a、b 有关，与变换参数 c、d 无关。如果 $(a_1,b_1,c_1,d_1)=(0,1,-1,0)$，$(a_2,b_2,c_2,d_2)=(1,0,0,1)$，可得到传统的 Rényi 熵测不准原理：

$$H_\theta\left\{|f(t)|^2\right\}+H_\gamma\left\{|F(u)|^2\right\}\geqslant\frac{\ln(\theta/\pi)}{2(\theta-1)}+\frac{\ln(\gamma/\pi)}{2(\gamma-1)} \tag{4.73}$$

如果 $\theta\to 1$， $\gamma\to 1$，可得到传统的 Shannon 熵测不准原理。

4.2.2.2　Rényi 熵测不准原理的应用：基于 Rényi 熵测不准原理的 Heisenberg 测不准原理的证明

根据 Shannon 熵测不准原理[33]，可得

$$H[\rho(x)]\leqslant\frac{1}{2}\ln\{2\pi eV[\rho(x)]\}\tag{4.74}$$

其中，$\rho(x)$ 是变量 x 的概率密度函数。

根据式（4.74），可得

$$H[\rho_1(x)]+H[\rho_2(x)]\leqslant\frac{1}{2}\ln\{2\pi eV[\rho_1(x)]\}+\frac{1}{2}\ln\{2\pi eV[\rho_2(x)]\}\tag{4.75}$$

设 $\rho_1(x)=\left|F_{(a_1,b_1,c_1,d_1)}(u)\right|^2$，$\rho_2(x)=\left|F_{(a_2,b_2,c_2,d_2)}(u)\right|^2$，所以

$$\frac{1}{2}\ln\left\{2\pi e\cdot V\left[\left|F_{(a_1,b_1,c_1,d_1)}(u)\right|^2\right]\right\}+\frac{1}{2}\ln\left\{2\pi e\cdot V\left[\left|F_{(a_2,b_2,c_2,d_2)}(u)\right|^2\right]\right\}\geqslant\ln\left(\pi e\left|a_1b_2-a_2b_1\right|\right)\tag{4.76}$$

即

$$\begin{cases}V\left[\left|F_{(a_1,b_1,c_1,d_1)}(u)\right|^2\right]\cdot V\left[\left|F_{(a_2,b_2,c_2,d_2)}(u)\right|^2\right]\geqslant\dfrac{\left|a_1b_2-a_2b_1\right|^2}{4}\\ \displaystyle\int_{-\infty}^{+\infty}\left|(u-u_1)F_{(a_1,b_1,c_1,d_1)}(u)\right|^2\mathrm{d}u\cdot\int_{-\infty}^{+\infty}\left|(u-u_2)F_{(a_2,b_2,c_2,d_2)}(u)\right|^2\mathrm{d}u\geqslant\dfrac{\left|a_1b_2-a_2b_1\right|^2}{4}\end{cases}\tag{4.77}$$

其中，$u_1=\int_{-\infty}^{+\infty}u\left|F_{(a_1,b_1,c_1,d_1)}(u)\right|^2\mathrm{d}u$；$u_2=\int_{-\infty}^{+\infty}u\left|F_{(a_2,b_2,c_2,d_2)}(u)\right|^2\mathrm{d}u$。

4.3　广义离散熵广义测不准原理

4.3.1　分数阶 Fourier 变换域的多路信号熵广义测不准原理

本节主要讨论广义分数阶Fourier变换域的离散熵测不准原理。考虑到Shannon熵是Rényi熵的特例，分数阶Fourier变换是广义分数阶Fourier变换的特例，因此本节主要讨论广义分数阶Fourier变换域的离散熵测不准原理[42]。

离散 Shannon 熵定义如下：

$$E[\rho(x)]=-\sum_{k=-\infty}^{+\infty}\rho_k(x)\ln\rho_k(x)\tag{4.78}$$

其中，$\rho_k(x)$ 为变量 x 的概率密度函数。

离散 Rényi 熵定义[42]如下：

$$H_\mu[\rho(x)]=\frac{1}{1-\mu}\ln\left(\sum_{k=-\infty}^{+\infty}[\rho_k(x)]^\mu\right)\tag{4.79}$$

当 $\mu\to1$ 时，离散 Rényi 熵转化为离散 Shannon 熵。

为了获取离散熵，必须对连续信号进行采样。两个连续信号的广义分数阶 Fourier 变换分别为 $F_{(a_1,b_1,c_1,d_1)}(u)$ 和 $F_{(a_2,b_2,c_2,d_2)}(v)$，设它们的采样周期分别是 T_1 和 T_2，假定它们满足 Shannon 采样定理。

设

$$
\begin{cases}
\rho_k(u)=\int_{kT_1}^{(k+1)_1}\left|F_{(a_1,b_1,c_1,d_1)}(u)\right|^2\mathrm{d}u \\
\rho_l(v)=\int_{lT_2}^{(l+1)T_2}\left|F_{(a_2,b_2,c_2,d_2)}(v)\right|^2\mathrm{d}v
\end{cases}
\tag{4.80}
$$

因此有

$$
\begin{cases}
\int_{-\infty}^{+\infty}\left[\left|F_{(a_1,b_1,c_1,d_1)}(u)\right|^2\right]^{\gamma}\mathrm{d}u=\sum\limits_{k=-\infty}^{+\infty}\int_{kT_1}^{(k+1)T_1}\left[\left|F_{(a_1,b_1,c_1,d_1)}(u)\right|^2\right]^{\gamma}\mathrm{d}u \\
\int_{-\infty}^{+\infty}\left[\left|F_{(a_2,b_2,c_2,d_2)}(v)\right|^2\right]^{\theta}\mathrm{d}v=\sum\limits_{l=-\infty}^{+\infty}\int_{lT_2}^{(l+1)T_2}\left[\left|F_{(a_2,b_2,c_2,d_2)}(v)\right|^2\right]^{\theta}\mathrm{d}v
\end{cases}
\tag{4.81}
$$

当$\gamma>1$时，$f(x)=x^{\gamma}$为凸函数；当$\theta<1$时，$g(y)=y^{\theta}$为凹函数，所以可以得到如下不等式：

$$
\begin{cases}
\left[\dfrac{1}{T_1}\int_{kT_1}^{(k+1)T_1}\left|F_{(a_1,b_1,c_1,d_1)}(u)\right|^2\mathrm{d}u\right]^{\gamma}\leqslant\dfrac{1}{T_1}\int_{kT_1}^{(k+1)T_1}\left[\left|F_{(a_1,b_1,c_1,d_1)}(u)\right|^2\right]^{\gamma}\mathrm{d}u \\
\dfrac{1}{T_2}\int_{lT_2}^{(l+1)T_2}\left[\left|F_{(a_2,b_2,c_2,d_2)}(v)\right|^2\right]^{\theta}\mathrm{d}v\leqslant\left[\dfrac{1}{T_2}\int_{lT_2}^{(l+1)T_2}\left|F_{(a_2,b_2,c_2,d_2)}(v)\right|^2\mathrm{d}v\right]^{\theta}
\end{cases}
\tag{4.82}
$$

所以

$$
\begin{cases}
\int_{-\infty}^{+\infty}\left[\left|F_{(a_1,b_1,c_1,d_1)}(u)\right|^2\right]^{\gamma}\mathrm{d}u=\sum\limits_{k=-\infty}^{+\infty}\int_{kT_1}^{(k+1)T_1}\left[\left|F_{(a_1,b_1,c_1,d_1)}(u)\right|^2\right]^{\gamma}\mathrm{d}u \\
\qquad\geqslant T_1\sum\limits_{k=-\infty}^{+\infty}\left(\dfrac{1}{T_1}\int_{kT_1}^{(k+1)T_1}\left|F_{(a_1,b_1,c_1,d_1)}(u)\right|^2\mathrm{d}u\right)^{\gamma} \\
\qquad=T_1^{1-\gamma}\sum\limits_{k=-\infty}^{\infty}(\rho_k(u))^{\gamma} \\
\int_{-\infty}^{+\infty}\left[\left|F_{(a_2,b_2,c_2,d_2)}(v)\right|^2\right]^{\theta}\mathrm{d}v=\sum\limits_{l=-\infty}^{+\infty}\int_{l\cdot T_2}^{(l+1)\cdot T_2}\left[\left|F_{(a_2,b_2,c_2,d_2)}(v)\right|^2\right]^{\theta}\mathrm{d}v \\
\qquad\leqslant T_2\sum\limits_{l=-\infty}^{+\infty}\left[\dfrac{1}{\delta v}\int_{l\cdot T_2}^{(l+1)\cdot T_2}\left|F_{(a_2,b_2,c_2,d_2)}(v)\right|^2\mathrm{d}v\right]^{\theta} \\
\qquad=T_2^{1-\theta}\sum\limits_{l=-\infty}^{+\infty}[\rho_l(v)]^{\theta}
\end{cases}
\tag{4.83}
$$

即

$$
\begin{cases}
\int_{-\infty}^{+\infty}\left[\left|F_{(a_1,b_1,c_1,d_1)}(u)\right|^2\right]^{\gamma}\mathrm{d}u\geqslant T_1^{1-\gamma}\sum\limits_{k=-\infty}^{+\infty}[\rho_k(u)]^{\gamma} \\
\int_{-\infty}^{+\infty}\left[\left|F_{(a_2,b_2,c_2,d_2)}(v)\right|^2\right]^{\theta}\mathrm{d}v\leqslant T_2^{1-\theta}\sum\limits_{l=-\infty}^{+\infty}[\rho_l(v)]^{\theta}
\end{cases}
\tag{4.84}
$$

所以

$$
\left(\frac{1}{|a_1b_2-a_2b_1|}\right)^{1/\gamma}|a_1b_2-a_2b_1|\left\{T_1^{1-\gamma}\sum_{k=-\infty}^{\infty}[\rho_k(u)]^{\gamma}\right\}^{1/\gamma}
$$

$$
\leqslant\left[\left(\frac{\theta}{\pi}\right)^{1/\theta}\Big/\left(\frac{\gamma}{\pi}\right)^{1/\gamma}\right]^{1/2}\left\{T_2^{1-\theta}\sum_{l=-\infty}^{+\infty}[\rho_l(v)]^{\theta}\right\}^{1/\theta}
\tag{4.85}
$$

对式（4.85）两边取 $\frac{\theta}{1-\theta}$ 次幂并应用 θ 和 γ 的关系，有

$$\frac{(T_1T_2)\left(\frac{\theta}{\pi}\right)^{\frac{1}{2(1-\theta)}}\left\{\sum_{l=-\infty}^{+\infty}[\rho_l(v)]^{\theta}\right\}^{\frac{1}{1-\theta}}}{\left(\frac{1}{|a_1b_2-a_2b_1|}\right)^{\frac{1}{\gamma-1}}|a_1b_2-a_2b_1|^{\frac{\gamma}{\gamma-1}}\left(\frac{\gamma}{\pi}\right)^{\frac{1}{2(\gamma-1)}}\left\{\sum_{k=-\infty}^{+\infty}[\rho_k(u)]^{\gamma}\right\}^{\frac{1}{\gamma-1}}}\geqslant 1 \tag{4.86}$$

对式（4.86）两边取对数可得

$$\frac{1}{1-\theta}\ln\left\{\sum_{l=-\infty}^{+\infty}[\rho_l(v)]^{\theta}\right\}+\frac{1}{1-\gamma}\ln\left\{\sum_{k=-\infty}^{+\infty}[\rho_k(u)]^{\gamma}\right\}\geqslant\frac{\ln(\theta/\pi)}{2(\theta-1)}+\frac{\ln(\gamma/\pi)}{2(\gamma-1)}+\ln\left(\frac{|a_1b_2-a_2b_1|}{T_1T_2}\right) \tag{4.87}$$

即

$$H_{\theta}^{(a_2,b_2,c_2,d_2)}+H_{\gamma}^{(a_1,b_1,c_1,d_1)}\geqslant\frac{\ln(\theta/\pi)}{2(\theta-1)}+\frac{\ln(\gamma/\pi)}{2(\gamma-1)}+\ln\left(\frac{|a_1b_2-a_2b_1|}{T_1T_2}\right) \tag{4.88}$$

当 $(a_1,b_1,c_1,d_1)=(\cos\alpha,\sin\alpha,-\sin\alpha,\cos\alpha)$，$(a_2,b_2,c_2,d_2)=(\cos\beta,\sin\beta,-\sin\beta,\cos\beta)$ 时，分数阶 Fourier 变换域的离散熵测不准原理为

$$H_{\theta}^{\alpha}+H_{\gamma}^{\beta}\geqslant\frac{\ln(\theta/\pi)}{2(\theta-1)}+\frac{\ln(\gamma/\pi)}{2(\gamma-1)}+\ln\left(\frac{|\cos\alpha\sin\beta-\cos\beta\sin\alpha|}{T_{\alpha}T_{\beta}}\right) \tag{4.89}$$

当 $\alpha=2n\pi+\pi/2(n\in\mathbf{Z})$，$\beta=2l\pi(l\in\mathbf{Z})$ 时，传统离散熵测不准原理为

$$H_{\theta}+H_{\gamma}\geqslant\frac{\ln(\theta/\pi)}{2(\theta-1)}+\frac{\ln(\gamma/\pi)}{2(\gamma-1)}-\ln(T_1T_2) \tag{4.90}$$

当 $\theta\to1,\gamma\to1$ 时，有

$$E_{(a_1,b_1,c_1,d_1)}+E_{(a_2,b_2,c_2,d_2)}\geqslant\ln(2\pi)+1-\ln\left(\frac{2T_1T_2}{|a_1b_2-a_2b_1|}\right) \tag{4.91}$$

其中，

$$\begin{cases}E_{(a_1,b_1,c_1,d_1)}=-\sum_{k=-\infty}^{+\infty}\left(\int_{kT_1}^{(k+1)T_1}\left|F_{(a_1,b_1,c_1,d_1)}(u)\right|^2\mathrm{d}u\right)\cdot\ln\left(\int_{kT_1}^{(k+1)T_1}\left|F_{(a_1,b_1,c_1,d_1)}(u)\right|^2\mathrm{d}u\right)\\ E_{(a_2,b_2,c_2,d_2)}=-\sum_{l=-\infty}^{+\infty}\left(\int_{lT_2}^{(l+1)T_2}\left|F_{(a_2,b_2,c_2,d_2)}(v)\right|^2\mathrm{d}v\right)\cdot\ln\left(\int_{lT_2}^{(l+1)T_2}\left|F_{(a_2,b_2,c_2,d_2)}(v)\right|^2\mathrm{d}v\right)\end{cases} \tag{4.92}$$

4.3.2 分数阶 Fourier 变换域的离散熵广义测不准原理

离散分数阶 Fourier 变换定义[6]如下：

$$\hat{x}(k)=\sum_{l=1}^{N}\sqrt{(1-\mathrm{i}\cot\alpha)/N}\cdot\mathrm{e}^{\frac{\mathrm{i}k^2\cot\alpha}{2}}\mathrm{e}^{\frac{-\mathrm{i}kn}{N\sin\alpha}}\mathrm{e}^{\frac{\mathrm{i}n^2\cot\alpha}{2N^2}}x(n)=\sum_{l=1}^{N}u_{\alpha}(k,n)\cdot x(n),\ 1\leqslant n,k\leqslant N \tag{4.93}$$

同时，上述定义还可以表示为

$$\hat{\boldsymbol{X}}_{\alpha}=\boldsymbol{U}_{\alpha}\boldsymbol{X} \tag{4.94}$$

其中，$\boldsymbol{U}_{\alpha}=[u_{\alpha}(k,n)]_{N\times N}$。

离散分数阶 Fourier 变换有如下性质：

$$\begin{cases} \boldsymbol{U}_{\beta}(\boldsymbol{U}_{\alpha}\boldsymbol{X}) = \boldsymbol{U}_{\alpha}(\boldsymbol{U}_{\beta}\boldsymbol{X}) = \boldsymbol{U}_{\alpha+\beta}\boldsymbol{X} = \boldsymbol{U}_{2k\pi+\alpha+\beta}\boldsymbol{X} \\ \boldsymbol{U}_{-\alpha}(\boldsymbol{U}_{\alpha}\boldsymbol{X}) = \boldsymbol{X} = \boldsymbol{U}_{2k\pi}\boldsymbol{X} \\ \left\|\hat{\boldsymbol{X}}_{\alpha}\right\|_2 = \left\|\boldsymbol{U}_{\alpha}\boldsymbol{X}\right\|_2 = 1 \end{cases} \tag{4.95}$$

接下来，没有特殊说明，均假定变换参数$0 \leqslant \alpha < 2\pi$，$\alpha \neq \pi$。

对于离散随机变量$x_n(n=1,2,\cdots,N)$及其概率密度函数$p(x_n)$，Shannon 熵[37]和 Rényi 熵分别定义如下：

$$\begin{cases} H(x_n) = \sum_{n=1}^{N}|p(x_n)|\ln|p(x_n)| \\ H_{\vartheta}(x_n) = \dfrac{1}{1-\vartheta}\cdot\ln\left(\sum_{n=1}^{N}|p(x_n)|^{\vartheta}\right) \end{cases} \tag{4.96}$$

因此，本书中针对信号的离散分数阶 Fourier 变换$\hat{X}_{\alpha} = \{\hat{x}_1,\hat{x}_2,\cdots,\hat{x}_N\} \in C^N$，Shannon 熵和 Rényi 熵与离散分数阶 Fourier 变换相关的定义分别如下：

$$\begin{cases} H(\hat{x}_{\alpha}) = \sum_{n=1}^{N}|\hat{x}_{\alpha}(n)|^2\ln|\hat{x}_{\alpha}(n)|^2 \\ H_{\vartheta}(\hat{x}_{\alpha}) = \dfrac{1}{1-\vartheta}\cdot\ln\left(\sum_{n=1}^{N}|\hat{x}_{\alpha}(n)|^{2\vartheta}\right) \end{cases} \tag{4.97}$$

显然，如果$\vartheta \to 1$，则$H_{\vartheta}(\hat{x}_{\alpha}) \to H(\hat{x}_{\alpha})$。

为了对 Shannon 熵和 Rényi 熵在离散分数阶 Fourier 变换下的广义测不准原理进行证明分析，首先需要证明广义 Hausdorff-Young 不等式。

设$\boldsymbol{X} = \{x_1,x_2,\cdots,x_N\} = \{x(1),x(2),\cdots,x(N)\} \in \mathbf{C}^N$为离散时间序列，其势（或支撑）假定为$\boldsymbol{N}$，其离散分数阶 Fourier 变换假定为$\hat{\boldsymbol{X}}_{\gamma} = \{\hat{x}_1,\hat{x}_2,\cdots,\hat{x}_N\} \in \mathbf{C}^N$，其中$\hat{\boldsymbol{X}}_{\gamma} = \boldsymbol{U}_{\gamma}\boldsymbol{X}$，变换参数为$\gamma$。

由于$\|\boldsymbol{X}\|_2 = 1$，根据 Parseval 定理可知$\left\|\hat{\boldsymbol{X}}_{\beta}\right\|_2 = \left\|\boldsymbol{U}_{\gamma}\boldsymbol{X}\right\|_2 = 1$，其中，$\|\boldsymbol{X}\|_2 = \left(\sum_{n=1}^{N}|x_n|^2\right)^{1/2}$。

可得

$$\left\|\boldsymbol{U}_{\gamma}\boldsymbol{X}\right\|_{\infty} \leqslant M_{\gamma}\|\boldsymbol{X}\|_1,\quad M = \left\|\boldsymbol{U}_{\gamma}\right\|_{\infty} \tag{4.98}$$

其中，$\left\|\boldsymbol{U}_{\gamma}\right\|_{\infty} = \sup_{l}|u_r(l)|$，$\boldsymbol{U}_{\gamma} = \{u_r(l)\}, l = 1,2,\cdots,N$。

所以，可得

$$\left\|\boldsymbol{U}_{\gamma}\boldsymbol{X}\right\|_{\infty} \leqslant M_{\gamma}\|\boldsymbol{X}\|_1 \tag{4.99}$$

其中，$M_{\gamma} = \left\|\boldsymbol{U}_{\gamma}\right\|_{\infty}$。

根据 Riesz 定理[33]，可获得如下离散 Hausdorff-Young 不等式：

$$\left\|\boldsymbol{U}_{\gamma}\boldsymbol{X}\right\|_q \leqslant (M_{\gamma})^{\frac{2-p}{p}}\|\boldsymbol{X}\|_p \tag{4.100}$$

其中，$1 < p \leqslant 2$，$\dfrac{1}{p} + \dfrac{1}{q} = 1$。

令$\boldsymbol{U}_{\gamma} = \boldsymbol{U}_{\alpha-\beta}$，则$\boldsymbol{U}_{\gamma} = \boldsymbol{U}_{\alpha-\beta} = \boldsymbol{U}_{\alpha}\boldsymbol{U}_{-\beta}$，可得

$$\left\|\boldsymbol{U}_{\alpha}\boldsymbol{U}_{-\beta}\boldsymbol{X}\right\|_{q} \leqslant \left(M_{\gamma}\right)^{\frac{2-p}{p}} \left\|\boldsymbol{X}\right\|_{p} \tag{4.101}$$

其中，$M_{\gamma} = \left\|\boldsymbol{U}_{\alpha-\beta}\right\|_{\infty} = \left\|\boldsymbol{U}_{\alpha}\boldsymbol{U}_{-\beta}\right\|_{\infty}$。

令 $\boldsymbol{Y} = \boldsymbol{U}_{-\beta}\boldsymbol{X}$，则 $\boldsymbol{X} = \boldsymbol{U}_{\beta}\boldsymbol{Y}$，根据离散分数阶 Fourier 变换的特性，有

$$M_{\alpha-\beta} = \left\|\boldsymbol{U}_{\alpha}\boldsymbol{U}_{-\beta}\right\|_{\infty} = \sqrt{\frac{1}{N\left|\sin(\alpha-\beta)\right|}} \tag{4.102}$$

进一步得到

$$\left\|\boldsymbol{U}_{\alpha}\boldsymbol{Y}\right\|_{q} \leqslant \left(M_{\alpha-\beta}\right)^{\frac{2-p}{p}} \left\|\boldsymbol{U}_{\beta}\boldsymbol{Y}\right\|_{p} \tag{4.103}$$

其中，$M_{\alpha-\beta} = \sqrt{\dfrac{1}{N\left|\sin(\alpha-\beta)\right|}}$。

由于变量 $\boldsymbol{X}$ 在 $\mathbf{C}^{N}$ 内可以任意取值，所以变量 $\boldsymbol{Y}$ 在 $\mathbf{C}^{N}$ 内也可以任意取值。故有如下引理。

引理 4.1　对于任意离散时间序列 $\boldsymbol{X} = \{x_1, x_2, \cdots, x_N\} = \{x(1), x(2), \cdots, x(N)\} \in \mathbf{C}^{N}$，其势（支撑）为 N 且 $\left\|\boldsymbol{X}\right\|_2 = 1$，$\boldsymbol{U}_{\alpha}$（$\boldsymbol{U}_{\beta}$）为参数 α（β）下的离散变换矩阵，则广义离散 Hausdorff-Young 不等式为

$$\left\|\boldsymbol{U}_{\alpha}\boldsymbol{X}\right\|_{q} \leqslant \left[N\left|\sin(\alpha-\beta)\right|\right]^{\frac{p-2}{2p}} \left\|\boldsymbol{U}_{\beta}\boldsymbol{X}\right\|_{p} \tag{4.104}$$

其中，$1 < p \leqslant 2$，$\dfrac{1}{p} + \dfrac{1}{q} = 1$。

接下来，利用该引理进行相应的证明。

定理 4.1　对于任意离散时间序列 $\boldsymbol{X} = \{x_1, x_2, \cdots, x_N\} = \{x(1), x(2), \cdots, x(N)\} \in \mathbf{C}^{N}$，其势（支撑）为 N 且 $\left\|\boldsymbol{X}\right\|_2 = 1$，$\hat{x}_{\alpha}$（$\hat{x}_{\beta}$）为参数 α（β）下的离散分数阶 Fourier 变换，N_{α}（N_{β}）为 $\hat{x}_{\alpha}$（$\hat{x}_{\beta}$）内非零数据的个数，则有

$$H\left(\hat{x}_{\alpha}\right) + H\left(\hat{x}_{\beta}\right) \geqslant \ln\left[\left|N\sin(\alpha-\beta)\right|\right] \tag{4.105}$$

其中，$H\left(\hat{x}_{\alpha}\right) = -\sum_{n=1}^{N}\left\{\left[\ln\left|\hat{x}_{\alpha}(n)\right|^2\right]\cdot\left|\hat{x}_{\alpha}(n)\right|^2\right\}$；$H\left(\hat{x}_{\beta}\right) = -\sum_{m=1}^{N}\left[\ln\left|\hat{x}_{\beta}(m)\right|^2\right]\cdot\left|\hat{x}_{\beta}(m)\right|^2$。二者均为 Shannon 熵，且上述不等式关系等式成立的条件是当且仅当 $\left|\hat{x}_{\alpha}\right| \equiv \dfrac{1}{\sqrt{N_{\alpha}}}$，$\left|\hat{x}_{\beta}\right| \equiv \dfrac{1}{\sqrt{N_{\beta}}}$。

证明：根据引理 4.1，有

$$\frac{\left[N\left|\sin(\alpha-\beta)\right|\right]^{\frac{p-2}{2p}}\left[\sum_{m=1}^{N}\left|\hat{x}_{\beta}(m)\right|^{p}\right]^{\frac{1}{p}}}{\left[\sum_{n=1}^{N}\left|\hat{x}_{\alpha}(n)\right|^{\frac{p}{p-1}}\right]^{\frac{p-1}{p}}} \geqslant 1 \tag{4.106}$$

对式（4.106）两边取对数，可得

$$T(p) \geqslant 0 \tag{4.107}$$

其中，

$$T(p)=\frac{p-2}{2p}\ln[N|\sin(\alpha-\beta)|]+\frac{1}{p}\ln\left[\sum_{m=1}^{N}|\hat{x}_\beta(m)|^p\right]-\frac{p-1}{p}\ln\left[\sum_{n=1}^{N}|\hat{x}_\alpha(n)|^{\frac{p}{p-1}}\right] \tag{4.108}$$

由于$1<p\leqslant 2$，$\|\boldsymbol{X}\|_2=1$，可知$T(2)=0$。注意，如果$1<p\leqslant 2$，则$T(p)\geqslant 0$，因此如果$p=2$，则$T'(p)\leqslant 0$。

再考虑到

$$\begin{aligned}T'(p)=&\frac{1}{p^2}\ln(N|\sin(\alpha-\beta)|)-\frac{1}{p^2}\ln\left(\sum_{m=1}^{N}|\hat{x}_\beta(m)|^p\right)\\&+\frac{1}{p}\frac{\sum_{m=1}^{N}\{[\ln|\hat{x}_\beta(m)|]\cdot|\hat{x}_\beta(m)|^p\}}{\sum_{m=1}^{N}|\hat{x}_\beta(m)|^p}-\frac{1}{p^2}\ln\left[\sum_{m=1}^{N}|\hat{x}_\alpha(n)|^{\frac{p}{p-1}}\right]\\&+\frac{1}{p(p-1)}\frac{\sum_{n=1}^{N}\left\{|\hat{x}_\alpha(n)|^{\frac{p}{p-1}}\cdot\ln[|\hat{x}_\alpha(n)|]\right\}}{\sum_{n=1}^{N}|\hat{x}_\alpha(n)|^{\frac{p}{p-1}}}\end{aligned} \tag{4.109}$$

可得定理 4.1 结论。

证毕。

下面考虑等式成立条件的证明。根据定理 4.1 可知，等式成立说明$H(\hat{x}_\alpha)+H(\hat{x}_\beta)$达到下界，可得如下优化过程

$$\min\left[H(\hat{x}_\alpha)+H(\hat{x}_\beta)\right],\ \text{s.t.}\|\hat{x}_\alpha\|_2=\|\hat{x}_\beta\|_2=1 \tag{4.110}$$

也即

$$\min-\sum_{n=1}^{N}\{[\ln|\hat{x}_\alpha(n)|^2]\cdot|\hat{x}_\alpha(n)|^2\}-\sum_{m=1}^{N}\{[\ln|\hat{x}_\beta(m)|^2]\cdot|\hat{x}_\beta(m)|^2\} \tag{4.111}$$

$$\text{s.t.}\quad \sum_{n=1}^{N}|\hat{x}_\alpha(n)|^2=\sum_{n=1}^{N}|\hat{x}_\beta(n)|^2=1。$$

为了解决上述优化问题，考虑下面的 Lagrange 公式

$$\begin{aligned}L=&-\sum_{n=1}^{N}\{[\ln|\hat{x}_\alpha(n)|^2]\cdot|\hat{x}_\alpha(n)|^2\}-\sum_{m=1}^{N}\{[\ln|\hat{x}_\beta(m)|^2]\cdot|\hat{x}_\beta(m)|^2\}\\&+\lambda_1\left[\sum_{n=1}^{N}|\hat{x}_\alpha(n)|^2-1\right]+\lambda_2\left[\sum_{n=1}^{N}|\hat{x}_\beta(n)|^2-1\right]\end{aligned} \tag{4.112}$$

为了简化计算，设$|\hat{x}_\alpha(n)|^2=p_n^\alpha$，$|\hat{x}_\beta(n)|^2=p_n^\beta$，因此有

$$\begin{cases}\dfrac{\partial L}{\partial p_n^\alpha}=-\ln p_n^\alpha-1+\lambda_1=0\\[2mm]\dfrac{\partial L}{\partial p_n^\beta}=-\ln p_n^\beta-1+\lambda_2=0\\[2mm]\sum_{n=1}^{N}p_n^\alpha=1\\[2mm]\sum_{n=1}^{N}p_n^\beta=1\end{cases} \tag{4.113}$$

解上述方程，最终得证 $|\hat{x}_\alpha(n)|=\frac{1}{\sqrt{N_\alpha}}$，$|\hat{x}_\beta(n)|=\frac{1}{\sqrt{N_\beta}}$。

由 Shannon 熵的定义可知，如果 $H(\hat{x}_\alpha)=\ln N_\alpha$，$H(\hat{x}_\beta)=\ln N_\beta$，那么定理中等式成立，且 $N_\alpha N_\beta=|N\sin(\alpha-\beta)|$。从证明中可知，$|\hat{x}_\alpha(n)|=\frac{1}{\sqrt{N_\alpha}}$，$|\hat{x}_\beta(n)|=\frac{1}{\sqrt{N_\beta}}$，说明 $\hat{x}_\alpha(m)$ 和 $\hat{x}_\beta(n)$ 可以为复数，当且仅当它们的幅度是常数时，等式成立。从而可以得出如下的推论。

推论 4.1　对于任意离散时间序列 $\tilde{\boldsymbol{X}}=\{x_1,x_2,\cdots,x_N\}=\{x(1),x(2),\cdots,x(N)\}\in\mathbf{C}^N$，其势（支撑）为 N 且 $\|\boldsymbol{X}\|_2=1$，$\hat{x}_\alpha(\hat{x}_\beta)$ 为参数 $\alpha(\beta)$ 下的离散分数阶 Fourier 变换，$N_\alpha(N_\beta)$ 为 $\hat{x}_\alpha(\hat{x}_\beta)$ 内非零数据的个数，如果 $|\hat{x}_\alpha(n)|=\frac{1}{\sqrt{N_\alpha}}$ 且 $|\hat{x}_\beta(n)|=\frac{1}{\sqrt{N_\beta}}$，那么有

$$N_\alpha N_\beta=N|\sin(\alpha-\beta)| \tag{4.114}$$

$$H(\hat{x}_\alpha)+H(\hat{x}_\beta)=\ln[|N\sin(\alpha-\beta)|] \tag{4.115}$$

定理 4.2　对于任意离散时间序列 $\boldsymbol{X}=\{x_1,x_2,\cdots,x_N\}=\{x(1),x(2),\cdots,x(N)\}\in\mathbf{C}^N$，其势（支撑）为 N 且 $\|\boldsymbol{X}\|_2=1$，$\hat{x}_\alpha(\hat{x}_\beta)$ 为参数 $\alpha(\beta)$ 下的离散分数阶 Fourier 变换，$N_\alpha(N_\beta)$ 为 $\hat{x}_\alpha(\hat{x}_\beta)$ 内的非零数据个数，那么有 Rényi 熵测不准原理为

$$H_\vartheta(\hat{x}_\alpha)+H_\zeta(\hat{x}_\beta)\geqslant\ln[|N\sin(\alpha-\beta)|] \tag{4.116}$$

其中，$\frac{1}{2}<\zeta\leqslant1$，$\frac{1}{\zeta}+\frac{1}{\vartheta}=2$。

这里 $H_\vartheta(\hat{x}_\alpha)=\frac{1}{1-\vartheta}\cdot\ln\left[\sum_{m=1}^{N}|\hat{x}_\alpha(m)|^{2\vartheta}\right]$，$H_\zeta(\hat{x}_\beta)=\frac{1}{1-\zeta}\cdot\ln\left[\sum_{n=1}^{N}|\hat{x}_\beta(n)|^{2\zeta}\right]$ 均为 Rényi 熵。

证明：在引理 4.1 中，设 $q=2\vartheta$，$p=2\zeta$，则有 $\frac{1}{2}<\zeta\leqslant1$，$\frac{1}{\zeta}+\frac{1}{\vartheta}=2$。所以，由引理 4.1 可得

$$\left[\sum_{m=1}^{N}|\hat{x}_\alpha(m)|^{2\vartheta}\right]^{\frac{1}{2\vartheta}}\leqslant[N|\sin(\alpha-\beta)|]^{\frac{\zeta-1}{2\zeta}}\cdot\left[\sum_{n=1}^{N}|\hat{x}_\beta(n)|^{2\zeta}\right]^{\frac{1}{2\zeta}} \tag{4.117}$$

式（4.117）两端取平方，有

$$\left[\sum_{m=1}^{N}|\hat{x}_\alpha(m)|^{2\vartheta}\right]^{\frac{1}{\vartheta}}\leqslant(N|\sin(\alpha-\beta)|)^{\frac{\zeta-1}{\zeta}}\cdot\left[\sum_{n=1}^{N}|\hat{x}_\beta(n)|^{2\zeta}\right]^{\frac{1}{\zeta}} \tag{4.118}$$

式（4.118）两端取 $\frac{\zeta}{1-\zeta}$ 次幂，有

$$\left[\sum_{m=1}^{N}|\hat{x}_\alpha(m)|^{2\vartheta}\right]^{\frac{1}{\vartheta-1}}\leqslant(N|\sin(\alpha-\beta)|)^{-1}\cdot\left[\sum_{n=1}^{N}|\hat{x}_\beta(n)|^{2\zeta}\right]^{\frac{1}{1-\zeta}} \tag{4.119}$$

即

$$\frac{(N|\sin(\alpha-\beta)|)^{-1}\cdot\left[\sum_{n=1}^{N}|\hat{x}_\beta(n)|^{2\zeta}\right]^{\frac{1}{1-\zeta}}}{\left[\sum_{m=1}^{N}|\hat{x}_\alpha(m)|^{2\vartheta}\right]^{\frac{1}{\vartheta-1}}}\geqslant 1 \tag{4.120}$$

对式（4.120）两端取对数，有

$$\frac{1}{1-\zeta}\cdot\ln\left[\sum_{n=1}^{N}|\hat{x}_\beta(n)|^{2\zeta}\right]+\frac{1}{1-\vartheta}\cdot\ln\left[\sum_{m=1}^{N}|\hat{x}_\alpha(m)|^{2\vartheta}\right]\geqslant\ln[|N\sin(\alpha-\beta)|] \tag{4.121}$$

从上可以看出，如果$\zeta\to 1$，$\vartheta\to 1$，那么 Rényi 熵转化为 Shannon 熵，上述的 Rényi 熵测不准原理转化为 Shannon 熵测不准原理。

等式的证明较为简单，本书从略。

证毕。

需要注意的是，尽管 Shannon 熵测不准原理可以通过 Rényi 熵测不准原理演变而来，本书中仍分开论述并加以证明，目的是保持内容的系统性、完整性以及内在的逻辑关系。

很多情况下会同时讨论时域和频域，因此，这里采用一个新的测度对熵进行测量：

$$H_p=pH(\hat{x}_\alpha)+(1-p)H(\hat{x}_\beta) \tag{4.122}$$

其中，$\hat{x}_\alpha(\hat{x}_\beta)$ 为参数 $\alpha(\beta)$ 下 $\tilde{\boldsymbol{X}}=\{x_1,x_2,\cdots,x_N\}=\{x(1),x(2),\cdots,x(N)\}$ 的离散分数阶 Fourier 变换；$H(\hat{x}_\alpha)[H(\hat{x}_\beta)]$ 为离散时间序列 $\hat{x}_\alpha(\hat{x}_\beta)$ 的 Shannon 熵，有定理如下。

定理 4.3 对于任意离散时间序列 $\boldsymbol{X}=\{x_1,x_2,\cdots,x_N\}=\{x(1),x(2),\cdots,x(N)\}\in\mathbf{C}^N$，其势（支撑）为 N 且 $\|\boldsymbol{X}\|_2=1$，$\hat{x}_\alpha(\hat{x}_\beta)$ 为参数 $\alpha(\beta)$ 下的离散分数阶 Fourier 变换，$N_\alpha(N_\beta)$ 为 $\hat{x}_\alpha(\hat{x}_\beta)$ 内非零数据的个数，那么有

$$H_{1/2}\geqslant\ln\left[\sqrt{|N\sin(\alpha-\beta)|}\right] \tag{4.123}$$

证明：对于变量 $\hat{x}_\alpha$，当 $0<p<\infty$ 时，有 $\|\hat{x}_\alpha\|_p=\left(\sum_{n=1}^{N}|\hat{x}_\alpha(n)|^p\right)^{1/p}$，设 $\|\hat{x}_\alpha\|_\infty=\max_{n\in N}\{|\hat{x}_\alpha(n)|\}$，有

$$\frac{\mathrm{d}}{\mathrm{d}q}\log\|\hat{x}_\alpha\|_{1/q}=-\sum_{n=1}^{N}\frac{|\hat{x}_\alpha(n)|^{1/q}}{\|\hat{x}_\alpha\|_{1/q}^{1/q}}\log\left[\frac{|\hat{x}_\alpha(n)|^{1/q}}{\|\hat{x}_\alpha\|_{1/q}^{1/q}}\right] \tag{4.124}$$

则

$$\frac{\mathrm{d}^2}{\mathrm{d}q^2}\log\|\hat{x}_\alpha\|_{1/q}=\frac{1}{t}\sum_{n=1}^{N}\frac{|\hat{x}_\alpha(n)|^{1/q}}{\|\hat{x}_\alpha\|_{1/q}^{1/q}}\left\{\log\left[\frac{|\hat{x}_\alpha(n)|^{1/q}}{\|\hat{x}_\alpha\|_{1/q}^{1/q}}\right]-\sum_{n=1}^{N}\frac{|\hat{x}_\alpha(n)|^{1/q}}{\|\hat{x}_\alpha\|_{1/q}^{1/q}}\log\left[\frac{|\hat{x}_\alpha(n)|^{1/q}}{\|\hat{x}_\alpha\|_{1/q}^{1/q}}\right]\right\}^2 \tag{4.125}$$

根据二阶微分的非负性，可知 $\log\|\hat{x}_\alpha\|_{1/q}$ 是凸函数。因此有如下关系式成立：

$$H(\hat{x}_\alpha)=\frac{\mathrm{d}}{\mathrm{d}q}\log\|\hat{x}_\alpha\|_{1/q}\bigg|_{q=1/2}\leqslant\lim_{q\to+\infty}\frac{\mathrm{d}}{\mathrm{d}q}\log\|\hat{x}_\alpha\|_{1/q}=\log[|N\mathrm{in}(\alpha-\beta)|] \tag{4.126}$$

因为 $\|\hat{x}_\alpha\|_2=\|\hat{x}_\beta\|_2=\|\tilde{X}\|_2=1$，$\|\hat{x}_\alpha\|_\infty\leqslant\frac{1}{\sqrt{|N\sin(\alpha-\beta)|}}\|\hat{x}_\alpha\|_1$，根据 Riesz-Thorin 定理[63]，有

$$\frac{\left\|\hat{x}_{\alpha}\right\|_{\frac{1}{1-q}}}{\left\|\hat{x}_{\beta}\right\|_{\frac{1}{q}}} \leqslant |N\sin(\alpha-\beta)|^{\frac{1}{2}-q}, \quad \frac{1}{2} \leqslant q \leqslant 1, \hat{x}_{\alpha} \neq 0 \tag{4.127}$$

对式（4.127）取非负对数，有如下关系式成立：

$$\log\left(\left\|\hat{x}_{\beta}\right\|_{\frac{1}{q}}\right) - \log\left(\left\|\hat{x}_{\alpha}\right\|_{\frac{1}{1-q}}\right) \geqslant \left(q-\frac{1}{2}\right)\log\left[|N\sin(\alpha-\beta)|\right], \quad \frac{1}{2} \leqslant q \leqslant 1 \tag{4.128}$$

由于 $\|\hat{x}_{\alpha}\|_2 = \|\hat{x}_{\beta}\|_2 = \|\tilde{X}\|_2 = 1$，因此式（4.128）两边在 $q = \frac{1}{2}$ 时均为零，所以得到证明：

$$\frac{1}{2}H(\hat{x}_{\alpha}) + \frac{1}{2}H(\hat{x}_{\beta}) \geqslant \frac{1}{2}\ln\left[|N\sin(\alpha-\beta)|\right]$$

证毕。

注意：该证明与前面的证明有些类似，这里仍给出了详细的证明过程，目的是让读者在数学物理机制上有一个更好的或者不同的认识。另外，不同的证明方法得到一致的结果，说明了定理的数学可靠性。

4.3.3　线性正则变换域的离散熵广义测不准原理

设 $\boldsymbol{X} = \{x_1, x_2, \cdots, x_N\} = \{x(1), x(2), \cdots, x(N)\} \in \mathbf{C}^N$ 为一个离散数序列，其势（支撑）为 N 且 $\|\boldsymbol{X}\|_2 = 1$。假定其离散线性正则变换为 $\hat{\boldsymbol{X}}_A = \{\hat{x}_1, \hat{x}_2, \cdots, \hat{x}_N\} \in \mathbf{C}^N$，线性正则变换参数为 $\boldsymbol{A} = \begin{bmatrix} a & b \\ c & d \end{bmatrix}$。那么离散线性正则变换可以写成如下形式：

$$\hat{x}(k) = \sum_{l=1}^{N} \sqrt{1/\mathrm{i}bN} \cdot \mathrm{e}^{\frac{\mathrm{i}dk^2}{2b}} \mathrm{e}^{\frac{-\mathrm{i}kn}{Nb}} \mathrm{e}^{\frac{\mathrm{i}an^2}{2bN^2}} x(n) = \sum_{l=1}^{N} u_A(k,n) \cdot x(n), \quad 1 \leqslant n,k \leqslant N \tag{4.129}$$

同时，定义式还可以改写成如下形式：

$$\hat{\boldsymbol{X}}_A = \boldsymbol{U}_A \boldsymbol{X} \tag{4.130}$$

其中，$\boldsymbol{U}_A = [u_A(k,n)]_{N\times N}$。

显然，离散线性正则变换有如下特性：$\left\|\hat{\boldsymbol{X}}_A\right\|_2 = \|\boldsymbol{U}_A\boldsymbol{X}\|_2 = 1$。

接下来没有特别说明，均假定 $\boldsymbol{b} \neq 0$。

对于离散随机变量 $x_n(n = 1, 2, \cdots, N)$ 及其概率密度函数 $p(x_n)$，Shannon 熵和 Rényi 熵分别定义如下：

$$\begin{cases} H(x_n) = \sum_{n=1}^{N} |p(x_n)| \ln|p(x_n)| \\ H_{\vartheta}(x_n) = \dfrac{1}{1-\vartheta} \cdot \ln\left[\sum_{n=1}^{N} |p(x_n)|^{\vartheta}\right] \end{cases} \tag{4.131}$$

因此，本书中，针对信号的离散线性正则变换 $\hat{\boldsymbol{X}}_A = \{\hat{x}_1, \hat{x}_2, \cdots, \hat{x}_N\} \in \mathbf{C}^N$（其中 $\|\boldsymbol{X}\|_2 = 1$，$\left\|\hat{\boldsymbol{X}}_A\right\|_2 = \|\boldsymbol{U}_A\boldsymbol{X}\|_2 = 1$），Shannon 熵和 Rényi 熵与离散分数阶 Fourier 变换相关的定义分别如下：

$$\begin{cases} H(\hat{x}_A)=\sum_{n=1}^{N}|\hat{x}_A(n)|^2\ln|\hat{x}_A(n)|^2 \\ H_\vartheta(\hat{x}_A)=\dfrac{1}{1-\vartheta}\cdot\ln\left[\sum_{n=1}^{N}|\hat{x}_A(n)|^{2\vartheta}\right] \end{cases} \tag{4.132}$$

显然，如果$\vartheta\to1$，则$H_\vartheta(\hat{x}_A)\to H(\hat{x}_A)$。

为了对 Shannon 熵和 Rényi 熵在离散分线性正则变换下的广义测不准原理进行证明分析，首先需要证明广义 Hausdorff-Young 不等式。

设$\boldsymbol{X}=\{x_1,x_2,\cdots,x_N\}=\{x(1),x(2),\cdots,x(N)\}\in\mathbf{C}^N$为离散时间序列，其势（或支撑）假定为$N$，其离散线性正则变换假定为$\hat{\boldsymbol{X}}_A=\{\hat{x}_1,\hat{x}_2,\cdots,\hat{x}_N\}\in C^N$，其中$\hat{\boldsymbol{X}}_A=\boldsymbol{U}_A\boldsymbol{X}$，变换参数为$A$。

由于$\|\boldsymbol{X}\|_2=1$，根据 Parseval 定理可知$\|\hat{\boldsymbol{X}}_B\|_2=\|\boldsymbol{U}_A\boldsymbol{X}\|_2=1$，其中，$\|\boldsymbol{X}\|_2=\left(\sum_{n=1}^{N}|x_n|^2\right)^{1/2}$。可得

$$\|\boldsymbol{U}_A\boldsymbol{X}\|_\infty\leqslant M_A\|\boldsymbol{X}\|_1,\quad M=\|\boldsymbol{U}_\gamma\|_\infty \tag{4.133}$$

其中，$\|\boldsymbol{U}_\gamma\|_\infty=\sup_l|u_r(l)|$，$\boldsymbol{U}_\gamma=\{u_r(l)\}$，$l=1,2,\cdots,N$。

所以，可得

$$\|\boldsymbol{U}_A\boldsymbol{X}\|_\infty\leqslant M_A\|\boldsymbol{X}\|_1 \tag{4.134}$$

其中，$M_A=\|\boldsymbol{U}_A\|_\infty$。

根据 Riesz 定理可获得如下离散 Hausdorff-Young 不等式：

$$\|\boldsymbol{U}_A\boldsymbol{X}\|_q\leqslant(M_A)^{\frac{2-p}{p}}\|\boldsymbol{X}\|_p \tag{4.135}$$

其中，$1<p\leqslant2$，$\dfrac{1}{p}+\dfrac{1}{q}=1$。

令$\boldsymbol{U}_A=\boldsymbol{U}_{AB^{-1}}$，则有$\boldsymbol{U}_A=\boldsymbol{U}_{AB^{-1}}=\boldsymbol{U}_A\boldsymbol{U}_{B^{-1}}$，可得

$$\|\boldsymbol{U}_A\boldsymbol{U}_{B^{-1}}\boldsymbol{X}\|_q\leqslant(M_A)^{\frac{2-p}{p}}\|\boldsymbol{X}\|_p \tag{4.136}$$

其中，$M_A=\|\boldsymbol{U}_{AB^{-1}}\|_\infty=\|\boldsymbol{U}_A\boldsymbol{U}_{B^{-1}}\|_\infty$。

令$\boldsymbol{Y}=\boldsymbol{U}_{B^{-1}}\boldsymbol{X}$，则$\boldsymbol{X}=\boldsymbol{U}_B\boldsymbol{Y}$，根据离散线性正则变换的特性，有

$$M_{AB^{-1}}=\|\boldsymbol{U}_A\boldsymbol{U}_{B^{-1}}\|_\infty=\sqrt{\frac{1}{N|a_1b_2-a_2b_1|}} \tag{4.137}$$

进一步得到

$$\|\boldsymbol{U}_A\boldsymbol{Y}\|_q\leqslant\left(M_{AB^{-1}}\right)^{\frac{2-p}{p}}\|\boldsymbol{U}_B\boldsymbol{Y}\|_p \tag{4.138}$$

其中，$M_{AB^{-1}}=\sqrt{\dfrac{1}{N|a_1b_2-a_2b_1|}}$。

由于变量$\boldsymbol{X}$在$\mathbf{C}^N$内可以任意取值，所以变量$\boldsymbol{Y}$在$\mathbf{C}^N$内也可以任意取值。故有如下引理。

引理 4.2　对于任意离散时间序列$\boldsymbol{X}=\{x_1,x_2,\cdots,x_N\}=\{x(1),x(2),\cdots,x(N)\}\in\mathbf{C}^N$，其

势（支撑）为 N 且 $\|X\|_2=1$，U_A（U_B）为参数 $A=\begin{bmatrix}a_1 & b_1\\ c_1 & d_1\end{bmatrix}$（$B=\begin{bmatrix}a_2 & b_2\\ c_2 & d_2\end{bmatrix}$）下的离散变换矩阵，可以得到广义离散 Hausdorff-Young 不等式：

$$\|U_A X\|_q \leqslant (N|a_1b_2-a_2b_1|)^{\frac{p-2}{2p}}\|U_B X\|_p \tag{4.139}$$

其中，$1<p\leqslant 2$，$\dfrac{1}{p}+\dfrac{1}{q}=1$。

定理 4.4　对于任意离散时间序列 $X=\{x_1,x_2,\cdots,x_N\}=\{x(1),x(2),\cdots,x(N)\}\in\mathbf{C}^N$，其势（支撑）为 N 且 $\|X\|_2=1$，$\hat{x}_A(\hat{x}_B)$ 为参数 $A=\begin{bmatrix}a_1 & b_1\\ c_1 & d_1\end{bmatrix}$（$B=\begin{bmatrix}a_2 & b_2\\ c_2 & d_2\end{bmatrix}$）下的离散线性正则变换，$N_A(N_B)$ 为 $\hat{x}_A(\hat{x}_B)$ 中非零数据的个数，则有

$$H[\hat{x}_A(n)]+H[\hat{x}_B(m)]\geqslant \ln\left[\left|N(a_1b_2-a_2b_1)\right|\right],\quad n,m=1,2,\cdots,N \tag{4.140}$$

其中，$H(\hat{x}_A)=-\sum\limits_{n=1}^{N}\left\{\left[\ln|\hat{x}_A(n)|^2\right]\cdot|\hat{x}_A(n)|^2\right\}$，$H(\hat{x}_B)=-\sum\limits_{m=1}^{N}\left\{\left[\ln|\hat{x}_B(m)|^2\right]\cdot|\hat{x}_B(m)|^2\right\}$ 均为Shannon 熵，等式成立的条件是当且仅当 $|\hat{x}_A|\equiv\dfrac{1}{\sqrt{N_A}}$ 且 $|\hat{x}_B|\equiv\dfrac{1}{\sqrt{N_B}}$。

证明：由引理 4.2 可得

$$\frac{(N|a_1b_2-a_2b_1|)^{\frac{p-2}{2p}}\left[\sum\limits_{m=1}^{N}|\hat{x}_B(m)|^p\right]^{\frac{1}{p}}}{\left[\sum\limits_{n=1}^{N}|\hat{x}_A(n)|^{\frac{p}{p-1}}\right]^{\frac{p-1}{p}}}\geqslant 1 \tag{4.141}$$

对式（4.141）两端取自然对数，可得

$$T(p)\geqslant 0 \tag{4.142}$$

其中，

$$T(p)=\frac{p-2}{2p}\ln(N|a_1b_2-a_2b_1|)+\frac{1}{p}\ln\left[\sum_{m=1}^{N}|\hat{x}_B(m)|^p\right]-\frac{p-1}{p}\ln\left[\sum_{n=1}^{N}|\hat{x}_A(n)|^{\frac{p}{p-1}}\right] \tag{4.143}$$

由于 $1<p\leqslant 2$，$\|X\|_2=1$，根据 Parseval 定理，可知 $T(2)=0$。注意，如果 $1<p\leqslant 2$，则有 $T(p)\geqslant 0$。因此如果 $p=2$，则 $T'(p)\leqslant 0$。

由于

$$T'(p)=\frac{1}{p^2}\ln(N|a_1b_2-a_2b_1|)-\frac{1}{p^2}\ln\left[\sum_{m=1}^{N}|\hat{x}_B(m)|^p\right]+\frac{1}{p}\frac{\sum\limits_{m=1}^{N}\left\{[\ln|\hat{x}_B(m)|]\cdot|\hat{x}_B(m)|^p\right\}}{\sum\limits_{m=1}^{N}|\hat{x}_B(m)|^p}$$
$$-\frac{1}{p^2}\ln\left[\sum_{n=1}^{N}|\hat{x}_A(n)|^{\frac{p}{p-1}}\right]+\frac{1}{p(p-1)}\frac{\sum\limits_{n=1}^{N}\left\{|\hat{x}_A(n)|^{\frac{p}{p-1}}\cdot\ln[|\hat{x}_A(n)|]\right\}}{\sum\limits_{n=1}^{N}|\hat{x}_A(n)|^{\frac{p}{p-1}}} \tag{4.144}$$

通过设 p=2 可证明定理。

下面考虑等式成立情况。由定理可知，等式成立说明 $H(\hat{x}_A)+H(\hat{x}_B)$ 达到下界，可得如下优化过程：

$$\min[H(\hat{x}_A)+H(\hat{x}_B)] \tag{4.145}$$

s.t. $\|\hat{x}_A\|_2=\|\hat{x}_B\|_2=1$。

即

$$\min\left(-\sum_{n=1}^{N}\left\{\left[\ln|\hat{x}_A(n)|^2\right]\cdot|\hat{x}_A(n)|^2\right\}-\sum_{m=1}^{N}\left\{\left[\ln|\hat{x}_B(m)|^2\right]\cdot|\hat{x}_B(m)|^2\right\}\right) \tag{4.146}$$

s.t. $\sum_{n=1}^{N}|\hat{x}_A(n)|^2=\sum_{n=1}^{N}|\hat{x}_B(n)|^2=1$。

为了求解上述优化方程式，考虑如下 Lagrangian 方程式：

$$\begin{aligned}L=&-\sum_{n=1}^{N}\left\{\left[\ln|\hat{x}_A(n)|^2\right]\cdot|\hat{x}_A(n)|^2\right\}-\sum_{m=1}^{N}\left\{\left[\ln|\hat{x}_B(m)|^2\right]\cdot|\hat{x}_B(m)|^2\right\}\\&+\lambda_1\left[\sum_{n=1}^{N}|\hat{x}_A(n)|^2-1\right]+\lambda_2\left[\sum_{n=1}^{N}|\hat{x}_B(n)|^2-1\right]\end{aligned} \tag{4.147}$$

为了简化计算，设 $|\hat{x}_A(n)|^2=p_n^A$，$|\hat{x}_B(n)|^2=p_n^B$，因此有

$$\begin{cases}\dfrac{\partial L}{\partial p_n^A}=-\ln p_n^A-1+\lambda_1=0\\ \dfrac{\partial L}{\partial p_n^B}=-\ln p_n^B-1+\lambda_2=0\\ \sum\limits_{n=1}^{N}p_n^A=1\\ \sum\limits_{n=1}^{N}p_n^B=1\end{cases} \tag{4.148}$$

求解上述优化方程式，可得 $|\hat{x}_A(n)|=\dfrac{1}{\sqrt{N_A}}$，$|\hat{x}_B(n)|=\dfrac{1}{\sqrt{N_B}}$。

根据 Shannon 熵的定义可知，如果 $H(\hat{x}_A)=\ln N_A$，$H(\hat{x}_B)=\ln N_B$ 成立，则 $H(\hat{x}_A)+H(\hat{x}_B)=\ln\left[\left|N(a_1b_2-a_2b_1)\right|\right]$ 成立，且 $N_AN_B=|N(a_1b_2-a_2b_1)|$。

证毕。

上述证明同时表明，$|\hat{x}_A(n)|=\dfrac{1}{\sqrt{N_A}}$，$|\hat{x}_B(n)|=\dfrac{1}{\sqrt{N_B}}$，这说明 $\hat{x}_A(m)$ 和 $\hat{x}_B(n)$ 可以为复数，只要它们的幅度为常数即可。此时可以得出如下推论。

推论 4.2　对于任意离散时间序列 $\boldsymbol{X}=\{x_1,x_2,\cdots,x_N\}=\{x(1),x(2),\cdots,x(N)\}\in\mathbf{C}^N$，其势（支撑）为 N 且 $\|\boldsymbol{X}\|_2=1$，$\hat{x}_A(\hat{x}_B)$ 为参数 $\boldsymbol{A}=\begin{bmatrix}a_1&b_1\\c_1&d_1\end{bmatrix}$（$\boldsymbol{B}=\begin{bmatrix}a_2&b_2\\c_2&d_2\end{bmatrix}$）下的离散线性正则变换，$N_A(N_B)$ 为 $\hat{x}_A(\hat{x}_B)$ 中非零数据的个数，如果 $|\hat{x}_A(n)|=\dfrac{1}{\sqrt{N_A}}$ 且 $|\hat{x}_B(n)|=\dfrac{1}{\sqrt{N_B}}$，那么有

$$\begin{gathered}N_AN_B=N|a_1b_2-a_2b_1|\\H(\hat{x}_A)+H(\hat{x}_B)=\ln\left[\left|N(a_1b_2-a_2b_1)\right|\right]\end{gathered} \tag{4.149}$$

定理 4.5　对于任意离散时间序列 $\boldsymbol{X}=\{x_1,x_2,\cdots,x_N\}=\{x(1),x(2),\cdots,x(N)\}\in\mathbf{C}^N$，其势（支撑）为 N 且 $\|\boldsymbol{X}\|_2=1$，$\hat{x}_A(\hat{x}_B)$ 为参数 $\boldsymbol{A}=\begin{bmatrix}a_1 & b_1\\ c_1 & d_1\end{bmatrix}$（$\boldsymbol{B}=\begin{bmatrix}a_2 & b_2\\ c_2 & d_2\end{bmatrix}$）下的离散线性正则变换，$N_A(N_B)$ 为 $\hat{x}_A(\hat{x}_B)$ 中非零数据的个数，那么有

$$H_\vartheta(\hat{x}_A)+H_\zeta(\hat{x}_B)\geqslant \ln\left[\left|N(a_1b_2-a_2b_1)\right|\right],\quad \frac{1}{2}<\zeta\leqslant 1,\quad \frac{1}{\zeta}+\frac{1}{\vartheta}=2 \tag{4.150}$$

其中，$H_\vartheta(\hat{x}_A)=\dfrac{1}{1-\vartheta}\cdot\ln\left[\sum\limits_{m=1}^{N}\left|\hat{x}_A(m)\right|^{2\vartheta}\right]$，$H_\zeta(\hat{x}_B)=\dfrac{1}{1-\zeta}\cdot\ln\left[\sum\limits_{n=1}^{N}\left|\hat{x}_B(n)\right|^{2\zeta}\right]$均为Rényi熵。

证明：在引理 4.1 中，设 $q=2\vartheta$，$p=2\zeta$，则有 $\dfrac{1}{2}<\zeta\leqslant 1$，$\dfrac{1}{\zeta}+\dfrac{1}{\vartheta}=2$。根据引理 4.2 最终可得

$$\left[\sum_{m=1}^{N}\left|\hat{x}_A(m)\right|^{2\vartheta}\right]^{\frac{1}{2\vartheta}}\leqslant\left(N\left|a_1b_2-a_2b_1\right|\right)^{\frac{\zeta-1}{2\zeta}}\cdot\left[\sum_{n=1}^{N}\left|\hat{x}_B(n)\right|^{2\zeta}\right]^{\frac{1}{2\zeta}} \tag{4.151}$$

式（4.151）两端取平方，可得

$$\left[\sum_{m=1}^{N}\left|\hat{x}_A(m)\right|^{2\vartheta}\right]^{\frac{1}{\vartheta}}\leqslant\left(N\left|a_1b_2-a_2b_1\right|\right)^{\frac{\zeta-1}{\zeta}}\cdot\left[\sum_{n=1}^{N}\left|\hat{x}_B(n)\right|^{2\zeta}\right]^{\frac{1}{\zeta}} \tag{4.152}$$

式（4.152）两端取 $\dfrac{\zeta}{1-\zeta}$ 次幂，可得

$$\left[\sum_{m=1}^{N}\left|\hat{x}_A(m)\right|^{2\vartheta}\right]^{\frac{1}{\vartheta-1}}\leqslant\left(N\left|a_1b_2-a_2b_1\right|\right)^{-1}\cdot\left[\sum_{n=1}^{N}\left|\hat{x}_B(n)\right|^{2\zeta}\right]^{\frac{1}{1-\zeta}} \tag{4.153}$$

即

$$\frac{\left(N\left|a_1b_2-a_2b_1\right|\right)^{-1}\cdot\left[\sum\limits_{n=1}^{N}\left|\hat{x}_B(n)\right|^{2\zeta}\right]^{\frac{1}{1-\zeta}}}{\left[\sum\limits_{m=1}^{N}\left|\hat{x}_A(m)\right|^{2\vartheta}\right]^{\frac{1}{\vartheta-1}}}\geqslant 1 \tag{4.154}$$

式（4.154）两侧取对数，可得

$$\frac{1}{1-\zeta}\cdot\ln\left[\sum_{n=1}^{N}\left|\hat{x}_B(n)\right|^{2\zeta}\right]+\frac{1}{1-\vartheta}\cdot\ln\left[\sum_{m=1}^{N}\left|\hat{x}_A(m)\right|^{2\vartheta}\right]\geqslant\ln\left[\left|N(a_1b_2-a_2b_1)\right|\right] \tag{4.155}$$

从式（4.155）中可以看出，当 $\zeta\to 1$，$\vartheta\to 1$时，Rényi 熵转化为 Shannon 熵，因此 Rényi 熵的广义测不准原理转化为 Shannon 熵的广义测不准原理。此处证明从略。

证毕。

4.3.4　采样角度下的熵广义测不准原理

接下来从连续信号离散化采样的角度对 Shannon 熵广义测不准原理进行证明。

离散 Shannon 熵定义如下：

$$E[\rho(s)]=-\sum_{k=-\infty}^{+\infty}\rho_k(s)\ln\rho_k(s) \tag{4.156}$$

其中，$\rho_k(x)$ 为变量 s 的概率密度函数。

离散 Rényi 熵定义如下：

$$H_\mu[\rho(x)] = \frac{1}{1-\mu}\ln\left\{\sum_{k=-\infty}^{+\infty}[\rho_k(x)]^\mu\right\} \tag{4.157}$$

当 $\mu \to 1$ 时，离散 Rényi 熵转化为离散 Shannon 熵。

为了获得离散谱，必须进行采样操作。对两个连续的线性正则变换函数信号 $F_A(u)$ 和 $F_B(v)$（其变化参数分别为 $\boldsymbol{A}=\begin{bmatrix} a_1 & b_1 \\ c_1 & d_1 \end{bmatrix}$ 和 $\boldsymbol{B}=\begin{bmatrix} a_2 & b_2 \\ c_2 & d_2 \end{bmatrix}$）设采样周期分别为 T_1 和 T_2，并假定它们满足 Shannon 采样定理[1]。

设

$$\begin{cases} \rho_k(u) = \int_{kT_1}^{(k+1)T_1} |F_A(u)|^2 \mathrm{d}u \\ \rho_l(v) = \int_{lT_2}^{(l+1)T_2} |F_B(v)|^2 \mathrm{d}v \end{cases} \tag{4.158}$$

所以有

$$\begin{cases} \int_{-\infty}^{+\infty}[|F_A(u)|^2]^\gamma \mathrm{d}u = \sum_{k=-\infty}^{+\infty}\int_{kT_1}^{(k+1)T_1}[|F_A(u)|^2]^\gamma \mathrm{d}u \\ \int_{-\infty}^{+\infty}[|F_B(v)|^2]^\theta \mathrm{d}v = \sum_{l=-\infty}^{+\infty}\int_{lT_2}^{(l+1)T_2}[|F_B(v)|^2]^\theta \mathrm{d}v \end{cases} \tag{4.159}$$

当 $\gamma > 1$ 时，信号函数 $f(x) = x^\gamma$ 为凸函数；当 $\theta < 1$ 时，信号函数 $g(y) = y^\theta$ 为凹函数，有如下不等式关系：

$$\begin{cases} \left(\frac{1}{T_1}\int_{kT_1}^{(k+1)T_1}|F_A(u)|^2 \mathrm{d}u\right)^\gamma \leqslant \frac{1}{T_1}\int_{kT_1}^{(k+1)T_1}[|F_A(u)|^2]^\gamma \mathrm{d}u \\ \frac{1}{T_2}\int_{lT_2}^{(l+1)T_2}[|F_B(v)|^2]^\theta \mathrm{d}v \leqslant \left[\frac{1}{T_2}\int_{lT_2}^{(l+1)T_2}|F_B(v)|^2 \mathrm{d}v\right]^\theta \end{cases} \tag{4.160}$$

所以

$$\begin{cases} \int_{-\infty}^{+\infty}[|F_A(u)|^2]^\gamma \mathrm{d}u = \sum_{k=-\infty}^{+\infty}\int_{kT_1}^{(k+1)T_1}[|F_A(u)|^2]^\gamma \mathrm{d}u \\ \qquad \geqslant T_1\sum_{k=-\infty}^{+\infty}\left[\frac{1}{T_1}\int_{kT_1}^{(k+1)T_1}|F_A(u)|^2 \mathrm{d}u\right]^\gamma = T_1^{1-\gamma}\sum_{k=-\infty}^{+\infty}[\rho_k(u)]^\gamma \\ \int_{-\infty}^{+\infty}\left(|F_B(v)|^2\right)^\theta \mathrm{d}v = \sum_{l=-\infty}^{+\infty}\int_{lT_2}^{(l+1)T_2}\left(|F_B(v)|^2\right)^\theta \mathrm{d}v \\ \qquad \leqslant T_2\sum_{l=-\infty}^{+\infty}\left[\frac{1}{\delta v}\int_{lT_2}^{(l+1)T_2}|F_B(v)|^2 \mathrm{d}v\right]^\theta = T_2^{1-\theta}\sum_{l=-\infty}^{+\infty}[\rho_l(v)]^\theta \end{cases} \tag{4.161}$$

即

$$\begin{cases} \int_{-\infty}^{+\infty}[|F_A(u)|^2]^\gamma \mathrm{d}u \geqslant T_1^{1-\gamma}\sum_{k=-\infty}^{+\infty}[\rho_k(u)]^\gamma \\ \int_{-\infty}^{+\infty}[|F_B(v)|^2]^\theta \mathrm{d}v \leqslant T_2^{1-\theta}\sum_{l=-\infty}^{+\infty}[\rho_l(v)]^\theta \end{cases} \tag{4.162}$$

因此

$$\left(\frac{1}{|a_1b_2-a_2b_1|}\right)^{1/\gamma}|a_1b_2-a_2b_1|\left\{T_1^{1-\gamma}\sum_{k=-\infty}^{+\infty}[\rho_k(u)]^{\gamma}\right\}^{1/\gamma}\leqslant\left[\left(\frac{\theta}{\pi}\right)^{1/\theta}\Big/\left(\frac{\gamma}{\pi}\right)^{1/\gamma}\right]^{1/2}\left\{T_2^{1-\theta}\sum_{l=-\infty}^{+\infty}[\rho_l(v)]^{\theta}\right\}^{1/\theta} \tag{4.163}$$

式（4.163）两端取 $\dfrac{\theta}{1-\theta}$ 次幂，并利用 θ 和 γ 之间的关系，有

$$\frac{(T_1T_2)\left(\dfrac{\theta}{\pi}\right)^{\frac{1}{2(1-\theta)}}\left\{\sum\limits_{l=-\infty}^{+\infty}[\rho_l(v)]^{\theta}\right\}^{\frac{1}{1-\theta}}}{\left(\dfrac{1}{|a_1b_2-a_2b_1|}\right)^{\frac{1}{\gamma-1}}|a_1b_2-a_2b_1|^{\frac{\gamma}{\gamma-1}}\left(\dfrac{\gamma}{\pi}\right)^{\frac{1}{2(\gamma-1)}}\left\{\sum\limits_{k=-\infty}^{+\infty}[\rho_k(u)]^{\gamma}\right\}^{\frac{1}{\gamma-1}}}\geqslant 1 \tag{4.164}$$

式（4.164）两端取对数，整理可得

$$\frac{1}{1-\theta}\ln\left\{\sum_{l=-\infty}^{+\infty}[\rho_l(v)]^{\theta}\right\}+\frac{1}{1-\gamma}\ln\left\{\sum_{k=-\infty}^{+\infty}[\rho_k(u)]^{\gamma}\right\}\geqslant\frac{\ln(\theta/\pi)}{2(\theta-1)}+\frac{\ln(\gamma/\pi)}{2(\gamma-1)}+\ln\left(\frac{|a_1b_2-a_2b_1|}{T_1T_2}\right) \tag{4.165}$$

即

$$H_{\theta}^{B}+H_{\gamma}^{A}\geqslant\frac{\ln(\theta/\pi)}{2(\theta-1)}+\frac{\ln(\gamma/\pi)}{2(\gamma-1)}+\ln\left(\frac{|a_1b_2-a_2b_1|}{T_1T_2}\right) \tag{4.166}$$

若 $(a_1,b_1,c_1,d_1)=(\cos\alpha,\sin\alpha,-\sin\alpha,\cos\alpha)$，$(a_2,b_2,c_2,d_2)=(\cos\beta,\sin\beta,-\sin\beta,\cos\beta)$ 成立，那么有

$$H_{\theta}^{\alpha}+H_{\gamma}^{\beta}\geqslant\frac{\ln(\theta/\pi)}{2(\theta-1)}+\frac{\ln(\gamma/\pi)}{2(\gamma-1)}+\ln\left(\frac{|\cos\alpha\sin\beta-\cos\beta\sin\alpha|}{T_{\alpha}T_{\beta}}\right) \tag{4.167}$$

当 $\alpha=2n\pi+\pi/2(n\in\mathbf{Z})$，$\beta=2l\pi(l\in\mathbf{Z})$ 时，可得到如下传统关系式：

$$H_{\theta}+H_{\gamma}\geqslant\frac{\ln(\theta/\pi)}{2(\theta-1)}+\frac{\ln(\gamma/\pi)}{2(\gamma-1)}-\ln(T_1T_2) \tag{4.168}$$

当 $\theta\to 1$，$\gamma\to 1$ 时，有

$$E_{(a_1,b_1,c_1,d_1)}+E_{(a_2,b_2,c_2,d_2)}\geqslant\ln(2\pi)+1-\ln\left(\frac{2T_1T_2}{|a_1b_2-a_2b_1|}\right) \tag{4.169}$$

其中，

$$\begin{cases}E_A=-\sum\limits_{k=-\infty}^{+\infty}\left(\int_{kT_1}^{(k+1)T_1}|F_A(u)|^2\mathrm{d}u\right)\cdot\ln\left(\int_{kT_1}^{(k+1)T_1}|F_A(u)|^2\mathrm{d}u\right)\\E_B=-\sum\limits_{l=-\infty}^{+\infty}\left(\int_{lT_2}^{(l+1)T_2}|F_B(v)|^2\mathrm{d}v\right)\cdot\ln\left(\int_{lT_2}^{(l+1)T_2}|F_B(v)|^2\mathrm{d}v\right)\end{cases} \tag{4.170}$$

4.4　对数广义测不准原理

4.4.1　分数阶 Fourier 变换域的对数广义测不准原理

基于 Pitt 不等式，Beckner[54]给出了时频域的对数测不准原理及其数学上的解释。

对数测不准原理如下[54]：

$$\int_{-\infty}^{+\infty}\ln|t||f(t)|^2\mathrm{d}t+\int_{-\infty}^{+\infty}\ln|u||F(u)|^2\mathrm{d}u\geqslant\frac{\Gamma'(1/4)}{\Gamma(1/4)} \tag{4.171}$$

其中，$\Gamma()$ 为 Gamma 函数。

下面推导分数阶 Fourier 变换域的对数测不准原理。

假设 $\sin\alpha,\sin\beta,\sin\gamma\neq 0$，设

$$\begin{cases}G(u)=F_\alpha(u)\exp\left(-\mathrm{i}\dfrac{u^2\cot\gamma}{2}\right)\\ F_\alpha(u)=F_\alpha[f(t)]\\ g(t)=\sqrt{\dfrac{1}{2\pi}}\displaystyle\int_{-\infty}^{+\infty}G(u)\mathrm{e}^{\mathrm{i}ut}\mathrm{d}u\end{cases} \tag{4.172}$$

应用

$$\left|F_\alpha(u)\exp\left(-\mathrm{i}\frac{u^2\cot\gamma}{2}\right)\right|=|F_\alpha(u)| \tag{4.173}$$

可得

$$\int_{-\infty}^{+\infty}\ln|u||G(u)|^2\mathrm{d}u=\int_{-\infty}^{+\infty}\ln|u||F_\alpha(u)|^2\mathrm{d}u \tag{4.174}$$

根据式（4.171）和式（4.174），可得

$$\int_{-\infty}^{+\infty}\ln|t||g(t)|^2\mathrm{d}t+\int_{-\infty}^{+\infty}\ln|u||F_\alpha(u)|^2\mathrm{d}u\geqslant\frac{\Gamma'(1/4)}{\Gamma(1/4)} \tag{4.175}$$

对 $g(t)$ 进行尺度变换得到

$$\int_{-\infty}^{+\infty}\ln|t||g(t)|^2\mathrm{d}t=\int_{-\infty}^{+\infty}\ln\left|\frac{t}{\sin\gamma}\right|\left|g\left(\frac{t}{\sin\gamma}\right)\right|^2\mathrm{d}\left(\frac{t}{\sin\gamma}\right)=\frac{1}{|\sin\gamma|}\int_{-\infty}^{+\infty}\ln\left|\frac{t}{\sin\gamma}\right|\left|g\left(\frac{t}{\sin\gamma}\right)\right|^2\mathrm{d}t \tag{4.176}$$

将 $\left|g\left(\dfrac{t}{\sin\gamma}\right)\right|^2=\left|\sqrt{\dfrac{1}{2\pi}}\displaystyle\int_{-\infty}^{+\infty}G(u)\mathrm{e}^{\mathrm{i}\frac{ut}{\sin\gamma}}\mathrm{d}u\right|^2$，$G(u)=F_\alpha(u)\exp\left(-\mathrm{i}\dfrac{u^2\cot\gamma}{2}\right)$ 代入式 (4.176)，可得

$$\begin{aligned}\left|g\left(\frac{t}{\sin\gamma}\right)\right|^2&=\left|\sqrt{\frac{1}{2\pi}}\int_{-\infty}^{+\infty}F_\alpha(u)\mathrm{e}^{-\mathrm{i}\frac{u^2\cot\gamma}{2}}\mathrm{e}^{\mathrm{i}\frac{ut}{\sin\gamma}}\mathrm{d}u\right|^2\\&=\left|\frac{\sqrt{\dfrac{1+\cot\gamma}{2\pi\mathrm{i}}}\mathrm{e}^{-\mathrm{i}\frac{u^2\cot\gamma}{2}}\displaystyle\int_{-\infty}^{+\infty}F_\alpha(u)\mathrm{e}^{-\mathrm{i}\frac{u^2\cot\gamma}{2}}\mathrm{e}^{\mathrm{i}\frac{ut}{\sin\gamma}}\mathrm{d}u}{\mathrm{e}^{-\mathrm{i}\frac{u^2\cot\gamma}{2}}\sqrt{\dfrac{1+\cot\gamma}{\mathrm{i}}}}\right|^2\\&=|\sin\gamma|\cdot\left|\sqrt{\frac{1+\cot\gamma}{2\pi\mathrm{i}}}\mathrm{e}^{-\mathrm{i}\frac{u^2\cot\gamma}{2}}\int_{-\infty}^{+\infty}F_\alpha(u)\mathrm{e}^{-\mathrm{i}\frac{u^2\cot\gamma}{2}}\mathrm{e}^{\mathrm{i}\frac{ut}{\sin\gamma}}\mathrm{d}u\right|^2\\&=|\sin\gamma|\cdot\left|F_{-\gamma}\{F_\alpha(u)\}(t)\right|^2\end{aligned} \tag{4.177}$$

即

$$\int_{-\infty}^{+\infty}\ln|t||g(t)|^2\mathrm{d}t=\frac{1}{|\sin\gamma|}\int_{-\infty}^{+\infty}\ln\left|\frac{t}{\sin\gamma}\right|\left(|\sin\gamma|\cdot\left|F_{-\gamma}\{F_\alpha(u)\}(t)\right|^2\right)\mathrm{d}t$$
$$=\int_{-\infty}^{+\infty}\ln\left|\frac{t}{\sin\gamma}\right|\left(\left|F_{-\gamma}\{F_\alpha(u)\}(t)\right|^2\right)\mathrm{d}t \tag{4.178}$$

令 $t=v$，应用 $F_{-\gamma}\{F_\alpha(u)\}(t)=F_{\alpha-\gamma}(t)$，可得

$$\int_{-\infty}^{+\infty}\ln|t||g(t)|^2\mathrm{d}t=\int_{-\infty}^{+\infty}\ln\left|\frac{v}{\sin\gamma}\right|\cdot\left|F_{\alpha-\gamma}(v)\right|^2\mathrm{d}v \tag{4.179}$$

令 $\beta=\alpha-\gamma$，代入式（4.179），有

$$\int_{-\infty}^{+\infty}\ln|t||g(t)|^2\mathrm{d}t=\int_{-\infty}^{+\infty}\ln\left|\frac{v}{\sin(\alpha-\beta)}\right|\cdot\left|F_\beta(v)\right|^2\mathrm{d}v \tag{4.180}$$

根据式（4.177）～式（4.180），并应用 Parseval 准则，可得

$$\int_{-\infty}^{+\infty}\ln|u|\cdot\left|F_\alpha(u)\right|^2\mathrm{d}u+\int_{-\infty}^{+\infty}\ln|v|\cdot\left|F_\beta(v)\right|^2\mathrm{d}v\geqslant\ln|\sin(\alpha-\beta)|+\frac{\Gamma'(1/4)}{\Gamma(1/4)} \tag{4.181}$$

当 $\alpha\to0,\beta\to\pi/2$ 时，式（4.181）就是传统的对数测不准原理。

同理，可以推导出分数阶 Fourier 变换域的对数测不准原理等式成立的条件：

$$|\sin(\alpha-\beta)|^\lambda\int_{-\infty}^{+\infty}|u|^{-\lambda}\cdot\left|F_\alpha(u)\right|^2\mathrm{d}u=M_\lambda\int_{-\infty}^{+\infty}|v|^\lambda\cdot\left|F_\beta(v)\right|^2\mathrm{d}v \tag{4.182}$$

其中，$M_\lambda=\left[\Gamma\left(\frac{1-\lambda}{4}\right)\Big/\Gamma\left(\frac{1+\lambda}{4}\right)\right]$，$0\leqslant\lambda<1$。

4.4.2　线性正则变换域的对数广义测不准原理

根据 Beckner 的 Pitt 不等式:

$$\int_{-\infty}^{+\infty}|u|^{-\lambda}|F(u)|^2\mathrm{d}u\leqslant M_\lambda\int_{-\infty}^{+\infty}|t|^\lambda|f(t)|^2\mathrm{d}t \tag{4.183}$$

其中，$M_\lambda=\left[\Gamma\left(\frac{1-\lambda}{4}\right)\Big/\Gamma\left(\frac{1+\lambda}{4}\right)\right]^2$，$0\leqslant\lambda<1$；$F(u)=\sqrt{\frac{1}{2\pi}}\int_{-\infty}^{+\infty}f(t)\mathrm{e}^{-\mathrm{i}ut}\mathrm{d}t$。

假定 $a_l,b_l,c_l,d_l\in\mathbf{R}$，$b_l\neq0$（$l=1,2,3$）。

设

$$\begin{cases}G(u)=F_{(a_1,b_1,c_1,d_1)}(u)\exp\left(-\mathrm{i}\dfrac{a_3u^2}{2b_3}\right)\\F_{(a_1,b_1,c_1,d_1)}(u)=F_{(a_1,b_1,c_1,d_1)}[f(t)]\\g(t)=\sqrt{\dfrac{1}{2\pi}}\displaystyle\int_{-\infty}^{+\infty}G(u)\mathrm{e}^{\mathrm{i}ut}\mathrm{d}u\end{cases} \tag{4.184}$$

可得

$$\int_{-\infty}^{+\infty}|u|^{-\lambda}|G(u)|^2\mathrm{d}u=\int_{-\infty}^{+\infty}|u|^{-\lambda}\left|F_{(a_1,b_1,c_1,d_1)}(u)\right|^2\mathrm{d}u \tag{4.185}$$

所以

$$\int_{-\infty}^{+\infty}|u|^{-\lambda}\left|F_{(a_1,b_1,c_1,d_1)}(u)\right|^2\mathrm{d}u\leqslant M_\lambda\int_{-\infty}^{+\infty}|t|^\lambda|g(t)|^2\mathrm{d}t \tag{4.186}$$

根据 $g(t)$ 的尺度特性，可得

$$\int_{-\infty}^{+\infty}|t|^{\lambda}|g(t)|^2\mathrm{d}t=\int_{-\infty}^{+\infty}\left|\frac{t}{b_3}\right|^{\lambda}\left|g\left(\frac{t}{b_3}\right)\right|^2\mathrm{d}\frac{t}{b_3}=\frac{1}{|b_3|^{\lambda+1}}\int_{-\infty}^{+\infty}|t|^{\lambda}\left|g\left(\frac{t}{b_3}\right)\right|^2\mathrm{d}t \tag{4.187}$$

应用$\left|g\left(\frac{t}{b_3}\right)\right|^2=\left|\sqrt{\frac{1}{2\pi}}\int_{-\infty}^{+\infty}G(u)\mathrm{e}^{\mathrm{i}\frac{ut}{b_3}}\mathrm{d}u\right|^2$，并进行变量代换，可得

$$\begin{aligned}\left|g\left(\frac{t}{b_3}\right)\right|^2&=\left|\sqrt{\frac{1}{2\pi}}\int_{-\infty}^{+\infty}F_{(a_1,b_1,c_1,d_1)}(u)\mathrm{e}^{-\mathrm{i}\frac{a_3u^2}{2b_3}}\mathrm{e}^{\mathrm{i}\frac{ut}{b_3}}\mathrm{d}u\right|^2\\&=\left|\frac{\sqrt{\frac{1}{2\mathrm{i}b_3\pi}}\int_{-\infty}^{+\infty}F_{(a_1,b_1,c_1,d_1)}(u)\mathrm{e}^{-\mathrm{i}\frac{a_3u^2}{2b_3}}\mathrm{e}^{\mathrm{i}\frac{ut}{b_3}}\mathrm{e}^{-\mathrm{i}\frac{d_3t^2}{2b_3}}\mathrm{d}u}{\mathrm{e}^{-\mathrm{i}\frac{d_3t^2}{2b_3}}\sqrt{\frac{1}{\mathrm{i}b_3}}}\right|^2\\&=|b_3|\left|F_{(d_3,-b_3,-c_3,a_3)}\left(F_{(a_1,b_1,c_1,d_1)}\right)(t)\right|^2\end{aligned} \tag{4.188}$$

所以

$$\int_{-\infty}^{+\infty}|t|^{\lambda}|g(t)|^2\mathrm{d}t=\frac{1}{|b_3|^{\lambda}}\int_{-\infty}^{+\infty}|t|^{\lambda}\left|F_{(d_3,-b_3,-c_3,a_3)}\left(F_{(a_1,b_1,c_1,d_1)}\right)(t)\right|^2\mathrm{d}t \tag{4.189}$$

令$t=v$，代入式（4.189），可得

$$\int_{-\infty}^{+\infty}|u|^{-\lambda}\left|F_{(a_1,b_1,c_1,d_1)}(u)\right|^2\mathrm{d}u\leqslant\frac{M_{\lambda}}{|b_3|^{\lambda}}\int_{-\infty}^{+\infty}|v|^{\lambda}\left|F_{(d_3,-b_3,-c_3,a_3)}\left(F_{(a_1,b_1,c_1,d_1)}\right)(v)\right|^2\mathrm{d}v \tag{4.190}$$

设$\begin{bmatrix}a_2&b_2\\c_2&d_2\end{bmatrix}=\begin{bmatrix}d_3&-b_3\\-c_3&a_3\end{bmatrix}\cdot\begin{bmatrix}a_1&b_1\\c_1&d_1\end{bmatrix}$，则

$$\begin{cases}F_{(d_3,-b_3,-c_3,a_3)}\left(F_{(a_1,b_1,c_1,d_1)}(v)\right)=F_{(a_2,b_2,c_2,d_2)}(v)\\b_3=-a_1b_2+a_2b_1\end{cases} \tag{4.191}$$

综合上述各式，可得

$$\int_{-\infty}^{+\infty}|u|^{-\lambda}\left|F_{(a_1,b_1,c_1,d_1)}(u)\right|^2\mathrm{d}u\leqslant\frac{M_{\lambda}}{|a_1b_2-a_2b_1|^{\lambda}}\int_{-\infty}^{+\infty}|v|^{\lambda}\left|F_{(a_2,b_2,c_2,d_2)}(v)\right|^2\mathrm{d}v \tag{4.192}$$

广义分数阶 Fourier 变换域的 Pitt 不等式与变换参数 a、b 有关，与变换参数 c、d 无关，因为变换参数 c、d 只起尺度变换和调制的作用，从其证明过程可以看出尺度变换 $F_{(a,b,c,d)}\left[\sqrt{\rho}f\left(\frac{t}{p}\right)\right]=F_{(a\rho,b/\rho,c\rho,d/\rho)}[f(t)]$ 和调制 $\left|F_{(a_1,b_1,c_1,d_1)}(u)\exp\left(-\mathrm{i}\frac{a_3u^2}{2b_3}\right)\right|=\left|F_{(a_1,b_1,c_1,d_1)}(u)\right|$ 的影响被消除了[58]。

当$(a_1,b_1,c_1,d_1)=(0,1,-1,0)$，$(a_2,b_2,c_2,d_2)=(1,0,0,1)$时，可得

$$\int_{-\infty}^{+\infty}|t|^{-\lambda}|f(t)|^2\mathrm{d}t\leqslant M_{\lambda}\int_{-\infty}^{+\infty}|u|^{\lambda}|F(u)|^2\mathrm{d}u \tag{4.193}$$

式（4.193）是传统 Pitt 不等式的第二种书写形式。

当$\lambda=0$时，即为 Parseval 准则

$$\int_{-\infty}^{+\infty}\left|F_{(a_1,b_1,c_1,d_1)}(u)\right|^2\mathrm{d}u=\int_{-\infty}^{+\infty}\left|F_{(a_2,b_2,c_2,d_2)}(u)\right|^2\mathrm{d}t \tag{4.194}$$

设

$$S(\lambda)=\left|a_1b_2-a_2b_1\right|^{\lambda}\int_{-\infty}^{+\infty}|u|^{-\lambda}\left|F_{(a_1,b_1,c_1,d_1)}(u)\right|^2\mathrm{d}u-M_{\lambda}\int_{-\infty}^{+\infty}|v|^{\lambda}\left|F_{(a_2,b_2,c_2,d_2)}(v)\right|^2\mathrm{d}v \tag{4.195}$$

所以

$$\begin{aligned}S'(\lambda)=&\left|a_1b_2-a_2b_1\right|^{\lambda}\ln\left(\left|a_1b_2-a_2b_1\right|\right)\int_{-\infty}^{+\infty}|u|^{-\lambda}\left|F_{(a_1,b_1,c_1,d_1)}(u)\right|^2\mathrm{d}u\\&-\left|a_1b_2-a_2b_1\right|^{\lambda}\int_{-\infty}^{+\infty}|u|^{-\lambda}\ln\left(|u|\right)\left|F_{(a_1,b_1,c_1,d_1)}(u)\right|^2\mathrm{d}u\\&-M_{\lambda}\int_{-\infty}^{+\infty}|v|^{\lambda}\ln\left(|v|\right)\left|F_{(a_2,b_2,c_2,d_2)}(v)\right|^2\mathrm{d}v-M_{\lambda}'\int_{-\infty}^{+\infty}|v|^{\lambda}\left|F_{(a_2,b_2,c_2,d_2)}(v)\right|^2\mathrm{d}v\end{aligned} \tag{4.196}$$

其中，$M_{\lambda}'=\dfrac{-\frac{1}{2}\Gamma\left(\frac{1-\lambda}{4}\right)\Gamma'\left(\frac{1-\lambda}{4}\right)\Gamma^2\left(\frac{1+\lambda}{4}\right)-\frac{1}{2}\Gamma\left(\frac{1+\lambda}{4}\right)\Gamma'\left(\frac{1+\lambda}{4}\right)\Gamma^2\left(\frac{1-\lambda}{4}\right)}{\Gamma^4\left(\frac{1+\lambda}{4}\right)}$。

当$0\leqslant\lambda<1$时，$S(\lambda)\leqslant 0$，$S(0)=0$，$\int_{-\infty}^{+\infty}\left|F_{(a_1,b_1,c_1,d_1)}(u)\right|^2\mathrm{d}u=\int_{-\infty}^{+\infty}\left|F_{(a_2,b_2,c_2,d_2)}(v)\right|^2\mathrm{d}v=1$，所以

$$S'(0+)\leqslant 0 \tag{4.197}$$

$$\int_{-\infty}^{+\infty}\ln|u|\left|F_{(a_1,b_1,c_1,d_1)}(u)\right|^2\mathrm{d}u+\int_{-\infty}^{+\infty}\ln|v|\left|F_{(a_2,b_2,c_2,d_2)}(v)\right|^2\mathrm{d}v\geqslant\ln\left|a_1b_2-a_2b_1\right|+\frac{\Gamma'(1/4)}{\Gamma(1/4)} \tag{4.198}$$

即

$$\int_{-\infty}^{+\infty}\ln|u|^2\left|F_{(a_1,b_1,c_1,d_1)}(u)\right|^2\mathrm{d}u+\int_{-\infty}^{+\infty}\ln|v|^2\left|F_{(a_2,b_2,c_2,d_2)}(v)\right|^2\mathrm{d}v\geqslant\ln\left(\left|a_1b_2-a_2b_1\right|^2\right)+\frac{2\Gamma'(1/4)}{\Gamma(1/4)} \tag{4.199}$$

当$(a_1,b_1,c_1,d_1)=(\cos\alpha,\sin\alpha,-\sin\alpha,\cos\alpha)$，$(a_2,b_2,c_2,d_2)=(\cos\beta,\sin\beta,-\sin\beta,\cos\beta)$时，有

$$\int_{-\infty}^{+\infty}\ln|u|^2\left|F_{\alpha}(u)\right|^2\mathrm{d}u+\int_{-\infty}^{+\infty}\ln|v|^2\left|F_{\beta}(v)\right|^2\mathrm{d}v\geqslant\ln\left[\left|\sin(\alpha-\beta)\right|^2\right]+\frac{2\Gamma'(1/4)}{\Gamma(1/4)} \tag{4.200}$$

式（4.200）为分数阶 Fourier 变换域内的对数测不准原理。

本 章 小 结

本章主要讨论和证明了分数阶及线性正则变换域内的熵广义测不准原理，包括 Shannon 熵广义测不准原理和 Rényi 熵广义测不准原理，以及它们在连续和离散情况下的测不准关系及其应用。同时从数学的角度讨论和证明了分数阶及线性正则变换域的对数广义测不准原理。这些定理从信息学和数学的角度扩充了测不准原理的理论体系。

第 5 章　信号稀疏表示的广义测不准原理及应用

信号稀疏表示（或稀疏分解）是信号处理中的关键技术之一，在信息通信、数据采集、数据压缩、目标识别等方面均具有广泛的应用[61-105]。信号稀疏表示指的是信号通过变换方法获取给定基函数的系数，当一些系数为零时，称为稀疏分解，而且零系数越多，分解就越稀疏。如果基函数是一个完备的标准正交基，信号就只有唯一的分解结果。而如果基函数是一个超完备的冗余基，分解结果就会有多个，其中非零系数最少的分解结果称为最佳稀疏表示。本章将讨论信号稀疏表示的广义测不准原理，主要解决信号稀疏表示的 0-范数和最小熵的理论条件、唯一性以及 0-范数与最小熵的关系等。

5.1　信号稀疏表示的广义测不准原理概述

信号稀疏表示可以归纳为以下三个问题：①基函数集最佳稀疏表示信号的充要条件是什么；②如何选择信号最佳稀疏表示的基函数集；③如何设计得到基函数集最佳稀疏分解信号的算法和信号的重构。其中，信号为待分解信号，基函数集是用来对信号进行稀疏分解的一个（或多个）正交或非正交基函数序列，也可以是更为一般意义上的框架。

近年来，问题①和问题②多是通过广义测不准原理[61,65,67-78,85,89,103-105]（不等式）加以探讨，问题③则是探讨各种稀疏分解和重构算法[62,66,79-84,86-88,90-102]。测不准原理解释了量子力学存在的基本问题，即不能同时确定两个共轭参量（位置和速度，时间和频率）的测量精度，这两个共轭参量准确度的乘积存在下界。在信息领域，Heisenberg 测不准原理有两层传统含义：一是时间分辨率和频率分辨率不能同时无限制地提高，它们的乘积存在一个下限；二是时间分辨率和频率分辨率之间存在着相互制约的关系，即如果要提高频率分辨率就得降低时间分辨率，反之亦然。但是，一直以来，测不准原理都被认为是消极的，人们在该领域研究的[15-60]目的是如何更深刻地理解和有效地降低这种消极程度，见本书第 2 章～第 4 章，这些测不准原理我们称为时频分析广义测不准原理。时频分析广义测不准原理把不同的基函数单独或独立地对信号进行表示，一般来讲只是对信号在单域内聚集程度（或独立的两个域内聚集程度之和/积）进行理论论证和分析。

然而，Donoho 等的压缩感知理论[63-68]却揭示了测不准原理积极的一面，任何由测不准原理带来的积极内容都将是令人吃惊的。例如，当某信号的基函数集的变换系数支撑之和小于某个特定值时，信号就可以用这些基函数集唯一地最佳稀疏表示，这就说明了如何选择最佳的基函数集对信号进行稀疏表示，这类广义测不准原理称为稀疏表示广义测不准原理。稀疏表示广义测不准原理一般把多个基函数作为信号表示的一个整体基函数进行信号的表示分析，其目的就是阐释信号如何才能最佳稀疏表示，因此可以对信号的最佳稀疏表示进行理论和工程指导。

实际上，稀疏表示理论（包括完备字典、过完备字典等概念）先于压缩感知理论，它可以看作压缩感知理论的组成部分，但又可以独立于压缩感知理论，本章主要针对稀疏表示广义测不准原理进行分析。尽管早期的稀疏表示[82-84]并不是从广义测不准原理入手的，但是目前的研究表明，稀疏表示广义测不准原理是支撑信号稀疏表示的理论基础，可以对信号的最佳稀疏表示进行有效的理论和工程指导。

上述内容可以看出，时频分析广义测不准原理与稀疏表示广义测不准原理最大的区别在于：稀疏表示广义测不准原理通常把多个基函数（包括冗余基函数或字典等）作为信号表示的一个整体基函数进行信号的表示分析，其目的就是阐释信号如何才能最佳稀疏表示，包括信号最佳稀疏表示的理论条件、信号唯一稀疏表示的边界条件、信号稀疏表示的程度和范围、信号稀疏表示的工程判据等，因此可以对信号的最佳稀疏表示进行理论和工程指导；而时频分析广义测不准原理则把不同的基函数单独或独立对信号进行表示，一般来讲只是对信号在单域内聚集程度（或独立的两个域内聚集程度之和/积）进行理论论证和分析，多数用来分析分辨率及分辨率之间的关系。

信号稀疏表示的广义测不准原理可以追溯到 Donoho 等[61]于 1989 年提出的理论。该理论主要阐述用栅栏基信号（spike）和正弦基信号（二者称为时频原子基）表示有限支撑的离散信号和模拟信号的测不准原理问题，给出了信号稀疏表示广义测不准原理的雏形，得出了给定能量的离散信号所对应局部支撑乘积的下限。后来，Donoho 等又于 2001 年正式给出了把时频原子基作为一个具有过完备性字典进行信号稀疏表示的性能边界条件[67]。由于信号稀疏表示采用最小 0-范数（即 l_0-范数，简称 0-范数）进行量化和界定，但是最小 0-范数的求解是 NP 问题（即数学上需要把所有的情况都穷举完才能找到最优解），所以 Donoho 等又给出了信号稀疏表示的最小 0-范数和最小 1-范数等价的广义测不准原理边界条件。最小 1-范数（即 l_1-范数）在数学上是凸函数问题，可以通过优化算法进行有效地求解，从而简化了稀疏分解问题。尽管 Donoho 等只给出了时频原子基的广义测不准原理，但是该工作后来被 Patrick 等[74]称为信号稀疏表示及重构方面研究的里程碑，由此可见，广义测不准原理在信号稀疏表示中的作用和地位。

在此基础上，Elad 等[68]提出了任意两个正交基集的稀疏表示广义测不准原理，从时频原子基扩展到任意两个正交基集，并且给出了更为严格的 0-范数和 1-范数等价的测不准原理边界条件。后来，Feuer 等[69]证明了这些条件是充要条件。同时，Fuchs[72]、Goha 等[76]、Agaskar 等[78]也进行了类似的工作，并在一些扩展空间上给出了相似的结论（由于这些工作可以看作本书内容的特殊情况，感兴趣的读者可以参考这些文献，本书将不再对文献内容做过细的阐述）。

但是，从信号稀疏分解的角度看，自然界中的信号千变万化，用两个正交基集不一定能够得到理想的稀疏表示结果，两个正交基集显然也不总是稀疏分解的基函数集的最佳选择。所以，Patrick 等[74]提出了两个非正交基集的广义测不准原理，其中每个非正交基序列都是冗余的，可以独立实现对信号的稀疏表示（但不一定最佳稀疏表示），从而把两个正交基集扩展到更为一般的两个基函数集（见本书 5.2 节），而且优化了广义测不准原理的边界条件。Benjamin 等[75]则从支撑和框架角度进行了时频分析广义测不准原理的理论阐述，给出了一些新的概念和定义，为后期稀疏表示方面熵的广义测不准原理的研究提供了一定的基础。另外，Eldar[77]针对平移不变模拟信号进行了稀疏表示广义测不准原理的理论研究，但由于现实信号多以离散形式存在，故并没有引起人们太多的关注。与此同时，Candès 等[81]和 Tropp 等[86]则又从概率的角度给出了松弛条件的广义测不准原理，即信号能够以多大的概率实现何等程度的稀疏表示，放宽了稀疏表示的边界条件和范围，此后，Patrick 等[74]又对 Candès 和 Tropp 等的工作进行了改进。

除此之外，稀疏表示广义测不准原理在 p-范数（$0<p<\infty$）和曲面信号等方面也还有不少空白，需要进行进一步的相关探索。

5.2 信号表示的单值性和不确定性

信号稀疏表示的问题，可以通过如下优化方程（称为 P_0 问题）加以阐释[85]：

$$(P_0):\ \min_x \|x\|_0,\ \text{s.t. } \boldsymbol{b}=\boldsymbol{A}x \tag{5.1}$$

P_0 问题，就是本书探讨的稀疏表示问题，其中矩阵 $\boldsymbol{A}$ 为基函数，向量 $\boldsymbol{b}$ 为观测值。P_0 问题存在两个明显的缺点（或问题）。

（1）要求方程式 $\boldsymbol{A}x=\boldsymbol{b}$ 太绝对了，因为对于向量 $\boldsymbol{b}$ 来说只有很小的机会能被 $\boldsymbol{A}$ 中的几个数组代替。一个好的要求就是允许小的偏差（近似零值）。

（2）稀疏估量对于 x 中的小序列太敏感了，一个更好的估量手段就是对于这种小序列采取更加宽松（松弛条件）的手段。

而且，对于欠定的线性方程组 $\boldsymbol{A}x=\boldsymbol{b}$，有如下问题。

（1）稀疏解的唯一性什么时候能够确定。

（2）如何确定当前解是最优解。

这两个问题不仅是压缩感知理论中的核心问题，还是稀疏表示理论中的核心问题，同时也是稀疏表示广义测不准原理需要解决的问题。

首先，从矩阵 $\boldsymbol{A}$ 入手，即从基函数的类型入手对问题进行探讨。这方面更详细的资料可以参考文献[105]。

5.2.1 基函数两两正交情况

对于上述 P_0 问题，假定 $\boldsymbol{A}$ 是连接正交矩阵 $\boldsymbol{\Psi}$ 和 $\boldsymbol{\Phi}$ 的矩阵。一般情况下，可以考虑 Fourier 变换矩阵 $\boldsymbol{A}=[\boldsymbol{I},\boldsymbol{F}]$ 的一致性的混合。此时，$\boldsymbol{A}x=\boldsymbol{b}$ 是一个欠定系统，即有无穷多的方法用 $\boldsymbol{A}$ 表示 $\boldsymbol{b}$。如何从无穷多表示方法中找出最优（最稀疏）的一种，见下面的定理。

5.2.1.1 一种广义测不准原理

下面以一种广义测不准原理[85]进行说明。

假定有一个非零向量 $\boldsymbol{b}\in IR^n$，两个正交基 $\boldsymbol{\Psi}$ 和 $\boldsymbol{\Phi}$，$\boldsymbol{b}$ 既能被 $\boldsymbol{\Psi}$ 的列向量的线性组合所表示，又能被 $\boldsymbol{\Phi}$ 的列向量的线性组合所表示，即

$$\boldsymbol{b}=\boldsymbol{\Psi\alpha}=\boldsymbol{\Phi\beta} \tag{5.2}$$

其中，$\boldsymbol{\alpha}$ 和 $\boldsymbol{\beta}$ 是独立定义的。

如果 $\boldsymbol{\Psi}$ 是一个单位矩阵，那么 $\boldsymbol{\alpha}$ 是 $\boldsymbol{b}$ 的时域的表述。如果 $\boldsymbol{\Phi}$ 是 Fourier 变换基函数

矩阵，那么 $\boldsymbol{\beta}$ 是 $\boldsymbol{b}$ 的频域的表述。

对于任意一对基函数 $\boldsymbol{\Psi}$ 和 $\boldsymbol{\Phi}$（其中 $\boldsymbol{\Psi}$ 和 $\boldsymbol{\Phi}$ 不同），有或者 $\boldsymbol{\alpha}$ 是稀疏的，或者 $\boldsymbol{\beta}$ 是稀疏的，但是它们不能同时（最）稀疏。这依赖于 $\boldsymbol{\Psi}$ 和 $\boldsymbol{\Phi}$ 之间的关系（或相关性），因为如果它们是相同的，可以很容易地构建 $\boldsymbol{b}$ 成为 $\boldsymbol{\Psi}$ 中的列向量之一，并且在 $\boldsymbol{\alpha}$ 和 $\boldsymbol{\beta}$ 中找到最小的可能的基数（是 1）。现在通过这两个基的一致连贯性定义它们的近似度。

定义 5.1（一致连贯性定义）　对于任意一对构成矩阵 $\boldsymbol{A}$ 的正交基底 $\boldsymbol{\Psi}$ 和 $\boldsymbol{\Phi}$，定义一致连贯性 $\mu(\boldsymbol{A})$ 为这两个基底的列向量之间的最大内积：

$$\mu(\boldsymbol{A}) = \min_{1\leqslant i,j\leqslant n}\left|\psi_i^{\mathrm{T}}\phi_j\right| \tag{5.3}$$

其中，$\boldsymbol{\Psi}=[\psi_i]$，$\boldsymbol{\Phi}=[\phi_j]$。

两个正交矩阵的一致连贯性满足 $1/\sqrt{n}\leqslant\mu(\boldsymbol{A})\leqslant 1$，可以得到一对确定的正交基底下界，如时域和 Fourier 变换基函数和 Hadamard 基函数等。

注意： $\boldsymbol{\Psi}^{\mathrm{T}}\boldsymbol{\Phi}$ 是标准正交化矩阵，由于每一个等于 1 的列向量的元素的平方和不大于 1，所有元素的平方和小于 1，所以所有元素不能小于 $1/\sqrt{n}$。应用上面的定义 5.1，有如下定理对应的广义测不准原理关系式。

定理 5.1　对于任意一对有一致连贯性 $\mu(\boldsymbol{A})$ 的正交基 $\boldsymbol{\Psi}$ 和 $\boldsymbol{\Phi}$，假定 $\boldsymbol{\alpha}$ 和 $\boldsymbol{\beta}$ 为任意非零向量在 $\boldsymbol{\Psi}$ 和 $\boldsymbol{\Phi}$ 上的表示，则有如下广义测不准原理关系式成立：

$$\|\boldsymbol{\alpha}\|_0+\|\boldsymbol{\beta}\|_0\geqslant\frac{2}{\mu(\boldsymbol{A})} \tag{5.4}$$

证明：此后可以假定，在一般没有损失的情况下，$\|\boldsymbol{b}\|_2=1$。

因为 $\boldsymbol{b}=\boldsymbol{\Psi\alpha}=\boldsymbol{\Phi\beta}$，考虑到 $\boldsymbol{b}^{\mathrm{T}}\boldsymbol{b}=1$，则有

$$1=\boldsymbol{b}^{\mathrm{T}}\boldsymbol{b}=\boldsymbol{\alpha}^{\mathrm{T}}\boldsymbol{\Psi}^{\mathrm{T}}\boldsymbol{\Phi\beta}=\sum_{i=1}^{n}\sum_{j=1}^{n}\alpha_i\beta_j\psi_i^{\mathrm{T}}\phi_j\leqslant\mu(\boldsymbol{A})\sum_{i=1}^{n}\sum_{j=1}^{n}|\alpha_i|\cdot\left|\beta_j\right| \tag{5.5}$$

证毕。

结合连贯性的定义，有如下推论。

推论 5.1　对于任意一对有一致连贯性 $\mu(\boldsymbol{A})$ 的正交基 $\boldsymbol{\Psi}$ 和 $\boldsymbol{\Phi}$，假定 $\boldsymbol{\alpha}$ 和 $\boldsymbol{\beta}$ 为任意非零向量在 $\boldsymbol{\Psi}$ 和 $\boldsymbol{\Phi}$ 上的表示，则有如下广义测不准原理关系式成立：

$$\|\boldsymbol{\alpha}\|_1\|\boldsymbol{\beta}\|_1\geqslant\frac{1}{\mu(\boldsymbol{A})} \tag{5.6}$$

而且

$$\|\boldsymbol{\alpha}\|_1+\|\boldsymbol{\beta}\|_1\geqslant\frac{2}{\sqrt{\mu(\boldsymbol{A})}} \tag{5.7}$$

证明：推论可由如下关系式确定：

$$1\leqslant\mu(\boldsymbol{A})\sum_{i=1}^{n}\sum_{j=1}^{n}|\alpha_i|\cdot\left|\beta_j\right|=\mu(\boldsymbol{A})\cdot\|\alpha\|_1\|\beta\|_1 \tag{5.8}$$

这个可以解释为对于 1-范数形式例子的另一种测不准原理，表明两个表述不能有共同的 1-范数不足。

另一方面，利用勾股定理等关系，可以得到如下关系：

$$\|\boldsymbol{\alpha}\|_1\|\boldsymbol{\beta}\|_1 \geqslant \frac{1}{\mu(\boldsymbol{A})} \Rightarrow \|\alpha\|_1+\|\beta\|_1 \geqslant \frac{2}{\sqrt{\mu(\boldsymbol{A})}} \tag{5.9}$$

推论证毕。

考虑如下两个问题：在所有的 $\boldsymbol{\alpha}$ 表述之中满足 $\|\boldsymbol{\alpha}\|_2=1$ 以及 $\boldsymbol{A}$ 的非零值（例如，$\|\boldsymbol{\alpha}\|_0=\boldsymbol{A}$），1-范数最长的长度将给出什么？实际上是如下形式的最优化问题：

$$\max_{\alpha}\|\boldsymbol{\alpha}\|_1 \ \text{ s.t. } \|\boldsymbol{\alpha}\|_2^2=1 \cap \|\boldsymbol{\alpha}\|_0=\boldsymbol{A} \tag{5.10}$$

假定这个问题的最优解为 $g(\boldsymbol{A})=g(\|\boldsymbol{\alpha}\|_0)$。一个平行的定义对于 $\boldsymbol{\beta}$ 有 $\boldsymbol{B}$ 的非零解给出了结果 $g(\|\boldsymbol{\beta}\|_0)$。这表明有如下关系式：

$$\frac{1}{\mu(\boldsymbol{A})} \leqslant \|\boldsymbol{\alpha}\|_1\cdot\|\boldsymbol{\beta}\|_1 \leqslant g(\|\boldsymbol{\alpha}\|_0)\cdot g(\|\boldsymbol{\beta}\|_0) \tag{5.11}$$

其中，每一个 1-范数长度都被它的上限所代替。

该形式的方程式是计算需要的，并且式（5.11）中所提出的问题也需要这样的解。

可以假定，在没有损失的情况下，$\boldsymbol{A}$ 在 $\boldsymbol{\alpha}$ 中的非零值是它的第一个元素，剩下的都是零。再假定所有的元素都完全是正数（因为在这个问题中只用绝对值）。

应用 Lagrange 乘子优化技术，不考虑 0-范数约束，可以得到以下优化式

$$L(\boldsymbol{\alpha})=\sum_{i=1}^{A}\alpha_i+\lambda\left(1-\sum_{i=1}^{A}\alpha_i^2\right) \tag{5.12}$$

Lagrange 优化的演变表达式为

$$\frac{\partial L(\boldsymbol{\alpha})}{\partial\alpha_i}=1-2\lambda\alpha_i=0 \tag{5.13}$$

式（5.13）表明最优的值由 $\alpha_i=1/2\lambda$ 给出，并且都是相同的。

该优化表明，最优解（归因于 2-范数约束）是 $\alpha_i=1/\sqrt{\boldsymbol{A}}$，因此 $g(\boldsymbol{A})=\boldsymbol{A}/\sqrt{\boldsymbol{A}}=\sqrt{\boldsymbol{A}}$ 是向量 $\boldsymbol{\alpha}$ 的最大的 1-范数形式的值。

把 $\alpha_i=1/\sqrt{\boldsymbol{A}}$ 以及 $\boldsymbol{\beta}$ 的一个平行结果代入方程式（5.13），有

$$\frac{1}{\mu(\boldsymbol{A})} \leqslant \|\boldsymbol{\alpha}\|_1\cdot\|\boldsymbol{\beta}\|_1 \leqslant g(\|\boldsymbol{\alpha}\|_0)\cdot g(\|\boldsymbol{\beta}\|_0)=\sqrt{\|\boldsymbol{\alpha}\|_0\cdot\|\boldsymbol{\beta}\|_0} \tag{5.14}$$

上式可以推出如下关系：

$$\frac{1}{\mu(\boldsymbol{A})} \leqslant \sqrt{\|\boldsymbol{\alpha}\|_0\cdot\|\boldsymbol{\beta}\|_0} \leqslant \frac{1}{2}(\|\boldsymbol{\alpha}\|_0+\|\boldsymbol{\beta}\|_0) \tag{5.15}$$

结果得到证明。

第二种证明手段：

因为 $\boldsymbol{\Psi}$ 和 $\boldsymbol{\Phi}$ 是单位矩阵，有 $\|\boldsymbol{b}\|_2=\|\boldsymbol{\alpha}\|_2=\|\boldsymbol{\beta}\|_2$，用 $\boldsymbol{I}$ 表示 $\boldsymbol{\alpha}$ 的支撑性。

从 $\boldsymbol{b}=\boldsymbol{\Psi}\boldsymbol{\alpha}=\sum_{i\in I}\alpha_i\psi_i$，可得

$$\begin{aligned}|\beta_j|^2=|\boldsymbol{b}^{\mathrm{T}}\phi_j|^2&=\left|\sum_{i\in I}\alpha_i\psi_i^{\mathrm{T}}\phi_j\right|^2\\&\leqslant\|\boldsymbol{\alpha}\|_2^2\cdot\left|\sum_{i\in I}(\psi_i^{\mathrm{T}}\phi_j)^2\right|\end{aligned}$$

$$\leqslant \|\boldsymbol{b}\|_2^2 \cdot |\boldsymbol{I}| \cdot \mu(\boldsymbol{A})^2 \tag{5.16}$$

式（5.16）的推导过程中使用了 Cauchy 方程式，以及一致连贯性的定义。

求上面所有 $j \in \boldsymbol{J}$ 的和，再考虑 $\boldsymbol{\beta}$ 的支撑性，可得

$$\sum_{j\in J}\left|\beta_j\right|^2 = \|\boldsymbol{b}\|_2^2 \leqslant \|\boldsymbol{b}\|_2^2 \cdot |\boldsymbol{I}| \cdot |\boldsymbol{J}| \cdot \mu(\boldsymbol{A})^2 \tag{5.17}$$

证毕。

这个结果表明如果这两个基底的一致连贯性很小，那么 $\boldsymbol{\alpha}$ 和 $\boldsymbol{\beta}$ 不能同时稀疏。例如，如果 $\boldsymbol{\varPsi}$ 是方程式，$\boldsymbol{\varPhi}$ 是 Fourier 矩阵，那么 $\mu([\boldsymbol{\varPsi},\boldsymbol{\varPhi}]) = 1/\sqrt{n}$，表明一个信号不管是在时域中还是在频域中都不能有少于 $2\sqrt{n}$ 个非零解。因为测试信号有 $\lfloor\sqrt{n}\rfloor$ 个统一的空间，同时 Fourier 变换（归因于 Poisson 公式）转变成同样的信号从而累加 $2\sqrt{n}$ 个非零值。

5.2.1.2　冗余解的不确定性以及稀疏解的唯一性[85]

现在将从独一无二的视角出发，根据式（5.6）中的测不准原理考虑找出 $\boldsymbol{A}x = [\boldsymbol{\varPsi},\boldsymbol{\varPhi}]x = \boldsymbol{b}$ 的解。假如下面的线性系统有两个解 x_1、x_2，其中一个是稀疏的，根据测不准原理可知另一个一定不是稀疏的。同时，两个解的差值 $e = x_1 - x_2$ 必须在 $\boldsymbol{A}$ 的零空间中，可将 e 分割到子向量中，如下所示：

$$\boldsymbol{\varPsi} e_{\psi} = -\boldsymbol{\varPhi} e_{\phi} = \boldsymbol{y} \neq 0 \tag{5.18}$$

因为 e 是非零的，所以向量 y 是非零的，并且 $\boldsymbol{\varPsi}$ 和 $\boldsymbol{\varPhi}$ 都是满秩矩阵，调用式（5.6）可得

$$\|e\|_0 = \|e_{\psi}\|_0 + \|e_{\phi}\|_0 \geqslant \frac{2}{\mu(\boldsymbol{A})} \tag{5.19}$$

因为 $e = x_1 - x_2$，所以有

$$\|x_1\|_0 + \|x_2\|_0 \geqslant \|e\|_0 \geqslant \frac{2}{\mu(\boldsymbol{A})} \tag{5.20}$$

使用范数形式的三角方程式 $\|x_1\|_0 + \|x_2\|_0 \geqslant \|x_1 - x_2\|_0$，这个三角方程式可以通过计算这两个非零向量以及它们的重叠部分得出。所以，可以得出如下新定理。

定理 5.2　线性系统 $[\boldsymbol{\varPsi},\boldsymbol{\varPhi}]x = \boldsymbol{b}$ 的任何两个有区别的解 x_1、x_2 不能同时是稀疏的，即它们一定满足如下测不准原理关系：

$$\|x_1\|_0 + \|x_2\|_0 \geqslant \frac{2}{\mu(\boldsymbol{A})}$$

把该结果作为冗余解的不确定值，与欠定系统的解类似，其另一方面也证明了冗余解的无穷性。

式（5.18）的一个直接的结果就是稀疏解的唯一性结果，所以同时可以得到定理 5.3。

定理 5.3　如果线性系统 $[\boldsymbol{\varPsi},\boldsymbol{\varPhi}]x = \boldsymbol{b}$ 的候选解有少于 $\dfrac{1}{\mu(\boldsymbol{A})}$ 个非零解，那么它很有可能就是最稀疏的解，而且其他任何的解都非最稀疏的。

该定理看似简单，但却非常有用，特别是对于信号稀疏表示的理论指导性具有直接的使用价值。也就是说，足够稀疏的解要求它的唯一性，如果有一个足够稀疏的解，可

以立即要求它的整体最优性。注意，一般的非凸面最优解，一个给出的解能被证明是局部最优解，并且核实它的整体最优性。

上述的探讨主要集中于两两正交的例子，那么对于非两两正交的情况如何处理呢？有没有类似的定理性指导理论呢？接下来的 5.2.2 小节就对基函数非两两正交情况进行探讨和分析。

5.2.2　基函数非正交情况

5.2.2.1　稀疏的唯一性

唯一性研究的一个至关重要的性质就是矩阵 $\boldsymbol{A}$ 的稀疏程度，Donoho 和 Elad 在 2003 年定义的术语，即稀疏程度，是描述用 0-范数形式的矩阵 $\boldsymbol{A}$ 的非零空间的性质的概念，即有如下定义[63]。

定义 5.2　任意一个给出的矩阵 $\boldsymbol{A}$ 其稀疏程度是 $\boldsymbol{A}$ 中的线性相关的列向量的最小值。

该定义和矩阵的秩有些类似，不同的是矩阵的秩被定义为矩阵中的线性无关的列向量的最大值。显然，在这两个定义之间有相似处，即用最小的取代最大的，用线性相关的取代线性无关的，然后就是稀疏程度的定义。然而，与它的秩相比，矩阵的很难得到，因为在矩阵 $\boldsymbol{A}$ 的所有可能子集的列向量中它需要一个组合搜索。

Rao 和 Gorodnitsky 在 1998 年时已经对稀疏解的唯一性进行了研究，这个矩阵性质的重要性得到了足够的重视和论述并取得了重要进展。有趣的是，这个性质先前被用在张量分解的唯一性的研究中。

稀疏程度给出了稀疏解唯一性的简单标准。通过定义，在矩阵 $\boldsymbol{Ax}=0$ 中的零空间中的向量必须满足 $\|\boldsymbol{x}\|_0 \geqslant \text{spark}(\boldsymbol{A})$，因为这些向量将矩阵 $\boldsymbol{A}$ 的线性列向量和给出的零向量结合起来。此时有如下定理。

定理 5.4（稀疏程度 Spark 的唯一性）　如果线性系统方程式 $\boldsymbol{Ax}=\boldsymbol{b}$ 有一个解 $\boldsymbol{x}$ 服从 $\|\boldsymbol{x}\|_0 < \text{spark}(\boldsymbol{A})/2$，这个解必然是最稀疏的。

证明：考虑一个可供选择的解满足同样的线性系统 $\boldsymbol{Ay}=\boldsymbol{b}$，其表明 $\boldsymbol{x}-\boldsymbol{y}$ 必须在 $\boldsymbol{A}$ 的零空间中，即

$$\boldsymbol{A}(\boldsymbol{x}-\boldsymbol{y})=0$$

通过稀疏程度 Spark 的定义可知

$$\|\boldsymbol{x}\|_0+\|\boldsymbol{y}\|_0 \geqslant \|\boldsymbol{x}-\boldsymbol{y}\|_0 \geqslant \text{spark}(\boldsymbol{A}) \tag{5.21}$$

式（5.21）中，左边表示向量 $\boldsymbol{x}-\boldsymbol{y}$ 差值中的非零值的数量不能超过向量 $\boldsymbol{x}$ 和向量 $\boldsymbol{y}$ 中的非零值的和，该结论可以通过三角方程式推导获得。

由于有一个满足 $\|\boldsymbol{x}\|_0 < \text{spark}(\boldsymbol{A})/2$ 的解，所以可知，任何可供选择的解其非零值个数必然超过 $\text{spark}(\boldsymbol{A})/2$（假定其为整数）。

证毕。

该结论是非常重要的基础性理论，通常，对于一般的组合最优化问题，当考虑一个初步概念时，只希望检查局部的最优性，例如，通过一定的改变给出一个更好的结果。

但是，这里可以简单地找出这个解的稀疏性，并且和稀疏程度相比较，可以比较简单地检查整体的最优性。

很明显，稀疏程度的值对稀疏表示非常有帮助，并且稀疏程度值越大越有用。稀疏程度 Spark 到底有多大？按照前面定义的论述，可知稀疏程度必须在范围 $2 \leqslant \text{spark}(\boldsymbol{A}) \leqslant n+1$ 以内出现。例如，如果 $\boldsymbol{A}$ 包含随机的不相关和恒等分布的 Gauss 元素，在概率等于 1 的情况下有 $\text{spark}(\boldsymbol{A}) = n+1$，这表明没有 n 列是线性相关的。对于来自标量 m 中的 Vandermond 行列式得到了同样的稀疏程度。此时，保证了对于每个有 $n/2$ 个解或者更少的非零元素的唯一性。

稀疏程度的求解和 P_0 问题一样困难。那么，如何保证唯一性的简单求解手段就显得极为重要和必要。

对于矩阵 $\boldsymbol{A}$ 的一致连贯性，假定两两正交的情况，Gram 矩阵 $\boldsymbol{A}^{\mathrm{T}}\boldsymbol{A}$ 的计算可以导出下式：

$$\boldsymbol{A}^{\mathrm{T}}\boldsymbol{A} = \begin{bmatrix} \boldsymbol{I} & \boldsymbol{\Psi}^{\mathrm{T}}\boldsymbol{\Phi} \\ \boldsymbol{\Phi}^{\mathrm{T}}\boldsymbol{\Psi} & \boldsymbol{I} \end{bmatrix} \tag{5.22}$$

该式表明，前面定义的一致连贯性是在 Gram 矩阵的最大的非对角元素中得到的。有如下定义。

定义 5.3　任意矩阵 $\boldsymbol{A}$ 的一致连贯性是在 $\boldsymbol{A}$ 中的两个不同的列向量的最大的绝对的正规化的内积，用 a_k 表示 $\boldsymbol{A}$ 的第 k 列，即一致连贯性由下式给出：

$$\mu(\boldsymbol{A}) = \max_{1 \leqslant i,j \leqslant m, i \neq j} \frac{\left|a_i^{\mathrm{T}} a_j\right|}{\left\|a_i\right\|_2 \cdot \left\|a_j\right\|_2} \tag{5.23}$$

这个一致连贯性是用来描述 $\boldsymbol{A}$ 中的列向量之间的相关性特征的一种概念。对于一个单式矩阵，列向量是成对正交的，因此一致连贯性是零。对于一般的列比行多的向量，μ 是正的，所以常会造成如下结果：想要最小的可能值可以接近通过单式矩阵得出的可能值。

对于两两正交的矩阵 $\boldsymbol{A} = [\boldsymbol{\Psi}, \boldsymbol{\Phi}]$，其一致连贯性满足方程式关系 $1/\sqrt{n} \leqslant \mu(\boldsymbol{A}) \leqslant 1$。对于随机正交的 $n \times m$ 的矩阵，Donoho 和 Huo 的研究显示出它们倾向于相关性，表明 $\mu(A_{n,m})$ 具有代表性，且 $n \to +\infty$ 与 $\sqrt{\ln(nm)/n}$ 是成比例的。所以，对于 $n \times m$ 的满秩矩阵，一致连贯性的界限由下式给定：

$$\mu \geqslant \sqrt{\frac{m-n}{n(m-1)}}$$

这些矩阵中的列向量的集合被称为等角线集合，这组矩阵有 spark($\boldsymbol{A}$)=n+1，最高值是可能的，这些矩阵的数值结构已经被 Tropp 等用一个迭代投射到凸面集合的方法进行了详细的论述和分析[86,88]。

一致连贯性计算相对比较简单，但是如果降低稀疏程度的理论界限，计算就变得非常困难。

首先看一个引理。

引理 5.1　对于任何矩阵 $\boldsymbol{A} \in \boldsymbol{I\!R}^{n \times m}$，有如下的关系

$$\operatorname{spark}(\boldsymbol{A}) \geqslant 1+\frac{1}{\mu(\boldsymbol{A})} \tag{5.24}$$

证明：首先，通过正规化它的列向量为单一的 2-范数形式来修改矩阵 $\boldsymbol{A}$，得到 $\tilde{\boldsymbol{A}}$，该操作保持了稀疏程度 Spark 和一致连贯性不变。

已知 Gram 矩阵 $\boldsymbol{G}=\tilde{\boldsymbol{A}}^{\mathrm{T}}\tilde{\boldsymbol{A}}$ 的元素满足如下性质：

$$\left\{G_{k,k}=1:1\leqslant k\leqslant m\right\},\quad \left\{\left|G_{k,j}\right|\leqslant\mu(\boldsymbol{A}):1\leqslant k,j\leqslant m,k\neq j\right\}$$

这时，考虑一个任意的来自 $\boldsymbol{G}$ 的 $p\times p$ 较小的矩阵，通过选择矩阵 $\tilde{\boldsymbol{A}}$ 的 p 列的子集和计算它们的 Gram 矩阵构建。

根据 Gershgorin 圆盘理论，如果较小值是对角显性的，那么 $\boldsymbol{G}$ 的子矩阵就是正定的，所以 $\tilde{\boldsymbol{A}}$ 中的 p 个列向量是线性无关的。此时条件 $1>(p-1)\mu\rightarrow p<1+1/\mu$ 表示每一个 $p\times p$ 的较小值均为正定。

所以，$p=1+1/\mu$ 是可能导出线性相关的列向量的数量的最小值，并且得到不等关系式 $\operatorname{spark}(\boldsymbol{A})\geqslant 1+1/\mu$。

证毕。

对于先前的定值定理有如下类似定理。

定理 5.5（唯一性和一致连贯性）　如果线性系统方程式 $\boldsymbol{Ax}=\boldsymbol{b}$ 有解 $\boldsymbol{x}$ 服从 $\|\boldsymbol{x}\|_0<\frac{1}{2}[1+1/\mu(\boldsymbol{A})]$，这个解必定是最稀疏的解。

此时，一般情况的稀疏程度下界变成了 $[1+1/\mu(\boldsymbol{A})]/2$，同时特殊的正交矩阵给出了一个更低（或者更高）的下界。

在证明定理 5.1 的时候，考虑一个从 Gram 矩阵中提取的小的 $p\times p$ 正规化矩阵 $\tilde{\boldsymbol{A}}$，所有小的正定的矩阵表明每个 p 列的列向量是线性无关的。通过一个简单的值 $\mu(\boldsymbol{A})$ 限制 $\boldsymbol{G}$ 中的所有非对角矩阵化简分析，矩阵的可能很少的末端元素的可能性就失去了稳定性。

此时，需要定义如下的 Barbiron 函数。

定义 5.4　一个标准化列向量的矩阵 $\tilde{\boldsymbol{A}}$，一个来自矩阵 $\tilde{\boldsymbol{A}}$ 的 $\boldsymbol{p}$ 列的子矩阵 $\boldsymbol{\Lambda}$，使 $\boldsymbol{\Lambda}$ 和其外面的列向量 $\boldsymbol{j}$ 最大化，可得到 Barbiron 函数：

$$\mu_1(p)=\max_{\Lambda,|\Lambda|=p}\ \max_{j\notin\Lambda}\ \sum_{i\in\Lambda}\left|\tilde{a}_i^{\mathrm{T}}\tilde{a}_j\right| \tag{5.25}$$

很显然，当 $p=1$ 时，$\mu_1(1)=\mu(\boldsymbol{A})$。当 $p=2$ 时，说明需要轻易地通过所有的三个一组、两个属于 $\boldsymbol{\Lambda}$、第三个作为外面的向量计算内积。定义表明函数单调不减，有增长特性，可进一步分析。

通过计算 $|\boldsymbol{G}|=\left|\tilde{\boldsymbol{A}}^{\mathrm{T}}\tilde{\boldsymbol{A}}\right|$，按递减顺序排列每一行，可得到矩阵 $\boldsymbol{G}_S$。每一行的第一个元素是 1，作为主对角线，所以可以忽视。计算 p 的和并导出在每一列的元素（第二个以及更多），上面的每一个 $\boldsymbol{j}$ 可得到最坏的 $\boldsymbol{\Lambda}$ 集合的定义，并且可在它们之中选出最大值，所以，

$$\mu_1(p)=\max_{1\leqslant j\leqslant m}\sum_{i=2}^{p+1}\left|\boldsymbol{G}_S(j,i)\right| \tag{5.26}$$

注意： 对于每一个 p 有 $\mu_1(p) \leqslant p\mu(\boldsymbol{A})$，对于 Gram 矩阵这两个变成相等的，在这里 Gram 矩阵的所有非对角元素大小都是相同的。

为了更好地评价唯一性，该如何使用 Barbiron 函数呢？很显然如果 $\mu_1(p) < 1$，可推出所有的 p+1 集合都是线性无关的。所以，稀疏程度 Spark 的下界应该是

$$\operatorname{spark}(\boldsymbol{A}) \geqslant \min_{1 \leqslant p \leqslant n} \{p \mid \mu_1(p-1) \geqslant 1\} \tag{5.27}$$

此时，不确定性和确定性相继出现了。

5.2.2.2　稀疏程度的上界

一般情况下，稀疏程度 Spark 是不可能估计出来的，因为它比解 P_0 问题还要困难。这是因为它的估计值要求快速遍阅矩阵 $\boldsymbol{A}$ 的列向量的所有可能的组合，有不同的候选解，寻找一个列向量的线性相关的子集合，显然这是一个复杂的指数 m 级别的穷举搜索。

虽然这个困难解释了用一致连贯性取代稀疏程度的必要性，但是唯一性结果的损失代价太大。因此，必须选择一个具有较好操作性的可替换方案去估计稀疏程度，且用上界。这样的一个范围表明不能保证所得到的值基础上的唯一性，但是它将给出唯一性部分的粗略估计。

为了获得该上界，重新定义稀疏程度，作为 m 优化问题的结果(P_0^i)，对于 i=1, 2,···,m，该优化形式如下：

$$(P_0^i):\ x_{\text{opt}}^i = \arg\min_x \|x\|_0, \text{s.t. } \boldsymbol{A}\boldsymbol{x} = 0 \cap x_i = 1 \tag{5.28}$$

每一个问题都假定在 $\boldsymbol{A}$ 的零空间中，最稀疏向量用第 i 个元素。通过解决 P_0 问题，在 $\{x_{\text{opt}}^i\}_{i=1}^m$ 最稀疏的结果中给出了稀疏程度

$$\operatorname{spark}(\boldsymbol{A}) = \min_{1 \leqslant i \leqslant m} \|x_{\text{opt}}^i\|_0 \tag{5.29}$$

因为 P_0 问题太复杂了，这里定义一个可供选择的问题的集合，用 1-范数形式替代 0-范数。

$$(P_1^i):\ z_{\text{opt}}^i = \arg\min_x \|x\|_1, \text{s.t. } \boldsymbol{A}\boldsymbol{x} = 0 \cap x_i = 1 \tag{5.30}$$

此时，这个问题是凸优化问题，在合理的时间里是可以解决的。此外，对于每一个 i 都是很清晰的，所以有方程式关系 $\|x_{\text{opt}}^i\|_0 \leqslant \|z_{\text{opt}}^i\|_0$。由于 $\|x_{\text{opt}}^i\|_0$ 是最可能的稀疏解，所以有如下界限。

$$\operatorname{spark}(\boldsymbol{A}) \leqslant \min_{1 \leqslant i \leqslant m} \|z_{\text{opt}}^i\|_0 \tag{5.31}$$

数值实验表明，式（5.31）中的理论界限是紧的，并且会接近真正的稀疏程度。

这样，就解决了稀疏表示中的一些理论问题，即以广义测不准原理的形式进行展开，接下来具体探讨其他形式的稀疏表示的理论成果。

5.3　信号稀疏表示的工程化 Heisenberg 广义测不准原理

尽管 5.2 节中讨论内容显示了稀疏表示广义测不准原理取得了开创性成果，但这些理论结果不具备工程可行性，无法在信号的稀疏表示中进行有效的应用，而且这些成果

也仅限于稀疏表示的广义 Heisenberg 测不准原理。Donoho、Elad 等给出的结论都包含了信号的 0-范数，而 0-范数既是分解的结果又是稀疏表示的条件。也就是说，如果得到了信号的 0-范数，也就得到了信号稀疏表示，则上述理论条件也就起不到对 0-范数求解的指导作用。相反，要验证上述理论条件，必须首先求解信号的 0-范数。同样，Patrick 及 Yonina 等的结论也存在类似问题[63,64,66-78]。所以，这些条件无法应用于工程，尽管它们是充要条件。因此，需要进行关于稀疏表示广义测不准原理的进一步工程化研究和探讨。已有工作表明，只有充分考虑给定基函数集以及待分解信号的特征，才能明确给出广义测不准原理稀疏分解的理论条件。

下面，就给出可以在工程中具体应用的稀疏表示广义测不准原理[65]。

在信号处理中，对于任意给定的信号 $\boldsymbol{X}\in\mathbf{R}^{\boldsymbol{N}}$（假定信号满足单位能量 $\|\boldsymbol{X}\|_2=1$）在完备的 $\mathbf{R}^{\boldsymbol{N}}$ 空间中，有一个独一无二的基函数的表示。例如，对于 N 个单位长的正交向量基函数 $\boldsymbol{U}=\{u_1,u_2,\cdots,u_N\}$，有如下表示：

$$\boldsymbol{X}=[u_1\,u_2\cdots u_N]\begin{bmatrix}\gamma_1\\\gamma_2\\\vdots\\\gamma_N\end{bmatrix}=\sum_{n=1}^{N}\gamma_n u_n \tag{5.32}$$

其中，当 $n=m$ 时，$\langle u_n,u_m\rangle=1$；当 $n\neq m$ $(1\leqslant m,n\leqslant N)$时，$\langle u_n,u_m\rangle=0$，所以有

$$\begin{bmatrix}\gamma_1\\\gamma_2\\\vdots\\\gamma_N\end{bmatrix}=\begin{bmatrix}(u_1)^{\mathrm{T}}\\(u_2)^{\mathrm{T}}\\\vdots\\(u_N)^{\mathrm{T}}\end{bmatrix}\boldsymbol{X}\ \text{或}\ \boldsymbol{\gamma}=\boldsymbol{U}^{\mathrm{T}}\boldsymbol{X} \tag{5.33}$$

假定有两个不同的基函数在 $\mathbf{R}^{\boldsymbol{N}}$ 中：$\boldsymbol{U}_\alpha=\{u_1^\alpha,u_2^\alpha,\cdots,u_N^\alpha\}$，$\boldsymbol{U}_\beta=\{u_1^\beta,u_2^\beta,\cdots,u_N^\beta\}$，二者均是 $N\times N$ 矩阵。那么对于任意给定的 N 维信号 $\boldsymbol{X}\in\mathbf{R}^{\boldsymbol{N}}$，有如下关系成立：

$$\boldsymbol{X}=[u_1^\alpha\,u_2^\alpha\cdots u_N^\alpha]\begin{bmatrix}\alpha_1\\\alpha_2\\\vdots\\\alpha_N\end{bmatrix}=\sum_{n=1}^{N}\alpha_n u_n^\alpha=[u_1^\beta\,u_2^\beta\cdots u_N^\beta]\begin{bmatrix}\beta_1\\\beta_2\\\vdots\\\beta_N\end{bmatrix}=\sum_{n=1}^{N}\beta_n u_n^\beta \tag{5.34}$$

但是，如果用这两个不同的基函数同时对信号进行（也就是所谓的字典：Dictionary[87]）表示，即

$$\boldsymbol{X}=[\boldsymbol{U}_\alpha\,\boldsymbol{U}_\beta]\begin{bmatrix}\boldsymbol{\gamma}^\alpha\\\boldsymbol{\gamma}^\beta\end{bmatrix}=[u_1^\alpha\,u_2^\alpha\cdots u_N^\alpha\,u_1^\beta\,u_2^\beta\cdots u_N^\beta]\begin{bmatrix}\gamma_1^\alpha\\\gamma_2^\alpha\\\vdots\\\gamma_N^\alpha\\\gamma_1^\beta\\\gamma_2^\beta\\\vdots\\\gamma_N^\beta\end{bmatrix}=\sum_{n=1}^{N}\gamma_n^\alpha u_n^\alpha+\sum_{n=1}^{N}\gamma_n^\beta u_n^\beta \tag{5.35}$$

在多数情况下，相比对于单独一个基函数进行表示，在 $\boldsymbol{\gamma}=\begin{bmatrix}\boldsymbol{\gamma}^{\alpha}\\ \boldsymbol{\gamma}^{\beta}\end{bmatrix}$ 中会得到更少的非零系数。

实际上，该问题已经被广泛地研究和讨论，可参见文献[67]～文献[72]。正如文献[73]所阐述：虽然测不准原理很少应用，但其潜在价值巨大，这与之前测不准原理一直是消极身份形成了鲜明对比。Donoho 和 Stark 等就是通过测不准原理在信号稀疏表示中的应用，率先实现将测不准原理从消极身份转化成积极身份。由于离散信号在时域内可以看作是一系列离散栅栏信号（spike）的组合（且唯一的），或者单独看作一系列正余弦信号的叠加（且唯一的），但是如果同时用离散栅栏信号和正余弦信号的叠加表示则没有唯一性的特征。同时，Donoho 等还提供了这种表述不可能的测不准理论边界条件[67,85]，最初的研究成果或理论雏形是 1989 年提出[61]，接下来在 2001 年进行了充实和拓展[67]。时序长度为 N 的信号，在时域和频域内的非零元素个数之和一定满足如下测不准原理关系：

$$|\text{support1}|+|\text{support2}|\leqslant 2\sqrt{N} \tag{5.36}$$

其中，support 1 表示栅栏信号的非零个数；support 2 表示正余弦信号的非零个数。

接下来几年，Donoho、Elad 和其他一些学者共同努力建立了稀疏表示[67-77]和离散测不准原理之间的理论桥梁。Elad 拓展了 Donoho 等的成果，并提供了更为一般意义上的结果：即对于任意的基函数对（不一定正交）具有的稀疏表示测不准原理局限。也就是说，应该如何获得下面基函数对或字典下的优化结果（即最稀疏表示）：

$$(P_0)\min\|\boldsymbol{\gamma}\|_0\text{，}\ \text{s.t.}\left[\boldsymbol{U}_{\alpha}\ \boldsymbol{U}_{\beta}\right]\boldsymbol{\gamma}=\boldsymbol{X} \tag{5.37}$$

Donoho、Elad 和其他一些学者（包括本书作者）则是应用测不准原理回答该问题，详见文献[67]～文献[77]和本书 5.1 节部分内容及本章后面小节。

根据稀疏表示的观点，0-范数显然是最理想的表达。但是，最小 0-范数问题（即 P_0 问题）是数学上的 NP 问题[61]，工程中是不可行的。后来，一个替代的优化方案[71]被提出，可以以近似于最小 0-范数的数学思路获得稀疏表示问题，即 P_1 问题：

$$(P_1)\ \min\|\boldsymbol{\gamma}\|_1\text{，}\ \text{s.t.}\left[\boldsymbol{U}_{\alpha}\ \boldsymbol{U}_{\beta}\right]\boldsymbol{\gamma}=\boldsymbol{X} \tag{5.38}$$

很多时候，数学家们发现 P_0 问题可以通过求解 P_1 问题获得近似解甚至是相同的解。如此一来，最小 0-范数与最小 1-范数之间的等价问题就显得极为重要（如文献[66]～文献[76]等进行了相关的研究），因为知道了等价条件，就可以很清楚地知道什么时候可以用求解 P_1 问题代替求解 P_0 问题。实际上，最小 0-范数与最小 1-范数之间的等价问题表明，稀疏表示是可以辨识的。有些文献（如文献[66]～文献[76]等）中已经给出了保证二者等价的理论条件。例如，Donoho 等首先给出了信号唯一稀疏表示的理论条件，即 $\|\boldsymbol{\gamma}\|_0<\dfrac{1}{\xi_{\max}}$（其中，$\xi_{\max}$ 为相关度，即两个基函数的最大绝对相关系数），同时还给出了最小 0-范数与最小 1-范数之间的等价条件，即 $\|\boldsymbol{\gamma}\|_0<\dfrac{1}{2}\left(1+\dfrac{1}{\xi_{\max}}\right)$。后来，Elad 进一步优化了该条件，给出了一个细化的结果 $\|\boldsymbol{\gamma}\|_0<\dfrac{0.9142}{\xi_{\max}}$，事后有学者证明该条件是最小 0-范

数与最小 1-范数之间等价的充要条件[71]。此后，有关稀疏表示的理论条件研究又出现了不少，主要是细化和特定化的结果。

但是，0-范数与最小 1-范数之间的理论等价条件（$\|\boldsymbol{\gamma}\|_0<\dfrac{0.9142}{\xi_{\max}}$）仍然难以在实际工程中应用，因为不等式$\|\boldsymbol{\gamma}\|_0<\dfrac{0.9142}{\xi_{\max}}$中包含了未知的项$\|\boldsymbol{\gamma}\|_0$，注意，项$\|\boldsymbol{\gamma}\|_0$同时也是稀疏表示的最终目标（希望获得的稀疏表示结果）。

接下来，讨论可用于实际工程中的稀疏表示广义测不准原理，包括正交基函数对（包括基函数对之间串联和并联关系下）、非正交基函数对以及框架等对应的稀疏表示广义测不准原理。

5.3.1　并联正交基函数对的稀疏表示广义测不准原理

首先考虑正交基函数对是并联关系的情况，即正交基函数对是同时对信号进行表示的（类似于电路中的电阻器的并联，故而得名）。

之前，多数情况下讨论信号的表示时用的均是正交基函数，那么如果同时用两个正交基函数对（$\boldsymbol{U}_\alpha$ 和 $\boldsymbol{U}_\beta$）表示一个信号 $\boldsymbol{X}$，即 $\boldsymbol{X}=[\boldsymbol{U}_\alpha\ \boldsymbol{U}_\beta]\begin{bmatrix}\boldsymbol{\gamma}^\alpha\\ \boldsymbol{\gamma}^\beta\end{bmatrix}=\sum\limits_{n=1}^{N}\gamma_n^\alpha \boldsymbol{u}_n^\alpha+\sum\limits_{n=1}^{N}\gamma_n^\beta \boldsymbol{u}_n^\beta$，会发生什么情况呢？可否通过一些已知量（或者易于计算的参数量）判断$\|\boldsymbol{\gamma}\|_0$的理论边界，见如下定理。

定理 5.6　如果信号 $\boldsymbol{X}$ 用两个正交基函数对 $\boldsymbol{U}_\alpha$ 和 $\boldsymbol{U}_\beta$ 的并联表示，即

$$\begin{cases}\boldsymbol{X}=[\boldsymbol{U}_\alpha\ \boldsymbol{U}_\beta]\begin{bmatrix}\boldsymbol{\gamma}^\alpha\\ \boldsymbol{\gamma}^\beta\end{bmatrix}=\sum\limits_{m=1}^{N}\gamma_n^\alpha \boldsymbol{u}_n^\alpha+\sum\limits_{n=1}^{N}\gamma_n^\beta \boldsymbol{u}_n^\beta\\ \Lambda_{\max}=\sup\limits_{m,n}\left\{\left|\gamma_m^\alpha\right|,\left|\gamma_n^\beta\right|\right\}\\ \Lambda_{\min}=\inf\limits_{m,n}\left\{\left|\gamma_m^\alpha\right|\neq 0,\left|\gamma_n^\beta\right|\neq 0\right\}\end{cases}\tag{5.39}$$

并且$\|\gamma_m^\alpha\|_0=N_\alpha$，$\|\gamma_n^\beta\|_0=N_\beta$，$N_\alpha+N_\beta=N_0$，$\gamma_n^\beta=\langle \boldsymbol{u}_n^\beta,\boldsymbol{X}\rangle$，$\gamma_m^\alpha=\langle \boldsymbol{u}_m^\alpha,\boldsymbol{X}\rangle$，$\xi_{\max}=\sup\limits_{m,n}\left[\left|(\boldsymbol{u}_m^\beta)^{\mathrm{T}}\boldsymbol{u}_n^\alpha\right|\right]$，那么有

$$\frac{1}{(1+N\xi_{\max})\Lambda_{\max}^2}\leqslant N_0\leqslant\frac{1}{(N\xi_{\max}-1)\Lambda_{\min}^2}\tag{5.40}$$

证明：现在考虑下面方程：

$$\begin{aligned}\boldsymbol{X}^{\mathrm{T}}\boldsymbol{X}&=[\boldsymbol{\gamma}^\alpha\ \boldsymbol{\gamma}^\beta]\begin{bmatrix}(\boldsymbol{U}_\alpha)^{\mathrm{T}}\\ (\boldsymbol{U}_\beta)^{\mathrm{T}}\end{bmatrix}[\boldsymbol{U}_\alpha\ \boldsymbol{U}_\beta]\begin{bmatrix}\boldsymbol{\gamma}^\alpha\\ \boldsymbol{\gamma}^\beta\end{bmatrix}\\ &=[\boldsymbol{\gamma}^\alpha\ \boldsymbol{\gamma}^\beta]\begin{bmatrix}(\boldsymbol{U}_\alpha)^{\mathrm{T}}\boldsymbol{U}_\alpha & (\boldsymbol{U}_\alpha)^{\mathrm{T}}\boldsymbol{U}_\beta\\ (\boldsymbol{U}_\beta)^{\mathrm{T}}\boldsymbol{U}_\alpha & (\boldsymbol{U}_\beta)^{\mathrm{T}}\boldsymbol{U}_\beta\end{bmatrix}\begin{bmatrix}\boldsymbol{\gamma}^\alpha\\ \boldsymbol{\gamma}^\beta\end{bmatrix}\end{aligned}$$

$$
=\left[\gamma_1^\alpha\ \gamma_2^\alpha \cdots \gamma_N^\alpha\ \gamma_1^\beta\ \gamma_2^\beta \cdots \gamma_N^\beta\right]\begin{bmatrix}(u_1^\alpha)^{\mathrm T}\\(u_2^\alpha)^{\mathrm T}\\ \vdots \\(u_N^\alpha)^{\mathrm T}\\(u_1^\beta)^{\mathrm T}\\(u_2^\beta)^{\mathrm T}\\ \vdots \\(u_N^\beta)^{\mathrm T}\end{bmatrix}\left[u_1^\alpha\ u_2^\alpha \cdots u_N^\alpha\ u_1^\beta\ u_2^\beta \cdots u_N^\beta\right]\begin{bmatrix}\gamma_1^\alpha\\ \gamma_2^\alpha\\ \vdots\\ \gamma_N^\alpha\\ \gamma_1^\beta\\ \gamma_2^\beta\\ \vdots\\ \gamma_N^\beta\end{bmatrix}
$$

$$
\begin{aligned}
&=\sum_{m=1}^{N}\sum_{n=1}^{N}\gamma_m^\alpha\left\langle u_m^\alpha,u_n^\alpha\right\rangle\gamma_n^\alpha+\sum_{m=1}^{N}\sum_{n=1}^{N}\gamma_m^\beta\left\langle u_m^\beta,u_n^\beta\right\rangle\gamma_n^\beta+\sum_{m=1}^{N}\sum_{n=1}^{N}\gamma_m^\alpha\left\langle u_m^\alpha,u_n^\beta\right\rangle\gamma_n^\beta\\
&\quad+\sum_{m=1}^{N}\sum_{n=1}^{N}\gamma_m^\beta\left\langle u_m^\beta,u_n^\alpha\right\rangle\gamma_n^\alpha
\end{aligned}\tag{5.41}
$$

由于U_α和U_β为两个正交基函数对，所以有

$$
\begin{cases}
\displaystyle\sum_{m=1}^{N}\sum_{n=1}^{N}\gamma_m^\alpha\left\langle u_m^\alpha,u_n^\alpha\right\rangle\gamma_n^\alpha=\sum_{n=1}^{N}\left|\gamma_n^\alpha\right|^2\\
\displaystyle\sum_{m=1}^{N}\sum_{n=1}^{N}\gamma_m^\beta\left\langle u_m^\beta,u_n^\beta\right\rangle\gamma_n^\beta=\sum_{n=1}^{N}\left|\gamma_n^\beta\right|^2\\
\displaystyle\sum_{m=1}^{N}\sum_{n=1}^{N}\gamma_m^\alpha\left\langle u_m^\alpha,u_n^\beta\right\rangle\gamma_n^\beta=\sum_{m=1}^{N}\sum_{n=1}^{N}\gamma_m^\beta\left\langle u_m^\beta,u_n^\alpha\right\rangle\gamma_n^\alpha
\end{cases}\tag{5.42}
$$

根据$\|\boldsymbol{X}\|_2=1$和上述方程式，有

$$
1=\boldsymbol{X}^{\mathrm T}\boldsymbol{X}=\sum_{n=1}^{N}\left|\gamma_n^\alpha\right|^2+\sum_{n=1}^{N}\left|\gamma_n^\beta\right|^2+2\sum_{m=1}^{N}\sum_{n=1}^{N}\gamma_m^\beta\left\langle u_m^\beta,u_n^\alpha\right\rangle\gamma_n^\alpha\tag{5.43}
$$

因此，可得

$$
\begin{aligned}
1=\left|\boldsymbol{X}^{\mathrm T}\boldsymbol{X}\right|&=\left|\left(\sum_{n=1}^{N}\left|\gamma_n^\alpha\right|^2+\sum_{n=1}^{N}\left|\gamma_n^\beta\right|^2\right)+2\sum_{m=1}^{N}\sum_{n=1}^{N}\gamma_m^\beta\left\langle u_m^\beta,u_n^\alpha\right\rangle\gamma_n^\alpha\right|\\
&\geqslant\left(\left|\sum_{n=1}^{N}\left|\gamma_n^\alpha\right|^2\right|+\left|\sum_{n=1}^{N}\left|\gamma_n^\beta\right|^2\right|\right)-\left|2\sum_{m=1}^{N}\sum_{n=1}^{N}\gamma_m^\beta\left\langle u_m^\beta,u_n^\alpha\right\rangle\gamma_n^\alpha\right|\\
&\geqslant\sum_{n=1}^{N}\left|\gamma_n^\alpha\right|^2+\sum_{n=1}^{N}\left|\gamma_n^\beta\right|^2-\left|2\sum_{m=1}^{N}\sum_{n=1}^{N}\gamma_m^\beta\left\langle u_m^\beta,u_n^\alpha\right\rangle\gamma_n^\alpha\right|
\end{aligned}
$$

即

$$
\sum_{n=1}^{N}\left|\gamma_n^\alpha\right|^2+\sum_{n=1}^{N}\left|\gamma_n^\beta\right|^2\leqslant 1+2\left|\sum_{m=1}^{N}\sum_{n=1}^{N}\gamma_m^\beta\left\langle u_m^\beta,u_n^\alpha\right\rangle\gamma_n^\alpha\right|\tag{5.44}
$$

同理可得

$$
\begin{aligned}
1=\left|\boldsymbol{X}^{\mathrm T}\boldsymbol{X}\right|&=\left|\left(\sum_{n=1}^{N}\left|\gamma_n^\alpha\right|^2+\sum_{n=1}^{N}\left|\gamma_n^\beta\right|^2\right)+2\sum_{m=1}^{N}\sum_{n=1}^{N}\gamma_m^\beta\left\langle u_m^\beta,u_n^\alpha\right\rangle\gamma_n^\alpha\right|\\
&\leqslant\left(\left|\sum_{n=1}^{N}\left|\gamma_n^\alpha\right|^2\right|+\left|\sum_{n=1}^{N}\left|\gamma_n^\beta\right|^2\right|\right)+\left|2\sum_{m=1}^{N}\sum_{n=1}^{N}\gamma_m^\beta\left\langle u_m^\beta,u_n^\alpha\right\rangle\gamma_n^\alpha\right|
\end{aligned}
$$

$$\leqslant \sum_{n=1}^{N}\left|\gamma_n^\alpha\right|^2+\sum_{n=1}^{N}\left|\gamma_n^\beta\right|^2+2\left|\sum_{m=1}^{N}\sum_{n=1}^{N}\gamma_m^\beta\left\langle u_m^\beta,u_n^\alpha\right\rangle\gamma_n^\alpha\right|$$

即

$$\sum_{n=1}^{N}\left|\gamma_n^\alpha\right|^2+\sum_{n=1}^{N}\left|\gamma_n^\beta\right|^2\geqslant 1-2\left|\sum_{m=1}^{N}\sum_{n=1}^{N}\gamma_m^\beta\left\langle u_m^\beta,u_n^\alpha\right\rangle\gamma_n^\alpha\right| \tag{5.45}$$

所以，最终有

$$1-2\left|\sum_{m=1}^{N}\sum_{n=1}^{N}\gamma_m^\beta\left\langle u_m^\beta,u_n^\alpha\right\rangle\gamma_n^\alpha\right|\leqslant\sum_{n=1}^{N}\left|\gamma_n^\alpha\right|^2+\sum_{n=1}^{N}\left|\gamma_n^\beta\right|^2\leqslant 1+2\left|\sum_{m=1}^{N}\sum_{n=1}^{N}\gamma_m^\beta\left\langle u_m^\beta,u_n^\alpha\right\rangle\gamma_n^\alpha\right| \tag{5.46}$$

另外，考虑关系式 $\xi_{\max}=\sup\limits_{m,n}\left[\left|\left(u_m^\beta\right)^{\mathrm T}\cdot u_n^\alpha\right|\right]$，可得

$$\begin{aligned}\left|\sum_{m=1}^{N}\sum_{n=1}^{N}\gamma_m^\beta\left\langle u_m^\beta,u_n^\alpha\right\rangle\gamma_n^\alpha\right| &= \sum_{m=1}^{N}\sum_{n=1}^{N}\left|\gamma_m^\beta\right|\cdot\left|\left\langle u_m^\beta,u_n^\alpha\right\rangle\right|\cdot\left|\gamma_n^\alpha\right| \\ &\leqslant \sum_{m=1}^{N}\sum_{n=1}^{N}\left|\gamma_m^\beta\right|\cdot\xi_{\max}\cdot\left|\gamma_n^\alpha\right| \\ &\leqslant \xi_{\max}\sum_{m=1}^{N}\sum_{n=1}^{N}\frac{\left|\gamma_m^\beta\right|^2+\left|\gamma_n^\alpha\right|^2}{2} \\ &= \frac{\xi_{\max}}{2}\sum_{m=1}^{N}\sum_{n=1}^{N}\left|\gamma_m^\beta\right|^2+\frac{\xi_{\max}}{2}\sum_{m=1}^{N}\sum_{n=1}^{N}\left|\gamma_n^\alpha\right|^2 \\ &= \frac{\xi_{\max}N}{2}\sum_{m=1}^{N}\left|\gamma_m^\beta\right|^2+\frac{\xi_{\max}N}{2}\sum_{n=1}^{N}\left|\gamma_n^\alpha\right|^2 \\ &= \frac{\xi_{\max}N}{2}\left(\sum_{m=1}^{N}\left|\gamma_m^\beta\right|^2+\sum_{n=1}^{N}\left|\gamma_n^\alpha\right|^2\right)\end{aligned} \tag{5.47}$$

最终，可得如下不等式：

$$\frac{1}{1+N\xi_{\max}}\leqslant\sum_{n=1}^{N}\left|\gamma_n^\alpha\right|^2+\sum_{n=1}^{N}\left|\gamma_n^\beta\right|^2\leqslant\frac{1}{N\xi_{\max}-1} \tag{5.48}$$

假定 $\varLambda_{\max}=\sup\limits_{m,n}\left\{\left|\gamma_m^\alpha\right|,\left|\gamma_n^\beta\right|\right\}$，$\varLambda_{\min}=\inf\limits_{m,n}\left\{\left|\gamma_m^\alpha\right|\neq 0,\left|\gamma_n^\beta\right|\neq 0\right\}$，$\left\|\gamma_m^\alpha\right\|_0=N_\alpha$，$\left\|\gamma_n^\beta\right\|_0=N_\beta$，且有 $N_\alpha+N_\beta=N_0$，可得

$$\begin{cases}\dfrac{1}{1+N\xi_{\max}}\leqslant\displaystyle\sum_{n=1}^{N}\left|\gamma_n^\alpha\right|^2+\sum_{m=1}^{N}\left|\gamma_m^\beta\right|^2\leqslant N_0\varLambda_{\max}^2 \\ N_0\varLambda_{\min}^2\leqslant\displaystyle\sum_{n=1}^{N}\left|\gamma_n^\alpha\right|^2+\sum_{m=1}^{N}\left|\gamma_m^\beta\right|^2\leqslant\dfrac{1}{N\xi_{\max}-1}\end{cases} \tag{5.49}$$

因此，最终可得

$$\frac{1}{(1+N\xi_{\max})\varLambda_{\max}^2}\leqslant N_0\leqslant\frac{1}{(N\xi_{\max}-1)\varLambda_{\min}^2} \tag{5.50}$$

其中，$\varLambda_{\max}=\sup\limits_{m,n}\left\{\left|\gamma_m^\alpha\right|,\left|\gamma_n^\beta\right|\right\}$，$\varLambda_{\min}=\inf\limits_{m,n}\left\{\left|\gamma_m^\alpha\right|\neq 0,\left|\gamma_n^\beta\right|\neq 0\right\}$，$\left\|\gamma_m^\alpha\right\|_0=N_\alpha$，$\left\|\gamma_n^\beta\right\|_0=N_\beta$。

证毕。

注意： 在定理 5.6 中，当且仅当 $\dfrac{1}{(1+N\xi_{\max})\varLambda_{\max}^2} \leqslant N_0 \leqslant \dfrac{1}{(N\xi_{\max}-1)\varLambda_{\min}^2}$ 成立且有物理意义时，才有 $\dfrac{1}{(N\xi_{\max}-1)\varLambda_{\min}^2} < N$ 成立，即 $\dfrac{1}{(N\xi_{\max}-1)N} < \varLambda_{\min}^2$。

显然，定理 5.6 表明，若 $\varLambda_{\max}$ 和 $\varLambda_{\min}$ 已知（由于 $\boldsymbol{U}_\alpha$ 和 $\boldsymbol{U}_\beta$ 已知，所以 $\xi_{\max}$ 也很容易得到），便可以很容易地确定非零元素的个数 N_0 的理论边界。后文中，将会具体讨论 $\varLambda_{\max}$ 和 $\varLambda_{\min}$ 的快速计算和估计。

该定理对于基函数对的快速选择意义重大。例如，如果有可选的正交基函数序列，就可以根据该定理中的理论边界确定哪些正交基函数对具有更小的 N_0 的理论边界，从而确定更小的 N_0。

实际上，由于信号是离散的，很多情况下不能获得理想结果，而是获得 N_0 个最大的非零元素且该非零元素中的最小绝对值是 $\varLambda_{\min}$，此时这些 N_0 个非零元素近似地表示了信号，非零元素的表示与原信号之间的误差是 $E=\|\boldsymbol{X}-\tilde{\boldsymbol{X}}\|^2$，这里 $\tilde{\boldsymbol{X}}=\sum_{n=1}^{N_0}\gamma_n \boldsymbol{u}_n$。

另外，其余 $N-N_0$ 个元素的最大绝对值不超过 $\varLambda_{\min}$，即

$$
\begin{aligned}
E &= \|\boldsymbol{X}-\tilde{\boldsymbol{X}}\|^2 = \left\|\sum_{n=1}^{2N}\gamma_n \boldsymbol{u}_n - \sum_{n=1}^{N_0}\gamma_n \boldsymbol{u}_n\right\|^2 = \left\|\sum_{n=N_0+1}^{2N}\gamma_n \boldsymbol{u}_n\right\|^2 = \sum_{n=N_0+1}^{2N}|\gamma_n \boldsymbol{u}_n|^2 \\
&\leqslant \varLambda_{\min}^2 \sum_{n=N_0+1}^{2N}|u_n|^2 = \varLambda_{\min}^2\left(\sum_{n=N_0+1}^{N}|u_n^\alpha|^2 + \sum_{n=N_0+1}^{N}|u_n^\beta|^2\right) < 2\varLambda_{\min}^2
\end{aligned} \tag{5.51}
$$

式中，利用了关系 $\sum_{n=1}^{N}|u_n^\alpha|^2=1$，$\sum_{n=1}^{N}|u_n^\beta|^2=1$ 和 $N_0\geqslant 1$，同时假定元素 γ_n 是降序排列的。

因此，可以得到如下引理。

引理 5.2　如果信号 $\boldsymbol{X}$ 被 N_0 个最大的非零元素表示设为 $\tilde{\boldsymbol{X}}$，且该 N_0 个非零元素中的最小绝对值是 $\varLambda_{\min}$，即 $\boldsymbol{X}\approx\tilde{\boldsymbol{X}}=\sum_{n=1}^{N_0}\gamma_n \boldsymbol{u}_n$，那么近似误差 $E=\|\boldsymbol{X}-\tilde{\boldsymbol{X}}\|^2$ 满足如下关系式：

$$
E < 2\varLambda_{\min}^2 \tag{5.52}
$$

其中，$\gamma_m^\beta=\langle u_m^\beta,\boldsymbol{X}\rangle$，$\gamma_n^\alpha=\langle u_n^\alpha,\boldsymbol{X}\rangle$，$\varLambda_{\min}=\inf\limits_{m,n}\{|\gamma_m^\alpha|\neq 0, |\gamma_n^\beta|\neq 0\}$。

一个实际问题是：如果得到更多的非零元素（系数），或者特殊的有 $N_0\approx N$，且这些系数呈几何指数衰减，那么随着非零元素依次不断后推（假定降序排列），后面的多数系数由于值太小可以忽略不计，当然总的近似误差可以通过截断处元素系数 γ_n 的值近似估计和界定。从式（5.52）可以看出，总的近似误差不超过 $2\varLambda_{\min}^2$。若式（5.52）可知，就可以在近似误差和稀疏表示之间进行利弊权衡，即稀疏度越大误差就越大，反之误差预想越小则稀疏度就越小。也就是说，稀疏度和误差之间可以权衡，不可能同时获得最大稀疏度和最小误差：测不准原理的思想显见。

另外一个重要问题就是，最小 0-范数与最小 1-范数之间对于稀疏表示的等价问题，在现实应用中如何使用。尽管 Elad 等[68]推出的理论条件 $\|\boldsymbol{\gamma}\|_0 < \dfrac{0.9142}{\xi_{\max}}$ 是充要条件，但是

该条件中仍然包含需要稀疏求解的最终目的（最小的$\|\boldsymbol{\gamma}\|_0$），所以若知道该条件，问题就能解决且不需要理论分析。也就是说，如果得到了信号的0-范数，也就得到了信号的稀疏表示，上述理论条件也就起不到对0-范数求解的指导作用。相反，要验证上述理论条件，必须首先求解信号的0-范数。所以，可通过内积计算等对该条件进行改进，使其具有可行性和工程指导可用性，而不只是理论的存在性。

引理 5.3　如果信号$\boldsymbol{X}$用两个正交基函数对$\boldsymbol{U}_\alpha$和$\boldsymbol{U}_\beta$的并联表示，即

$$\begin{cases} \boldsymbol{X}=[\boldsymbol{U}_\alpha\ \boldsymbol{U}_\beta]\begin{bmatrix}\boldsymbol{\gamma}^\alpha\\ \boldsymbol{\gamma}^\beta\end{bmatrix}=\sum_{m=1}^{N}\gamma_n^\alpha u_n^\alpha+\sum_{n=1}^{N}\gamma_n^\beta u_n^\beta \\ \Lambda_{\max}=\sup_{m,n}\{|\gamma_m^\alpha|,|\gamma_n^\beta|\} \\ \Lambda_{\min}=\inf_{m,n}\{|\gamma_m^\alpha|\neq 0,|\gamma_n^\beta|\neq 0\} \end{cases} \tag{5.53}$$

并且$\|\gamma_m^\alpha\|_0=N_\alpha$，$\|\gamma_n^\beta\|_0=N_\beta$，$N_\alpha+N_\beta=N_0$，$\gamma_n^\beta=\langle u_n^\beta,\boldsymbol{X}\rangle$，$\gamma_m^\alpha=\langle u_m^\alpha,\boldsymbol{X}\rangle$，$\xi_{\max}=\sup_{m,n}\left[\left|(u_m^\beta)^{\mathrm{T}}u_n^\alpha\right|\right]$，那么如果信号稀疏表示的最小0-范数和最小1-范数之间等价，则$\xi_{\max}$和$\Lambda_{\min}$必满足

$$\frac{1}{0.914\Lambda_{\min}^2}+\frac{1}{\xi_{\max}}\leqslant N \tag{5.54}$$

证明：由于定理5.6中有

$$\frac{1}{(1+N\xi_{\max})\Lambda_{\max}^2}\leqslant N_0\leqslant\frac{1}{(N\xi_{\max}-1)\Lambda_{\min}^2}$$

并且已知信号稀疏表示的充要条件为$\|\boldsymbol{\gamma}\|_0<\dfrac{0.9142}{\xi_{\max}}$，$\|\boldsymbol{\gamma}\|_0=N_0$，那么，必有$\dfrac{1}{(N\xi_{\max}-1)\Lambda_{\min}^2}<\dfrac{0.9142}{\xi_{\max}}$，使得此条件也是充要条件且容易得证。

证毕。

另外，Donoho 和 Elad 等已经指出，如果$\|\boldsymbol{\gamma}\|_0<\dfrac{1}{\xi_{\max}}$，那么信号的稀疏表示将是唯一的。相反，如果下界$\dfrac{1}{(1+N\xi_{\max})\Lambda_{\max}^2}$不超过边界$\dfrac{1}{\xi_{\max}}$，即$\dfrac{1}{(1+N\xi_{\max})\Lambda_{\max}^2}\geqslant\dfrac{1}{\xi_{\max}}$，将有可能找不到唯一的稀疏表示。

所以，有如下引理。

引理 5.4　如果信号$\boldsymbol{X}$用两个正交基函数对$\boldsymbol{U}_\alpha$和$\boldsymbol{U}_\beta$的并联表示，即

$$\begin{cases} \boldsymbol{X}=[\boldsymbol{U}_\alpha\ \boldsymbol{U}_\beta]\begin{bmatrix}\boldsymbol{\gamma}^\alpha\\ \boldsymbol{\gamma}^\beta\end{bmatrix}=\sum_{n=1}^{N}\gamma_n^\alpha u_n^\alpha+\sum_{n=1}^{N}\gamma_n^\beta u_n^\beta \\ \Lambda_{\max}=\sup_{n}\{|\gamma_n^\alpha|,|\gamma_n^\beta|\} \\ \Lambda_{\min}=\inf_{n}\{|\gamma_n^\alpha|\neq 0,|\gamma_n^\beta|\neq 0\} \end{cases} \tag{5.55}$$

并且$\|\gamma_n^\alpha\|_0=N_\alpha$，$\|\gamma_n^\beta\|_0=N_\beta$，$N_\alpha+N_\beta=N_0$，$\gamma_n^\beta=\langle u_n^\beta,\boldsymbol{X}\rangle$，$\gamma_n^\alpha=\langle u_n^\alpha,\boldsymbol{X}\rangle$，$\xi_{\max}=\sup_{m,n}\left[\left|(u_m^\beta)^{\mathrm{T}}\cdot u_n^\alpha\right|\right]$，

如果下述条件成立将有可能找不到唯一的稀疏表示

$$\Lambda_{\max} \leqslant \sqrt{\frac{\xi_{\max}}{1+N\xi_{\max}}} \tag{5.56}$$

这里获得了一些可以直接使用的广义测不准原理条件，不再停留在纯理论分析上，而是实际中可具体操作的工程性依据，包括 0-范数和 1-范数等价的条件、不同基函数给定的稀疏表示的理论边界等。

实际上，除了正交基函数对的并联情况外，也会出现正交基函数对的串联情况，这时候可以把串联的正交基函数对作为框架的特殊情况考虑，下面讨论正交基函数对的串联情况。

5.3.2　串联正交基函数对的稀疏表示广义测不准原理

很多时候，讨论单正交基函数，如果信号 $\boldsymbol{X}$ 被两个正交基函数对 $\boldsymbol{U}_\alpha$ 和 $\boldsymbol{U}_\beta$ 的串联（同理，这里的串联借鉴了电路中电阻串联的概念，意味着两个正交基函数对 $\boldsymbol{U}_\alpha$ 和 $\boldsymbol{U}_\beta$ 的加权同时表示信号）表示，即 $\boldsymbol{X}=[\boldsymbol{U}_\alpha+\boldsymbol{\mu}\boldsymbol{U}_\beta][\boldsymbol{\gamma}]=\sum_{n=1}^{N}\gamma_n(u_n^\alpha+\mu_n u_n^\beta)$，$\|\boldsymbol{\gamma}\|_0$ 将会取什么值，可否通过一些已知参数知道此时 $\|\boldsymbol{\gamma}\|_0$ 的理论边界或其值呢[61]。

定理 5.7　如果信号 $\boldsymbol{X}$ 被两个正交基函数对 $\boldsymbol{U}_\alpha$ 和 $\boldsymbol{U}_\beta$ 的串联表示，即

$$\begin{cases} \underline{X}=\left[U_\alpha+\underline{\mu}U_\beta\right]\left[\underline{\gamma}\right]=\sum_{n=1}^{N}\gamma_n(u_n^\alpha+\mu_n u_n^\beta) \\ \Lambda_{\max}^{\mu}=\sup_{n}\left|\left\langle u_n^\alpha+\mu_n u_n^\beta,\boldsymbol{X}\right\rangle\right| \\ \Lambda_{\min}^{\mu}=\inf_{n}\left|\left\langle u_n^\alpha+\mu_n u_n^\beta,\boldsymbol{X}\right\rangle\right|\neq 0 \end{cases} \tag{5.57}$$

并且 $\xi_{\max}=\sup_{m,n}\left|\left(u_m^\beta\right)^{\mathrm{T}}u_n^\alpha\right|$，$\mu_{\max}=\sup_{n}|\mu_n|$，$\mu_{\min}=\inf_{n}|\mu_n|$，$N_0=\|\gamma_n\|_0$，$\mu=[\mu_n]_{N\times 1}$，那么有如下关系成立。

如果 $\Theta_2>\Theta_3\geqslant 1$，则有

$$\Theta_3\leqslant N_0\leqslant\min\{\Theta_2,N\} \tag{5.58}$$

如果 $\Theta_2\leqslant\Theta_3$ 且 $\max\{\Theta_3,\Theta_1\}<N$，则有

$$\max\{\Theta_3,\Theta_1\}\leqslant N_0\leqslant N \tag{5.59}$$

其中，

$$\begin{cases} \Theta_1=\Lambda_{\min}^{\mu}(1+\mu_{\min})+\dfrac{\sqrt{\left(\Lambda_{\min}^{\mu}+\Lambda_{\min}^{\mu}\mu_{\min}\right)^2-8\xi_{\max}\mu_{\max}\left(\Lambda_{\max}^{\mu}\right)^2}}{4\xi_{\max}\mu_{\max}\left(\Lambda_{\max}^{\mu}\right)^2} \\ \Theta_2=\Lambda_{\min}^{\mu}(1+\mu_{\min})-\dfrac{\sqrt{\left(\Lambda_{\min}^{\mu}+\Lambda_{\min}^{\mu}\mu_{\min}\right)^2-8\xi_{\max}\mu_{\max}\left(\Lambda_{\max}^{\mu}\right)^2}}{4\xi_{\max}\mu_{\max}\left(\Lambda_{\max}^{\mu}\right)^2} \\ \Theta_3=-\Lambda_{\max}^{\mu}(1+\mu_{\max})+\dfrac{\sqrt{\left(\Lambda_{\max}^{\mu}+\Lambda_{\max}^{\mu}\mu_{\max}\right)^2+8\xi_{\max}\mu_{\max}\left(\Lambda_{\max}^{\mu}\right)^2}}{4\xi_{\max}\mu_{\max}\left(\Lambda_{\max}^{\mu}\right)^2} \end{cases} \tag{5.60}$$

证明：考虑如下等式方程：

$$
\begin{aligned}
\boldsymbol{X}^{\mathrm{T}}\boldsymbol{X} &= \left(\left[\boldsymbol{U}_\alpha + \boldsymbol{\mu}\boldsymbol{U}_\beta\right][\boldsymbol{\gamma}]\right)^{\mathrm{T}}\left[\boldsymbol{U}_\alpha + \boldsymbol{\mu}\boldsymbol{U}_\beta\right][\boldsymbol{\gamma}] \\
&= [\gamma_1\,\gamma_2\cdots\gamma_N]\begin{bmatrix}(u_1^\alpha)^{\mathrm{T}} + \mu_1(u_1^\beta)^{\mathrm{T}} \\ (u_2^\alpha)^{\mathrm{T}} + \mu_2(u_2^\beta)^{\mathrm{T}} \\ \vdots \\ (u_N^\alpha)^{\mathrm{T}} + \mu_N(u_N^\beta)^{\mathrm{T}}\end{bmatrix}\left[u_1^\alpha + \mu_1 u_1^\beta\; u_2^\alpha + \mu_2 u_2^\beta \cdots u_N^\alpha + \mu_N u_N^\beta\right]\begin{bmatrix}\gamma_1 \\ \gamma_2 \\ \vdots \\ \gamma_N\end{bmatrix} \\
&= \sum_{m=1}^{N}\sum_{n=1}^{N}\gamma_m\left\langle u_m^\alpha, u_n^\alpha\right\rangle\gamma_n + \sum_{m=1}^{N}\sum_{n=1}^{N}\gamma_m\left\langle \mu_m u_m^\beta, \mu_n u_n^\beta\right\rangle\gamma_n \\
&\quad + \sum_{m=1}^{N}\sum_{n=1}^{N}\gamma_m\left\langle u_m^\alpha, \mu_n u_n^\beta\right\rangle\gamma_n + \sum_{m=1}^{N}\sum_{n=1}^{N}\gamma_m\left\langle \mu_m u_m^\beta, u_n^\alpha\right\rangle\gamma_n
\end{aligned} \tag{5.61}
$$

由于 $\boldsymbol{U}_\alpha$ 和 $\boldsymbol{U}_\beta$ 属于正交基，得

$$
\begin{cases}
\displaystyle\sum_{m=1}^{N}\sum_{n=1}^{N}\gamma_m\left\langle u_m^\alpha, u_n^\alpha\right\rangle\gamma_n = \sum_{n=1}^{N}|\gamma_n|^2 \\
\displaystyle\sum_{m=1}^{N}\sum_{n=1}^{N}\gamma_m\left\langle \mu_m u_m^\beta, \mu_n u_n^\beta\right\rangle\gamma_n = \sum_{n=1}^{N}|\mu_n\gamma_n|^2 \\
\displaystyle\sum_{m=1}^{N}\sum_{n=1}^{N}\gamma_m\left\langle u_m^\alpha, \mu_n u_n^\beta\right\rangle\gamma_n = \sum_{m=1}^{N}\sum_{n=1}^{N}\gamma_m\left\langle \mu_m u_m^\beta, u_n^\alpha\right\rangle\gamma_n
\end{cases} \tag{5.62}
$$

根据 $\|\boldsymbol{X}\|_2 = 1$ 和上述关系式，则有

$$
1 = \boldsymbol{X}^{\mathrm{T}}\boldsymbol{X} = \sum_{n=1}^{N}|\gamma_n|^2 + \sum_{n=1}^{N}|\mu_n\gamma_n|^2 + 2\sum_{m=1}^{N}\sum_{n=1}^{N}\gamma_m\left\langle u_m^\alpha, \mu_n u_n^\beta\right\rangle\gamma_n
$$

因此有

$$
\begin{aligned}
1 = \left|\boldsymbol{X}^{\mathrm{T}}\boldsymbol{X}\right| &= \left|\left(\sum_{n=1}^{N}|\gamma_n|^2 + \sum_{n=1}^{N}|\mu_n\gamma_n|^2\right) + 2\sum_{m=1}^{N}\sum_{n=1}^{N}\gamma_m\left\langle u_m^\alpha, \mu_n u_n^\beta\right\rangle\gamma_n\right| \\
&\leqslant \left(\sum_{n=1}^{N}|\gamma_n|^2 + \sum_{n=1}^{N}|\mu_n\gamma_n|^2\right) + 2\sum_{m=1}^{N}\sum_{n=1}^{N}|\gamma_m|\left|\left\langle u_m^\alpha, \mu_n u_n^\beta\right\rangle\right||\gamma_n|
\end{aligned} \tag{5.63}
$$

设 $\xi_{\max} = \sup\limits_{m,n}\left|(u_m^\beta)^{\mathrm{T}} u_n^\alpha\right|$， $\mu_{\max} = \sup\limits_{n}|\mu_n|$， $\mu_{\min} = \inf\limits_{n}|\mu_n|$， $N_0 = \|\gamma_n\|_0$， $\Lambda_{\max}^{\mu} = \sup\limits_{n}\left|\left\langle u_n^\alpha + \mu_n u_n^\beta, \boldsymbol{X}\right\rangle\right|$， $\Lambda_{\min}^{\mu} = \inf\limits_{n}\left|\left\langle u_n^\alpha + \mu_n u_n^\beta, \boldsymbol{X}\right\rangle\right| \neq 0$，可得

$$
N_0\left(\Lambda_{\max}^{\mu} + \mu_{\max}\Lambda_{\max}^{\mu}\right) + 2\xi_{\max}\mu_{\max}\sum_{m=1}^{N}\sum_{n=1}^{N}|\gamma_m|\cdot|\gamma_n| - 1 \geqslant 0 \tag{5.64}
$$

考虑到 $\displaystyle\sum_{m=1}^{N}\sum_{n=1}^{N}|\gamma_m|\cdot|\gamma_n| = \sum_{m=1}^{N_0}|\gamma_m|\sum_{n=1}^{N_0}|\gamma_n| = \left(\sum_{n=1}^{N_0}|\gamma_n|\right)^2 \leqslant \left(N_0\Lambda_{\max}^{\mu}\right)^2$，可得

$$
2\xi_{\max}\mu_{\max}\left(\Lambda_{\max}^{\mu}\right)^2(N_0)^2 + N_0\left(\Lambda_{\max}^{\mu} + \mu_{\max}\Lambda_{\max}^{\mu}\right) - 1 \geqslant 0
$$

把 N_0 当作未知数，解方程得

$$
N_0 \geqslant -\Lambda_{\max}^{\mu}(1 + \mu_{\max}) + \frac{\sqrt{\left(\Lambda_{\max}^{\mu} + \Lambda_{\max}^{\mu}\mu_{\max}\right)^2 + 8\xi_{\max}\mu_{\max}\left(\Lambda_{\max}^{\mu}\right)^2}}{4\xi_{\max}\mu_{\max}\left(\Lambda_{\max}^{\mu}\right)^2} \tag{5.65}
$$

其中，$\xi_{\max}=\sup\limits_{m,n}\left|\left(u_m^{\beta}\right)^{\mathrm{T}}u_n^{\alpha}\right|$，$\mu_{\max}=\sup\limits_{n}\left|\mu_n\right|$，$N_0=\|\gamma_n\|_0$，$\Lambda_{\max}^{\mu}=\sup\limits_{n}\left|\left\langle u_n^{\alpha}+\mu_n u_n^{\beta},\boldsymbol{X}\right\rangle\right|$，$\Lambda_{\min}^{\mu}=\inf\limits_{n}\left|\left\langle u_n^{\alpha}+\mu_n u_n^{\beta},\boldsymbol{X}\right\rangle\right|\neq 0$。

同理可得

$$
\begin{aligned}
1=\left|\boldsymbol{X}^{\mathrm{T}}\boldsymbol{X}\right|&=\left|\left(\sum_{n=1}^{N}\left|\gamma_n\right|^2+\sum_{n=1}^{N}\left|\mu_n\gamma_n\right|^2\right)+2\sum_{m=1}^{N}\sum_{n=1}^{N}\gamma_m\left\langle u_m^{\alpha},\mu_n u_n^{\beta}\right\rangle\gamma_n\right|\\
&\geqslant\left(\sum_{n=1}^{N}\left|\gamma_n\right|^2+\sum_{n=1}^{N}\left|\mu_n\gamma_n\right|^2\right)-2\sum_{m=1}^{N}\sum_{n=1}^{N}\left|\gamma_m\right|\left|\left\langle u_m^{\alpha},\mu_n u_n^{\beta}\right\rangle\right|\left|\gamma_n\right|
\end{aligned}\tag{5.66}
$$

进一步得

$$
2\xi_{\max}\mu_{\max}\left(\Lambda_{\max}^{\mu}\right)^2\left(N_0\right)^2-N_0\left(\Lambda_{\min}^{\mu}+\mu_{\min}\Lambda_{\min}^{\mu}\right)+1\geqslant 0\tag{5.67}
$$

如果$\left(\Lambda_{\min}^{\mu}+\mu_{\min}\Lambda_{\min}^{\mu}\right)^2-8\xi_{\max}\mu_{\max}\left(\Lambda_{\max}^{\mu}\right)^2\leqslant 0$，则没有物理意义且不可能。

如果$\left(\Lambda_{\min}^{\mu}+\mu_{\min}\Lambda_{\min}^{\mu}\right)^2-8\xi_{\max}\mu_{\max}\left(\Lambda_{\max}^{\mu}\right)^2>0$，解方程得

$$
\begin{cases}
N_0\geqslant\Lambda_{\min}^{\mu}\left(1+\mu_{\min}\right)+\dfrac{\sqrt{\left(\Lambda_{\min}^{\mu}+\Lambda_{\min}^{\mu}\mu_{\min}\right)^2-8\xi_{\max}\mu_{\max}\left(\Lambda_{\max}^{\mu}\right)^2}}{4\xi\mu_{\max}\left(\Lambda_{\max}^{\mu}\right)^2}\\
N_0\leqslant\Lambda_{\min}^{\mu}\left(1+\mu_{\min}\right)-\dfrac{\sqrt{\left(\Lambda_{\min}^{\mu}+\Lambda_{\min}^{\mu}\mu_{\min}\right)^2-8\xi_{\max}\mu_{\max}\left(\Lambda_{\max}^{\mu}\right)^2}}{4\xi_{\max}\mu_{\max}\left(\Lambda_{\max}^{\mu}\right)^2}\\
N_0\geqslant-\Lambda_{\max}^{\mu}\left(1+\mu_{\max}\right)+\dfrac{\sqrt{\left(\Lambda_{\max}^{\mu}+\Lambda_{\max}^{\mu}\mu_{\max}\right)^2+8\xi_{\max}\mu_{\max}\left(\Lambda_{\max}^{\mu}\right)^2}}{4\xi_{\max}\mu_{\max}\left(\Lambda_{\max}^{\mu}\right)^2}
\end{cases}\tag{5.68}
$$

其中，$\mu_{\max}=\sup\limits_{n}\left|\mu_n\right|$，$\mu_{\min}=\inf\limits_{n}\left|\mu_n\right|$，$N_0=\|\gamma_n\|_0$，$\Lambda_{\max}^{\mu}=\sup\limits_{n}\left|\left\langle u_n^{\alpha}+\mu_n u_n^{\beta},\boldsymbol{X}\right\rangle\right|$，$\Lambda_{\min}^{\mu}=\inf\limits_{n}\left|\left\langle u_n^{\alpha}+\mu_n u_n^{\beta},\boldsymbol{X}\right\rangle\right|\neq 0$。

设

$$
\begin{cases}
\Theta_1=\Lambda_{\min}^{\mu}\left(1+\mu_{\min}\right)+\dfrac{\sqrt{\left(\Lambda_{\min}^{\mu}+\Lambda_{\min}^{\mu}\mu_{\min}\right)^2-8\xi_{\max}\mu_{\max}\left(\Lambda_{\max}^{\mu}\right)^2}}{4\xi_{\max}\mu_{\max}\left(\Lambda_{\max}^{\mu}\right)^2}\\
\Theta_2=\Lambda_{\min}^{\mu}\left(1+\mu_{\min}\right)-\dfrac{\sqrt{\left(\Lambda_{\min}^{\mu}+\Lambda_{\min}^{\mu}\mu_{\min}\right)^2-8\xi_{\max}\mu_{\max}\left(\Lambda_{\max}^{\mu}\right)^2}}{4\xi_{\max}\mu_{\max}\left(\Lambda_{\max}^{\mu}\right)^2}\\
\Theta_3=-\Lambda_{\max}^{\mu}\left(1+\mu_{\max}\right)+\dfrac{\sqrt{\left(\Lambda_{\max}^{\mu}+\Lambda_{\max}^{\mu}\mu_{\max}\right)^2+8\xi_{\max}\mu_{\max}\left(\Lambda_{\max}^{\mu}\right)^2}}{4\xi_{\max}\mu_{\max}\left(\Lambda_{\max}^{\mu}\right)^2}
\end{cases}\tag{5.69}
$$

如果$\Theta_2>\Theta_3\geqslant 1$，则有

$$
\Theta_3\leqslant N_0\leqslant\min\left\{\Theta_2,N\right\}\tag{5.70}
$$

如果$\Theta_2\leqslant\Theta_3$且$\max\left\{\Theta_3,\Theta_1\right\}<N$，则有

$$
\max\left\{\Theta_3,\Theta_1\right\}\leqslant N_0\leqslant N\tag{5.71}
$$

实际上，$\mu=\left[\mu_n\right]_{N\times 1}$、$\mu_{\max}$和$\mu_{\min}$可以事先计算。现在重要的是如何快速地确定$\Lambda_{\max}^{\mu}$和$\Lambda_{\min}^{\mu}$的值。

证毕。

如果 $\mu_{\max}=1=\mu_{\min}$，那么有如下引理。

引理 5.5 如果信号 $\boldsymbol{X}$ 被两个正交基函数对 $\boldsymbol{U}_\alpha$ 和 $\boldsymbol{U}_\beta$ 的串联表示，即 $\boldsymbol{X}=[\boldsymbol{U}_\alpha+\boldsymbol{U}_\beta][\boldsymbol{\gamma}]=\sum_{n=1}^{N}\gamma_n(u_n^\alpha+u_n^\beta)$，$\xi_{\max}=\sup_{m,n}\left|\left(u_m^\beta\right)^{\mathrm{T}}u_n^\alpha\right|$，$N_0=\|\gamma_n\|_0$，$\Lambda_{\max}^\mu=\sup_n\left|\langle u_n^\alpha+\mu_n u_n^\beta,\boldsymbol{X}\rangle\right|$，$\mu=[\mu_n]_{N\times1}$，$\Lambda_{\min}^\mu=\inf_n\left|\langle u_n^\alpha+u_n^\beta,\boldsymbol{X}\rangle\right|\neq0$，那么有如下关系成立：

如果 $\Theta_2>\Theta_3\geqslant1$，有

$$\Theta_3\leqslant N_0\leqslant\min\{\Theta_2,N\} \tag{5.72}$$

如果 $\Theta_2\leqslant\Theta_3$ 且 $\max\{\Theta_3,\Theta_1\}<N$，则有

$$\max\{\Theta_3,\Theta_1\}\leqslant N_0\leqslant N \tag{5.73}$$

其中，

$$\begin{cases}\Theta_1=2\Lambda_{\min}^\mu+\dfrac{\sqrt{\left(\Lambda_{\min}^\mu\right)^2-2\xi_{\max}\left(\Lambda_{\max}^\mu\right)^2}}{2\xi_{\max}\left(\Lambda_{\max}^\mu\right)^2}\\ \Theta_2=2\Lambda_{\min}^\mu-\dfrac{\sqrt{\left(\Lambda_{\min}^\mu\right)^2-2\xi_{\max}\left(\Lambda_{\max}^\mu\right)^2}}{2\xi_{\max}\left(\Lambda_{\max}^\mu\right)^2}\\ \Theta_3=-2\Lambda_{\max}^\mu+\dfrac{\sqrt{\left(\Lambda_{\max}^\mu\right)^2+2\xi_{\max}\left(\Lambda_{\max}^\mu\right)^2}}{2\xi_{\max}\left(\Lambda_{\max}^\mu\right)^2}\end{cases} \tag{5.74}$$

5.3.3 框架的稀疏表示广义测不准原理

实际上，在信息学和信号处理中，正交基函数属于框架的特殊情况。框架不一定线性无关，也就是说，很多时候，框架在信号表示中是冗余的（或过完备的）。因此，应用框架对信号进行表示不是唯一的，可以有多种表示形式。本小节将给出基于框架表示的稀疏表示广义测不准原理[65]。

定理 5.8 如果信号 $\boldsymbol{X}$ 由框架 $\boldsymbol{U}$ 表示，即 $\boldsymbol{X}=[\boldsymbol{U}][\boldsymbol{\gamma}]=\sum_{n=1}^{N}\gamma_n u_n$ 且 $A\|\boldsymbol{X}\|^2\leqslant\|\boldsymbol{UX}\|^2\leqslant\boldsymbol{B}\|\boldsymbol{X}\|^2$，$\xi_{\max}=\sup_{m,n}\left|(u_m)^{\mathrm{T}}u_n\right|$，$\xi_{\min}=\inf_{m,n}\left|(u_m)^{\mathrm{T}}u_n\right|$，$\Lambda_{\max}=\sup_n|\langle u_n,\boldsymbol{X}\rangle|$，$\Lambda_{\min}=\inf_n|\langle u_n,\boldsymbol{X}\rangle|\neq0$，$N_0=\|\gamma_n\|_0$，那么有

$$\frac{1}{\Lambda_{\max}\sqrt{\xi_{\max}}}\leqslant N_0\leqslant\frac{1}{\Lambda_{\min}\sqrt{\xi_{\min}}} \tag{5.75}$$

证明：考虑下面式子

$$\begin{aligned} \boldsymbol{X}^{\mathrm{T}}\boldsymbol{X} &= ([\boldsymbol{U}][\boldsymbol{\gamma}])^{\mathrm{T}}[\boldsymbol{U}][\boldsymbol{\gamma}] \\ &= [\gamma_1\,\gamma_2\cdots\gamma_N]\begin{bmatrix}(u_1)^{\mathrm{T}}\\(u_2)^{\mathrm{T}}\\ \vdots \\ (u_N)^{\mathrm{T}}\end{bmatrix}[u_1\ u_2\cdots u_N]\begin{bmatrix}\gamma_1\\ \gamma_2\\ \vdots\\ \gamma_N\end{bmatrix} \\ &= \sum_{m=1}^{N}\sum_{n=1}^{N}\gamma_m\langle u_m,u_n\rangle\gamma_n \end{aligned} \tag{5.76}$$

由于 $\boldsymbol{U}$ 为框架且 $\|\boldsymbol{X}\|_2=1$，设 $\xi_{\max}=\sup\limits_{m,n}\left|(u_m)^{\mathrm{T}}u_n\right|$，$\xi_{\min}=\inf\limits_{m,n}\left|(u_m)^{\mathrm{T}}u_n\right|\neq 0$，$\Lambda_{\max}=\sup\limits_{n}\left|\langle u_n,\boldsymbol{X}\rangle\right|$，$\Lambda_{\min}=\inf\limits_{n}\left|\langle u_n,\boldsymbol{X}\rangle\right|$，$N_0=\|\gamma_n\|_0$，可得

$$\begin{cases}\xi_{\min}N_0^2\Lambda_{\min}^2\leqslant\xi_{\min}\sum\limits_{m=1}^{N}|\gamma_m|\sum\limits_{n=1}^{N}|\gamma_n|=\sum\limits_{m=1}^{N}\sum\limits_{n=1}^{N}|\gamma_m|\xi_{\min}|\gamma_n|\leqslant\left|\sum\limits_{m=1}^{N}\sum\limits_{n=1}^{N}\gamma_m\langle u_m,u_n\rangle\gamma_n\right|=\left|\boldsymbol{X}^{\mathrm{T}}\boldsymbol{X}\right|=1\\ 1=\left|\underline{X}^{\mathrm{T}}\underline{X}\right|=\left|\sum\limits_{m=1}^{N}\sum\limits_{n=1}^{N}\gamma_m\langle u_m,u_n\rangle\gamma_n\right|\leqslant\sum\limits_{m=1}^{N}\sum\limits_{n=1}^{N}|\gamma_m|\xi_{\max}|\gamma_n|=\xi_{\max}\sum\limits_{m=1}^{N}|\gamma_m|\sum\limits_{n=1}^{N}|\gamma_n|\leqslant\xi_{\max}N_0^2\Lambda_{\max}^2\end{cases} \tag{5.77}$$

进一步，可得

$$\frac{1}{\Lambda_{\max}\sqrt{\xi_{\max}}}\leqslant N_0\leqslant\frac{1}{\Lambda_{\min}\sqrt{\xi_{\min}}} \tag{5.78}$$

证毕。

注意：在定理 5.8 中，如果 $\dfrac{1}{\Lambda_{\max}\sqrt{\xi_{\max}}}\leqslant N_0\leqslant\dfrac{1}{\Lambda_{\min}\sqrt{\xi_{\min}}}$ 成立且有物理意义，那么仅有 $\dfrac{1}{\Lambda_{\min}\sqrt{\xi_{\min}}}<N$ 成立，即 $\dfrac{1}{N\sqrt{\xi_{\min}}}<\Lambda_{\min}$。

显然，由定理 5.8 可知，$\Lambda_{\max}$ 和 $\Lambda_{\min}$ 已知（若 $\boldsymbol{U}$ 给定，$\xi_{\max}$ 和 $\xi_{\min}$ 可以计算确定），可以较容易地确定框架下非零元素的个数 N_0 的边界情况。后文中将会讨论 $\Lambda_{\max}$ 和 $\Lambda_{\min}$ 的快速计算，因为这对于基函数的选择非常重要。例如，如果有一些待选的基函数，那么通过这个理论边界可以确定哪些基函数相对最优。

实际应用中，由于信号的离散性，可能并不能获得理想的结果。而是会获得 N_0 个最大的非零元素且该非零元素中的最小绝对值是 $\Lambda_{\min}$，此时这些 N_0 个非零元素近似地表示了信号，非零元素的表示和原信号之间的误差是 $E=\|\boldsymbol{X}-\tilde{\boldsymbol{X}}\|^2$，这里 $\tilde{\boldsymbol{X}}=\sum\limits_{n=1}^{N_0}\gamma_n u_n$。

另外，其余 $N-N_0$ 个元素中最大绝对值不超过 $\Lambda_{\min}$，即

$$\begin{aligned} E=\|\boldsymbol{X}-\tilde{\boldsymbol{X}}\|^2&=\left\|\sum_{n=1}^{N}\gamma_n u_n-\sum_{n=1}^{N_0}\gamma_n u_n\right\|^2=\left\|\sum_{n=N_0+1}^{N}\gamma_n u_n\right\|^2=\sum_{n=N_0+1}^{N}|\gamma_n u_n|^2\\ &\leqslant\Lambda_{\min}^2\sum_{n=N_0+1}^{N}|u_n|^2<B\Lambda_{\min}^2 \end{aligned} \tag{5.79}$$

其中，利用了关系 $A\|\boldsymbol{X}\|^2\leqslant\|\boldsymbol{U}\boldsymbol{X}\|^2\leqslant B\|\boldsymbol{X}\|^2$ 及 $N_0\geqslant 1$。

因此，获得了如下引理。

引理 5.6　如果信号 $\boldsymbol{X}$ 被框架 $\boldsymbol{U}$ 的 N_0 个非零系数表示，且这些非零系数中最小绝对值为 $\Lambda_{\min}$，即 $\boldsymbol{X} \approx \tilde{\boldsymbol{X}} = \sum_{n=1}^{N_0} \gamma_n u_n$，那么近似误差 $E = \|\boldsymbol{X} - \tilde{\boldsymbol{X}}\|^2$ 满足如下关系式：

$$E < B\Lambda_{\min}^2 \tag{5.80}$$

其中，$\Lambda_{\min} = \inf_n |\langle u_n, \boldsymbol{X}\rangle|$，$A\|\boldsymbol{X}\|^2 \leqslant \|\boldsymbol{UX}\|^2 \leqslant B\|\boldsymbol{X}\|^2$。

类似地，实际过程中如果系数中有更多的非零值，例如 $N_0 \approx N$，且这些非零系数以几何指数的规律衰减，那么随着非零元素依次不断地后推（假定降序排列），后面的多数系数由于值太小可以忽略不计，当然总的近似误差可以通过截断处元素系数(γ_n)的值近似进行估计和界定。

从式（5.80）可以看出，总的近似误差不超过 $B\Lambda_{\min}^2$。若式（5.80）可知，就可以在近似误差和稀疏表示之间进行利弊权衡，即稀疏度越大误差就越大，反之误差预想越小则稀疏度就越小，也就是说稀疏度和误差之间可以权衡，不能够同时获得最大稀疏度和最小误差：测不准原理的思想得以体现。

5.3.4　参量 $\xi_{\max}$、$\xi_{\min}$、$\Lambda_{\max}$ 和 $\Lambda_{\min}$ 的快速计算

在多数情况下，若基函数（对）给定，$\xi_{\max}$ 和 $\xi_{\min}$ 就可以通过如下离线（或事先）计算获得

$$\begin{cases} \xi_{\max} = \sup\limits_{m,n}\left(\left|\left(u_m^{\beta}\right)^{\mathrm{T}} \cdot u_n^{\alpha}\right|\right) \\ \xi_{\min} = \inf\limits_{m,n}\left(\left|\left(u_m^{\beta}\right)^{\mathrm{T}} \cdot u_n^{\alpha}\right|\right) \end{cases} \tag{5.81}$$

其中，两个正交基函数对分别是 $\boldsymbol{U}_\alpha = \{u_n^\alpha\}_{n=1,2,\cdots,N}$ 和 $\boldsymbol{U}_\beta = \{u_n^\beta\}_{n=1,2,\cdots,N}$。这样，计算所耗的时间在多数工程应用中将不再是问题。

通常，若 $\xi_{\max}$ 和 $\xi_{\min}$ 的计算可以通过离线获得，$\Lambda_{\max}$ 和 $\Lambda_{\min}$ 就成为在稀疏表示工程实践中的最重要的考虑因素，因为它们不能够通过离线（或事先）计算获取。相反，必须尽可能地提高它们的计算速度以适应工程需要。实际过程中，很难找到具体的 $\Lambda_{\min}$ 值，因为信号为离散或其他原因等[19-21,30]。但是，信号表示的系数往往是以几何指数衰减的（指从大到小排序）。因此，多数情况下，可以指定一个非常小的常数 ς 代替 $\Lambda_{\min}$，即 $\Lambda_{\min} \triangleq \varsigma$。那么，此时 ς 的选择可以参考近似误差进行估计。例如，如果让近似误差小于一个门限值 E_0，那么根据之前误差的分析公式必须有 $\varsigma \leqslant \sqrt{\dfrac{E_0}{2}}$。也就是说，只有 $\Lambda_{\max}$ 需要在稀疏表示的计算成本中慎重地考虑，特别是对于较大的 N。

正交基函数对（$\boldsymbol{U}_\alpha = \{u_n^\alpha\}_{n=1,2,\cdots,N}$ 和 $\boldsymbol{U}_\beta = \{u_n^\beta\}_{n=1,2,\cdots,N}$）给定的话，该如何以最快的速度获得 $\Lambda_{\max}$，如果通过比对所有的表示系数直接计算 $\Lambda_{\max}$，时间成本巨大。相反，如果仅仅计算一部分表示系数然后快速搜索 $\Lambda_{\max}$，将会节省大量的时间成本。实际上，对于正交基函数 $\boldsymbol{U}_\alpha = \{u_n^\alpha\}_{n=1,2,\cdots,N}$（及 $\boldsymbol{U}_\beta = \{u_n^\beta\}_{n=1,2,\cdots,N}$），在离散情况下，即使是针对一些理想的信号分量，多数情况下进行基函数变换时也无法得到理想的变换系数。反之，仅仅能够得到一些近似系数，这些系数如果按照从大到小排列的话将会依照几何指数关系快

速衰减，如图 5.1 所示。例如，有四个分量 $x_1(n)=\cos(0.4\pi n)$，$x_2(n)=-\cos(0.1\pi n)$，$x_3(n)=0.2\cos(0.04\pi n)$ 和 $x_4(n)=3\cos(0.2\pi n)$（$n=1,2,\cdots,512$），如果利用余弦变换（采用 Matlab 里的 dct.m 函数）获得变换系数，会发现这里有许多的系数，主要包括四个非常大的系数和非常多的很小的系数（图 5.1）。根据这些系数的分布形态，只需要计算部分基函数对信号的变换同样可以得到类似的系数的分布形态。同时，也对其他基函数进行了变换测试，如 Gabor、wavelet、Fourier 变换等，得出相同的结论。因此，通过计算部分系数（等间隔的计算，跳过其中的多数，类似于逐行扫描和隔行扫描，这里采取隔多行扫描，即每 k 个基函数中只使用一个）就可以获得变换系数的分布形态。依靠这种方式，几乎可以节省 $\dfrac{k-1}{k}$ 的时间消耗（例如，如果 k=10，可以节省 90%的时间消耗）。随着 k 的递增，将会节省更多的时间。当然，k 也不宜过大，否则可能会漏掉最大的分量系数。根据经验，$k=3\sim7$ 是比较好的选择，既能做到节省时间，也不会漏掉主要分量的系数。当然，这里没有固定的最优值，需要根据具体的问题具体分析，这里取 $k=4$。

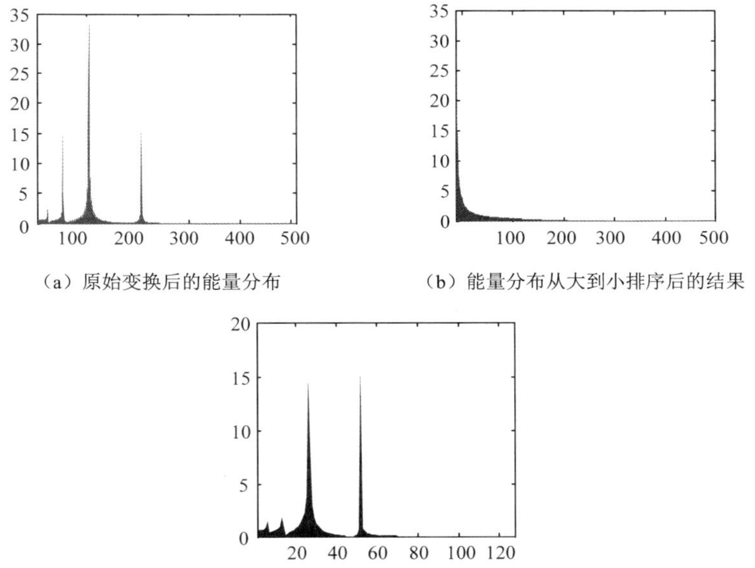

（a）原始变换后的能量分布

（b）能量分布从大到小排序后的结果

（c）隔多行扫描变换结果

图 5.1　余弦变换系数分布情况

对于原始信号 $\boldsymbol{X}$ 和正交基函数 $\boldsymbol{U}_\alpha=\{u_n^\alpha\}_{n=1,2,\cdots,N}$，有如下针对参数 $\Lambda_{\max}$ 的快速计算算法。

（1）计算系数设 $\Gamma=\{\gamma_q|\gamma_q=|\langle u_\Omega,\boldsymbol{X}\rangle|_{\Omega=k,2k,\cdots,N}\geqslant \text{thd}\}$（$1\leqslant q\leqslant N$）。

（2）针对 Γ 中的所有元素 γ_q 在 $[q-k,q+k]$ 领域内计算所有的系数 $\gamma_{q-k},\gamma_{q-k+1},\cdots,\gamma_{q+k}$。

（3）计算局部极大值 $\overline{\gamma}_{\max}^q=\max\{\gamma_{q-k},\gamma_{q-k+1},\cdots,\gamma_{q+k}\}$。

（4）针对 $\boldsymbol{U}_\alpha=\{u_n^\alpha\}_{n=1,2,\cdots,N}$ 获得全局最大值 $\Lambda_{\max}^\alpha=\sup\limits_q\{\overline{\gamma}_{\max}^q\}$。

同理，可以获得针对 $\boldsymbol{U}_\beta=\{u_n^\beta\}_{n=1,2,\cdots,N}$ 基函数的全局最大值 $\Lambda_{\max}^\beta$。因此，最终得到 $\Lambda_{\max}$：

$$\Lambda_{\max}=\max\{\Lambda_{\max}^\alpha,\Lambda_{\max}^\beta\}$$

在快速搜索计算算法中，采用了一个门限值 thd，该值主要用来限制搜索范围。根据 Parseval 定理（$\sum\limits_{n=1}^N|\gamma_n^\alpha|^2=1=\|\boldsymbol{X}\|_2$）可知，所有变换系数 $\{\gamma_n^\alpha=|\langle u_n^\alpha,\boldsymbol{X}\rangle|\}$ 的幅度均值为 $\frac{1}{\sqrt{N}}$，因此，全局最大值必然不小于 $\frac{1}{\sqrt{N}}$。为了避免较大系数的泄露（或丢失），通常采取 $\text{thd}\in[0.2,0.5]\times\frac{1}{\sqrt{N}}$，经验表明多数情况下都可以很好地满足应用需求。

5.4　信号稀疏表示的熵广义测不准原理

熵是表示信号集中程度的物理量，包括 Shannon 熵和 Rényi 熵等[20-33]。相对于方差来说，熵可以解释方差理论下广义测不准原理无法表达的物理意义。之前关于熵的广义测不准原理（见本书第 4 章）都是时频分析广义测不准原理[30-33,41-43,53]。所以，针对信号的稀疏表示，除了分析 Heisenberg 广义测不准原理外，还将讨论信号稀疏表示的 Shannon 熵、Rényi 熵广义测不准原理，包括用正交基集、非正交基集以及框架等信号最佳稀疏表示的 0-范数、1-范数以及最小熵等价的理论条件、工程判据等。而且，对于熵测不准原理，目前也还没有公开的报道涉及稀疏分解问题，包括信号唯一最佳稀疏表示条件、最小范数和熵等价条件、工程判据等[104]。

5.4.1　广义 Hausdorff-Young 不等式

对于给定的实数信号 $\boldsymbol{X}\in\mathbf{R}^N$，有 $\boldsymbol{\gamma}=\boldsymbol{U}^{\mathrm{T}}\boldsymbol{X}$ 的表示，其中 $\boldsymbol{U}$ 为N维正交的单位向量：$\boldsymbol{U}=\{u_1,u_2,\cdots,u_N\}$。

由于 $\|\boldsymbol{X}\|_2=1$，根据 Parseval 定理则有 $\|\boldsymbol{\gamma}\|_2=1$。这里 $\|\boldsymbol{X}\|_2=\left[\sum\limits_{n=1}^N|x_n|^2\right]^{1/2}$。根据如下范数的定义 $\|\boldsymbol{S}\|_\infty=\max(s_i)$，其中 $\boldsymbol{S}=[s_1,s_2,\cdots s_i,\cdots,s_n]$，可得

$$\|\boldsymbol{\gamma}\|_\infty=\|\boldsymbol{U}^{\mathrm{T}}\boldsymbol{X}\|_\infty\leqslant\xi_{\max}\|\boldsymbol{X}\|_1 \tag{5.82}$$

其中，$\xi_{\max}=\|\boldsymbol{U}^{\mathrm{T}}\|_\infty$，$\|\boldsymbol{U}^{\mathrm{T}}\|_\infty=\sup\limits_n(|u_n^{\mathrm{T}}|)$。

利用 Riesz 定理，可得离散 Hausdorff-Young 不等式

$$\|\boldsymbol{U}^{\mathrm{T}}\boldsymbol{X}\|_q\leqslant(\xi_{\max})^{\frac{2-p}{p}}\|\boldsymbol{X}\|_p \tag{5.83}$$

其中，$1<p\leqslant2$，$\frac{1}{p}+\frac{1}{q}=1$。

设 $\boldsymbol{U}=\boldsymbol{U}_\alpha^{\mathrm{T}}\boldsymbol{U}_\beta$ 且有 $\boldsymbol{U}_\alpha=\{u_1^\alpha,u_2^\alpha,\cdots,u_N^\alpha\}$，$\boldsymbol{U}_\beta=\{u_1^\beta,u_2^\beta,\cdots,u_N^\beta\}$，那么可得如下关系式：

$$\left\|\boldsymbol{U}_{\alpha}^{\mathrm{T}}\boldsymbol{U}_{\beta}\boldsymbol{X}\right\|_{q}\leqslant(\xi_{\max})^{\frac{2-p}{p}}\left\|\boldsymbol{X}\right\|_{p} \tag{5.84}$$

其中，$\xi_{\max}=\left\|\boldsymbol{U}_{\alpha}^{\mathrm{T}}\boldsymbol{U}_{\beta}\right\|_{\infty}$

令 $\boldsymbol{Y}=\boldsymbol{U}_{\beta}\boldsymbol{X}$，则有

$$\boldsymbol{X}=\boldsymbol{U}_{\beta}^{\mathrm{T}}\boldsymbol{Y}$$

所以有

$$\left\|\boldsymbol{U}_{\alpha}^{\mathrm{T}}\boldsymbol{Y}\right\|_{q}\leqslant(\xi_{\max})^{\frac{2-p}{p}}\left\|\boldsymbol{U}_{\beta}^{\mathrm{T}}\boldsymbol{Y}\right\|_{p}$$

其中，$\xi_{\max}=\left\|\boldsymbol{U}_{\alpha}\boldsymbol{U}_{\beta}^{\mathrm{T}}\right\|_{\infty}$。

由于不等式与变量和函数的形式无关，所以有如下的引理。

引理 5.7　对于给定的离散数据序列 $\boldsymbol{X}=\{x_1,x_2,\cdots,x_N\}=\{x(1),x(2),\cdots,x(N)\}\in\mathbf{R}^{N}$ 其势为 $\boldsymbol{N}$ 且有 $\|\boldsymbol{X}\|_2=1$，$\boldsymbol{U}_{\alpha}$（$\boldsymbol{U}_{\beta}$）为正交变换矩阵，那么可以得到如下形式的离散 Hausdorff-Young 不等式：

$$\left\|\boldsymbol{U}_{\alpha}^{\mathrm{T}}\boldsymbol{X}\right\|_{q}\leqslant(\xi_{\max})^{\frac{2-p}{p}}\left\|\boldsymbol{U}_{\beta}^{\mathrm{T}}\boldsymbol{X}\right\|_{p} \tag{5.85}$$

其中，$1<p\leqslant 2$，$\dfrac{1}{p}+\dfrac{1}{q}=1$，$\xi_{\max}=\left\|\boldsymbol{U}_{\alpha}^{\mathrm{T}}\boldsymbol{U}_{\beta}\right\|_{\infty}$，数据长度为 N。

如果 $p=q=2$，此时便可以得到能量的等式，即所谓的 Parseval 定理：

$$\left\|\boldsymbol{U}_{\alpha}^{\mathrm{T}}\boldsymbol{X}\right\|_{2}=\left\|\boldsymbol{U}_{\beta}^{\mathrm{T}}\boldsymbol{X}\right\|_{2}$$

注意：这里推导出的离散 Hausdorff-Young 不等式实际上属于文献[17]中 Hausdorff-Young 不等式的广义形式，且证明过程都是类似的。接下来，利用离散 Hausdorff-Young 不等式进行熵广义测不准原理的推导。

5.4.2　稀疏表示的 Shannon 熵广义测不准原理

Shannon 熵已经广泛地应用到量子理论、信息理论、通信以及信号处理领域，离散 Shannon 熵定义如下:

$$H(\boldsymbol{\gamma})=-\sum_{n=1}^{N}\left[\left(\ln|\gamma_n|^2\right)|\gamma_n|^2\right] \tag{5.86}$$

首先看如下的定理。

定理 5.9　对于给定的离散数据序列 $\boldsymbol{X}=\{x_1,x_2,\cdots,x_N\}=\{x(1),x(2),\cdots,x(N)\}\in\mathbf{R}^{N}$ 其势为 $\boldsymbol{N}$ 且有 $\|\boldsymbol{X}\|_2=1$，$\boldsymbol{U}_{\alpha}$（$\boldsymbol{U}_{\beta}$）为正交变换矩阵，同时 $\boldsymbol{\gamma}^{\alpha}=\boldsymbol{U}_{\alpha}^{\mathrm{T}}\boldsymbol{X}$，$\boldsymbol{\gamma}^{\beta}=\boldsymbol{U}_{\beta}^{\mathrm{T}}\boldsymbol{X}$，$N_{\alpha}$（$N_{\beta}$）为变换系数 $\boldsymbol{\gamma}^{\alpha}$（$\boldsymbol{\gamma}^{\beta}$）中的非零数据个数，$\xi_{\max}=\sup\limits_{m,n}\left(\left|\left(u_m^{\beta}\right)^{\mathrm{T}}u_n^{\alpha}\right|\right)$，那么可以得到离散 Shannon 熵的广义测不准原理

$$H\left(\boldsymbol{\gamma}^{\alpha}\right)+H\left(\boldsymbol{\gamma}^{\beta}\right)\geqslant\ln\frac{1}{\xi_{\max}} \tag{5.87}$$

这里等式成立的条件是当且仅当

$$\left|\gamma_n^{\alpha}\right| \equiv \frac{1}{\sqrt{N_{\alpha}}}, \quad \left|\gamma_n^{\beta}\right| \equiv \frac{1}{\sqrt{N_{\beta}}} \tag{5.88}$$

其中，长度为 N，$H\left(\boldsymbol{\gamma}^{\alpha}\right)=-\sum_{n=1}^{N}\left[\left(\ln\left|\gamma_n^{\alpha}\right|^2\right)\cdot\left|\gamma_n^{\alpha}\right|^2\right]$，$H\left(\boldsymbol{\gamma}^{\beta}\right)=-\sum_{n=1}^{N}\left[\left(\ln\left|\gamma_n^{\beta}\right|^2\right)\cdot\left|\gamma_n^{\beta}\right|^2\right]$，此时假定 $0^0=1$，$0\ln 0=0$ 为 Shannon 熵。

证明：根据引理 5.7，有

$$\frac{\left(\xi_{\max}\right)^{\frac{p-2}{p}}\left(\sum_{m=1}^{N}\left|\gamma_m^{\beta}\right|^p\right)^{\frac{1}{p}}}{\left(\sum_{n=1}^{N}\left|\gamma_n^{\alpha}\right|^{\frac{p}{p-1}}\right)^{\frac{p-1}{p}}} \geqslant 1 \tag{5.89}$$

式（5.89）两侧取对数，可得

$$T(p) \geqslant 0$$

其中，

$$T(p)=\frac{p-2}{p}\ln\xi_{\max}+\frac{1}{p}\ln\left(\sum_{m=1}^{N}\left|\gamma_m^{\beta}\right|^p\right)-\frac{p-1}{p}\ln\left(\sum_{n=1}^{N}\left|\gamma_n^{\alpha}\right|^{\frac{p}{p-1}}\right) \tag{5.90}$$

由于 $1<p\leqslant 2$ 且 $\|X\|_2=1$，所以可得

$$T(2)=\frac{2-2}{2}\ln\xi_{\max}+\frac{1}{2}\ln\left(\sum_{m=1}^{N}\left|\gamma_m^{\beta}\right|^2\right)-\frac{2-1}{2}\ln\left(\sum_{n=1}^{N}\left|\gamma_n^{\alpha}\right|^{\frac{2}{2-1}}\right)=0 \tag{5.91}$$

如果 $1<p\leqslant 2$，则有 $T(p)\geqslant 0$。综合这些条件，应用数学微积分理论可知：

$$T'(2)\geqslant 0 \tag{5.92}$$

另外，已知

$$T'(p)=\frac{2}{p^2}\ln\xi_{\max}-\frac{\sum_{m=1}^{N}\left|\gamma_m^{\beta}\right|^p\ln\left|\gamma_m^{\beta}\right|}{p^2\sum_{m=1}^{N}\left|\gamma_m^{\beta}\right|^p}-\frac{\sum_{n=1}^{N}\left|\gamma_n^{\alpha}\right|^{\frac{p}{p-1}}\ln\left|\gamma_n^{\alpha}\right|}{p^2\sum_{n=1}^{N}\left|\gamma_n^{\alpha}\right|^{\frac{p}{p-1}}} \tag{5.93}$$

令 $p=2$，整理以上各式即可获得定理的证明。

现在考虑定理中等式成立的条件。根据定理 5.9 可知，等式成立则 $H\left(\boldsymbol{\gamma}^{\alpha}\right)+H\left(\boldsymbol{\gamma}^{\beta}\right)$ 达到最小的理论边界，即优化式（5.94）：

$$\min\left[H\left(\boldsymbol{\gamma}^{\alpha}\right)+H\left(\boldsymbol{\gamma}^{\beta}\right)\right], \text{s.t.} \left\|\boldsymbol{\gamma}^{\alpha}\right\|_2=\left\|\boldsymbol{\gamma}^{\beta}\right\|_2=1 \tag{5.94}$$

也即

$$\min\left\{-\sum_{n=1}^{N}\left[\left(\ln\left|\gamma_n^{\alpha}\right|^2\right)\cdot\left|\gamma_n^{\alpha}\right|^2\right]-\sum_{n=1}^{N}\left[\left(\ln\left|\gamma_n^{\beta}\right|^2\right)\cdot\left|\gamma_n^{\beta}\right|^2\right]\right\} \tag{5.95}$$

$\text{s.t.} \sum_{n=1}^{N}\left|\gamma_n^{\alpha}\right|^2=1, \sum_{n=1}^{N}\left|\gamma_n^{\beta}\right|^2=1$。

应用 Lagrange 方程求解上述的优化解：

$$L=-\sum_{n=1}^{N}\left[\left(\ln\left|\gamma_n^{\alpha}\right|^2\right)\cdot\left|\gamma_n^{\alpha}\right|^2\right]-\sum_{n=1}^{N}\left[\left(\ln\left|\gamma_n^{\beta}\right|^2\right)\cdot\left|\gamma_n^{\beta}\right|^2\right]+\lambda_1\left(\sum_{n=1}^{N}\left|\gamma_n^{\alpha}\right|^2-1\right)+\lambda_2\left(\sum_{n=1}^{N}\left|\gamma_n^{\beta}\right|^2-1\right) \tag{5.96}$$

为了简化计算，设$|\gamma_n^\alpha|^2 = p_n^\alpha$，$|\gamma_n^\beta|^2 = p_n^\beta$，可得

$$\begin{cases} \dfrac{\partial L}{\partial p_n^\alpha} = -\ln p_n^\alpha - 1 + \lambda_1 = 0 \\ \dfrac{\partial L}{\partial p_n^\beta} = -\ln p_n^\beta - 1 + \lambda_2 = 0 \\ \sum\limits_{n=1}^{N} p_n^\alpha = 1 \\ \sum\limits_{n=1}^{N} p_n^\beta = 1 \end{cases} \tag{5.97}$$

联合求解上述各个方程，可得

$$|\gamma_n^\alpha| = \frac{1}{\sqrt{N_\alpha}}，\quad |\gamma_n^\beta| = \frac{1}{\sqrt{N_\beta}} \tag{5.98}$$

证毕。

根据 Shannon 熵的定义可知，如果$H(\boldsymbol{\gamma}^\alpha) = \ln N_\alpha$，$H(\boldsymbol{\gamma}^\beta) = \ln N_\beta$，那么定理中的等式即可成立，且有$N_\alpha N_\beta = \dfrac{1}{\xi_{\max}^2}$。该结论正好与其他结果重合，即等值均匀的栅栏函数序列可以使得测不准原理的理论值达到下限。

Donoho、David 及 Huo 等也已证明当栅栏函数序列和余弦函数时有$\xi_{\max} \to \dfrac{1}{\sqrt{N}}$，此时$N_\alpha N_\beta = N$，表明信号一定是等值均匀的栅栏函数序列。

5.4.3　稀疏表示的 Rényi 熵广义测不准原理

Rényi 熵可以看作是 Shannon 熵的广义形式，可以从 Rényi 熵推导出 Shannon 熵。离散 Rényi 熵定义[104]如下：

$$H_\theta(\boldsymbol{\gamma}) = \frac{1}{\theta - 1} \ln \sum_{n=1}^{N} |\gamma_n|^{2\theta} \tag{5.99}$$

其中，$\boldsymbol{\gamma} = \{\gamma_n\}_{n=1,2,\cdots,N}$为变换系数。

定理 5.10　对于给定的离散数据序列$\boldsymbol{X} = \{x_1, x_2, \cdots, x_N\} = \{x(1), x(2), \cdots, x(N)\} \in \mathbf{R}^N$，其势为$\boldsymbol{N}$且有$\|\boldsymbol{X}\|_2 = 1$，$\boldsymbol{U}_\alpha$ ($\boldsymbol{U}_\beta$)为正交变换矩阵，同时$\boldsymbol{\gamma}^\alpha = \boldsymbol{U}_\alpha^{\mathrm{T}} \boldsymbol{X}$，$\boldsymbol{\gamma}^\beta = \boldsymbol{U}_\beta^{\mathrm{T}} \boldsymbol{X}$，$N_\alpha(N_\beta)$为变换系数$\boldsymbol{\gamma}^\alpha(\boldsymbol{\gamma}^\beta)$中非零个数，$\xi_{\max} = \sup\limits_{m,n}\left[\left|(u_m^\beta)^{\mathrm{T}} \cdot u_n^\alpha\right|\right]$，可以得到离散 Rényi 熵的广义测不准原理：

$$H_{\theta_1}(\boldsymbol{\gamma}^\alpha) + H_{\theta_2}(\boldsymbol{\gamma}^\beta) \geqslant 2\ln \frac{1}{\xi_{\max}} \tag{5.100}$$

其中，$\dfrac{1}{2} < \theta_2 \leqslant 1$，$\dfrac{1}{\theta_1} + \dfrac{1}{\theta_2} = 2$，长度为$N$，$H_{\theta_1}(\boldsymbol{\gamma}^\alpha) = \dfrac{1}{\theta_1 - 1} \ln \sum\limits_{n=1}^{N} |\gamma_n^\alpha|^{2\theta_1}$，$H_{\theta_2}(\boldsymbol{\gamma}^\beta) = \dfrac{1}{\theta_2 - 1} \ln \sum\limits_{n=1}^{N} |\gamma_n^\beta|^{2\theta_2}$（假定$0^0 = 1$，$0\ln 0 = 0$）均为Rényi熵。

证明：在引理 5.7 中，设 $q = 2\theta_1$，$p = 2\theta_2$，可得

$$\frac{1}{2} < \theta_2 \leqslant 1，\quad \frac{1}{\theta_1} + \frac{1}{\theta_2} = 2 \tag{5.101}$$

所以，从引理 5.7 中可得

$$\left(\sum_{n=1}^{N} |\gamma_n^\alpha|^{2\theta_1}\right)^{\frac{1}{2\theta_1}} \leqslant (\xi_{\max})^{\frac{1-\theta_2}{\theta_2}} \left(\sum_{n=1}^{N} |\gamma_n^\beta|^{2\theta_2}\right)^{\frac{1}{2\theta_2}} \tag{5.102}$$

对式（5.102）两侧取对数，有

$$\left(\sum_{n=1}^{N} |\gamma_n^\alpha|^{2\theta_1}\right)^{\frac{1}{\theta_1}} \leqslant (\xi_{\max})^{\frac{2(1-\theta_2)}{\theta_2}} \left(\sum_{n=1}^{N} |\gamma_n^\beta|^{2\theta_2}\right)^{\frac{1}{\theta_2}} \tag{5.103}$$

对式（5.103）两侧取 $\dfrac{\theta_2}{1-\theta_2}$ 次幂，有

$$\left(\sum_{n=1}^{N} |\gamma_n^\alpha|^{2\theta_1}\right)^{\frac{1}{\theta_1-1}} \leqslant \xi_{\max}^2 \left(\sum_{n=1}^{N} |\gamma_n^\beta|^{2\theta_2}\right)^{\frac{1}{1-\theta_2}} \tag{5.104}$$

对式（5.104）两侧取对数，有

$$\frac{1}{1-\theta_1}\ln\left(\sum_{n=1}^{N} |\gamma_n^\alpha|^{2\theta_1}\right) + \frac{1}{1-\theta_2}\ln\left(\sum_{n=1}^{N} |\gamma_n^\beta|^{2\theta_2}\right) \geqslant 2\ln\frac{1}{\xi_{\max}} \tag{5.105}$$

证毕。

显然，如果 $\theta_1 \to 1$，$\theta_2 \to 1$，Rényi 熵退化为 Shannon 熵，这样 Rényi 熵广义测不准原理就退化为 Shannon 熵广义测不准原理。

5.4.4 熵稀疏表示唯一性

上述熵广义测不准原理一旦确定，会有这样的疑问：如果信号在字典（比如两个正交基函数 $\boldsymbol{U}_\alpha$ 和 $\boldsymbol{U}_\beta$ 的串联）的意义下有最稀疏表示，该稀疏表示具有唯一性，那么对于熵测不准原理来说会不会也有该特性呢？下面分析熵稀疏表示的唯一性[62]。

5.4.4.1 Shannon 熵稀疏表示唯一性

首先看如下定理。

定理 5.11 对于给定的离散数据序列 $\boldsymbol{X} = \{x_1, x_2, \cdots, x_N\} = \{x(1), x(2), \cdots, x(N)\} \in \mathbf{R}^N$，其势为 $\boldsymbol{N}$ 且有 $\|\boldsymbol{X}\|_2 = 1$，$\boldsymbol{U}_\alpha$（$\boldsymbol{U}_\beta$）为正交变换矩阵，$\xi_{\max} = \sup\limits_{m,n}\left[\left|\left(u_m^\beta\right)^{\mathrm{T}} u_n^\alpha\right|\right]$，如果

$$H(\boldsymbol{\gamma}) < \ln\frac{1}{\xi_{\max}} \tag{5.106}$$

那么，针对 $\boldsymbol{X} = \boldsymbol{U\gamma} = [\boldsymbol{U}_\alpha\ \boldsymbol{U}_\beta]\begin{bmatrix}\boldsymbol{\gamma}^\alpha \\ \boldsymbol{\gamma}^\beta\end{bmatrix} = \sum\limits_{n=1}^{N}\gamma_n^\alpha u_n^\alpha + \sum\limits_{n=1}^{N}\gamma_n^\beta u_n^\beta$ 会有 Shannon 熵优化意义上的唯一的稀疏表示 $\boldsymbol{\gamma}$，即 $\min H(\boldsymbol{\gamma})$。

证明：定理 5.10 表明，如果 $H(\boldsymbol{\gamma})$ 达到最小理论边界值，那么稀疏表示 $\boldsymbol{X} = \boldsymbol{U\gamma}$ 是唯一的。

假定有两个稀疏表示 $\boldsymbol{X} = \boldsymbol{U\gamma}_1$，$\boldsymbol{X} = \boldsymbol{U\gamma}_2$ 同时满足式（5.107），即

$$H(\gamma_1) < S, \quad H(\gamma_2) < S \tag{5.107}$$

则有

$$\boldsymbol{X} = [\boldsymbol{U}_\alpha \ \boldsymbol{U}_\beta] \ \boldsymbol{\gamma}_1 = [\boldsymbol{U}_\alpha \ \boldsymbol{U}_\beta] \ \boldsymbol{\gamma}_2 \tag{5.108}$$

因此

$$[\boldsymbol{U}_\alpha \ \boldsymbol{U}_\beta] \ (\boldsymbol{\gamma}_1 - \boldsymbol{\gamma}_2) = \underline{0} \tag{5.109}$$

可得

$$\boldsymbol{U}_\alpha(\boldsymbol{\gamma}_1 - \boldsymbol{\gamma}_2)^\alpha - \boldsymbol{U}_\beta(\boldsymbol{\gamma}_1 - \boldsymbol{\gamma}_2)^\beta = \boldsymbol{0}$$

令$(\boldsymbol{\gamma}_1 - \boldsymbol{\gamma}_2)^\alpha = \boldsymbol{\gamma}_\Delta^\alpha$，$(\boldsymbol{\gamma}_1 - \boldsymbol{\gamma}_2)^\beta = \boldsymbol{\gamma}_\Delta^\beta$，并设有一个新的向量$\Omega$定义如下：

$$\boldsymbol{U}_\alpha \boldsymbol{\gamma}_\Delta^\alpha = -\boldsymbol{U}_\beta \boldsymbol{\gamma}_\Delta^\beta = \Omega \tag{5.110}$$

接下来，有两个向量$\boldsymbol{\gamma}_\Delta^\alpha$和$\boldsymbol{\gamma}_\Delta^\beta$分别定义为$\boldsymbol{\gamma}_1 - \boldsymbol{\gamma}_2$中的上界和下界 N 值，也就是说，向量$\boldsymbol{\gamma}_\Delta^\alpha$和$\boldsymbol{\gamma}_\Delta^\beta$分别是正交基函数$\boldsymbol{U}_\alpha$和$\boldsymbol{U}_\beta$的变换系数。由于向量$\boldsymbol{\gamma}_\Delta^\alpha$和$\boldsymbol{\gamma}_\Delta^\beta$分别为正交基函数$\boldsymbol{U}_\alpha$和$\boldsymbol{U}_\beta$的对$\Omega$的表示系数，所以它们是非零的。

Shannon熵广义测不准原理表明，如果

$$H(\boldsymbol{\gamma}_\Delta^\alpha) = C_1, \quad H(\boldsymbol{\gamma}_\Delta^\beta) = C_2 \tag{5.111}$$

则必有

$$C_1 + C_2 \geqslant 2\ln\frac{1}{\xi_{\max}} \tag{5.112}$$

因此可得

$$H(\boldsymbol{\gamma}_1 - \boldsymbol{\gamma}_2) = H(\boldsymbol{\gamma}_\Delta^\alpha) + H(\boldsymbol{\gamma}_\Delta^\beta) = C_1 + C_2 \geqslant 2\ln\frac{1}{\xi_{\max}} \tag{5.113}$$

另一方面，取$H(\boldsymbol{\gamma}_1 - \boldsymbol{\gamma}_2)$为$(\boldsymbol{\gamma}_1, \boldsymbol{\gamma}_2)$的联合熵，即，令$H(\boldsymbol{\gamma}_1 - \boldsymbol{\gamma}_2) = H(\boldsymbol{\gamma}_1, \boldsymbol{\gamma}_2)$，因此根据联合熵的特性，有

$$H(\boldsymbol{\gamma}_1 - \boldsymbol{\gamma}_2) \triangleq H(\boldsymbol{\gamma}_1, \boldsymbol{\gamma}_2) \leqslant H(\boldsymbol{\gamma}_1) + H(\boldsymbol{\gamma}_2) \tag{5.114}$$

由假定可知，上面两个表示均是最佳稀疏表示，所以有

$$H(\boldsymbol{\gamma}_1 - \boldsymbol{\gamma}_2) \leqslant H(\boldsymbol{\gamma}_1) + H(\boldsymbol{\gamma}_2) < 2S \tag{5.115}$$

结果，如果S取值$\ln\frac{1}{\xi_{\max}}$或更小的话，那么显然有两个最佳稀疏表示的假定和广义测不准原理相矛盾，所以假定不成立，因此唯一性得证。

证毕。

5.4.4.2　Rényi 熵稀疏表示唯一性

对于 Rényi 熵同样有如下广义测不准原理[62]。

定理 5.12　对于给定的离散数据序列$\boldsymbol{X} = \{x_1, x_2, \cdots, x_N\} = \{x(1), x(2), \cdots, x(N)\} \in \mathbf{R}^{\boldsymbol{N}}$，其势为$\boldsymbol{N}$且有$\|\boldsymbol{X}\|_2 = 1$，$\boldsymbol{U}_\alpha$（$\boldsymbol{U}_\beta$）为正交变换矩阵，$\xi_{\max} = \sup\limits_{m,n}\left[\left|(u_m^\beta)^{\mathrm{T}} \cdot u_n^\alpha\right|\right]$，如果

$$H_\theta(\boldsymbol{\gamma}) < \ln\frac{1}{\xi_{\max}} \tag{5.116}$$

那么，针对 $\boldsymbol{X}=\boldsymbol{U}\boldsymbol{\gamma}=\left[\boldsymbol{U}_{\alpha}\ \boldsymbol{U}_{\beta}\right]\begin{bmatrix}\boldsymbol{\gamma}^{\alpha}\\ \boldsymbol{\gamma}^{\beta}\end{bmatrix}=\sum_{n=1}^{N}\gamma_{n}^{\alpha}\boldsymbol{u}_{n}^{\alpha}+\sum_{n=1}^{N}\gamma_{n}^{\beta}\boldsymbol{u}_{n}^{\beta}$，会有 Rényi 熵优化意义上的唯一的稀疏表示 $\boldsymbol{\gamma}$，即 $\min H_{\theta}(\boldsymbol{\gamma})$。

证明：定理 5.12 表明如果 $H(\boldsymbol{\gamma})$ 达到最小理论边界值，那么稀疏表示 $\boldsymbol{X}=\boldsymbol{U}\boldsymbol{\gamma}$ 是唯一的。

类似于定理 5.11 的证明，同理可以证明定理 5.12。

5.4.5　数据恢复重构算法

最小化熵在很多信息学的应用中意义重要，实际上，最小熵概率分布在很多场合并不存在[104]。对于一个离散的系统，离散熵的求解不得不加入一定的限制条件，一些学者在最小熵的应用上取得了进展[25]。但是，数学上，确定最小熵概率往往比确定最大熵概率问题困难得多，原因在于最小熵是一个非凸问题，而最大熵是一个典型的凸优化问题。

原则上，为了获得最小熵下的最佳稀疏表示，需要求解如下优化问题：

$$\min\left\{-\sum_{n=1}^{N}\left[\left(\ln\left|\gamma_{n}^{\alpha}\right|^{2}\right)\cdot\left|\gamma_{n}^{\alpha}\right|^{2}\right]-\sum_{n=1}^{N}\left[\left(\ln\left|\gamma_{n}^{\beta}\right|^{2}\right)\cdot\left|\gamma_{n}^{\beta}\right|^{2}\right]\right\},\ \text{s.t.}\left[\boldsymbol{U}_{\alpha}\ \boldsymbol{U}_{\beta}\right]\begin{bmatrix}\boldsymbol{\gamma}^{\alpha}\\ \boldsymbol{\gamma}^{\beta}\end{bmatrix}=\boldsymbol{X}\quad(5.117)$$

显然，根据稀疏表示的观点，上述优化问题是最优的，但是对应的优化求解却是 NP 问题[104]，因为需要遍历所有情况（局部最小熵）才能够得到全局最小熵。相似地，可以用 1-范数优化问题近似替代 0-范数优化一样，在熵最小化中能否找到这种方案？实际上，从实作的角度讲，贪婪算法[86,87,104]可以近似地解决这类优化问题。

所以，熵最小优化算法类似于最小 0-范数算法，是 NP 问题，无法有效地求解，因此我们[104]提出了一种熵贪婪思想，即每次求取最大熵对应的系数，依次从大到小抽取信号直至满足给定阈值，算法终止。

首先，假定 $\mathrm{res}_0=\boldsymbol{X}$（$\tilde{\boldsymbol{X}}_0=0$），在步骤 n，进行优化，选取 λ_n：

$$\lambda_{n}\in\arg\max_{u_{l}\in U}\left(\left|\left\langle\mathrm{res}_{n-1},u_{l}\right\rangle\right|^{2}\ln\frac{1}{\left|\left\langle\mathrm{res}_{n-1},u_{l}\right\rangle\right|^{2}}\right)\quad(5.118)$$

计算近似量和表示系数：

$$\begin{cases}\tilde{\boldsymbol{X}}_{n}=\tilde{\boldsymbol{X}}_{n-1}+\left\langle\mathrm{res}_{n-1},u_{\lambda_{n}}\right\rangle u_{\lambda_{n}}\\ \mathrm{res}_{n}=\mathrm{res}_{n-1}-\left\langle\mathrm{res}_{n-1},u_{\lambda_{n}}\right\rangle u_{\lambda_{n}}\end{cases}\quad(5.119)$$

重复上述步骤直到 res_n 满足事前给定阈值 $\|\mathrm{res}_n\|\leqslant\varepsilon$，这里 ε 为给定阈值。

对于 Rényi 熵，为了获得最佳稀疏表示的最小熵，与 Shannon 熵优化问题类似，需要求解如下优化问题：

$$\min\left[\frac{1}{1-\theta_{1}}\ln\left(\sum_{n=1}^{N}\left|\gamma_{n}^{\alpha}\right|^{2\theta_{1}}\right)+\frac{1}{1-\theta_{2}}\ln\left(\sum_{n=1}^{N}\left|\gamma_{n}^{\beta}\right|^{2\theta_{2}}\right)\right],\ \text{s.t.}\ \left[\boldsymbol{U}_{\alpha}\ \boldsymbol{U}_{\beta}\right]\begin{bmatrix}\boldsymbol{\gamma}^{\alpha}\\ \boldsymbol{\gamma}^{\beta}\end{bmatrix}=\boldsymbol{X}\quad(5.120)$$

由于参数 (θ_1,θ_2) 可以当作常数对待，因此这样的问题就是计算绝对值量的稀疏，所以上述贪婪算法一样对此优化方程求解有效。

5.4.6　最小 0-范数与最小 Shannon 熵的关系

如前所述，它是不可能或者不可行的计算最小熵概率分布，原因在于需要遍历所有的情况（局部最小熵）才能够得到全局最小熵[104]。

但是，如果固定最小 0-范数，便可以在 0-范数下获得最小熵的取值范围，从而可以分析最小 0-范数与最小熵之间的关系。

不失一般性，假定在 0-范数最佳稀疏表示下有 N_0 个非零变换系数（元素），并对这些变化系数进行绝对值的排序，即从大到小排序：$|\gamma_1|\geqslant|\gamma_2|\geqslant\cdots\geqslant|\gamma_{N_0}|$。这些系数实际上对应不同的状态量 $\tau_1,\tau_2,\cdots,\tau_{N_0}$，且 $\tau_1=1,\tau_2=2,\cdots,\tau_{N_0}=N_0$。

显然，所有的非零状态有方差 V：

$$V=\frac{1}{N_0}\sum_{n=1}^{N_0}\left(n-\frac{N_0+1}{2}\right)^2=\frac{N_0^2-1}{12} \tag{5.121}$$

因此，有如下最小熵

$$\begin{aligned}H_{\min}=&-\left(\frac{1}{2}+\sqrt{\frac{1}{4}-\frac{N_0+1}{12(N_0-1)}}\right)\ln\left(\frac{1}{2}+\sqrt{\frac{1}{4}-\frac{N_0+1}{12(N_0-1)}}\right)\\&-\left(\frac{1}{2}-\sqrt{\frac{1}{4}-\frac{N_0+1}{12(N_0-1)}}\right)\ln\left(\frac{1}{2}-\sqrt{\frac{1}{4}-\frac{N_0+1}{12(N_0-1)}}\right)\end{aligned} \tag{5.122}$$

同时，可得最大熵

$$H_{\max}=\ln N_0 \tag{5.123}$$

也就是说，给定最小-0 范数下的稀疏表示以及对应的 N_0 个非零变换系数，可以得到熵的范围：$[H_{\min},H_{\max}]$。显然，如果知道最小 0-范数下的稀疏表示系数，就可以确定最小熵的上下边界，尽管可能并不知道确切的最小熵。

另外，假定在 0-范数最佳稀疏表示下有 N_0 个非零变换系数（元素），并对这些变化系数进行绝对值的排序，即从大到小排序：$|\gamma_1|\geqslant|\gamma_2|\geqslant\cdots\geqslant|\gamma_{N_0}|$。这些系数实际上对应不同的状态量 $\tau_1,\tau_2,\cdots,\tau_{N_0}$，且 $\tau_1=1,\tau_2=2,\cdots,\tau_{N_0}=N_0$。

设 $\tau_1|\gamma_1|^2+\tau_2|\gamma_2|^2+\cdots+\tau_{N_0}|\gamma_{N_0}|^2=\mu$。由于所有的变换系数满足

$$\begin{cases}1\geqslant|\gamma_1|\geqslant|\gamma_2|\geqslant\cdots\geqslant|\gamma_{N_0}|>0\\ \dfrac{1}{N\xi_{\max}+1}\leqslant|\gamma_1|^2+|\gamma_2|^2+\cdots+|\gamma_{N_0}|^2\leqslant\dfrac{1}{N\xi_{\max}-1}\end{cases} \tag{5.124}$$

所以有

$$\frac{N_0}{N\xi_{\max}+1}\leqslant\mu\leqslant\frac{N_0+1}{2(N\xi_{\max}-1)} \tag{5.125}$$

根据统计学的结果，有如下最小熵关系。

如果 $\mu=\tau_n\,(1\leqslant n\leqslant N_0)$，那么

$$H_{\min}=-|\gamma_n|^2\ln|\gamma_n|^2 \tag{5.126}$$

如果 $\tau_{n-1}<\mu<\tau_n$，那么

$$H_{\min} = \min\{H_{1,\min}, H_{2,\min}\} \tag{5.127}$$

其中，

$$\begin{cases} H_{1,\min} = -\dfrac{N_0 - \mu}{N_0 - n + 1}\ln\left(\dfrac{N_0 - \mu}{N_0 - n + 1}\right) - \dfrac{\mu - n + 1}{N_0 - n + 1}\ln\left(\dfrac{\mu - n + 1}{N_0 - n + 1}\right) \\ H_{2,\min} = -\dfrac{n - \mu}{n - 1}\ln\left(\dfrac{n - \mu}{n - 1}\right) - \dfrac{\mu - 1}{n - 1}\ln\left(\dfrac{\mu - 1}{n - 1}\right) \end{cases} \tag{5.128}$$

同时，可以得到如下最大熵

$$H_{\max} = \ln N_0 \tag{5.129}$$

也就是说，给定 0-范数最佳稀疏表示下的 N_0 个非零变换系数（元素），可以得到熵的范围：

$$[H_{\min}, H_{\max}] \tag{5.130}$$

其中，$H_{\min} = \min\{H_{1,\min}, H_{2,\min}\}$，$H_{\max} = \ln N_0$。

这就表明，就算是获得 0-范数意义上最稀疏的表示，但是熵也不一定达到最小值，相反，熵只是在区间 $[H_{\min}, H_{\max}]$ 内浮动。另外，这也证明了稀疏表示中利用熵是很难操作的，尽管其有大量的应用范围。

5.4.7　实例

5.4.7.1　实例一

为了验证上述的理论结果，这里给出一个实验分析。

考虑下面的几个信号分量及它们的和：

$$\begin{cases} y_1(t) = a_1 \cos(0.1 \times 2\pi t) / \|y(t)\|_2 \\ y_2(t) = a_2 \cos(0.2 \times 2\pi t) / \|y(t)\|_2 \\ y_3(t) = a_3 \cos(0.3 \times 2\pi t) / \|y(t)\|_2 \\ y_4(t) = a_4 \cos(0.4 \times 2\pi t) / \|y(t)\|_2 \\ y_5(t) = a_5 \cos(0.5 \times 2\pi t) / \|y(t)\|_2 \\ y_6(t) = a_6 \cos(0.6 \times 2\pi t) / \|y(t)\|_2 \\ y(t) = \sum_{l=1}^{6} y_l(t) \end{cases} \tag{5.131}$$

其中，$\| \ \|_2$ 为 2-范数算子主要用来规则化信号。

现设 $t \in [0, 200]$(s) 以及采用周期 $T_s = 0.1\text{s}$。取信号 $y(t)$ 的离散余弦变换可得图 5.2，其中 $a_l = 1$ ($l = 1, 2, \cdots, 6$)。

起初时，可以把所有分量的幅度置为 1，因为此时 Shannon 熵可以达到最大值，因为所有的分布幅度大小相同。

图 5.2 表明，信号 $y(t)$ 在离散余弦变换域内是稀疏的，这里有 6 个非零变换系数（需要注意的是，实际上其他很多地方的数值并不是 0，而是非常接近 0 的小值，所以忽略它们且假定它们就是 0）。表明得到一个最小 0-范数意义下的稀疏表示其非零系数个数为 $N_0 = 6$。根据 5.4.6 小节内容中的恢复算法，此时可得 Shannon 熵的值为 1.7878，其

小于但很接近最大 Shannon 熵的值（理论上，根据前面广义测不准原理可知，最大 Shannon 熵的值是 $\ln N_0 = \ln 6 = 1.7918$）。

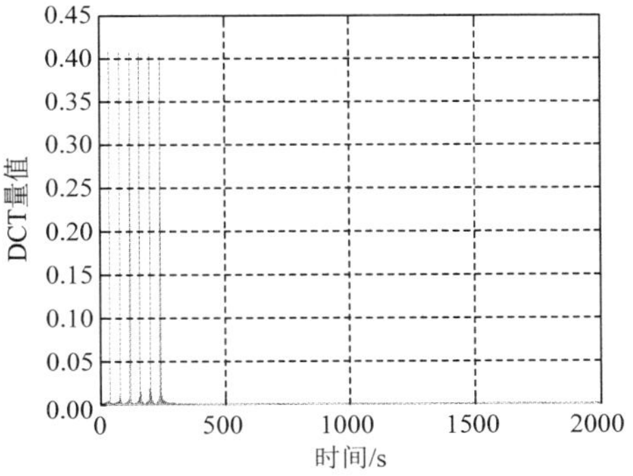

图 5.2 信号 $y(t)$ 的离散余弦变换（谱能量单位化）

现在固定非零个数 $N_0 = 6$，让这些分量的幅度发生变化，然后观察 Shannon 熵的值的变化（图 5.3）。首先，固定信号 $y_2 \sim y_6$ 的幅度不变，让 y_1 的幅度从 0.1 逐步变到 2.0，步长为 0.1 （见图 5.3 中的圆点线）。接下来，固定 $y_3 \sim y_6$ 的幅度不变，让 y_1、y_2 的幅度从 0.1 逐步变到 2.0，步长为 0.1（见图 5.3 中的三角线）。最后，固定 $y_4 \sim y_6$ 的幅度不变，让 y_1、y_2 的幅度从 0.1 逐步变到 2.0，步长为 0.1（见图 5.3 中的方格线）。图 5.3 中的三条线会随着分量幅度的变化而变化，但是它们始终无法超过最大熵的值，这个理论结果和实验实现了一致性对应。

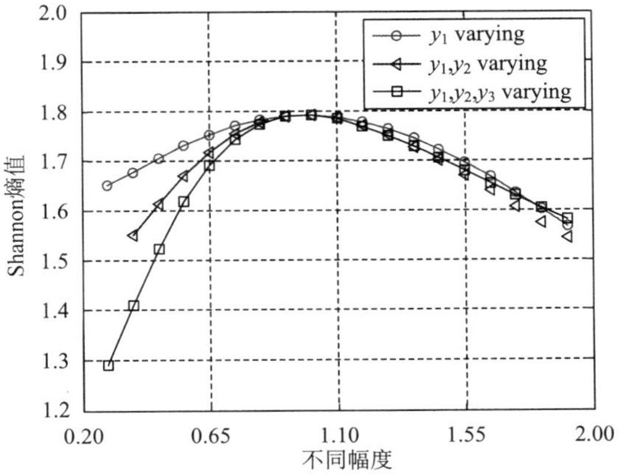

图 5.3 分量幅度变化时不同 Shannon 熵值

另外，既然实际工程操作过程中没有严格的零值点存在，那么最小熵的值在实验中无法像最大熵那样模拟计算。但是，可以发现这样的规律：当几个分量之间的幅度差异越大时，熵就越小。

总之，一句话总结该实验：就算是获得 0-范数意义上信号最稀疏的表示，但是熵也不一定达到最小值，相反，熵会在一个区间内变化。

5.4.7.2　实例二

为了进一步印证上述理论，这里给出第二个实验。

为了简化实验，采用正弦基函数和栅栏基函数作为正交基函数对[63]。计算之前，首先假定已知 0-范数下的稀疏表示，接下来采用贪婪算法计算此时的最小熵，从而确定最小 0-范数下的稀疏表示与最小熵之间的关系。

首先，随机产生一个频率对应的时域内信号的余弦和栅栏函数。这样就可利用贪婪算法计算最小熵了，利用的基函数对当然也是余弦基函数和栅栏基函数，重复上述过程多次，得到图 5.4 的结果。

下面给出了不同情况下图 5.4 和表 5.1 中的最小 0-范数稀疏表示和最小熵之间的关系变化。

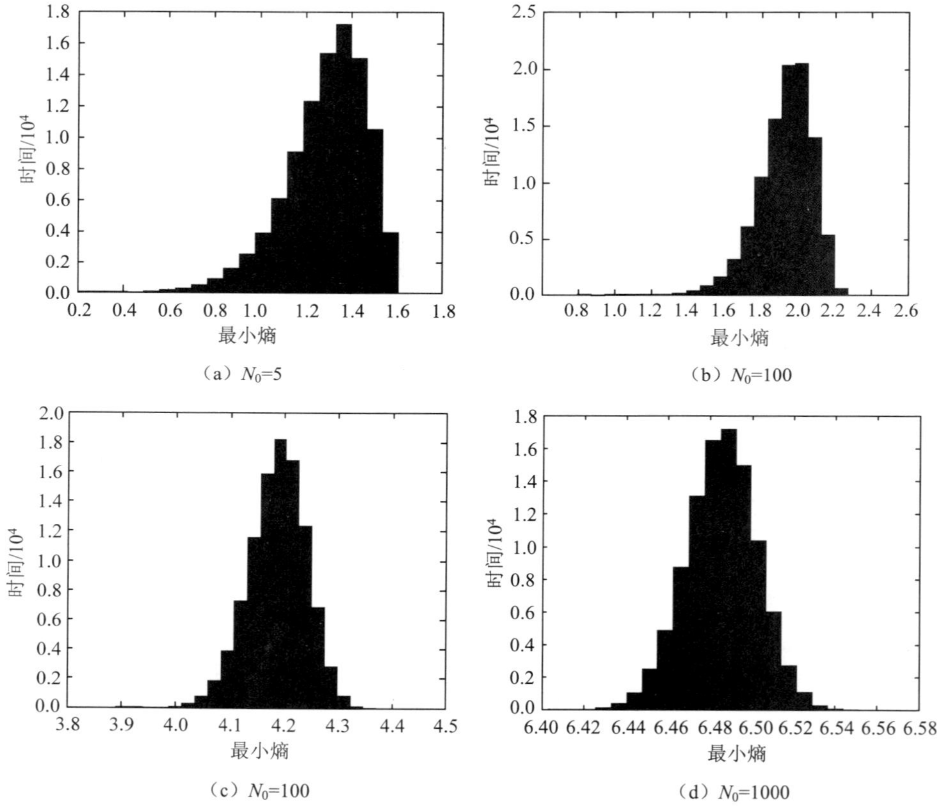

图 5.4　最小 0-范数和最小熵在不同情况下的对比直方图

表 5.1　图 5.4 中不同对比情况的量化结果

量化值	(a)	(b)	(c)	(d)
N_0	5	10	100	1000
H_{min}	0.4165	0.3570	0.3113	0.3070
H_{max}	1.6094	2.3026	4.6052	6.9078

最小 0-范数的稀疏表示情况给出了四种：稀疏表示时非零个数分别是 5、10、100 和 1000。接着就用上面的贪婪算法计算每种情况下的最小熵，每种情况均重复 100000 次，这样就可以计算每种熵值下的次数，然后给出统计直方图。从这些直方图可以清晰地发现：在 0-范数意义信号最稀疏表示下，最小熵会在一个区间内变化，且变化服从一定的统计分布，且随着非零个数的增加，直方图愈加接近正态分布。

本 章 小 结

本章讨论了信号稀疏表示下的广义测不准原理，涉及三个问题：①基函数集最佳稀疏表示信号的充要条件是什么；②如何选择信号最佳稀疏表示的基函数集；③如何设计得到基函数集最佳稀疏分解信号的算法和信号的重构等。其中，信号为待分解信号，基函数集是用来对信号进行稀疏分解的一个（或多个）正交或非正交基函数序列，还可以是更为一般意义上的框架。给出了信号稀疏表示最小 0-范数意义上的 Heisenberg 广义测不准原理、信号稀疏表示最小熵意义下的熵广义测不准原理、信号稀疏表示的唯一性定理、1-范数和 0-范数以及最小熵在稀疏表示下的等价条件和关系等，为信号的稀疏表示提供了一定的理论依据。

第 6 章　总结与展望

前面各章讨论了信号时频分析的广义测不准原理以及信号稀疏表示的广义测不准原理，本章主要对前面的内容做简单的总结，并给出广义测不准原理的研究展望。

6.1　广义测不准原理中的数学问题总结及展望

本节将从两类广义测不准原理的角度出发，针对信号处理中的广义测不准原理理论研究中涉及的数学问题进行分析研究，给出信号处理中的广义测不准原理研究中的数学问题[106]，旨在为更好地研究广义测不准原理的理论及为其在信息学中的应用提供一定的依据。

6.1.1　时频分析广义测不准原理中的数学问题

时频分析广义测不准原理把不同的基函数单独或独立对信号进行表示，一般来讲只是对信号在单域内聚集程度(或独立的两个域内聚集程度之和/积)进行理论论证和分析，多数用来分析时频分辨率及分辨率之间的关系。

本书中的时频分析广义测不准原理主要是指在分数阶 Fourier 变换域和线性正则变换域内的传统时频平面分辨率分析的 Heisenberg 测不准原理、加窗测不准原理、对数测不准原理、熵（主要包括 Shannon 熵、Rényi 熵等）测不准原理等的扩展，把这些测不准原理从传统的时域与频域拓展到时域与广义域内（分数阶 Fourier 变换域和线性正则变换域内），或者拓展到广义域内与广义域内（即两个域均是分数阶 Fourier 变换域或线性正则变换域）。在这些广义测不准原理的推导证明过程中所涉及的主要数学公式或性质(或主要数学问题)包括：变量代换、Parseval 准则、Cauchy-Schwartz 不等式、Minkowski 不等式、Hausdorff-Young 不等式以及 Pitt 不等式等数学问题。

由于分数阶 Fourier 变换可以作为线性正则变换的特例对待，所以本节主要以线性正则变换为例加以讨论。首先给出线性正则变换的数学定义及主要特性，以及这些特性的相关应用。然后讨论了广义测不准原理推导证明过程中常用的 Minkowski 不等式、广义 Hausdorff-Young 不等式、广义 Pitt 不等式、变量代换等数学问题，并给出了相应的广义形式推导和典型应用示例（具有启示作用）。

6.1.1.1　线性正则变换主要性质

叠加特性

$$F_{(a_2,b_2,c_2,d_2)}\{F_{(a_1,b_1,c_1,d_1)}[f(t)]\}=F_{(e,f,g,h)}[f(t)] \tag{6.1}$$

其中，$\boldsymbol{C}=\begin{bmatrix} e & f \\ g & h \end{bmatrix}=\begin{bmatrix} a_2 & b_2 \\ c_2 & d_2 \end{bmatrix}\cdot\begin{bmatrix} a_1 & b_1 \\ c_1 & d_1 \end{bmatrix}=\boldsymbol{AB}$。

可逆性

$$F_{(a_2,b_2,c_2,d_2)}\{F_{(a_1,b_1,c_1,d_1)}[f(t)]\}=f(t) \tag{6.2}$$

其中，$\begin{bmatrix} a_2 & b_2 \\ c_2 & d_2 \end{bmatrix}\cdot\begin{bmatrix} a_1 & b_1 \\ c_1 & d_1 \end{bmatrix}=\begin{bmatrix} 1 & 0 \\ 0 & 1 \end{bmatrix}$。

时移性

$$F_{(a,b,c,d)}[f(t-\tau)]=\mathrm{e}^{-\mathrm{i}\frac{ac}{2}\tau^2}\mathrm{e}^{\mathrm{i}cu\tau}F_{(a,b,c,d)}(u-a\tau) \tag{6.3}$$

尺度特性

$$F_{(a,b,c,d)}\left[\sqrt{\frac{1}{\sigma}}f\left(\frac{t}{\sigma}\right)\right]=F_{(a\sigma,b/\sigma,c\sigma,d/\sigma)}(u) \tag{6.4}$$

乘积特性

$$F_{(a,b,c,d)}[tf(t)]=u\cdot d\cdot F_{(a,b,c,d)}(u)+\mathrm{i}b\frac{\mathrm{d}F_{(a,b,c,d)}(u)}{\mathrm{d}u} \tag{6.5}$$

广义 Parseval 准则

$$\int_{-\infty}^{+\infty}f(t)g^*(t)\mathrm{d}t=\int_{-\infty}^{+\infty}F_{(a,b,c,d)}(u)G^*_{(a,b,c,d)}(u)\mathrm{d}u \tag{6.6}$$

Parseval 准则/定理的物理意义是能量守恒，时域能量等于频域能量，不会因为变换而发生改变。而广义 Parseval 准则讨论了在广义域内（分数阶 Fourier 变换域和线性正则变换域内）的能量守恒问题，即时域能量等于广义频域能量。

除了 Parseval 准则以外，Cauchy-Schwartz 不等式也是广义测不准原理证明过程中常用的数学法则。数学上，Cauchy-Schwartz 不等式，又称 Schwartz 不等式。Cauchy-Schwartz 不等式表明，若 f 和 g 是实或复内积空间的元素，则有

$$|\langle f,g\rangle|^2\leqslant\langle f,f\rangle\cdot\langle g,g\rangle$$

等式成立当且仅当 f 和 g 是线性相关的。Cauchy-Schwartz 不等式的一个重要结果是内积为连续函数，例如下面的证明过程：

根据乘积特性式（6.5）和广义 Parseval 准则式（6.6），可得

$$\begin{cases}\int_{-\infty}^{+\infty}u^2\left|F_{(a_1,b_1,c_1,d_1)}(u)\right|^2\mathrm{d}u=\int_{-\infty}^{+\infty}|a_1tf(t)-\mathrm{i}b_1f'(t)|^2\mathrm{d}t\\ \int_{-\infty}^{+\infty}v^2\left|F_{(a_2,b_2,c_2,d_2)}(v)\right|^2\mathrm{d}v=\int_{-\infty}^{+\infty}|a_2tf(t)-\mathrm{i}b_2f'(t)|^2\mathrm{d}t\end{cases} \tag{6.7}$$

对式（6.7）应用 Cauchy-Schwartz 不等式，可得

$$\begin{aligned}&\int_{-\infty}^{+\infty}u^2\left|F_{(a_1,b_1,c_1,d_1)}(u)\right|^2\mathrm{d}u\cdot\int_{-\infty}^{+\infty}v^2\left|F_{(a_2,b_2,c_2,d_2)}(v)\right|^2\mathrm{d}v\\ &\geqslant\left|\int_{-\infty}^{+\infty}\left[a_1tf(t)-\mathrm{i}b_1\frac{\mathrm{d}f(t)}{\mathrm{d}t}\right]\left[a_2tf(t)-\mathrm{i}b_2\frac{\mathrm{d}f(t)}{\mathrm{d}t}\right]^*\mathrm{d}t\right|^2\end{aligned} \tag{6.8}$$

对于实数函数 $f(t)$，有

$$\left|\int_{-\infty}^{+\infty}\left[a_1tf(t)-\mathrm{i}b_1\frac{\mathrm{d}f(t)}{\mathrm{d}t}\right]\left[a_2tf(t)-\mathrm{i}b_2\frac{\mathrm{d}f(t)}{dt}\right]^*\mathrm{d}t\right|^2$$

$$=\left|\int_{-\infty}^{+\infty}\left\{a_1a_2t^2f^2(t)+b_1b_2[f'(t)]^2+\mathrm{i}(a_1b_2-a_2b_1)tf(t)f'(t)\right\}\mathrm{d}t\right|^2 \tag{6.9}$$

进一步，可得到广义测不准原理的结果：

$$\int_{-\infty}^{+\infty}u^2\left|F_{(a_1,b_1,c_1,d_1)}(u)\right|^2\mathrm{d}u\cdot\int_{-\infty}^{+\infty}v^2\left|F_{(a_2,b_2,c_2,d_2)}(v)\right|^2\mathrm{d}v\geqslant\frac{(a_1b_2-a_2b_1)^2}{4}+\left(a_1a_2\Delta t^2+\frac{b_1b_2}{4\Delta t^2}\right)^2 \tag{6.10}$$

Cauchy-Schwartz 不等式有另一形式，还可以用范数的写法表示：

$$\left|\langle f,g\rangle\right|\leqslant\|f\|\cdot\|g\| \tag{6.11}$$

有关线性正则变换（及分数阶 Fourier 变换）的其他详细论述可参阅文献[12]。

6.1.1.2　Minkowski 不等式

Minkowski 不等式在广义测不准原理的推导中也颇为重要，首先简要回顾 Minkowski 不等式的推导过程。考虑连续函数形式$\|f+g\|_p$的 p 次幂：

$$\left[\int_a^b|f(t)+g(t)|^p\,\mathrm{d}t\right]^{\frac{1}{p}\cdot p}=\int_a^b|f(t)+g(t)||f(t)+g(t)|^{p-1}\,\mathrm{d}t \tag{6.12}$$

用三角形不等式展开：

$$|f(t)+g(t)|\leqslant\int_a^b|f(t)||f(t)+g(t)|^{p-1}\,\mathrm{d}t+\int_a^b|g(t)||f(t)+g(t)|^{p-1}\,\mathrm{d}t \tag{6.13}$$

应用 Hölder 不等式，式（6.13）

$$\text{右侧}\leqslant\left[\int_a^b|f(t)|^p\,\mathrm{d}t\right]^{1/p}\left[\int_a^b|f(t)+g(t)|^{q(p-1)}\,\mathrm{d}t\right]^{1/q}+\left[\int_a^b|g(t)|^p\,\mathrm{d}t\right]^{1/p}\left[\int_a^b|f(t)+g(t)|^{q(p-1)}\,\mathrm{d}t\right]^{\frac{1}{q}}$$

$$=\left\{\left[\int_a^b|f(t)|^p\,\mathrm{d}t\right]^{1/p}+\left[\int_a^b|g(t)|^p\,\mathrm{d}t\right]^{1/p}\right\}\left[\int_a^b|f(t)+g(t)|^{q(p-1)}\,\mathrm{d}t\right]^{1/q} \tag{6.14}$$

利用关系式$\frac{1}{p}+\frac{1}{q}=1$，最终得到 Minkowski 不等式：

$$\left[\int_a^b|f(t)+g(t)|^p\,\mathrm{d}t\right]^{1/p}\leqslant\left[\int_a^b|f(t)|^p\,\mathrm{d}t\right]^{1/p}+\left[\int_a^b|g(t)|^p\,\mathrm{d}t\right]^{1/p} \tag{6.15}$$

类似地，得到多路信号的 Minkowski 不等式[29]：

$$\begin{cases}\left[\int_{-\infty}^{+\infty}\left|\sum_{l=1}^{n}\xi_l\eta_l(t)\right|^{\gamma}\mathrm{d}t\right]^{1/\lambda}\leqslant\sum_{l=1}^{n}\xi_l\left[\int_{-\infty}^{+\infty}|\xi_l(t)|^{\gamma}\,\mathrm{d}t\right]^{1/\lambda}\\[2ex]\left[\int_{-\infty}^{+\infty}\left|\sum_{l=1}^{n}\xi_l\rho_l(t)\right|^{\theta}\mathrm{d}t\right]^{1/\theta}\geqslant\sum_{l=1}^{n}\xi_l\left[\int_{-\infty}^{+\infty}|\rho_l(t)|^{\theta}\,\mathrm{d}t\right]^{1/\theta}\end{cases} \tag{6.16}$$

应用式（6.16），可以得到多路信号的广义熵测不准原理：

$$H_\theta\left\{\sum_{l=1}^{n}\xi_l\left|F_{l,B}(v)\right|^2\right\}+H_\lambda\left\{\sum_{l=1}^{n}\xi_l\left|F_{l,A}(u)\right|^2\right\}\geqslant\frac{\ln(\theta/\pi)}{2(\theta-1)}+\frac{\ln(\lambda/\pi)}{2(\lambda-1)}+\ln|a_1b_2-a_2b_1| \tag{6.17}$$

6.1.1.3　广义 Hausdorff-Young 不等式

使用变量替换原理，可以推导 LCT 域内的广义 Hausdorff-Young 不等式。

考虑 Beckner 的 Hausdorff-Young 不等式[17]：

$$\|F(u)\|_p \leqslant \left[\left(\frac{q}{2\pi}\right)^{1/q} \Big/ \left(\frac{p}{2\pi}\right)^{1/p}\right]^{1/2} \|f(t)\|_q \tag{6.18}$$

其中，$\dfrac{1}{p}+\dfrac{1}{q}=1$，$1<q\leqslant 2$；$\|F(u)\|_p=\left[\int_{-\infty}^{+\infty}|F(u)|^p\mathrm{d}u\right]^{1/p}$；$\|f(t)\|_q=\left[\int_{-\infty}^{+\infty}|f(t)|^q\mathrm{d}t\right]^{1/q}$。

首先假定 $a_l,b_l,c_l,d_l\in\mathbf{R}\,(l=1,2,3)$，且设

$$\begin{cases} G(u)=F_{(a_1,b_1,c_1,d_1)}(u)\exp\left(-\mathrm{i}\dfrac{a_3u^2}{2b_3}\right) \\ F_{(a_1,b_1,c_1,d_1)}(u)=F^{(a_1,b_1,c_1,d_1)}[f(t)] \\ g(t)=\sqrt{\dfrac{1}{2\pi}}\displaystyle\int_{-\infty}^{+\infty}G(u)\mathrm{e}^{\mathrm{i}ut}\mathrm{d}u \end{cases} \tag{6.19}$$

应用等式$\left|F_{(a_1,b_1,c_1,d_1)}(u)\exp\left(-\mathrm{i}\dfrac{a_3u^2}{2b_3}\right)\right|=\left|F_{(a_1,b_1,c_1,d_1)}(u)\right|$，可得

$$\|G(u)\|_p=\left\|F_{(a_1,b_1,c_1,d_1)}(u)\exp\left(-\mathrm{i}\frac{a_3u^2}{2b_3}\right)\right\|_p=\left\|F_{(a_1,b_1,c_1,d_1)}(u)\right\|_p \tag{6.20}$$

即

$$\|G(u)\|_p=\left\|F_{(a_1,b_1,c_1,d_1)}(u)\right\|_p\leqslant\left[\left(\frac{q}{2\pi}\right)^{1/q}\Big/\left(\frac{p}{2\pi}\right)^{1/p}\right]^{1/2}\|g(t)\|_q \tag{6.21}$$

由于 $g(t)=F^{-1}[G(u)]$，所以

$$\|g(t)\|_q=\left[\int_{-\infty}^{+\infty}|g(t)|^q\mathrm{d}t\right]^{1/q}=\left[\frac{1}{|b_3|}\int_{-\infty}^{+\infty}\left|g\left(\frac{t}{b_3}\right)\right|^q\mathrm{d}t\right]^{1/q}=\left[\frac{1}{|b_3|}\int_{-\infty}^{+\infty}\left|\sqrt{\frac{1}{2\pi}}\int_{-\infty}^{+\infty}G(u)\mathrm{e}^{\frac{\mathrm{i}ut}{b_3}}\mathrm{d}u\right|^q\mathrm{d}t\right]^{1/q} \tag{6.22}$$

通过变量代换，并应用 Fourier 变换定义可得

$$\begin{aligned} \|g(t)\|_q &= \left[\frac{1}{|b_3|}\int_{-\infty}^{+\infty}\left|\sqrt{\frac{1}{2\pi}}\int_{-\infty}^{+\infty}F_{(a_1,b_1,c_1,d_1)}(u)\exp\left(-\mathrm{i}\frac{a_3u^2}{2b_3}\right)\exp\left(\frac{\mathrm{i}ut}{b_3}\right)\mathrm{d}u\right|^q\mathrm{d}t\right]^{1/q} \\ &= \left[\frac{1}{|b_3|}\int_{-\infty}^{+\infty}\left|\frac{\sqrt{\dfrac{1}{2\mathrm{i}b_3\pi}}\displaystyle\int_{-\infty}^{+\infty}F_{(a_1,b_1,c_1,d_1)}(u)\exp\left(-\mathrm{i}\dfrac{d_3t^2}{2b_3}\right)\exp\left(-\mathrm{i}\dfrac{a_3u^2}{2b_3}\right)\exp\left(\dfrac{\mathrm{i}ut}{b_3}\right)\mathrm{d}u}{\exp\left(-\mathrm{i}\dfrac{d_3t^2}{2b_3}\right)\sqrt{\dfrac{1}{\mathrm{i}b_3}}}\right|^q\mathrm{d}t\right]^{1/q} \\ &= \left(\frac{1}{|b_3|}\right)^{1/q}|b_3|^{1/2}\left(\int_{-\infty}^{+\infty}\left|\sqrt{\frac{1}{2\mathrm{i}b_3\pi}}\int_{-\infty}^{+\infty}F_{(a_1,b_1,c_1,d_1)}(u)\exp\left(-\mathrm{i}\frac{d_3t^2}{2b_3}\right)\exp\left(-\mathrm{i}\frac{a_3u^2}{2b_3}\right)\exp\left(\frac{\mathrm{i}ut}{b_3}\right)\mathrm{d}u\right|^q\mathrm{d}t\right)^{1/q} \\ &= \left(\frac{1}{|b_3|}\right)^{1/q}|b_3|^{1/2}\left\|F^{(d_3,-b_3,-c_3,a_3)}\left[F_{(a_1,b_1,c_1,d_1)}(u)\right]\right\|_q \end{aligned} \tag{6.23}$$

令$\begin{bmatrix} a_2 & b_2 \\ c_2 & d_2 \end{bmatrix}=\begin{bmatrix} d_3 & -b_3 \\ -c_3 & a_3 \end{bmatrix}\cdot\begin{bmatrix} a_1 & b_1 \\ c_1 & d_1 \end{bmatrix}$，即得

$$F^{(d_3,-b_3,-c_3,a_3)}\left[F_{(a_1,b_1,c_1,d_1)}(u)\right]=F_{(a_2,b_2,c_2,d_2)}(u) \tag{6.24}$$

其中，$b_3 = -a_1 b_2 + a_2 b_1$。

所以

$$\|g(t)\|_q = \left(\frac{1}{|a_1 b_2 - a_2 b_1|}\right)^{1/q} |a_1 b_2 - a_2 b_1|^{1/2} \left\|F_{(a_2,b_2,c_2,d_2)}(u)\right\|_q \tag{6.25}$$

所以

$$\left\|F_{(a_1,b_1,c_1,d_1)}(u)\right\|_p \leqslant \left[\left(\frac{q}{2\pi}\right)^{1/q} \Big/ \left(\frac{p}{2\pi}\right)^{1/p}\right]^{1/2} \left(\frac{1}{|a_1 b_2 - a_2 b_1|}\right)^{1/q} |a_1 b_2 - a_2 b_1|^{1/2} \left\|F_{(a_2,b_2,c_2,d_2)}(u)\right\|_q \tag{6.26}$$

广义分数阶 Fourier 变换域的 Hausdorff-Young 不等式，与变换参数 a、b 有关，与变换参数 c、d 无关。当 $(a_1,b_1,c_1,d_1)=(0,1,-1,0)$，$(a_2,b_2,c_2,d_2)=(1,0,0,1)$ 时，有

$$\|f(t)\|_p \leqslant \left[\left(\frac{q}{2\pi}\right)^{1/q} \Big/ \left(\frac{p}{2\pi}\right)^{1/p}\right]^{1/2} \|F(u)\|_q \tag{6.27}$$

式（6.27）是传统 Hausdorff-Young 不等式的第二种书写版本。当 $p=q=2$ 时，即可得到广义分数阶 Fourier 变换域的 Parseval 准则：

$$\int_{-\infty}^{+\infty} \left|F_{(a_1,b_1,c_1,d_1)}(u)\right|^2 \mathrm{d}u = \int_{-\infty}^{+\infty} \left|F_{(a_2,b_2,c_2,d_2)}(u)\right|^2 \mathrm{d}u \tag{6.28}$$

根据 p 和 q 的关系，即可得到广义分数阶 Fourier 变换域的 Hausdorff-Young 不等式的第二种形式：

$$\begin{cases} \left(\dfrac{1}{|a_1 b_2 - a_2 b_1|}\right)^{1/p} |a_1 b_2 - a_2 b_1|^{1/2} \left\|F_{(a_1,b_1,c_1,d_1)}(u)\right\|_p \leqslant \left[\left(\dfrac{q}{2\pi}\right)^{1/q} \Big/ \left(\dfrac{p}{2\pi}\right)^{1/p}\right]^{1/2} \left\|F_{(a_2,b_2,c_2,d_2)}(u)\right\|_q \\ \dfrac{\left(\dfrac{1}{|a_1 b_2 - a_2 b_1|}\right)^{1/p} |a_1 b_2 - a_2 b_1|^{1/2} \left\|F_{(a_1,b_1,c_1,d_1)}(u)\right\|_p}{\left(\left(\dfrac{q}{2\pi}\right)^{1/q} \Big/ \left(\dfrac{p}{2\pi}\right)^{1/p}\right)^{1/2} \left\|F_{(a_2,b_2,c_2,d_2)}(u)\right\|_q} \leqslant 1 \end{cases} \tag{6.29}$$

对式（6.29）两边取对数，可得

$$S(q) \leqslant 0$$

其中，

$$S(q) = -\frac{\ln|a_1 b_2 - a_2 b_1|}{p} + \frac{\ln|a_1 b_2 - a_2 b_1|}{2} + \frac{\ln\left(\int_{-\infty}^{+\infty} \left|F_{(a_1,b_1,c_1,d_1)}(u)\right|^p \mathrm{d}u\right)}{p} + \frac{\ln\dfrac{p}{2\pi}}{2p} - \frac{\ln\left[\int_{-\infty}^{+\infty} \left|F_{(a_2,b_2,c_2,d_2)}(u)\right|^q \mathrm{d}u\right]}{q} - \frac{\ln\dfrac{q}{2\pi}}{2q} \tag{6.30}$$

其中，$\dfrac{1}{p}+\dfrac{1}{q}=1$，$1<q\leqslant 2$。

则

$$S'(q)=\frac{\ln\left[\int_{-\infty}^{+\infty}\left|F_{(a_1,b_1,c_1,d_1)}(u)\right|^{\frac{q}{q-1}}\mathrm{d}u\right]}{q^2}-\frac{\int_{-\infty}^{+\infty}\left|F_{(a_1,b_1,c_1,d_1)}(u)\right|^{\frac{q}{q-1}}\ln\left|F_{(a_1,b_1,c_1,d_1)}(u)\right|\mathrm{d}u}{q(q-1)\int_{-\infty}^{+\infty}\left|F_{(a_1,b_1,c_1,d_1)}(u)\right|^{\frac{q}{q-1}}\mathrm{d}u}$$
$$+\frac{\ln\left(\frac{q}{q-1}\right)-1}{2q^2}-\frac{1-\ln q}{2q^2}+\frac{\ln\left(\int_{-\infty}^{+\infty}\left|F_{(a_2,b_2,c_2,d_2)}(u)\right|^q\mathrm{d}u\right)}{q^2}$$
$$-\frac{1}{q}\frac{\int_{-\infty}^{+\infty}\left|F_{(a_2,b_2,c_2,d_2)}(u)\right|^q\ln\left|F_{(a_2,b_2,c_2,d_2)}(u)\right|\mathrm{d}u}{\int_{-\infty}^{+\infty}\left|F_{(a_2,b_2,c_2,d_2)}(u)\right|^q\mathrm{d}u}-\frac{1}{q^2}\ln\left|a_1b_2-a_2b_1\right|-\frac{1}{q^2}\ln 2\pi \tag{6.31}$$

根据广义分数阶 Fourier 变换域的 Hausdorff-Young 不等式、$\frac{1}{p}+\frac{1}{q}=1$ 以及 Parseval 准则，可得 $S(2)=0$。

当 $1<q\leqslant 2$ 时，$S(q)\leqslant 0$，所以 $S'(2^-)=S'(2)\geqslant 0$。结合条件 $\|f(t)\|_2=1$，可得

$$-\int_{-\infty}^{+\infty}\left|F_\alpha(v)\right|^2\ln\left[\left|F_\alpha(v)\right|^2\right]\mathrm{d}v-\int_{-\infty}^{+\infty}\left|F_\beta(u)\right|^2\ln\left|F_\beta(u)\right|^2\mathrm{d}u\geqslant\ln\left[\pi\mathrm{e}\left|\sin(\alpha-\beta)\right|\right] \tag{6.32}$$

即

$$H\left\{\left|F_{(a_1,b_1,c_1,d_1)}(u)\right|^2\right\}+H\left\{\left|F_{(a_2,b_2,c_2,d_2)}(u)\right|^2\right\}\geqslant\ln\left(\pi\mathrm{e}\left|a_1b_2-a_2b_1\right|\right) \tag{6.33}$$

这样，就可以应用广义 Hausdorff-Young 不等式得到广义熵测不准原理。

6.1.1.4　广义 Pitt 不等式

参考 6.1.1.3 小节，使用变量替换原理，可以推导 LCT 域内的广义 Pitt 不等式，从而推导出广义对数测不准原理。

根据 Beckner 的 Pitt 不等式[54]：

$$\int_{-\infty}^{+\infty}|u|^{-\lambda}\left|F(u)\right|^2\mathrm{d}u\leqslant M_\lambda\int_{-\infty}^{+\infty}|t|^{\lambda}\left|f(t)\right|^2\mathrm{d}t \tag{6.34}$$

其中，$M_\lambda=\left[\Gamma\left(\frac{1-\lambda}{4}\right)\Big/\Gamma\left(\frac{1+\lambda}{4}\right)\right]^2$，$0\leqslant\lambda<1$，$F(u)=\sqrt{\frac{1}{2\pi}}\int_{-\infty}^{+\infty}f(t)\mathrm{e}^{-\mathrm{i}ut}\mathrm{d}t$。

假定 $a_l,b_l,c_l,d_l\in\mathbf{R}$，$b_l\neq 0\,(l=1,2,3)$。

设

$$\begin{cases}G(u)=F_{(a_1,b_1,c_1,d_1)}(u)\exp\left(-\mathrm{i}\frac{a_3u^2}{2b_3}\right)\\F_{(a_1,b_1,c_1,d_1)}(u)=F_{(a_1,b_1,c_1,d_1)}\left[f(t)\right]\\g(t)=\sqrt{\frac{1}{2\pi}}\int_{-\infty}^{+\infty}G(u)\mathrm{e}^{\mathrm{i}ut}\mathrm{d}u\end{cases} \tag{6.35}$$

可得

$$\int_{-\infty}^{+\infty}|u|^{-\lambda}\left|G(u)\right|^2\mathrm{d}u=\int_{-\infty}^{+\infty}|u|^{-\lambda}\left|F_{(a_1,b_1,c_1,d_1)}(u)\right|^2\mathrm{d}u \tag{6.36}$$

所以

$$\int_{-\infty}^{+\infty}|u|^{-\lambda}\left|F_{(a_1,b_1,c_1,d_1)}(u)\right|^2\mathrm{d}u \leqslant M_\lambda\int_{-\infty}^{+\infty}|t|^{\lambda}|g(t)|^2\mathrm{d}t \tag{6.37}$$

根据 $g(t)$ 的尺度特性，可得

$$\int_{-\infty}^{+\infty}|t|^{\lambda}|g(t)|^2\mathrm{d}t=\int_{-\infty}^{+\infty}\left|\frac{t}{b_3}\right|^{\lambda}\left|g\left(\frac{t}{b_3}\right)\right|^2\mathrm{d}\frac{t}{b_3}=\frac{1}{|b_3|^{\lambda+1}}\int_{-\infty}^{+\infty}|t|^{\lambda}\left|g\left(\frac{t}{b_3}\right)\right|^2\mathrm{d}t \tag{6.38}$$

应用 $\left|g\left(\frac{t}{b_3}\right)\right|^2=\left|\sqrt{\frac{1}{2\pi}}\int_{-\infty}^{+\infty}G(u)\mathrm{e}^{\mathrm{i}\frac{ut}{b_3}}\mathrm{d}u\right|^2$，并进行变量代换，可得

$$\begin{aligned}\left|g\left(\frac{t}{b_3}\right)\right|^2&=\left|\sqrt{\frac{1}{2\pi}}\int_{-\infty}^{+\infty}F_{(a_1,b_1,c_1,d_1)}(u)\mathrm{e}^{-\mathrm{i}\frac{a_3u^2}{2b_3}}\mathrm{e}^{\mathrm{i}\frac{ut}{b_3}}\mathrm{d}u\right|^2\\&=\left|\frac{\sqrt{\frac{1}{2\mathrm{i}b_3\pi}}\int_{-\infty}^{+\infty}F_{(a_1,b_1,c_1,d_1)}(u)\mathrm{e}^{-\mathrm{i}\frac{a_3u^2}{2b_3}}\mathrm{e}^{\mathrm{i}\frac{ut}{b_3}}\mathrm{e}^{-\mathrm{i}\frac{d_3t^2}{2b_3}}\mathrm{d}u}{\exp\left(-\mathrm{i}\frac{d_3t^2}{2b_3}\right)\sqrt{\frac{1}{\mathrm{i}b_3}}}\right|^2\\&=|b_3|\left|F_{(d_3,-b_3,-c_3,a_3)}\left(F_{(a_1,b_1,c_1,d_1)}\right)(t)\right|^2\end{aligned} \tag{6.39}$$

所以

$$\int_{-\infty}^{+\infty}|t|^{\lambda}|g(t)|^2\mathrm{d}t=\frac{1}{|b_3|^{\lambda}}\int_{-\infty}^{+\infty}|t|^{\lambda}\left|F_{(d_3,-b_3,-c_3,a_3)}\left(F_{(a_1,b_1,c_1,d_1)}\right)(t)\right|^2\mathrm{d}t \tag{6.40}$$

令 $t=v$，代入式（6.40），可得

$$\int_{-\infty}^{+\infty}|u|^{-\lambda}\left|F_{(a_1,b_1,c_1,d_1)}(u)\right|^2\mathrm{d}u\leqslant\frac{M_\lambda}{|b_3|^{\lambda}}\int_{-\infty}^{+\infty}|v|^{\lambda}\left|F_{(d_3,-b_3,-c_3,a_3)}\left(F_{(a_1,b_1,c_1,d_1)}\right)(v)\right|^2\mathrm{d}v \tag{6.41}$$

设 $\begin{bmatrix}a_2&b_2\\c_2&d_2\end{bmatrix}=\begin{bmatrix}d_3&-b_3\\-c_3&a_3\end{bmatrix}\cdot\begin{bmatrix}a_1&b_1\\c_1&d_1\end{bmatrix}$，则 $F_{(d_3,-b_3,-c_3,a_3)}\left[F_{(a_1,b_1,c_1,d_1)}(v)\right]=F_{(a_2,b_2,c_2,d_2)}(v)$，$b_3=-a_1b_2+a_2b_1$。

综合上述各式，可得

$$\int_{-\infty}^{+\infty}|u|^{-\lambda}\left|F_{(a_1,b_1,c_1,d_1)}(u)\right|^2\mathrm{d}u\leqslant\frac{M_\lambda}{|a_1b_2-a_2b_1|^{\lambda}}\int_{-\infty}^{+\infty}|v|^{\lambda}\left|F_{(a_2,b_2,c_2,d_2)}(v)\right|^2\mathrm{d}v \tag{6.42}$$

广义分数阶 Fourier 变换域的 Pitt 不等式与变换参数 a、b 有关，与变换参数 c、d 无关，因为变换参数 c 和 d 只起尺度变换和调制的作用，其证明过程可以看出，尺度变换

$$F_{(a,b,c,d)}\left[\sqrt{\rho}f(t/\rho)\right]=F_{(a\rho,b/\rho,c\rho,d/\rho)}\left[f(t)\right] \tag{6.43}$$

和调制

$$\left|F_{(a_1,b_1,c_1,d_1)}(u)\exp\left(-\mathrm{i}\frac{a_3u^2}{2b_3}\right)\right|=\left|F_{(a_1,b_1,c_1,d_1)}(u)\right| \tag{6.44}$$

的影响被消除了。当 $(a_1,b_1,c_1,d_1)=(0,1,-1,0)$，$(a_2,b_2,c_2,d_2)=(1,0,0,1)$ 时，可得

$$\int_{-\infty}^{+\infty}|t|^{-\lambda}|f(t)|^2\mathrm{d}t\leqslant M_\lambda\int_{-\infty}^{+\infty}|u|^{\lambda}|F(u)|^2\mathrm{d}u \tag{6.45}$$

式（6.4.5）是传统 Pitt 不等式的第二种书写形式。

当 $\lambda=0$ 时，即为 Parseval 准则

$$\int_{-\infty}^{+\infty}\left|F_{(a_1,b_1,c_1,d_1)}(u)\right|^2\mathrm{d}u=\int_{-\infty}^{+\infty}\left|F_{(a_2,b_2,c_2,d_2)}(u)\right|^2\mathrm{d}t \tag{6.46}$$

设

$$S(\lambda)=|a_1b_2-a_2b_1|^{\lambda}\int_{-\infty}^{+\infty}|u|^{-\lambda}\left|F_{(a_1,b_1,c_1,d_1)}(u)\right|^2\mathrm{d}u-M_{\lambda}\int_{-\infty}^{+\infty}|v|^{\lambda}\left|F_{(a_2,b_2,c_2,d_2)}(v)\right|^2\mathrm{d}v \tag{6.47}$$

所以

$$\begin{aligned}S'(\lambda)=&|a_1b_2-a_2b_1|^{\lambda}\ln(|a_1b_2-a_2b_1|)\int_{-\infty}^{+\infty}|u|^{-\lambda}\left|F_{(a_1,b_1,c_1,d_1)}(u)\right|^2\mathrm{d}u\\&-|a_1b_2-a_2b_1|^{\lambda}\int_{-\infty}^{+\infty}|u|^{-\lambda}\ln(|u|)\left|F_{(a_1,b_1,c_1,d_1)}(u)\right|^2\mathrm{d}u\\&-M_{\lambda}\int_{-\infty}^{+\infty}|v|^{\lambda}\ln(|v|)\left|F_{(a_2,b_2,c_2,d_2)}(v)\right|^2\mathrm{d}v-(M_{\lambda})'\int_{-\infty}^{+\infty}|v|^{\lambda}\left|F_{(a_2,b_2,c_2,d_2)}(v)\right|^2\mathrm{d}v\end{aligned} \tag{6.48}$$

其中，

$$(M_{\lambda})'=\frac{-\frac{1}{2}\Gamma\left(\frac{1-\lambda}{4}\right)\Gamma'\left(\frac{1-\lambda}{4}\right)\Gamma^2\left(\frac{1+\lambda}{4}\right)-\frac{1}{2}\Gamma\left(\frac{1+\lambda}{4}\right)\Gamma'\left(\frac{1+\lambda}{4}\right)\Gamma^2\left(\frac{1-\lambda}{4}\right)}{\Gamma^4\left(\frac{1+\lambda}{4}\right)} \tag{6.49}$$

当 $0\leqslant\lambda<1$ 时，$S(\lambda)\leqslant 0$，且

$S(0)=0$，$\int_{-\infty}^{+\infty}\left|F_{(a_1,b_1,c_1,d_1)}(u)\right|^2\mathrm{d}u=\int_{-\infty}^{+\infty}\left|F_{(a_2,b_2,c_2,d_2)}(v)\right|^2\mathrm{d}v=1$，有

$$S'(0+)\leqslant 0 \tag{6.50}$$

所以

$$\int_{-\infty}^{+\infty}\ln|u|\left|F_{(a_1,b_1,c_1,d_1)}(u)\right|^2\mathrm{d}u+\int_{-\infty}^{+\infty}\ln|v|\left|F_{(a_2,b_2,c_2,d_2)}(v)\right|^2\mathrm{d}v\geqslant\ln|a_1b_2-a_2b_1|+\frac{\Gamma'(1/4)}{\Gamma(1/4)} \tag{6.51}$$

即

$$\int_{-\infty}^{+\infty}\ln|u|^2\left|F_{(a_1,b_1,c_1,d_1)}(u)\right|^2\mathrm{d}u+\int_{-\infty}^{+\infty}\ln|v|^2\left|F_{(a_2,b_2,c_2,d_2)}(v)\right|^2\mathrm{d}v\geqslant\ln\left(|a_1b_2-a_2b_1|^2\right)+\frac{2\Gamma'(1/4)}{\Gamma(1/4)} \tag{6.52}$$

当 $(a_1,b_1,c_1,d_1)=(\cos\alpha,\sin\alpha,-\sin\alpha,\cos\alpha)$，$(a_2,b_2,c_2,d_2)=(\cos\beta,\sin\beta,-\sin\beta,\cos\beta)$ 时，则有

$$\int_{-\infty}^{+\infty}\ln|u|^2|F_{\alpha}(u)|^2\mathrm{d}u+\int_{-\infty}^{+\infty}\ln|v|^2|F_{\beta}(v)|^2\mathrm{d}v\geqslant\ln\left[|\sin(\alpha-\beta)|^2\right]+\frac{2\Gamma'(1/4)}{\Gamma(1/4)} \tag{6.53}$$

上式为分数阶 Fourier 变换域内的广义对数测不准原理。

6.1.1.5　不同广义测不准原理证明过程中的数学问题

6.1.1.2～6.1.1.4 小节只是给出了几个广义测不准原理推导证明过程中的几个数学法则或不等式的应用，本小节采用表格的方式把所有时频分析广义测不准原理对应的数学法则或不等式（数学问题）进行总结，以提供一个直观的比较和分析[106]，如表 6.1～表 6.6 所示。

表 6.1　广义 Heisenberg 熵测不准原理的数学问题

广义测不准原理关系不等式	涉及的数学问题
$\int_{-\infty}^{+\infty}\left\|(u-u_1)F_{\alpha}(u)\right\|^2\mathrm{d}u\cdot\int_{-\infty}^{+\infty}\left\|(t-t_0)f(t)\right\|^2\mathrm{d}t\geqslant\frac{\|\sin\alpha\|^2}{4}$	变量代换 广义 Parseval 准则

续表

广义测不准原理关系不等式	涉及的数学问题
$\int_{-\infty}^{+\infty} u^2 \lvert F_\alpha(u)\rvert^2 \mathrm{d}u \cdot \int_{-\infty}^{+\infty} v^2 \lvert F_\beta(v)\rvert^2 \mathrm{d}v \geqslant \frac{[\cos\alpha\sin\beta+\mathrm{sgn}(W)\cos\beta\sin\alpha]^2}{4}$ $\int_{-\infty}^{+\infty} \lvert F_\alpha'(u)\rvert^2 \mathrm{d}u \cdot \int_{-\infty}^{+\infty} \lvert F_\beta'(v)\rvert^2 \mathrm{d}v \geqslant \frac{[\sin\alpha\cos\beta+\mathrm{sgn}(W)\cos\alpha\sin\beta]^2}{4}$ $\int_{-\infty}^{+\infty} \lvert uF_\alpha(u)\rvert^2 \mathrm{d}u \cdot \int_{-\infty}^{+\infty} \lvert F_\beta'(v)\rvert^2 \mathrm{d}v \geqslant \frac{[\cos\alpha\cos\beta+\mathrm{sgn}(W)\sin\alpha\sin\beta]^2}{4}$ $\int_{-\infty}^{+\infty} \lvert uF_\alpha(u)\rvert^2 \mathrm{d}u \cdot \int_{-\infty}^{+\infty} \lvert uF_\beta(u)\rvert^2 \mathrm{d}u \geqslant \frac{\sin^2(\alpha-\beta)}{4}$ $+\left[\cos\alpha\cos\beta\cdot\Delta t^2+\sin\alpha\sin\beta\cdot(\Delta\omega_s^2+K_1)+\sin(\alpha+\beta)\cdot K_2\right]^2$ $\int_{-\infty}^{+\infty} \lvert F_\alpha'(u)\rvert^2 \mathrm{d}u \cdot \int_{-\infty}^{+\infty} \lvert F_\beta'(v)\rvert^2 \mathrm{d}v \geqslant \frac{\sin^2(\alpha-\beta)}{4}$ $+\left[\sin\alpha\sin\beta\Delta t^2+\cos\alpha\cos\beta\cdot(\Delta\omega_s^2+K_1)-\sin(\alpha-\beta)\cdot K_2\right]^2$ $\int_{-\infty}^{+\infty} \lvert uF_\alpha(u)\rvert^2 \mathrm{d}u \cdot \int_{-\infty}^{+\infty} \lvert F_\beta'(v)\rvert^2 \mathrm{d}v \geqslant \frac{\cos^2(\alpha-\beta)}{4}$ $+\left[-\cos\alpha\sin\beta\cdot\Delta t^2+\sin\alpha\cos\beta\cdot(\Delta\omega_s^2+K_1)+\cos(\alpha-\beta)\cdot K_2\right]^2$	变量代换 广义 Parseval 准则 广义 Cauchy-Schwartz 不等式 其中， $W=\frac{\sin 2\alpha\sin 2\beta}{4}$， $\mathrm{sgn}(s)=\begin{cases}+1 & s\geqslant 0\\ -1 & s<0\end{cases}$， $K_1=\int_{-\infty}^{+\infty}[\phi'(t)s(t)]^2\mathrm{d}t$， $K_2=\int_{-\infty}^{+\infty} ts^2(t)\phi'(t)\mathrm{d}t$
$\int_{-\infty}^{+\infty} u^2 \lvert F_{(a_1,b_1,c_1,d_1)}(u)\rvert^2 \mathrm{d}u \cdot \int_{-\infty}^{+\infty} v^2 \lvert F_{(a_2,b_2,c_2,d_2)}(v)\rvert^2 \mathrm{d}v \geqslant \frac{[a_1b_2+\mathrm{sgn}(a_1a_2b_1b_2)\cdot a_2b_1]^2}{4}$ $\int_{-\infty}^{+\infty} \lvert F'_{(a_1,b_1,c_1,d_1)}(u)\rvert^2 \mathrm{d}u \cdot \int_{-\infty}^{+\infty} \lvert F'_{(a_2,b_2,c_2,d_2)}(v)\rvert^2 \mathrm{d}v \geqslant \frac{[c_1d_2+\mathrm{sgn}(c_1c_2d_1d_2)\cdot c_2d_1]^2}{4}$ $\int_{-\infty}^{+\infty} \lvert uF_{(a_1,b_1,c_1,d_1)}(u)\rvert^2 \mathrm{d}u \cdot \int_{-\infty}^{+\infty} \lvert F'_{(a_2,b_2,c_2,d_2)}(v)\rvert^2 \mathrm{d}v \geqslant \frac{[a_1d_2+\mathrm{sgn}(a_1b_1c_2d_2)b_1c_2]^2}{4}$ $\int_{-\infty}^{+\infty} \lvert uF_{M_1}(u)\rvert^2 \mathrm{d}u \cdot \int_{-\infty}^{+\infty} \lvert uF_{M_2}(u)\rvert^2 \mathrm{d}u$ $\geqslant \frac{(a_1b_2-a_2b_1)^2}{4}+\left[a_1a_2\Delta t^2+b_1b_2\Delta\omega_s^2+b_1b_2K_1+(a_1b_2+a_2b_1)K_2\right]^2$ $\int_{-\infty}^{+\infty} \lvert F_{M_1}'(u)\rvert^2 \mathrm{d}u \cdot \int_{-\infty}^{+\infty} \lvert F_{M_2}'(v)\rvert^2 \mathrm{d}v$ $\geqslant \frac{(c_1d_2-c_2d_1)^2}{4}+\left[c_1c_2\Delta t^2+d_1d_2\Delta\omega_s^2+d_1d_2K_1+(c_1d_2+c_2d_1)K_2\right]^2$ $\int_{-\infty}^{+\infty} \lvert uF_{M_1}(u)\rvert^2 \mathrm{d}u \cdot \int_{-\infty}^{+\infty} \lvert F_{M_2}'(v)\rvert^2 \mathrm{d}v$ $\geqslant \frac{(a_1d_2-b_1c_2)^2}{4}+\left[a_1c_2\Delta t^2+b_1d_2\Delta\omega_s^2+b_1d_2K_1+(a_1d_2+b_1c_2)K_2\right]^2$	变量代换 广义 Parseval 准则 广义 Cauchy-Schwartz 不等式 其中 $\mathrm{sgn}(s)=\begin{cases}+1 & s\geqslant 0\\ -1 & s<0\end{cases}$， $K_1=\int_{-\infty}^{+\infty}[\phi'(t)s(t)]^2\mathrm{d}t$， $K_2=\int_{-\infty}^{+\infty} ts^2(t)\phi'(t)\mathrm{d}t$
$\int_{-\infty}^{+\infty} \lvert(u-u_1)F_\alpha(u)\rvert^2 \mathrm{d}u \cdot \int_{-\infty}^{+\infty} \lvert(u-u_2)F_\beta(u)\rvert^2 \mathrm{d}u \geqslant \frac{\lvert\sin(\alpha-\beta)\rvert^2}{4}$	变量代换 广义 Parseval 准则
$\int_{-\infty}^{+\infty} \lvert(u-u_1)F_{(a_1,b_1,c_1,d_1)}(u)\rvert^2 \mathrm{d}u \cdot \int_{-\infty}^{+\infty} \lvert(t-t_2)f(t)\rvert^2 \mathrm{d}t \geqslant \frac{\lvert b_1\rvert^2}{4}$	变量代换 广义 Parseval 准则
$\int_{-\infty}^{+\infty} \lvert(u-u_1)F_{(a_1,b_1,c_1,d_1)}(u)\rvert^2 \mathrm{d}u \cdot \int_{-\infty}^{+\infty} \lvert(u-u_2)F_{(a_2,b_2,c_2,d_2)}(u)\rvert^2 \mathrm{d}u \geqslant \frac{\lvert a_1b_2-a_2b_1\rvert^2}{4}$	变量代换 广义 Parseval 准则

表 6.2　广义 Shannon 熵测不准原理的数学问题

广义测不准原理关系不等式	涉及的数学问题
$E\left[\lvert F_\alpha(u)\rvert^2\right]+E\left[\lvert F_\beta(u)\rvert^2\right]\geqslant \ln\left[\pi e\lvert\sin(\alpha-\beta)\rvert\right]$	变量代换 广义 Parseval 准则

续表

广义测不准原理关系不等式	涉及的数学问题
$E\left[\left\|F_{(a_1,b_1,c_1,d_1)}(u)\right\|^2\right]+E\left[\left\|f(t)\right\|^2\right]\geqslant\ln\left(\pi e\left\|b_1\right\|\right)$	变量代换 广义 Parseval 准则
$E\left[\left\|F_{(a_1,b_1,c_1,d_1)}(u)\right\|^2\right]+E\left[\left\|F_{(a_2,b_2,c_2,d_2)}(v)\right\|^2\right]\geqslant\ln\left(\pi e\left\|a_1b_2-a_2b_1\right\|\right)$ $E_{(a_1,b_1,c_1,d_1)}+E_{(a_2,b_2,c_2,d_2)}\geqslant\ln(2\pi)+1-\ln\left(\frac{2T_1T_2}{\left\|a_1b_2-a_2b_1\right\|}\right)$（离散型） 其中， $E_{(a_1,b_1,c_1,d_1)}=-\sum_{k=-\infty}^{+\infty}\left[\int_{kT_1}^{(k+1)T_1}\left\|F_{(a_1,b_1,c_1,d_1)}(u)\right\|^2\mathrm{d}u\right]\cdot\ln\left[\int_{kT_1}^{(k+1)T_1}\left\|F_{(a_1,b_1,c_1,d_1)}(u)\right\|^2\mathrm{d}u\right]$ $E_{(a_2,b_2,c_2,d_2)}=-\sum_{l=-\infty}^{+\infty}\left[\int_{lT_2}^{(l+1)T_2}\left\|F_{(a_2,b_2,c_2,d_2)}(v)\right\|^2\mathrm{d}v\right]\cdot\ln\left[\int_{lT_2}^{(l+1)T_2}\left\|F_{(a_2,b_2,c_2,d_2)}(v)\right\|^2\mathrm{d}v\right]$	变量代换 广义 Hausdorff-Young 不等式 Minkowski 不等式 广义 Parseval 准则 Jensen 不等式

表 6.3　广义 Rényi 熵测不准原理的数学问题

广义测不准原理关系不等式	涉及的数学问题
$H_\theta\left[\left\|F_\beta(u)\right\|^2\right]+H_\gamma\left[\left\|F_\alpha(u)\right\|^2\right]\geqslant\frac{\ln(\theta/\pi)}{2(\theta-1)}+\frac{\ln(\gamma/\pi)}{2(\gamma-1)}+\ln\left\|\sin(\alpha-\beta)\right\|$	变量代换
$H_\theta\left[\left\|f(t)\right\|^2\right]+H_\gamma\left[\left\|F_{(a_1,b_1,c_1,d_1)}(u)\right\|^2\right]\geqslant\frac{\ln(\theta/\pi)}{2(\theta-1)}+\frac{\ln(\gamma/\pi)}{2(\gamma-1)}+\ln\left\|b_1\right\|$	变量代换
$H_\theta\left[\left\|F_{(a_2,b_2,c_2,d_2)}(u)\right\|^2\right]+H_\gamma\left[\left\|F_{(a_1,b_1,c_1,d_1)}(u)\right\|^2\right]\geqslant\frac{\ln(\theta/\pi)}{2(\theta-1)}+\frac{\ln(\gamma/\pi)}{2(\gamma-1)}+\ln\left\|a_1b_2-a_2b_1\right\|$ $H_\theta^{(a_2,b_2,c_2,d_2)}+H_\gamma^{(a_1,b_1,c_1,d_1)}\geqslant\frac{\ln(\theta/\pi)}{2(\theta-1)}+\frac{\ln(\gamma/\pi)}{2(\gamma-1)}+\ln\left(\frac{\left\|a_1b_2-a_2b_1\right\|}{T_1\cdot T_2}\right)$（离散型） $H_\theta\left[\sum_{l=1}^{n}\xi_l\left\|F_{l,\beta}(v)\right\|^2\right]+H_\lambda\left[\sum_{l=1}^{n}\xi_l\left\|F_{l,\alpha}(u)\right\|^2\right]\geqslant\frac{\ln(\theta/\pi)}{2(\theta-1)}+\frac{\ln(\lambda/\pi)}{2(\lambda-1)}+\ln\left\|\sin(\alpha-\beta)\right\|$	变量代换 广义 Hausdorff-Young 不等式 Minkowski　不等式 广义 Parseval 准则 Jensen 不等式

表 6.4　广义加窗测不准原理的数学问题

广义测不准原理关系不等式	涉及的数学问题
$\left(\Delta v_\alpha^2\right)_{\mathrm{ST}}\left(\Delta u_\beta^2\right)_{\mathrm{ST}}\geqslant\left(\frac{\left\|\sin(\alpha-\beta)\right\|+1}{2}\right)^2$	变量代换 广义 Parseval 准则
$\left(\Delta v_{(a_1,b_1,c_1,d_1)}^2\right)_{\mathrm{ST}}\left(\Delta u_{(a_2,b_2,c_2,d_2)}^2\right)_{\mathrm{ST}}\geqslant1\ \left(\left\|a_1b_2-a_2b_1\right\|=1\right)$	变量代换 广义 Parseval 准则
$\left(\Delta v_{(a_1,b_1,c_1,d_1)}^2\right)_{\mathrm{ST}}\left(\Delta u_{(a_2,b_2,c_2,d_2)}^2\right)_{\mathrm{ST}}\geqslant\left(\frac{\left\|a_1b_2-a_2b_1\right\|+1}{2}\right)^2$	变量代换 广义 Parseval 准则

表 6.5　广义对数测不准原理的数学问题

广义测不准原理关系不等式	涉及的数学问题
$\int_{-\infty}^{+\infty}\ln\left\|u\right\|^2\left\|F_\alpha(u)\right\|^2\mathrm{d}u+\int_{-\infty}^{+\infty}\ln\left\|v\right\|^2\left\|F_\beta(v)\right\|^2\mathrm{d}v$ $\geqslant\ln\left[\left\|\sin(\alpha-\beta)\right\|^2\right]+\frac{2\Gamma'(1/4)}{\Gamma(1/4)}$	变量代换 广义 Pitt 不等式 广义 Parseval 准则
$\int_{-\infty}^{+\infty}\ln\left\|u\right\|^2\left\|F_{(a_1,b_1,c_1,d_1)}(u)\right\|^2\mathrm{d}u+\int_{-\infty}^{+\infty}\ln\left\|v\right\|^2\left\|F_{(a_2,b_2,c_2,d_2)}(v)\right\|^2\mathrm{d}v$ $\geqslant\ln\left(\left\|a_1b_2-a_2b_1\right\|^2\right)+\frac{2\Gamma'(1/4)}{\Gamma(1/4)}$	变量代换 广义 Pitt 不等式 广义 Parseval 准则

表 6.6　广义 Hausdorff-Young 不等式和广义 Pitt 不等式

广义不等式	涉及的数学问题
$\|F(u)\|_p \leqslant \left[\left(\frac{q}{2\pi}\right)^{1/q} \Big/ \left(\frac{p}{2\pi}\right)^{1/p}\right]^{1/2} \|f(t)\|_q$ $\|f(t)\|_p \leqslant \left[\left(\frac{q}{2\pi}\right)^{1/q} \Big/ \left(\frac{p}{2\pi}\right)^{1/p}\right]^{1/2} \|F(u)\|_q$	变量代换 广义 Parseval 准则
$\|F_\alpha(u)\|_p \leqslant \left[\left(\frac{q}{2\pi}\right)^{1/q} \Big/ \left(\frac{p}{2\pi}\right)^{1/p}\right]^{1/2} \left[\frac{1}{\|\sin(\alpha-\beta)\|}\right]^{1/q} \|\sin(\alpha-\beta)\|^{1/2} \|F_\beta(u)\|_q$ $\left(\frac{1}{\|\sin(\alpha-\beta)\|}\right)^{1/p} \|\sin(\alpha-\beta)\|^{1/2} \|F_\alpha(u)\|_p \leqslant \left[\left(\frac{q}{2\pi}\right)^{1/q} \Big/ \left(\frac{p}{2\pi}\right)^{1/p}\right]^{1/2} \|F_\beta(u)\|_q$	变量代换 广义 Parseval 准则
$\|F_{(a_1,b_1,c_1,d_1)}(u)\|_p \leqslant \left(\left(\frac{q}{2\pi}\right)^{1/q} \Big/ \left(\frac{p}{2\pi}\right)^{1/p}\right)^{1/2} \left(\frac{1}{\|a_1b_2-a_2b_1\|}\right)^{1/q} \|a_1b_2-a_2b_1\|^{1/2} \|F_{(a_2,b_2,c_2,d_2)}(u)\|_q$ $\left(\frac{1}{\|a_1b_2-a_2b_1\|}\right)^{1/p} \|a_1b_2-a_2b_1\|^{1/2} \|F_{(a_1,b_1,c_1,d_1)}(u)\|_p \leqslant \left(\left(\frac{q}{2\pi}\right)^{1/q} \Big/ \left(\frac{p}{2\pi}\right)^{1/p}\right)^{1/2} \|F_{(a_2,b_2,c_2,d_2)}(u)\|_q$	变量代换 广义 Parseval 准则
$\int_{-\infty}^{+\infty} \|t\|^{-\lambda} \|f(t)\|^2 \mathrm{d}t \leqslant M_\lambda \int_{-\infty}^{+\infty} \|u\|^{\lambda} \|F(u)\|^2 \mathrm{d}u$ $\int_{-\infty}^{+\infty} \|u\|^{-\lambda} \|F(u)\|^2 \mathrm{d}u \leqslant M_\lambda \int_{-\infty}^{+\infty} \|t\|^{\lambda} \|f(t)\|^2 \mathrm{d}t$	变量代换 广义 Parseval 准则
$\int_{-\infty}^{+\infty} \|u\|^{-\lambda} \|F_\alpha(u)\|^2 \mathrm{d}u \leqslant \frac{M_\lambda}{\|\sin(\alpha-\beta)\|^{\lambda}} \int_{-\infty}^{+\infty} \|v\|^{\lambda} \|F_\beta(v)\|^2 \mathrm{d}v$	变量代换 广义 Parseval 准则
$\int_{-\infty}^{+\infty} \|u\|^{-\lambda} \|F_{(a_1,b_1,c_1,d_1)}(u)\|^2 \mathrm{d}u \leqslant \frac{M_\lambda}{\|a_1b_2-a_2b_1\|^{\lambda}} \int_{-\infty}^{+\infty} \|v\|^{\lambda} \|F_{(a_2,b_2,c_2,d_2)}(v)\|^2 \mathrm{d}v$	变量代换 广义 Parseval 准则

6.1.2　信号稀疏表示广义测不准原理中的数学问题

稀疏表示广义测不准原理属于典型的数学与信息学科交叉领域，但归根结底都可以纳入相关的数学问题中（如不同范数及范数优化、稀疏求解、稀疏矩阵及矩阵分解等）。表 6.7 概述了已有稀疏表示广义测不准原理所涉及的主要数学问题。

表 6.7　稀疏表示广义测不准原理的数学问题

主要文献	广义测不准原理关系的物理描述	使用的范数	涉及的数学问题
[61][67]	时域栅栏信号数目和其频域（包含分数阶域）系数数目之和大于数据长度二次方根的 2 倍	2-范数（或 Frobenius 范数）、0-范数、1-范数	连续和离散信号的 0-范数优化、1-范数优化或 P_0 问题、P_1 问题、Parseval 准则
[68][69]	时域栅栏信号数目和其频域系数数目之和大于数据长度二次方根的 2 倍；时域栅栏信号唯一稀疏表示的条件是时域栅栏信号数目和其频域系数数目之和小于数据个数开方的倒数；时域栅栏信号 1-范数和 0-范数等价的条件是时域栅栏信号数目和其频域系数数目之和小于数据个数开方的倒数的一半与 0.5 之和	1-范数 0-范数	离散信号的 1-范数优化、0-范数优化或 P_0 问题、P_1 问题

续表

主要文献	广义测不准原理关系的物理描述	使用的范数	涉及的数学问题
[70]～[72] [76]	任意信号在两个正交基下的系数数目之和大于两正交基相关系数倒数的 2 倍；信号能够用两个正交基唯一稀疏表示的条件是在两个正交基下的系数数目之和小于两正交基相关系数的倒数；信号 1-范数和 0-范数等价的条件是在两个正交基下的系数数目之和小于两正交基相关系数倒数的 0.9142 倍	1-范数 0-范数	离散信号的 1-范数优化、0-范数优化或 P_0 问题、P_1 问题
[76]	任意信号在两个非正交基下的系数数目之和大于两非正交基相关系数的复杂函数；信号能够用两个非正交基唯一稀疏表示的条件是在两个非正交基下的系数数目之和小于两非正交基相关系数复杂函数的倒数。	1-范数 0-范数	离散信号的 1-范数优化、0-范数优化或 P_0 问题、P_1 问题
[103] [104]	最佳稀疏表示下最小熵测不准原理；最佳稀疏表示（0 或 1）范数和最小熵等价数学条件	1-范数 0-范数 最小熵	离散信号的 1-范数优化、0-范数优化或 P_0 问题、P_1 问题、熵最小优化或 P_e 问题

下面针对不同的数学问题进行论述。

6.1.2.1　*p*-范数

p-范数（*p*-norm）可以看成 2-范数的扩展，但是 *p* 的范围是[1, inf)。*p* 在(0,1)范围内定义的并不是范数（但是，有时也笼统地称为 0-范数、1/2-范数等），因为违反了三角不等式。在 *p*-范数下定义的单位球（unit ball）都是凸集（convex set，简单地说，若集合 *A* 中任意两点的连线上的点也在集合 *A* 中，则 *A* 是凸集），但是当 $0<p<1$ 时，在该定义下的 unit ball 并不是凸集（注意，并不是在该范数定义下，因为如前所述，$0<p<1$ 时，并不是范数）。图 6.1 所示为 *p* 取不同值时单位圆（因为 *p* 取 2 时为标准的单位圆，故以单位圆为标准比对对象）的形状。

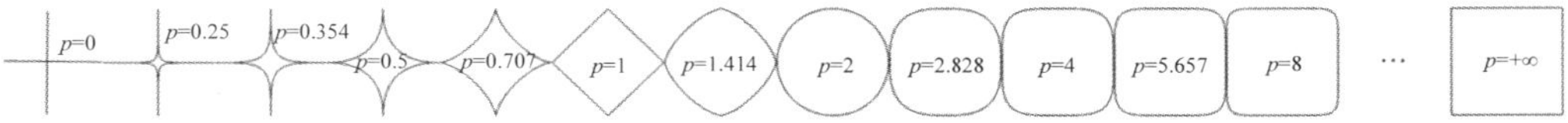

图 6.1　*p* 取不同值时单位圆的形状

0-范数是稀疏表示中常用的范数，其物理意义就是求非零数据的个数。由于信号严格稀疏表示采用最小 0-范数进行量化和界定，但是最小 0-范数的求解是 NP 问题（即数学上需要把所有的情况都穷举完才能找到最优的解），所以 Donoho 等又给出了信号稀疏表示的最小 0-范数和最小 1-范数等价的广义测不准原理边界条件，然后用 1-范数代替 0-范数进行问题的求解。

上述范数主要针对向量，实际上矩阵也有范数，一般来讲，矩阵范数除了正定性、齐次性和三角不等式之外，还必须满足相容性，所以矩阵范数通常也称为相容范数。需要注意的是，如果不考虑相容性，那么矩阵范数与向量范数没有区别。引入相容性主要是为了保持矩阵作为线性算子的特征，这一点与算子范数的相容性一致，并且可以得到

Mincowski 定理以外的信息。矩阵范数最常用的就是 Frobenius 范数（也叫 Euclid 范数，简称 F-范数或者 E-范数）和核范数。Frobenius 范数即为求解矩阵 $\boldsymbol{A}$ 全部元素平方和的平方根。由于向量的 F-范数就是 2-范数，所以 F-范数和向量的 2-范数相容。核范数（也叫奇异值的 0-范数），其物理意义是求解非零奇异值的个数，即矩阵的最小秩求解。

关于范数的其他更详细介绍可以参照文献[1]和文献[105]。

6.1.2.2　数学优化问题

目前常用的三种范数优化模式为 P_0 问题、P_1 问题以及 P_e 问题：

P_0 问题

$$(P_0):\ \min_x \|x\|_0 \ \text{ subject } \ \boldsymbol{Ax}=\boldsymbol{b} \tag{6.54}$$

P_1 问题

$$(P_1):\ \min_x \|x\|_1 \ \text{ subject } \ \boldsymbol{b}=\boldsymbol{Ax} \tag{6.55}$$

P_e 问题

$$(P_e):\ \min_x H(x) \ \text{ subject } \ \boldsymbol{b}=\boldsymbol{Ax} \tag{6.56}$$

其中，$H(x)=-\sum_{n=1}^{N}\left[\left(\ln|x_n|^2\right)|x_n|^2\right]$ 为 Shannon 熵定义式。

范数及熵最小优化问题涉及的算法主要包括基追踪算法、贪婪算法、迭代阈值算法等。下面就三种优化各给出一个优化算法示例，从而可以有一个比较直观的认识。

1）基追踪算法

Chen 等[80]提出了一种极小化 1-范数的稀疏求解思路（P_1 问题）。需要特别说明的是：基追踪算法并非基于最优化原则，其原理是给定一些限制条件后，通过极小化 1-范数可以获得最稀疏的解。主要是通过单纯形法、内点法或对数障碍法进行求解。它需要最少的测度，但其高算法复杂性会影响实际大规模应用。假设线性系统 $\boldsymbol{Ax}=\boldsymbol{b}$ 有 k_0 个非零的稀疏解，即 $\|x\|_0=k_0$。假设 $k_0<\text{spark}(\boldsymbol{A})/2$。匹配追踪或者基础追踪可以成功地恢复稀疏解吗？显而易见，这样的成功并不是对于所有矩阵 $\boldsymbol{A}$ 的所有 k_0 都可以，因为有可能和已知的 NP 问题发生冲突。然而，如果这个等式有一个充分稀疏的解，那么这些算法在寻址原始目标 P_0 的成功性就有所保证了。

可以对变换矩阵 $\boldsymbol{\Psi}$ 和 $\boldsymbol{\Phi}$ 的列重新进行顺序排列，向量 $\boldsymbol{b}$ 被设置为 $\boldsymbol{\Psi}$ 中的第一个 k_p 列的线性组合，也是 $\boldsymbol{\Phi}$ 中的第一个 k_q 列，则有 $k_0=k_p+k_q$。所以，

$$\boldsymbol{b}=\boldsymbol{Ax}=\sum_{i=1}^{k_p}x_i^{\psi}\psi_i+\sum_{i=1}^{k_q}x_i^{\phi}\phi_i \tag{6.57}$$

定义所有支撑 S_p 和 S_q，可以得到关系式：$|S_p|=k_p$，$|S_q|=k_q$。

在算法第一步（k=0）中，计算误差的设置一般都是由公式（6.58）给出的：

$$e(j)=\min_{z_j}\left\|a_j z_j-\boldsymbol{b}\right\|_2^2=\left\|\left(a_j^{\mathrm{T}}\boldsymbol{b}\right)a_j-\boldsymbol{b}\right\|_2^2=\|\boldsymbol{b}\|_2^2-\left(a_j^{\mathrm{T}}\boldsymbol{b}\right)^2\geqslant 0 \tag{6.58}$$

在合适的 k_0 个非零元素中，首先假定所有的 $j\notin S_p$，$j\notin S_q$，可得

$$(\#)\left|\psi_1^{\mathrm{T}}\boldsymbol{b}\right|>\left|\psi_j^{\mathrm{T}}\boldsymbol{b}\right|,\ (\$)\left|\psi_1^{\mathrm{T}}\boldsymbol{b}\right|>\left|\phi_j^{\mathrm{T}}\boldsymbol{b}\right| \tag{6.59}$$

假定没有一般性损失，x_1^{ψ} 是 $\boldsymbol{x}$ 中所有非零元素中最大的，而且希望它在这个步骤中被选择出来。此后指向要求(#)，然后转向相似方法中的($)的处理。在等式（6.59）中该置换转化成

$$\left|\sum_{i=1}^{k_p} x_i^{\psi}\psi_1^{\mathrm{T}}\psi_i+\sum_{i=1}^{k_q} x_i^{\phi}\psi_1^{\mathrm{T}}\phi_i\right|>\left|\sum_{i=1}^{k_p} x_i^{\psi}\psi_j^{\mathrm{T}}\psi_i+\sum_{i=1}^{k_q} x_i^{\phi}\psi_j^{\mathrm{T}}\phi_i\right| \tag{6.60}$$

为了考虑较为复杂且难于处理的情况，可构造一个下界和一个上界，然后再一次应用上面的不等式，则左边有关系式

$$\left|\sum_{i=1}^{k_p} x_i^{\psi}\psi_1^{\mathrm{T}}\psi_i+\sum_{i=1}^{k_q} x_i^{\phi}\psi_1^{\mathrm{T}}\phi_i\right|\geqslant\left|x_1^{\psi}\right|-\sum_{i=1}^{k_q}\left|x_i^{\phi}\right|\mu(\boldsymbol{A}) \tag{6.61}$$

假定 $\left|x_i^{\phi}\right|$ 是 $\boldsymbol{x}$ 中的最大的非零元素，使用不等式关系 $|a+b|\geqslant|a|-|b|$ 和 $\left|\sum_i a_i\right|\leqslant\sum_i\left|a_i\right|$。对式（6.61）的右边进行相似处理，即可以导出

$$\left|\sum_{i=1}^{k_p} x_i^{\psi}\psi_j^{\mathrm{T}}\psi_i+\sum_{i=1}^{k_q} x_i^{\phi}\psi_j^{\mathrm{T}}\phi_i\right|\leqslant\left|x_1^{\psi}\right|k_q\mu(\boldsymbol{A}) \tag{6.62}$$

将这两个边界插入式（6.15）中得到不等式关系：

$$\left|x_1^{\psi}\right|\left(1-k_q\mu(A)\right)>\left|x_1^{\psi}\right|k_q\mu(A)\Rightarrow k_q<\frac{1}{2\mu(\boldsymbol{A})} \tag{6.63}$$

当假设 S_p 包含了最大的非零元素后，对于相反的情况，要求 $k_p<\dfrac{1}{2\mu(\boldsymbol{A})}$ 也是必要的。

考虑上边提到的要求，进行同样的处理，左边的下界保持不变，右边的上界变为如下不等式：

$$\left|\sum_{i=1}^{k_p} x_i^{\psi}\phi_j^{\mathrm{T}}\psi_i+\sum_{i=1}^{k_q} x_i^{\phi}\phi_j^{\mathrm{T}}\phi_i\right|\leqslant\left|x_1^{\psi}\right|k_q\mu(\boldsymbol{A}) \tag{6.64}$$

且处处要求如下关系成立：

$$\left|x_1^{\psi}\right|\left[1-k_q\mu(\boldsymbol{A})\right]>\left|x_1^{\psi}\right|k_q\mu(\boldsymbol{A})\Rightarrow k_p+k_q<\frac{1}{\mu(\boldsymbol{A})} \tag{6.65}$$

如果在 k_p、k_q 的条件能达成一致，使用上述步骤中同样的设定则能够保证这些算法再一次从真实的支撑中找到指标。在经过准确的 k_0 次迭代之后，误差变为零并且算法终止，保证了在恢复正确的解 x 中的所有算法的成功。

2）贪婪算法

假设矩阵 $\boldsymbol{A}$ 有 $\operatorname{spark}(\boldsymbol{A})>2$，并且假定优化问题（$P_0$ 问题）有最优解 1，$\boldsymbol{b}$ 是矩阵 $\boldsymbol{A}$ 的一些列向量的线性组合，并且这个解也是唯一解。可以通过对矩阵 $\boldsymbol{A}$ 的每一列进行 m 次测试确定这个列，则第 j 次测试可以通过将 $e(j)=\left\|a_j z_j-\boldsymbol{b}\right\|_2$ 减到最少加以处理，并导出 $z_j^*=a_j^{\mathrm{T}}\boldsymbol{b}\big/\left\|a_j\right\|_2^2$，则误差即为

$$e(j)=\min_{z_j}\left\|a_j z_j-\boldsymbol{b}\right\|_2^2=\left\|\frac{a_j^{\mathrm{T}}\boldsymbol{b}}{\left\|a_j\right\|_2^2}a_j-\boldsymbol{b}\right\|_2^2$$

$$=\|\boldsymbol{b}\|_2^2-2\frac{\left(a_j^{\mathrm{T}}\boldsymbol{b}\right)^2}{\left\|a_j\right\|_2^2}+\frac{\left(\mathrm{a}_j^{\mathrm{T}}\boldsymbol{b}\right)^2}{\left\|a_j\right\|_2^2}=\|b\|_2^2-\frac{\left(a_j^{\mathrm{T}}\boldsymbol{b}\right)^2}{\left\|a_j\right\|_2^2} \tag{6.66}$$

如果误差是 0，就找到了适当的解。因此，这个测试将要做的仅是$\left\|a_j\right\|_2^2\|\boldsymbol{b}\|_2^2=\left(a_j^{\mathrm{T}}\boldsymbol{b}\right)^2$（等价于 Cauchy-Schwartz 不等式将满足等式条件），此时表明$\boldsymbol{b}$和a_j是平行的。同理，假设矩阵$\boldsymbol{A}$有$\operatorname{spark}(\boldsymbol{A})>2k_0$，并且假定优化问题有最优解值$\operatorname{val}(P_0)=k_0$。那么$\boldsymbol{b}$就是矩阵$\boldsymbol{A}$的$k_0$列的线性组合。以此类推，计算矩阵$\boldsymbol{A}$的$k_0$列的所有的$\begin{pmatrix} m \\ k_0 \end{pmatrix}=o\left(m^{k_0}\right)$子集合，并且相互测试。贪婪算法放弃了穷举搜索支持一系列的局部最佳的更新。从$x^0=0$开始，它保留了列向量（最初是空的）的格式，并且每一步都通过一个附加的列进行扩展，迭代出了一个k次近似值x^k的结果。在每一步列的选择上，算法都从当前预选列中接近$\boldsymbol{b}$值中最大的进行优化，且减少了 2-范数下的残留误差。在构造一个包括新的列的近似值之后，2-范数下的残留误差是可以进行估计的，直到某时刻它达到了事前给定的阈值，此时算法终止。

贪婪算法的具体实现方法有很多种，主要有正交贪婪算法、规整化正交贪婪算法、分段正交贪婪算法和梯度贪婪算法等[79,82-88,91]。贪婪算法的基本思想：每次搜索与信号最相关的基函数，然后把信号中包含最多基函数的分量去除，直到信号被基函数成分去除完毕为止。

3）熵最小优化算法

熵最小优化算法类似于最小 0-范数算法，是为了解决P_{e}问题而进行的优化，是 NP 问题，无法有效求解。因此，文献[104]提出了一种熵贪婪思想，即每次求取最大熵对应的系数，依次从大到小抽取信号直至满足给定阈值，算法终止。

首先，假定

$$\mathrm{res}_0=\boldsymbol{X},\quad \boldsymbol{X}_0=0$$

在步骤n，通过式（6.21）优化，选取λ_n：

$$\lambda_n\in\arg\max_{u_l\in U}\left(\left|\left\langle\mathrm{res}_{n-1},u_l\right\rangle\right|^2\ln\frac{1}{\left|\left\langle\mathrm{res}_{n-1},u_l\right\rangle\right|^2}\right) \tag{6.67}$$

计算近似量和表示系数：

$$\begin{cases}\tilde{\boldsymbol{X}}_n=\tilde{\boldsymbol{X}}_{n-1}+\left\langle\mathrm{res}_{n-1},u_{\lambda_n}\right\rangle u_{\lambda_n}\\ \mathrm{res}_n=\mathrm{res}_{n-1}-\left\langle\mathrm{res}_{n-1},u_{\lambda_n}\right\rangle u_{\lambda_n}\end{cases} \tag{6.68}$$

重复上述步骤直到res_n满足事先给定的阈值$\left\|\mathrm{res}_n\right\|\leqslant\varepsilon$，这里$\varepsilon$为给定阈值。

此为还有其他多种方法可以解决上述三大类问题。极小化 1-范数的方法能够有效解决压缩感知中的恢复问题，但是当结合其他一些先验知识后，该问题可以被更加有效地解决，比如 Bayes 压缩感知（BCS）方法和基于模型的压缩感知方法[64,66]。Ji 等提出的

BCS 借助传统的 Bayes 方法和机器学习中的主动学习方法，通过将关于稀疏性的先验信息用垂直先验分布建模，提出了自适应的感知方法以及相应的恢复方法。而 Baraniuk 等提出的针对基于模型可压缩信号的压缩感知方法中，利用小波树模型和块稀疏模型，仅需要与稀疏程度相当的测度数即可实现信号的鲁棒性恢复。制约 0-范数问题（P_0 问题）求解的根源在于向量的 0-范数是该向量的不连续函数，于是 Mohimani 等提出利用 Gauss 函数族对这个不连续函数进行近似，并利用连续函数的最小化算法（如最速下降法）对其最小化，从而得到最小 l_0-范数解，即平滑 l_0 算法[90,91]。

4）RIP 条件

在上述优化过程中，对限制条件中矩阵 $\boldsymbol{A}$ 有哪些要求。或者说，矩阵 $\boldsymbol{A}$ 满足哪些条件才会保证获得可靠、稳定的优化解。为此，Candes 和 Tao 提出了受限等距性质（restricted isometry property，RIP）[85]，对矩阵 $\boldsymbol{A}$ 的特性提出了要求，满足该要求就能使优化结果分析变得更为简单。

定义 6.1　对于一个有 2-范数标准化的列，大小为 $n\times m\,(m>n)$ 的矩阵 $\boldsymbol{A}$，以及一个整数 s 满足 $s\leqslant n$，假定包含 $\boldsymbol{A}$ 中的 s 列的子矩阵为 $\boldsymbol{A}_s$，且把常量 δ_s（$\delta_s<1$）定义为最小的量，使

$$\forall \boldsymbol{c}\in IR^s \quad (1-\delta_s)\|\boldsymbol{c}\|_2^2\leqslant\|A_s\boldsymbol{c}\|_2^2\leqslant(1+\delta_s)\|\boldsymbol{c}\|_2^2 \tag{6.69}$$

对于 s 列的任何选择都是有效的，那么就称 $\boldsymbol{A}$ 为在常量 δ_s 下有一个 s-RIP。

也就是说，如果 $\boldsymbol{A}$ 中的 s 列的任何子集合都是正交变换，那么信息总是没有能量变化的。这个定义仅仅是对 $\delta_s<1$ 的时候是有用的。RIP 常量的上述界限是很容易通过以下公式看出来的。

$$\|A_s\boldsymbol{c}\|_2^2=\boldsymbol{c}^{\mathrm{T}}A_s^{\mathrm{T}}A_s\boldsymbol{c}\leqslant[1+(s-1)\mu(\boldsymbol{A})]\|\boldsymbol{c}\|_2^2 \tag{6.70}$$

在以上的叙述中用了 Gram 矩阵中的最小量的结构，在主对角线上的元素都是 1，在非主对角线上的元素都是通过 $\mu(\boldsymbol{A})$ 限制的。对于长度为 s 的向量 $\boldsymbol{c}$，也使用了正常的等值不等式 $\|\boldsymbol{c}\|_1\leqslant\sqrt{s}\|\boldsymbol{c}\|_2$。这个下界可以同样被确定为

$$\|A_s\boldsymbol{c}\|_2^2=\boldsymbol{c}^{\mathrm{T}}A_s^{\mathrm{T}}A_s\boldsymbol{c}\geqslant[1-(s-1)\mu(\boldsymbol{A})]\|\boldsymbol{c}\|_2^2 \tag{6.71}$$

这里再一次使用正常的等值不等式 $\|\boldsymbol{c}\|_1\leqslant\sqrt{s}\|\boldsymbol{c}\|_2$。

6.1.2.3　矩阵稀疏及秩最小化问题

与压缩传感紧密相关的问题是矩阵秩最小化问题。低秩矩阵模型在信号处理等领域具有广泛的应用，如系统辨识与控制、Euclid 空间嵌入和协同滤波等，这往往涉及仿射矩阵秩最小化的问题[101,102]。另外，低秩矩阵涉及核范数，即奇异值最稀疏问题，所以矩阵秩最小化问题是稀疏表示中的另外一大类。其数学模型如下：

$$\min_X \ \operatorname{rank}(\boldsymbol{X}),\ \text{s.t.}\quad \boldsymbol{AX}=\boldsymbol{b} \tag{6.72}$$

矩阵秩最小化的一个经典例子就是矩阵填充中的 Netflix 问题。Netflix 公司是一个影碟租赁公司，该公司让用户在观看影碟后对电影评价打分，然后该公司会根据用户的打分推测出用户对影片的喜好，从而给用户推荐喜爱的影碟。如果将每一名对电影打分的用户都看成矩阵的一行，再把每一部被评分的电影看成矩阵的一列，用户对电影的打

分看成是矩阵的元素。在现实生活中，一个用户看过的电影总是有限的，因此评分矩阵中仅有少量元素是已知的。该公司要预测用户对影片的喜好，就是要通过这些已知的、少量的矩阵元素，推测出空白的矩阵元素，这就是一个典型的矩阵填充问题。另外，由于影响用户对于影片喜好的因素往往只有少数几个，因此这个矩阵将是一个低秩矩阵。曾经 Netflix 公司还举办过一个比赛，参赛队伍根据 Netflix 公司提供的用户对影片的打分数据对用户喜好进行预测，设计新的预测方法，并与 Netflix 公司自己的预测软件结果进行对比，其中能将预测准确度提高 10%的队伍会获得 100 万美元的大奖。

在矩阵填充问题中，如果对矩阵没有任何条件限制，矩阵填充问题的解无穷多，但是在实际中经常会遇到低秩矩阵或者渐近低秩矩阵。研究表明[101-103]，可以通过合适的方法准确恢复出原来的矩阵，矩阵填充问题总结起来就是求解核范数最小化问题[3]。现在求解核范数最小化问题已经有了一些成熟的算法，但是目前这些算法的复杂度都很高，处理高维矩阵的填充问题会花费大量时间，因此，快速高效的矩阵填充算法也是矩阵填充问题的一个研究热点。矩阵填充目前已有不少算法，最经典的当属由 Cai 等提出的 SVT（奇异值阈值）算法[100]，该算法受到压缩感知理论中 Bregman 迭代算法的启发，算法在迭代过程中对矩阵进行奇异值分解，然后将较小的奇异值设置为 0，生成新的矩阵进行反复迭代，此算法运行速度很快，对于高维低秩矩阵的回填效果很好。另外还有 Ma 等提出的 FPCA（模糊主分量分析）算法[101]，该算法也用到了矩阵的奇异值分解，并且在算法迭代过程中进行不动点连续处理。该算法不仅对低秩矩阵的恢复效果很好，对秩适中的矩阵也有较好的恢复效果。在这之后，又陆续出现了很多关于矩阵填充的快速高效算法。目前，矩阵填充问题与算法研究已经取得了极大的进展，但是理论的不成熟导致仍然存在很多问题，例如一些实际问题中需要填充的低秩矩阵，其核范数是固定的，此时应用核范数最小化方法求解显然没有意义，对这些问题，需要有新的算法解决。本书将给出 Cai 等提出的 SVT 算法，其基本思路如下。

对于给定的矩阵 $\boldsymbol{X}$，矩阵部分数据已知，即式（6.73）的优化问题即是矩阵填充的数学模型：

$$\min\|\boldsymbol{X}\|_*,\quad \text{s.t.}\ \ X_{i,j}=M_{i,j},\quad (i,j)\in\Omega \tag{6.73}$$

如果矩阵中数据采样对给定的某个常数 C 满足 $m\geqslant Cn^{6/5}r\ln n$，式（6.73）就会以较高的概率（$1-n^{-3}$）恢复出矩阵缺失元素。这里 $\|\boldsymbol{X}\|_*$ 表示的是矩阵的核范数，即所有奇异值的和，r 为矩阵的秩，n 为矩阵行数和列数中的最小值，m 为矩阵中已知数据个数。由于求解式（6.73）较为困难，可将其松弛成如下优化问题：

$$\min\operatorname{rank}(\boldsymbol{X}),\quad \text{s.t.}\ \ X_{i,j}=M_{i,j},\quad (i,j)\in\Omega \tag{6.74}$$

进一步，Cai 等把限制条件进行了改进[100]，不是直接相等约束，而是投影（投影算子设为 P_Ω）后具有相同的数值（即改为投影约束），即

$$\min\operatorname{rank}(\boldsymbol{X}),\quad \text{s.t.}\ \ P_\Omega\left(X_{i,j}\right)=P_\Omega\left(M_{i,j}\right),\quad (i,j)\in\Omega \tag{6.75}$$

因此，可以通过迭代优化计算式（6.76）直到达到某个停止条件，获得最终的优化矩阵 $\boldsymbol{X}$：

$$\begin{cases} X^k = \text{shrink}\left(Y^{k-1}, \tau\right) \\ Y^k = Y^{k-1} + \delta_k P_\Omega\left(M - X^k\right) \end{cases} \tag{6.76}$$

其中，$Y^0 = 0$；$\text{shrink}\left(Y^{k-1}, \tau\right)$为非线性软阈值函数，阈值为$\tau$；$\delta_k$为$k$步相应的步长。这里使用了两个重要的特性：稀疏性和低秩性。矩阵在迭代的过程中一直保持稀疏性，同时矩阵必须是低秩的，否则该方法将失效。

很显然，矩阵填充问题是非适定性的问题。一般而言，如果矩阵仅由少量的采样元素组成，那么完全重构出原矩阵几乎是不可能的，因为对矩阵未知元素的填充有无限种可能性。如果没有其他约束条件，矩阵填充重构出的矩阵将不是唯一的。但是如果事先知道原始矩阵数据，满足一定的条件，那么矩阵填充将变得可行，这个关键的条件就是矩阵的低秩性[98-102]。

本节对广义测不准原理中涉及的主要数学问题进行了总结，分析了它们各自的使用方法，并给出了几个简单的示例以示效应。

6.1.3　广义测不准原理涉及的部分数学问题展望

目前公开发表的时频分析广义测不准原理都主要是针对连续信号的，但离散信号与连续信号有许多不同点。首先，在实际工程应用中离散信号的时间支撑和频率支撑都是有限的，而对于连续信号不成立，因此，广泛应用于连续信号的数学不等式（如广义 Pitt 不等式、广义 Hausdorff-Young 不等式等）及其证明方法（如基于广义 Jensen 不等式的凹凸理论）都需要进一步完善。其次，目前离散信号的时间支撑和频率支撑的表述还没有一个被广泛接受的统一定义，虽然书中已经涉及一部分，但是总体来讲理论尚不完善。此外，广义变换离散计算方法、离散性质等还有待进一步分析。另外，业已证明：在传统域内，Gauss 信号不再是离散测不准原理等式成立的条件。所以，以上问题都是下一步在时频分析广义测不准原理中需要重点研究的对象。

稀疏表示广义测不准原理研究正处于白热化状态，也取得了不少进展，例如已有的很多文献中的相关工作就涵盖了当前稀疏表示广义测不准原理的研究成果[61-78,85]。本节对广义测不准原理中涉及的主要数学问题进行了总结，分析了不同范数、优化算法等，并给出了几个典型的数学应用示例。

然而，尽管前期稀疏表示广义测不准原理取得了开创性成果，但这些理论结果大多不具备工程可行性，无法在信号的稀疏表示中进行有效应用，而且这些成果仅限于稀疏表示的广义 Heisenberg 测不准原理。Donoho、Elad 等给出的结论都包含了信号的 0-范数[63,67,68]，而 0-范数既是分解的结果又是稀疏表示的条件。也就是说，如果得到了信号的 0-范数，也就得到了信号的稀疏表示，则上述理论条件也就起不到对 0-范数求解的指导作用。相反，要验证上述理论条件，必须首先求解信号的 0-范数。同样，Patrick 以及 Yonina 的结论也存在类似问题[74]。所以，这些条件无法应用于工程，尽管它们是充要条件。而且，对于熵测不准原理，目前也还没有公开的文献涉及稀疏分解问题，包括信号唯一最佳稀疏表示条件、最小范数和熵等价条件、工程判据等。因此，关于熵的广义测不准原理的稀疏表示问题有必要开展相关的理论研究，特别是数学问题的理论研究。

6.2　广义测不准原理总结

6.2.1　信号时频分析广义测不准原理总结

6.2.1.1　信号处理中的测不准原理

在信号处理中，Heisenberg 测不准原理具有两层含义：时间分辨率和频率分辨率不能同时无限制地提高，它们的乘积存在下限；时间分辨率和频率分辨率之间存在相互制约的关系，即如果要提高频率分辨率就要降低时间分辨率，反之亦然。

目前，多数多分辨率分析/变换方法[14-60]的分析思想源于测不准原理，即高频区域具有低的频率分辨率和高的时间分辨率，而低频区域具有高的频率分辨率和低的时间分辨率。根据测不准原理等式成立的条件，获得了多种变换的最优基函数，如短时 Fourier 变换的 Gauss 窗函数、S 变换的频变 Gauss 窗函数以及最优小波基函数等[1-5]。

在 Heisenberg 测不准原理的指导下，信号处理研究工作取得了许多成果。然而，随着信号处理技术的进一步发展，人们对测不准原理又有了新的认识。2000 年和 2004 年，在条件概率情况下，Cohen 得到了较传统测不准原理更小的下限[18]，这表明在某些情况下，可以突破传统测不准原理的束缚，推动了测不准原理进一步深入研究。

在 FRFT 变换（fractional Fourier transform）和 LCT 变换（linear canonical transform，又称为广义变换）域[6-13]，一些学者开始探索新变换域的测不准原理，又称为广义测不准原理[34-60]。为了便于描述，按照变换域，广义测不准原理可以分为 FRFT 域的广义测不准原理和 LCT 域的广义测不准原理。

6.2.1.2　FRFT 域的广义测不准原理

文献[35]～文献[37]首先证明了时间支撑和 FRFT 域的广义频率支撑的 Heisenberg 测不准原理，其有效支撑乘积的下限为 $\sin^2\dfrac{\alpha}{4}$（α 为 FRFT 的变换参数），但是它只是一个特例，没有给出普遍意义的下限和明确的物理解释。2001 年，Shinde 等[36]接着给出了任意两个不同 FRFT 域内实数信号的 Heisenberg 测不准原理，得到了更为严格的下限，其下限不仅与实数信号传统的时间支撑和频率支撑（有效带宽）有关，还与 FRFT 变换的参数有关，而且还进一步分析了明确的物理意义。但是，这个结论只适合实数信号。在此基础上，本书作者证明和推导了 FRFT 域的任意复数信号的 Heisenberg 测不准原理、对数测不准原理和加窗测不准原理，并给出了其物理分析[38]，并且本书作者也深入探讨了 FRFT 变换域的广义熵测不准原理[41-43]。此外，把任意两个不同 FRFT 域内实数信号的 Heisenberg 测不准原理，从一个测不准关系扩展到三个具有严格下限的测不准关系，并给出各自的物理解释[34]。此后，又把任意两个不同 FRFT 域内复数信号的 Heisenberg 测不准原理，从一个测不准关系扩展到三个具有严格下限的测不准关系，同样给出了各自的物理解释。

6.2.1.3　LCT 域的广义测不准原理

2008 年，Sharma 等对文献[44]的结果在 LCT 域内进行了扩展，论证了实数信号的任意两个 LCT 域内的测不准原理，并给出了带限信号的特例：在两个不同的 LCT 域内，存在一个实数信号和两个变换参数系，使得该实数信号在这两个 LCT 域内同时是带限的。尽管这一特例是对特殊的 LCT 变换参数而言，但至少从理论上证明：在新的变换域内，存在这样的情况，可以使得信号分辨率分析得到极大的提高。在 Sharma 研究此问题的同时，本书作者和 Zhao 等也进行了类似的工作[45-48]。本书作者把实数信号的任意两个 LCT 域的测不准原理扩展为：两个有效支撑之间的测不准原理、两个群延迟之间的测不准原理、一个群延迟和一个有效支撑之间的交叉测不准原理，并给出了新的物理解释。Zhao 等则把实数信号 LCT 下 Heisenberg 测不准原理应用矩的关系进行了重新证明，可以避免 Cauchy-Schwartz 不等式对特殊 LCT 参数的无效性。另外，针对复数信号，本书作者把任意复数信号的 Heisenberg 测不准原理、对数测不准原理、加窗测不准原理以及熵测不准原理在 LCT 域内进行了扩展。文献[49]还研究了复信号情况下线性正则域的测不准原理，得到了信号在两个不同线性正则域带宽乘积的下界。该下界与时频协方差相关，已有的 Heisenberg 测不准原理的下界均可看成是该下界的特殊情况，另外利用该下界可解释线性正则（分数阶 Fourier 变换）域测不准原理中实信号与复信号具有不同下界的现象。在研究过程中，作者还发现这些测不准原理并不那么严谨，其下限不像实数那样严格，而此前，Stern 等已经给出了 Heisenberg 测不准原理在 LCT 特定参数下的几个特例[52]。此后，作者又把任意两个不同 LCT 域内复数信号的 Heisenberg 测不准原理，从一个测不准关系扩展到三个具有严格下限的测不准关系，并给出了各自的物理解释[45,48]。

这些已有的工作表明，广义测不准原理均与变换参数有关，可以为广义域的时频分析提供更好更多的选择，只要选择合适的变换参数可获得更高分辨率的分析，而且在某些特定情况下，理论上信号分辨率同时在两个不同变换域内可以没有约束地提高。此外，在信息学和量子力学中，广义域的熵测不准原理又可以提供新的思路，为潜在的应用提供重要的理论基础。因此，无论是从信号处理的角度，还是从物理学对自然界认识的角度，测不准原理都具有重要的理论指导意义和工程应用价值。

6.2.1.4　不同变换域测不准原理及不等式的比较分析

本节列出了传统的测不准原理关系不等式、新推导的测不准关系不等式等，其中，表 6.8～表 6.13 分别列出了 Heisenberg 熵测不准原理、Shannon 熵测不准原理、Rényi 熵测不准原理、加窗测不准原理、对数测不准原理和复数信号 $f(t)=s(t)\mathrm{e}^{i\varphi(t)}$ 的 Heisenberg 测不准原理。表 6.14 给出了两种不等式：Hausdorff-Young 不等式和 Pitt 不等式。从表中可以看出，新推导的不等式与以往给出的不等式（包括传统不等式）的关系和不同，下面就对它们进行深入分析。

表 6.8　Heisenberg 熵测不准原理

主要文献	测不准原理关系不等式	$f(t)$定义域
很多，比如[1][15]等	$\int_{-\infty}^{+\infty}\left\|(t-t_0)f(t)\right\|^2 dt\cdot\int_{-\infty}^{+\infty}\left\|(u-u_0)F(u)\right\|^2 du\geqslant 1/4$	实数和复数
[35]等	$\int_{-\infty}^{+\infty}\left\|(u-u_1)F_\alpha(u)\right\|^2 du\cdot\int_{-\infty}^{+\infty}\left\|(t-t_0)f(t)\right\|^2 dt\geqslant\frac{\left\|\sin\alpha\right\|^2}{4}$	实数和复数
[34][36],其中[36]只给出了第一个不等式	$\int_{-\infty}^{+\infty}u^2\left\|F_\alpha(u)\right\|^2 du\cdot\int_{-\infty}^{+\infty}v^2\left\|F_\beta(v)\right\|^2 dv\geqslant\frac{[\cos\alpha\sin\beta+\mathrm{sgn}(W)\cos\beta\sin\alpha]^2}{4}$ $\int_{-\infty}^{+\infty}\left\|F_\alpha'(u)\right\|^2 du\cdot\int_{-\infty}^{+\infty}\left\|F_\beta'(v)\right\|^2 dv\geqslant\frac{[\sin\alpha\cos\beta+\mathrm{sgn}(W)\cos\alpha\sin\beta]^2}{4}$ $\int_{-\infty}^{+\infty}\left\|uF_\alpha(u)\right\|^2 du\cdot\int_{-\infty}^{+\infty}\left\|F_\beta'(v)\right\|^2 dv\geqslant\frac{[\cos\alpha\cos\beta+\mathrm{sgn}(W)\sin\alpha\sin\beta]^2}{4}$ 其中，$W=\frac{\sin 2\alpha\sin 2\beta}{4}$，$\mathrm{sgn}(s)=\begin{cases}+1, s\geqslant 0\\-1, s<0\end{cases}$	实数
[45][52]等	$\int_{-\infty}^{+\infty}u^2\left\|F_{(a_1,b_1,c_1,d_1)}(u)\right\|^2 du\cdot\int_{-\infty}^{+\infty}v^2\left\|F_{(a_2,b_2,c_2,d_2)}(v)\right\|^2 dv\geqslant\frac{[a_1b_2+\mathrm{sgn}(a_1a_2b_1b_2)a_2b_1]^2}{4}$ $\int_{-\infty}^{+\infty}\left\|F_{(a_1,b_1,c_1,d_1)}'(u)\right\|^2 du\cdot\int_{-\infty}^{+\infty}\left\|F_{(a_2,b_2,c_2,d_2)}'(v)\right\|^2 dv\geqslant\frac{[c_1d_2+\mathrm{sgn}(c_1c_2d_1d_2)c_2d_1]^2}{4}$ $\int_{-\infty}^{+\infty}\left\|uF_{(a_1,b_1,c_1,d_1)}(u)\right\|^2 du\cdot\int_{-\infty}^{+\infty}\left\|F_{(a_2,b_2,c_2,d_2)}'(v)\right\|^2 dv\geqslant\frac{[a_1d_2+\mathrm{sgn}(a_1b_1c_2d_2)b_1c_2]^2}{4}$ 其中，$\mathrm{sgn}(s)=\begin{cases}+1, & s\geqslant 0\\-1, & s<0\end{cases}$	实数
[38]～[40]等	$\int_{-\infty}^{+\infty}\left\|(u-u_1)F_\alpha(u)\right\|^2 du\cdot\int_{-\infty}^{+\infty}\left\|(u-u_2)F_\beta(u)\right\|^2 du\geqslant\frac{\left\|\sin(\alpha-\beta)\right\|^2}{4}$	实数和复数
[40][52]等	$\int_{-\infty}^{+\infty}\left\|(u-u_1)F_{(a_1,b_1,c_1,d_1)}(u)\right\|^2 du\cdot\int_{-\infty}^{+\infty}\left\|(t-t_2)f(t)\right\|^2 dt\geqslant\frac{\left\|b_1\right\|^2}{4}$	实数和复数
[40][52]等	$\int_{-\infty}^{+\infty}\left\|(u-u_1)F_{(a_1,b_1,c_1,d_1)}(u)\right\|^2 du\cdot\int_{-\infty}^{+\infty}\left\|(u-u_2)F_{(a_2,b_2,c_2,d_2)}(u)\right\|^2 du\geqslant\frac{\left\|a_1b_2-a_2b_1\right\|^2}{4}$	实数和复数

表 6.9　Shannon 熵测不准原理

主要文献	测不准原理关系不等式	$f(t)$定义域
很多，比如[20][21]等	$E\left[\left\|F(u)\right\|^2\right]+E\left[\left\|f(t)\right\|^2\right]\geqslant 0$（弱型） $E\left[\left\|F(u)\right\|^2\right]+E\left[\left\|f(t)\right\|^2\right]\geqslant\ln(\pi e)$	实数和复数
[41]	$E\left[\left\|F_\alpha(u)\right\|^2\right]+E\left[\left\|F_\beta(u)\right\|^2\right]\geqslant\ln\left(\pi e\left\|\sin(\alpha-\beta)\right\|\right)$	实数和复数
[53]	$E\left[\left\|F_{(a_1,b_1,c_1,d_1)}(u)\right\|^2\right]+E\left[\left\|f(t)\right\|^2\right]\geqslant\ln\left(\pi e\left\|b_1\right\|\right)$	实数和复数
[53]	$E\left[\left\|F_{(a_1,b_1,c_1,d_1)}(u)\right\|^2\right]+E\left[\left\|F_{(a_2,b_2,c_2,d_2)}(v)\right\|^2\right]\geqslant\ln\left(\pi e\left\|a_1b_2-a_2b_1\right\|\right)$ $E_{(a_1,b_1,c_1,d_1)}+E_{(a_2,b_2,c_2,d_2)}\geqslant\ln(2\pi)+1-\ln\left(\frac{2T_1T_2}{\left\|a_1b_2-a_2b_1\right\|}\right)$（离散型） 其中， $E_{(a_1,b_1,c_1,d_1)}=-\sum_{k=-\infty}^{+\infty}\left(\int_{kT_1}^{(k+1)T_1}\left\|F_{(a_1,b_1,c_1,d_1)}(u)\right\|^2 du\right)\cdot\ln\left(\int_{kT_1}^{(k+1)T_1}\left\|F_{(a_1,b_1,c_1,d_1)}(u)\right\|^2 du\right)$ $E_{(a_2,b_2,c_2,d_2)}=-\sum_{l=-\infty}^{+\infty}\left(\int_{lT_2}^{(l+1)T_2}\left\|F_{(a_2,b_2,c_2,d_2)}(v)\right\|^2 dv\right)\cdot\ln\left(\int_{lT_2}^{(l+1)T_2}\left\|F_{(a_2,b_2,c_2,d_2)}(v)\right\|^2 dv\right)$	实数和复数

表 6.10　Rényi 熵测不准原理

主要文献	测不准原理关系不等式	$f(t)$ 定义域
[31]	$H_\theta\left[\left\|f(t)\right\|^2\right]+H_\gamma\left[\left\|F(u)\right\|^2\right]\geqslant\frac{\ln(\theta/\pi)}{2(\theta-1)}+\frac{\ln(\gamma/\pi)}{2(\gamma-1)}$	实数和复数
[41]	$H_\theta\left[\left\|F_\beta(u)\right\|^2\right]+H_\gamma\left[\left\|F_\alpha(u)\right\|^2\right]\geqslant\frac{\ln(\theta/\pi)}{2(\theta-1)}+\frac{\ln(\gamma/\pi)}{2(\gamma-1)}+\ln\left\|\sin(\alpha-\beta)\right\|$	实数和复数
[41]	$H_\theta\left[\left\|f(t)\right\|^2\right]+H_\gamma\left[\left\|F_{(a_1,b_1,c_1,d_1)}(u)\right\|^2\right]\geqslant\frac{\ln(\theta/\pi)}{2(\theta-1)}+\frac{\ln(\gamma/\pi)}{2(\gamma-1)}+\ln\left\|b_1\right\|$	实数和复数
[41][42]	$H_\theta\left[\left\|F_{(a_2,b_2,c_2,d_2)}(u)\right\|^2\right]+H_\gamma\left[\left\|F_{(a_1,b_1,c_1,d_1)}(u)\right\|^2\right]\geqslant\frac{\ln(\theta/\pi)}{2(\theta-1)}+\frac{\ln(\gamma/\pi)}{2(\gamma-1)}+\ln\left\|a_1b_2-a_2b_1\right\|$ $H_\theta^{(a_2,b_2,c_2,d_2)}+H_\gamma^{(a_1,b_1,c_1,d_1)}\geqslant\frac{\ln(\theta/\pi)}{2(\theta-1)}+\frac{\ln(\gamma/\pi)}{2(\gamma-1)}+\ln\left(\frac{\left\|a_1b_2-a_2b_1\right\|}{T_1T_2}\right)$ （离散型） $H_\theta\left[\sum_{l=1}^{n}\xi_l\left\|F_{l,\beta}(v)\right\|^2\right]+H_\lambda\left[\sum_{l=1}^{n}\xi_l\left\|F_{l,\alpha}(u)\right\|^2\right]\geqslant\frac{\ln(\theta/\pi)}{2(\theta-1)}+\frac{\ln(\lambda/\pi)}{2(\lambda-1)}+\ln\left\|\sin(\alpha-\beta)\right\|$	实数和复数

表 6.11　加窗测不准原理

主要文献	测不准原理关系不等式	$f(t)$ 定义域
[55][57]	$\left(\Delta v^2\right)_{\mathrm{ST}}\left(\Delta t^2\right)_{\mathrm{ST}}\geqslant 1$	实数和复数
[58]	$\left(\Delta v_\alpha^2\right)_{\mathrm{ST}}\left(\Delta u_\alpha^2\right)_{\mathrm{ST}}=\left(\Delta v_\alpha^2\right)_{\mathrm{ST}}\left(\Delta v_{\alpha-\pi/2}^2\right)_{\mathrm{ST}}\geqslant 1$	实数和复数
[58]	$\left(\Delta v_\alpha^2\right)_{\mathrm{ST}}\left(\Delta u_\beta^2\right)_{\mathrm{ST}}\geqslant\left(\frac{\left\|\sin(\alpha-\beta)\right\|+1}{2}\right)^2$	实数和复数
[53]	$\left(\Delta v_{(a_1,b_1,c_1,d_1)}^2\right)_{\mathrm{ST}}\left(\Delta u_{(a_2,b_2,c_2,d_2)}^2\right)_{\mathrm{ST}}\geqslant 1$，$\left\|a_1b_2-a_2b_1\right\|=1$	实数和复数
[53]	$\left(\Delta v_{(a_1,b_1,c_1,d_1)}^2\right)_{\mathrm{ST}}\left(\Delta u_{(a_2,b_2,c_2,d_2)}^2\right)_{\mathrm{ST}}\geqslant\left(\frac{\left\|a_1b_2-a_2b_1\right\|+1}{2}\right)^2$	实数和复数

表 6.12　对数测不准原理

主要文献	测不准原理关系不等式	$f(t)$定义域
[54]	$\int_{-\infty}^{+\infty}\ln\left\|t\right\|\left\|f(t)\right\|^2\mathrm{d}t+\int_{-\infty}^{+\infty}\ln\left\|u\right\|\left\|F(u)\right\|^2\mathrm{d}u\geqslant\frac{\Gamma'(1/4)}{\Gamma(1/4)}$	实数和复数
[58]	$\int_{-\infty}^{+\infty}\ln\left\|u\right\|^2\left\|F_\alpha(u)\right\|^2\mathrm{d}u+\int_{-\infty}^{+\infty}\ln\left\|v\right\|^2\left\|F_\beta(v)\right\|^2\mathrm{d}v\geqslant\ln\left[\left\|\sin(\alpha-\beta)\right\|^2\right]+\frac{2\Gamma'(1/4)}{\Gamma(1/4)}$	实数和复数
[53]	$\int_{-\infty}^{+\infty}\ln\left\|u\right\|^2\left\|F_{(a_1,b_1,c_1,d_1)}(u)\right\|^2\mathrm{d}u+\int_{-\infty}^{+\infty}\ln\left\|v\right\|^2\left\|F_{(a_2,b_2,c_2,d_2)}(v)\right\|^2\mathrm{d}v\geqslant\ln\left(\left\|a_1b_2-a_2b_1\right\|^2\right)+\frac{2\Gamma'(1/4)}{\Gamma(1/4)}$	实数和复数

表 6.13　复数信号 $f(t)=s(t)\mathrm{e}^{\mathrm{i}\varphi(t)}$ 的 Heisenberg 测不准原理

主要文献	测不准原理关系不等式	$f(t)$定义域
[48]	（1）$\int_{-\infty}^{+\infty}\left\|uF_\alpha(u)\right\|^2\mathrm{d}u\cdot\int_{-\infty}^{+\infty}\left\|uF_\beta(u)\right\|^2\mathrm{d}u$ $\geqslant\frac{\sin^2(\alpha-\beta)}{4}+\left[\cos\alpha\cos\beta\Delta t^2+\sin\alpha\sin\beta\cdot\left(\Delta\omega_s^2+K_1\right)+\sin(\alpha+\beta)\cdot K_2\right]^2$ （2）$\int_{-\infty}^{+\infty}\left\|F_\alpha'(u)\right\|^2\mathrm{d}u\cdot\int_{-\infty}^{+\infty}\left\|F_\beta'(v)\right\|^2\mathrm{d}v$ $\geqslant\frac{\sin^2(\alpha-\beta)}{4}+\left[\sin\alpha\sin\beta\Delta t^2+\cos\alpha\cos\beta\cdot\left(\Delta\omega_s^2+K_1\right)-\sin(\alpha-\beta)\cdot K_2\right]^2$	复数信号

续表

主要文献	测不准原理关系不等式	f(t)定义域
[48]	（3）$\int_{-\infty}^{+\infty}\left\|uF_{\alpha}(u)\right\|^{2}\mathrm{d}u\cdot\int_{-\infty}^{+\infty}\left\|F_{\beta}^{'}(v)\right\|^{2}\mathrm{d}v \geqslant \frac{\cos^{2}(\alpha-\beta)}{4}+\left[-\cos\alpha\sin\beta\Delta t^{2}+\sin\alpha\cos\beta\cdot\left(\Delta\omega_{s}^{2}+K_{1}\right)+\cos(\alpha-\beta)\cdot K_{2}\right]^{2}$ 其中，$K_{1}=\int_{-\infty}^{+\infty}\left[\phi'(t)s(t)\right]^{2}\mathrm{d}t$，$K_{2}=\int_{-\infty}^{+\infty}ts^{2}(t)\phi'(t)\mathrm{d}t$ （1）$\int_{-\infty}^{+\infty}\left\|uF_{M_1}(u)\right\|^{2}\mathrm{d}u\cdot\int_{-\infty}^{+\infty}\left\|uF_{M_2}(u)\right\|^{2}\mathrm{d}u \geqslant \frac{(a_1b_2-a_2b_1)^{2}}{4}+\left[a_1a_2\Delta t^{2}+b_1b_2\Delta\omega_{s}^{2}+b_1b_2K_1+(a_1b_2+a_2b_1)K_2\right]^{2}$ （2）$\int_{-\infty}^{+\infty}\left\|F_{M_1}^{'}(u)\right\|^{2}\mathrm{d}u\cdot\int_{-\infty}^{+\infty}\left\|F_{M_2}^{'}(v)\right\|^{2}\mathrm{d}v \geqslant \frac{(c_1d_2-c_2d_1)^{2}}{4}+\left[c_1c_2\Delta t^{2}+d_1d_2\Delta\omega_{s}^{2}+d_1d_2K_1+(c_1d_2+c_2d_1)K_2\right]^{2}$ （3）$\int_{-\infty}^{+\infty}\left\|uF_{M_1}(u)\right\|^{2}\mathrm{d}u\cdot\int_{-\infty}^{+\infty}\left\|F_{M_2}^{'}(v)\right\|^{2}\mathrm{d}v \geqslant \frac{(a_1d_2-b_1c_2)^{2}}{4}+\left[a_1c_2\Delta t^{2}+b_1d_2\Delta\omega_{s}^{2}+b_1d_2K_1+(a_1d_2+b_1c_2)K_2\right]^{2}$ 其中，$K_{1}=\int_{-\infty}^{+\infty}\left[\phi'(t)s(t)\right]^{2}\mathrm{d}t$，$K_{2}=\int_{-\infty}^{+\infty}ts^{2}(t)\phi'(t)\mathrm{d}t$	复数信号

表 6.14　其他不等式（Hausdorff-Young 不等式和 Pitt 不等式）

主要文献	不等式	f(t) 定义域
[17][33]	$\left\\|F(u)\right\\|_{p}\leqslant\left[\left(\frac{q}{2\pi}\right)^{1/q}\Big/\left(\frac{p}{2\pi}\right)^{1/p}\right]^{1/2}\left\\|f(t)\right\\|_{q}$ $\left\\|f(t)\right\\|_{p}\leqslant\left[\left(\frac{q}{2\pi}\right)^{1/q}\Big/\left(\frac{p}{2\pi}\right)^{1/p}\right]^{1/2}\left\\|F(u)\right\\|_{q}$	实数和复数
[41]	$\left\\|F_{\alpha}(u)\right\\|_{p}\leqslant\left[\left(\frac{q}{2\pi}\right)^{1/q}\Big/\left(\frac{p}{2\pi}\right)^{1/p}\right]^{1/2}\left[\frac{1}{\|\sin(\alpha-\beta)\|}\right]^{1/q}\|\sin(\alpha-\beta)\|^{1/2}\left\\|F_{\beta}(u)\right\\|_{q}$ $\left[\frac{1}{\|\sin(\alpha-\beta)\|}\right]^{1/p}\|\sin(\alpha-\beta)\|^{1/2}\left\\|F_{\alpha}(u)\right\\|_{p}\leqslant\left[\left(\frac{q}{2\pi}\right)^{1/q}\Big/\left(\frac{p}{2\pi}\right)^{1/p}\right]^{1/2}\left\\|F_{\beta}(u)\right\\|_{q}$	实数和复数
[53]	$\left\\|F_{(a_1,b_1,c_1,d_1)}(u)\right\\|_{p}\leqslant\left[\left(\frac{q}{2\pi}\right)^{1/q}\Big/\left(\frac{p}{2\pi}\right)^{1/p}\right]^{1/2}\left(\frac{1}{\|a_1b_2-a_2b_1\|}\right)^{1/q}\|a_1b_2-a_2b_1\|^{1/2}\left\\|F_{(a_2,b_2,c_2,d_2)}(u)\right\\|_{q}$ $\left(\frac{1}{\|a_1b_2-a_2b_1\|}\right)^{1/p}\|a_1b_2-a_2b_1\|^{\frac{1}{2}}\left\\|F_{(a_1,b_1,c_1,d_1)}(u)\right\\|_{p}\leqslant\left[\left(\frac{q}{2\pi}\right)^{1/q}\Big/\left(\frac{p}{2\pi}\right)^{1/p}\right]^{1/2}\left\\|F_{(a_2,b_2,c_2,d_2)}(u)\right\\|_{q}$	实数和复数
[54]	$\int_{-\infty}^{+\infty}\|t\|^{-\lambda}\|f(t)\|^{2}\mathrm{d}t\leqslant M_{\lambda}\int_{-\infty}^{+\infty}\|u\|^{\lambda}\|F(u)\|^{2}\mathrm{d}u$ $\int_{-\infty}^{+\infty}\|u\|^{-\lambda}\|F(u)\|^{2}\mathrm{d}u\leqslant M_{\lambda}\int_{-\infty}^{+\infty}\|t\|^{\lambda}\|f(t)\|^{2}\mathrm{d}t$	实数和复数
[58]	$\int_{-\infty}^{+\infty}\|u\|^{-\lambda}\|F_{\alpha}(u)\|^{2}\mathrm{d}u\leqslant\frac{M_{\lambda}}{\|\sin(\alpha-\beta)\|^{\lambda}}\int_{-\infty}^{+\infty}\|v\|^{\lambda}\|F_{\beta}(v)\|^{2}\mathrm{d}v$	实数和复数
[53]	$\int_{-\infty}^{+\infty}\|u\|^{-\lambda}\|F_{(a_1,b_1,c_1,d_1)}(u)\|^{2}\mathrm{d}u\leqslant\frac{M_{\lambda}}{\|a_1b_2-a_2b_1\|^{\lambda}}\int_{-\infty}^{+\infty}\|v\|^{\lambda}\|F_{(a_2,b_2,c_2,d_2)}(v)\|^{2}\mathrm{d}v$	实数和复数

（1）广义分数阶 Fourier 变换域的 Heisenberg 测不准原理，其下限均与变换参数有关，其物理含义以表 6.8 最后一个不等式

$$\int_{-\infty}^{+\infty}\left|(u-u_1)F_{(a_1,b_1,c_1,d_1)}(u)\right|^2\mathrm{d}u\cdot\int_{-\infty}^{+\infty}\left|(u-u_2)F_{(a_2,b_2,c_2,d_2)}(u)\right|^2\mathrm{d}u\geqslant\frac{|a_1b_2-a_2b_1|^2}{4}\tag{6.77}$$

为例，加以分析说明。

传统时频域，Heisenberg 测不准原理的下限为 1/4。广义分数阶 Fourier 变换域，当 $\begin{bmatrix}a_1 & b_1\\ c_1 & d_1\end{bmatrix}=\begin{bmatrix}\cos\alpha & \sin\alpha\\ -\sin\alpha & \cos\alpha\end{bmatrix}$，$\begin{bmatrix}a_2 & b_2\\ c_2 & d_2\end{bmatrix}=\begin{bmatrix}\cos\beta & \sin\beta\\ -\sin\beta & \cos\beta\end{bmatrix}$时，Heisenberg 测不准原理下限值为$\sin^2(\alpha-\beta)/4$。当$\alpha-\beta\in[0,\pi/2]$时，其下限值则为$\sin^2(\alpha-\beta)/4\in[0,1/4]$。

理论上，广义分数阶 Fourier 变换域的 Heisenberg 测不准原理的下限可以接近于零。如果为零，这一新变换域仅仅是通过单纯尺度变换或调制得到的，这个结论与文献[44]的结果吻合，不同的是文献[44]认为单纯尺度变换或调制得到的变换域为新的变换域，即对于同一信号，它在两个广义分数阶 Fourier 变换域可同为带限信号。

（2）较传统情况，广义分数阶 Fourier 变换域的 Shannon 熵测不准原理具有更小的下限，以表 6.9 中不等式

$$H\left[\left|F_{(a_1,b_1,c_1,d_1)}(u)\right|^2\right]+H\left[\left|F_{(a_2,b_2,c_2,d_2)}(u)\right|^2\right]\geqslant\ln\left(\pi\mathrm{e}|a_1b_2-a_2b_1|\right)\tag{6.78}$$

为例。只要选择合适的参数$\begin{bmatrix}a_1 & b_1\\ c_1 & d_1\end{bmatrix}$，$\begin{bmatrix}a_2 & b_2\\ c_2 & d_2\end{bmatrix}$，并考虑到$b\neq 0$，当$a_1d_1-b_1c_1=1$、$a_2d_2-b_2c_2=1$和$\ln\left(\pi\mathrm{e}|a_1b_2-a_2b_1|\right)=0$时，求解方程组：

$$\begin{cases}a_1d_1-b_1c_1=1, & b_1\neq 0\\ a_2d_2-b_2c_2=1, & b_2\neq 0\\ |a_1b_2-a_2b_1|=1/\pi\mathrm{e}\end{cases}\tag{6.79}$$

可得

$$\begin{bmatrix}a_1 & b_1\\ c_1 & d_1\end{bmatrix}=\begin{bmatrix}0 & -1\\ 1 & 1\end{bmatrix},\quad\begin{bmatrix}a_2 & b_2\\ c_2 & d_2\end{bmatrix}=\begin{bmatrix}\dfrac{1}{\pi\mathrm{e}} & \dfrac{1}{\pi\mathrm{e}}-1\\ 1 & 1\end{bmatrix}\tag{6.80}$$

当$\ln\left(\pi\mathrm{e}|a_1b_2-a_2b_1|\right)=0$时，广义分数阶 Fourier 变换域的 Shannon 熵测不准原理的下限可以达到零。很明显，上述方程组是欠定的，存在无数解。

（3）较传统的 Rényi 熵测不准原理，广义分数阶 Fourier 变换域的 Rényi 熵测不准原理可以达到更小的下限，如表 6.10 中不等式

$$H_\theta\left[\left|F_{(a_2,b_2,c_2,d_2)}(u)\right|^2\right]+H_\gamma\left[\left|F_{(a_1,b_1,c_1,d_1)}(u)\right|^2\right]\geqslant\frac{\ln(\theta/\pi)}{2(\theta-1)}+\frac{\ln(\gamma/\pi)}{2(\gamma-1)}+\ln|a_1b_2-a_2b_1|\tag{6.81}$$

只要选择合适的参数$\begin{bmatrix}a_1 & b_1\\ c_1 & d_1\end{bmatrix}$，$\begin{bmatrix}a_2 & b_2\\ c_2 & d_2\end{bmatrix}$，使$\dfrac{\ln(\theta/\pi)}{2(\theta-1)}+\dfrac{\ln(\gamma/\pi)}{2(\gamma-1)}+\ln|a_1b_2-a_2b_1|=0$成立，分数阶及广义分数阶 Fourier 变换域的 Rényi 熵测不准原理的下限可以达到零。

同理，当$\begin{bmatrix} a_1 & b_1 \\ c_1 & d_1 \end{bmatrix} = \begin{bmatrix} 0 & -1 \\ 1 & 1 \end{bmatrix}$，$\begin{bmatrix} a_2 & b_2 \\ c_2 & d_2 \end{bmatrix} = \begin{bmatrix} \vartheta & \vartheta-1 \\ 1 & 1 \end{bmatrix}$时，其中$\vartheta = \left(\frac{\pi}{\theta}\right)^{\frac{1}{2(1-\theta)}} \left(\frac{\pi}{\gamma}\right)^{\frac{1}{2(1-\gamma)}}$，其下限可为零。

Shannon 熵与 Rényi 熵测不准原理类似，这里不再详述。

（4）广义分数阶 Fourier 变换域的加窗测不准原理可以获得比传统加窗测不准原理更小的下限，如表 6.11 中不等式

$$\left(\Delta v^2_{(a_1,b_1,c_1,d_1)}\right)_{\mathrm{ST}} \cdot \left(\Delta u^2_{(a_2,b_2,c_2,d_2)}\right)_{\mathrm{ST}} \geqslant \left(\frac{|a_1 b_2 - a_2 b_1| + 1}{2}\right)^2 \tag{6.82}$$

当$\begin{bmatrix} a_1 & b_1 \\ c_1 & d_1 \end{bmatrix} = \begin{bmatrix} \cos\alpha & \sin\alpha \\ -\sin\alpha & \cos\alpha \end{bmatrix}$，$\begin{bmatrix} a_2 & b_2 \\ c_2 & d_2 \end{bmatrix} = \begin{bmatrix} \cos\beta & \sin\beta \\ -\sin\beta & \cos\beta \end{bmatrix}$时，其下限值为

$$\left(\frac{|a_1 b_2 - a_2 b_1| + 1}{2}\right)^2 = \left(\frac{|\sin(\alpha-\beta)| + 1}{2}\right)^2 \in [1/4, 1]$$

最小下限可为 1/4，小于传统下限 1。

（5）广义分数阶 Fourier 变换域的对数测不准原理的下限与变换参数相关，如表 6.12 中不等式

$$\begin{aligned} &\int_{-\infty}^{+\infty} \ln|u|^2 \left|F_{(a_1,b_1,c_1,d_1)}(u)\right|^2 \mathrm{d}u + \int_{-\infty}^{+\infty} \ln|v|^2 \left|F_{(a_2,b_2,c_2,d_2)}(v)\right|^2 \mathrm{d}v \\ &\geqslant \ln\left(|a_1 b_2 - a_2 b_1|^2\right) + \frac{2\Gamma'(1/4)}{\Gamma(1/4)} \end{aligned} \tag{6.83}$$

只要使$\ln\left(|a_1 b_2 - a_2 b_1|^2\right) + \frac{2\Gamma'(1/4)}{\Gamma(1/4)} = 0$，其下限也可以达到零。

同理，当$\begin{bmatrix} a_1 & b_1 \\ c_1 & d_1 \end{bmatrix} = \begin{bmatrix} 0 & -1 \\ 1 & 1 \end{bmatrix}$，$\begin{bmatrix} a_2 & b_2 \\ c_2 & d_2 \end{bmatrix} = \begin{bmatrix} \vartheta & \vartheta-1 \\ 1 & 1 \end{bmatrix}$时，其中$\vartheta = \sqrt{-\frac{2\Gamma'(1/4)}{\Gamma(1/4)}}$，其下限可为零。

综上所述，广义分数阶 Fourier 变换域的时频分析可提供更好更多的选择，只要选择合适的变换参数，就可获得更高分辨率的分析，而且在某些特定情况下，信号分辨率在两个不同变换域可以极大地提高。在信息学和量子力学中，新型变换域的熵测不准原理又可以提供新的思路，为潜在的应用提供了重要的理论基础。

值得注意的是，所有连续测不准原理不等式关系当等号成立时，信号几乎均为 Gauss 类型的函数，目前还没有发现特例。

与此同时，还发现了许多有待于进一步解决的问题。

6.2.1.5 时频分析广义测不准原理的进一步研究问题展望

对于广义域，测不准原理还有很多问题需要进一步研究，特别是离散广义测不准原理、复数信号的广义测不准原理、多维广义测不准原理等。

1）离散广义测不准原理

目前所公开发表的广义测不准原理都是针对连续信号的，但离散信号与连续信号有许多不同点。首先，在实际工程应用中，离散信号的时间支撑和频率支撑都是有限的，

而对于连续信号不成立，因此，广泛应用于连续信号的数学不等式（如广义 Pitt 不等式、广义 Hausdorff-Young 不等式等）及其证明方法（如基于广义 Jensen 不等式的凹凸理论）都需要进一步完善。其次，目前离散信号的时间支撑和频率支撑的表述还没有一个被广泛接受的统一定义，理论上尚不完善。还有，广义变换离散计算方法、离散性质等还有待进一步分析。另外，已经证明，在传统域内，Gauss 信号不再是离散测不准原理等式成立的条件。

纵观现有成果，在 FRFT、LCT 域所对应的离散信号广义测不准原理（包括 Heisenberg 测不准原理、对数测不准原理、加窗测不准原理、Shannon 熵测不准原理和 Rényi 熵测不准原理等）尚属空白，而且连续信号和离散信号的 Tsallis 熵和黑洞 Planck 熵广义测不准原理，目前尚未见文献涉及。

2）复数信号的广义测不准原理

实数信号和复数信号的测不准原理在广义域内具有不同的下限，而这与传统测不准原理的规律相悖，传统测不准原理无论是实数信号还是复数信号都具有相同的下限：1/4 或 $1/16\pi^2$，那么，实数信号和复数信号在广义域内确实存在不同的下限，是因为目前的证明和推导存在问题。同时现有的工作还表明，复数信号在广义域似乎还没有得到类似于实数信号那样更为严格的下限。目前尚未见公开的报道给出明确的答案。这一问题至关重要，对于相关领域问题研究的指导性不言而喻，每一种测不准原理都应只有唯一的准确和严格下限，否则会误导对问题的求证和理解。

对于传统的四元复数，Bahri 等进行了相关讨论，不过得到的结论只是纵横方向上的一维测不准原理，并没有反映四元复数本身特性。

另外，由 Hilbert 变换和广义 Hilbert 变换生成的复数信号是目前信号处理常用的复数信号形式，而且在信号处理中具有重要的作用。但它不同于传统意义上的复数信号，目前还没有公开的文献论述这类信号的测不准原理。

3）多维广义测不准原理

一直以来，对于多维信号的测不准原理，通常将其投影到多个方向上的一维信号进行独立分析与处理，例如对于图像，传统的小波变换、Fourier 变换等将其行列可分离进行变换，对应的测不准原理也就是行列上一维测不准原理的乘积形式。但是，有些变换方法的行列是相关的，不可分离，需要采取新的处理方法。实际上，多数信号在不同方向上是相关的（例如，边缘密度函数和 x、y 两个变量均相关），在实际工程应用中多数情况可以认为它们行列近似独立。对于这类信号，必须考虑不同方向的相关特征，因此，多维广义测不准原理是这类信号的处理基础。

4）广义测不准原理的应用

如何把测不准原理应用于多维信号分析。不论传统的测不准原理还是广义测不准原理，已在一维信号分析中得到了广泛应用，而对于多维信号分析，如二维图像分析主要限于行列上的独立分析，但是图像具有重要的行列相关性，人类视觉敏感频率信息，也敏感方向信息，如频率相同而方向不同的图像很容易加以区分，因此二维信号的方向和内部维数也是图像的重要特征。因此，针对多维的图像信号，如何应用测不准原理进行分辨率分析十分重要。

而且，广义一维和多维测不准原理在一维信号、图像、视频等信号的分析和处理方面是否能够发挥重大的作用，也需要加以深入研究。

6.2.2　信号稀疏表示广义测不准原理总结

基函数集最佳稀疏表示信号的充要条件是什么，如何选择信号最佳稀疏表示的基函数集等问题，随着信号稀疏表示广义测不准原理的出现理论上逐步得到解决。本书涉及的信号稀疏表示广义测不准原理主要有以下几类。

6.2.2.1　信号稀疏表示的 Heisenberg 广义测不准原理

尽管早期的稀疏表示[82-84]并不是从广义测不准原理入手的，但是目前的研究表明，稀疏表示 Heisenberg 广义测不准原理是支撑信号稀疏表示的理论基础，可以对信号的最佳稀疏表示进行有效的理论和工程指导。最早的稀疏表示广义测不准原理是 Heisenberg 广义测不准原理。有关稀疏表示 Heisenberg 广义测不准原理可以追溯到 Donoho 等 1989 年提出的理论，主要阐述用栅栏基信号（spike）和正弦基信号（二者称为时频原子基）表示有限支撑的离散信号和模拟信号的测不准原理问题，给出了信号稀疏表示广义测不准原理雏形，得出了给定能量的离散信号所对应局部支撑乘积的下限。后来，Donoho 等在 2001 年正式给出了把时频原子基作为具有过完备性的字典进行信号稀疏表示的性能边界条件。再后来，Donoho 等又给出了信号稀疏表示的最小 0-范数和最小 1-范数等价的广义测不准原理边界条件，而最小 1-范数（即 l_1-范数）在数学上是个凸问题，可以通过优化算法进行有效的求解，从而简化了稀疏分解问题。尽管 Donoho 等只是给出了时频原子基的广义测不准原理，但是该工作在后来 Patrick 等的论文中被称为信号稀疏表示及重构方面研究的里程碑[73]。在此基础上，Elad 等于 2002 年提出了任意两个正交基集的稀疏表示广义测不准原理[68]（见本书 5.2 节），从时频原子基扩展到任意两个正交基集，并且给出了更为严格的 0-范数和 1-范数等价的测不准原理边界条件。Feuer 和 Nemirovski 等证明了这些条件是充要条件[69]并在一些扩展空间上给出了相似的结论。Patrick 等于 2012 年提出了两个非正交基集的广义测不准原理[74]，其中每个非正交基序列都是冗余的，可以独立实现对信号的稀疏表示，从而把两个正交基集扩展到更为一般的两个基函数集（见本书 5.2 节），而且优化了广义测不准原理的边界条件。2013 年，Benjamin 等则从支撑和框架角度进行了时频分析广义测不准原理的理论阐述[75]，给出了一些新的概念和定义，为后期稀疏表示方面熵的广义测不准原理的研究提供了一定的基础。与此同时，Candès 和 Tropp 等则从概率的角度给出了松弛条件的广义测不准原理[85,86]，即信号能够以多大的概率实现何等程度的稀疏表示，放宽了稀疏表示的边界条件和范围。Patrick 等[74]则对 Candès 和 Tropp 等的工作进行了改进。但是由于上述各种稀疏表示 Heisenberg 广义测不准原理并不能用于实际的工程指导，所以本书作者在此基础上开发出了可以工程化应用的稀疏表示 Heisenberg 广义测不准原理，并给出了部分参数的快速算法。

6.2.2.2　信号稀疏表示的熵广义测不准原理

熵是表示信号集中程度的物理量，包括 Shannon 熵和 Rényi 熵等[20-33]。相对于方差来说，熵可以解释方差理论下广义测不准原理无法表达的物理意义。针对信号的稀疏表示，本书除了分析 Heisenberg 广义测不准原理外，还讨论了信号稀疏表示的 Shannon 熵、Rényi 熵广义测不准原理，包括用正交基集、非正交基集以及框架等信号最佳稀疏表示的熵广义测不准原理等。而且，对于信号稀疏表示的熵广义测不准原理，除了本书作者的部分工作，目前也还没有见到其他公开的文献涉及稀疏分解问题，所以本书对这些进行了系统性总结，力争给读者一个全面的概貌。

6.2.2.3　信号稀疏表示的唯一性广义测不准关系

什么情况下信号的稀疏表示是唯一的，且如何确定唯一性，也是信号稀疏表示的重点内容，同样也是以广义测不准原理的理论形式出现。本书对该部分内容也进行了详细的论述，包括国内外近几年的最新成果和本书作者的最新成果。信号稀疏表示的唯一性主要从 Heisenberg 广义测不准原理和熵广义测不准原理的角度阐释，涉及 0-范数、1-范数和熵等测度，给出了各自的理论条件（即测不准不等式关系）。严格上，这部分内容不属于广义测不准原理的理论范畴，但是，由于它们和广义测不准原理紧密相关，且讨论信号稀疏表示的广义测不准原理必然会涉及信号稀疏表示的唯一性，而讨论信号稀疏表示的唯一性又离不开广义测不准原理。所以，为了理论体系的完整性，本书也把这部分内容扩充进来，作为信号稀疏表示的广义测不准原理的一部分进行分析。

6.2.2.4　信号稀疏表示中最小 0-范数以及最小 1-范数和最小熵的关系

由于传统意义或最佳意义上的稀疏表示是最小 0-范数下的概念，所以信号稀疏表示的理论问题离不开 0-范数。但是，由于最小 0-范数的求解在数学上是一个 NP 问题，所以为了工程化中便于实现，人们又提出了 1-范数。但是利用 1-范数替换 0-范数是否合理，就需要探讨 0-范数和 1-范数之间的等价条件及关系，确定在什么情况下在稀疏表示中可以用 1-范数代替 0-范数。进一步，由于熵可以作为信号集中度的一个测度，自然考虑稀疏表示中熵的利用问题。这就牵涉到最小 0-范数、最小 1-范数以及最小熵的等价问题，即确定在什么情况下在稀疏表示中可以用最小熵代替 0-范数，从而确定它们之间的关系。严格意义上，这部分内容也不属于广义测不准原理的理论范畴，但是，由于它们和广义测不准原理紧密相关，且讨论信号稀疏表示的广义测不准原理必然会涉及信号稀疏表示的工程实现即寻找次优方案。所以，为了理论体系的完整性，本书也把这部分内容扩充进来，作为信号稀疏表的广义测不准原理的一部分进行分析。

6.2.2.5　信号稀疏表示的广义测不准原理一览表比较

类似信号时频分析的广义测不准原理，本书把信号稀疏表示的广义测不准原理也进行一个汇总比对，如表 6.15 所示。

表 6.15　信号稀疏表示的广义测不准原理一览表

广义测不准原理类别	内容	广义测不准原理数学形式	涉及的主要文献
Heisenberg 广义测不准原理	广义测不准原理形式	$\Vert\alpha\Vert_0+\Vert\beta\Vert_0\geqslant\frac{2}{\mu(A)}$ $\Vert\alpha\Vert_1\Vert\beta\Vert_1\geqslant\frac{1}{\mu(A)}\Rightarrow\Vert\alpha\Vert_1+\Vert\beta\Vert_1\geqslant\frac{2}{\sqrt{\mu(A)}}$ $\frac{1}{(1+N\xi_{\max})\Lambda_{\max}^2}\leqslant N_0\leqslant\frac{1}{(N\xi_{\max}-1)\Lambda_{\min}^2}$ $\Theta_3\leqslant N_0\leqslant\min\{\Theta_2,N\}$ $\max\{\Theta_3,\Theta_1\}\leqslant N_0\leqslant N$ $\frac{1}{\Lambda_{\max}\sqrt{\xi_{\max}}}\leqslant N_0\leqslant\frac{1}{\Lambda_{\min}\sqrt{\xi_{\min}}}$	[65][67]～[74]
	唯一性理论形式	$\Vert x\Vert_0<\operatorname{spark}(A)/2$, $\operatorname{spark}(A)\geqslant 1+\frac{1}{\mu(A)}$, $\Lambda_{\max}\leqslant\sqrt{\frac{\xi_{\max}}{1+N\xi_{\max}}}$	[67][68][74]
	0-范数和 1-范数等价理论形式	$\Vert x\Vert_0<\frac{1}{2}\left[1+1/\mu(A)\right]$, $\Vert\gamma\Vert_0<\frac{0.9142}{\xi_{\max}}$, $\frac{1}{0.914\Lambda_{\min}^2}+\frac{1}{\xi_{\max}}\leqslant N$	[65][67][68][74]
	稀疏表示误差	$A\Vert\boldsymbol{X}\Vert^2\leqslant\Vert U\boldsymbol{X}\Vert^2\leqslant B\Vert\boldsymbol{X}\Vert^2$, $E<2\Lambda_{\min}^2$	[65]
Shannon 熵广义测不准原理	广义测不准原理形式	$H\left(\boldsymbol{\gamma}^{\alpha}\right)+H\left(\boldsymbol{\gamma}^{\beta}\right)\geqslant\ln\frac{1}{\xi_{\max}}$	[27][28]
	唯一性理论形式	$H(\boldsymbol{\gamma})<\ln\frac{1}{\xi_{\max}}$	[103][104]
	0-范数和最小熵关系	$[H_{\min},H_{\max}]$，其中， $H_{1,\min}=-\frac{N_0-\mu}{N_0-n+1}\ln\left(\frac{N_0-\mu}{N_0-n+1}\right)-\frac{\mu-n+1}{N_0-n+1}\ln\left(\frac{\mu-n+1}{N_0-n+1}\right)$, $H_{2,\min}=-\frac{n-\mu}{n-1}\ln\left(\frac{n-\mu}{n-1}\right)-\frac{\mu-1}{n-1}\ln\left(\frac{\mu-1}{n-1}\right)$, $H_{\max}=\ln N_0$， $H_{\min}=\min\left\{H_{1,\min},H_{2,\min}\right\}$， $H_{\max}=\ln N_0$	[103][104]
Rényi 熵广义测不准原理	广义测不准原理形式	$H_{\theta_1}\left(\boldsymbol{\gamma}^{\alpha}\right)+H_{\theta_2}\left(\boldsymbol{\gamma}^{\beta}\right)\geqslant 2\ln\frac{1}{\xi_{\max}}$	[103][104]
	唯一性理论形式	$H_{\theta}(\boldsymbol{\gamma})<\ln\frac{1}{\xi_{\max}}$	[103][104]

6.3　广义测不准原理研究展望

信号时频分析广义测不准原理相关内容研究已经获得了突破进展，最近几年相关研究变得淡化，一方面研究内容已经得到最大程度的挖掘，另一方面对应的理论研究基本告一段落。所以，本节重点对信号稀疏表示广义测不准原理的未来研究进行展望。

如图 6.2 所示，未来主要从四个方面对信号稀疏表示理论的广义测不准原理进行更加深入的研究，尽管这些方面存在交叉，但却具有各自不同的着眼点。例如，针对不同基函数集类型（正交基集、非正交基集、框架等），研究 Heisenberg 和熵广义测不准原理在不同范数（0-范数、1-范数及 p-范数等）下的曲面和平面上的理论准则。主要内容包括如下几个方面。

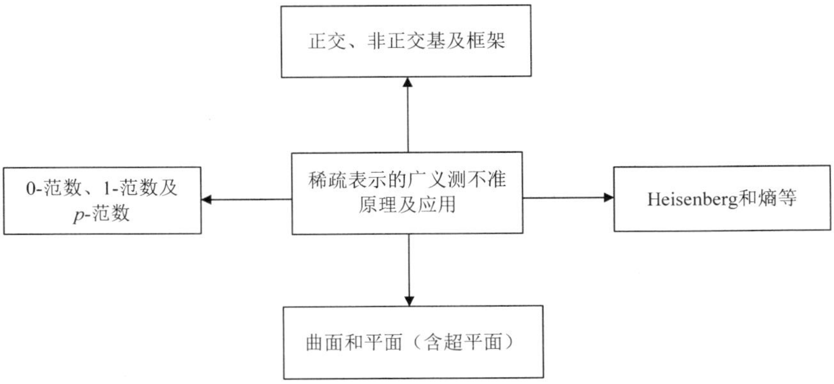

图 6.2　稀疏表示的广义测不准原理研究视角

6.3.1　研究各种基函数集的 Heisenberg 广义测不准原理

前期基于正交基函数集的广义测不准原理在唯一稀疏表示条件以及 0-范数和 1-范数等价条件等方面的研究成果给了作者极大的鼓舞，作者将开发更一般非正交基函数集的广义测不准原理。包括两个非正交冗余基函数（每个基函数都是冗余的）集、两个非正交非冗余基函数（每个基函数都是完备或不完备的，但是两个基函数组成的基函数集合是冗余、过完备的）集以及多个非正交冗余、非冗余基函数集的工程化广义测不准原理，给出它们稀疏表示信号的范围、条件以及进行基函数选择的快速算法等。

6.3.1.1　正交基函数集的 Heisenberg 广义测不准原理

在 Donoho、Elad 等的工作基础上，对两个正交基函数集的 Heisenberg 广义测不准原理的理论条件进行进一步的推导证明，用工程可实现量替换 Donoho、Elad 等给出结果中的 0-范数。通过相关推导证明，利用相干系数（包括基函数集合内部的最大最小相干系数，基函数和待分解信号之间的最大最小相干系数等）对测不准原理边界进行量化，并给出求解这些相干系数的快速算法，对某些正交基函数集合进行初步筛选，为最后确定最优基函数集打下基础。进一步，对多个更一般情况下的正交基函数集的 Heisenberg 广义测不准原理进行基于相干系数的推导证明，给出工程化的广义测不准原理。

6.3.1.2　非正交冗余基函数集的 Heisenberg 广义测不准原理

在信号的分解过程中，完备的正交基函数集和非正交基函数集是常用的分解基函数。后者通常分两类，一类是两个非正交基函数都是不完备的，而它们合成的基函数集是过完备的；另一类是非正交基函数都是完备的，它们合成的基函数集是过完备的。

无论哪种情况，它们和待分解函数之间存在三种相干系数：基函数内部的相干系数（由于非正交，故这个相干系数非零）、两个基函数集之间的相干系数、基函数集和待分解信号之间的相干系数。每类相干系数又分为最大相干系数和最小（非零）相干系数。

拟采用的证明推导方法如下。

（1）扩展法。将前期针对正交基函数集下的 Heisenberg 广义测不准原理扩展到非正交基函数集，寻求其上下边界和基函数自身内部的相干系数、两个基函数集之间的相干系数以及基函数集和待分解信号之间的相干系数之间的关系，给出量化的数学表达式，阐释相应的物理意义。

（2）迹和特征值法。采用矩阵分析，将非正交基函数集设为正交基函数集的广义形式，并用矩阵描述基函数集，求基函数集矩阵的特征值和迹。然后设想根据矩阵范数和 Cauchy-Schwartz 不等式，推导出 Heisenberg 广义测不准原理的上下边界与特征值、迹之间的关系，给出量化的数学表达式，阐释其物理意义。

此外，还要对两种方法的交叉方法进行尝试，找到两种方法的等价条件和物理意义，为更多、更简明直观的推导证明提供思路。

6.3.1.3　框架基函数集的 Heisenberg 广义测不准原理

框架基函数集是更为一般意义上的基函数，不仅可以看作是正交基函数集（正交基函数又名紧致框架）的广义形式，同时也是非正交基函数集的广义形式。因此，对于框架，除了考虑采用正交基函数集和非正交基函数集采用的证明方法，还需要从多个角度进行测试。

拟采用的证明推导方法如下。

（1）框架边界法。对于信号的表示，框架在一个确定的范围内，考虑这个范围的影响，将广义测不准原理的矩阵范数与三角不等式相联系，给出 Heisenberg 广义测不准原理边界和框架边界的关系，推出理论表达式，探索快速算法，阐释物理意义。

（2）相干系数法。将前期针对正交基函数集下的 Heisenberg 广义测不准原理扩展到框架中来，寻求 Heisenberg 广义测不准原理的上下边界和框架自身内部的相干系数、两个框架集之间的相干系数以及框架集和待分解信号之间的相干系数之间的关系，给出量化的数学表达式、快速算法，阐释相应的物理意义。

（3）迹和特征值法。此外，采用矩阵描述框架，并求其矩阵形式的特征值和迹。然后根据矩阵范数和 Cauchy-Schwartz 不等式，推导出 Heisenberg 广义测不准原理的上下边界和特征值、迹之间的关系，给出量化的数学表达式、快速算法，阐释相应的物理意义。

6.3.2　研究各种基函数集的熵广义测不准原理

目前，稀疏分解理论的熵广义测不准原理仍是空白。作者将开发针对熵广义测不准原理在正交基函数集、非正交基函数集以及框架集的边界条件，给出它们能够稀疏表示信号的范围、条件以及进行基函数选择的快速算法等。

正交基函数集的熵广义测不准原理、非正交冗余基函数集的熵广义测不准原理、框架基函数集的熵广义测不准原理等，其证明推导思路基本与上述类似。其中，迹和特征值法，应用 Pitt 不等式和 Jensen 不等式的凹凸理论对熵广义测不准原理进行求证。

从前期初步工作（见本书第 5 章）来看，相干系数法证明相对直接，但是形式简单，扩展性弱；迹和范数法相对复杂，形式严密，数学可塑性好，易于扩展；框架边界法只能针对框架，但是能够简化为前面两种证明方法。总之，对于每一种广义测不准原理都尝试使用多种方法进行测试，并把每种方法的结果进行比对，在获取广义测不准原理的同时，得到各种方法的性能评价。

6.3.3 研究不同范数的广义测不准原理

前期稀疏表示广义测不准原理主要针对 0-范数、1-范数进行讨论。讨论信号的 0-范数问题，0-范数越小，信号稀疏表示越优。由于 0-范数求解困难，以 1-范数代替 0-范数进行信号的稀疏表示探讨。对于 2-范数，主要用于证明的过程，针对变换系数的 2-范数没有过多讨论，原因在于 2-范数是凹函数，无法求证全局最优解的问题。本书不仅研究 0-范数和 1-范数下的广义测不准原理问题，还将探讨 p-范数下的广义测不准原理问题。

6.3.3.1 0-范数和 1-范数下的广义测不准原理等价条件

研究 0-范数和 1-范数的等价条件，以及 0-范数、1-范数和最小熵之间的等价条件。

（1）框架边界下的等价条件。通过 2-范数和三角不等式推导 0-范数和 1-范数的等价条件，给出 0-范数和 1-范数的等价条件和框架边界的关系，推出理论表达式，阐释物理意义。同时，还将应用框架边界推导出 0-范数、1-范数和最小熵之间的关系，给出理论表达式和物理意义。

（2）相干系数下的等价条件。根据框架的相干系数、两个框架集之间的相干系数以及框架集和待分解信号之间的相干系数，推导 0-范数和 1-范数等价条件，给出量化的数学表达式，阐释相应的物理意义。进而，应用相干系数推导出 0-范数、1-范数和最小熵之间的关系，给出理论表达式和物理意义。

（3）迹和特征值下的等价条件。把框架以矩阵的形式从数学上表示，然后求这些矩阵形式的特征值和迹。然后根据各种不等式和范数定义，推导出 0-范数和 1-范数等价条件，0-范数、1-范数和最小熵之间的等价条件和特征值、迹之间的关系，给出量化的数学表达式，阐释相应的物理意义。

6.3.3.2 p-范数下的广义测不准原理

研究最佳稀疏表示和 p-范数之间的关系，以及 p 的最佳范围和最小熵之间的等价条件。采用 Euclid 范数和三角不等式推导 p-范数和最佳稀疏表示的等价条件，给出 p-范数和最佳稀疏表示的等价条件和框架边界的关系，推导 p-范数和最小熵之间的关系，给出理论表达式和物理意义。

应用相干系数推导出 p-范数和最小熵之间的关系，给出理论表达式和物理意义。推导出 p-范数和最小熵之间的等价条件和特征值、迹之间的关系，给出量化的数学表达式，阐释其物理意义。

此外，在推导的过程中考查 p 的变化规律，给出更多情况下的分析，为后续信号的稀疏表示创造条件。

6.3.4 研究曲面广义测不准原理及应用

地球上的地理、气象环境信息等很多都是曲面信息。现以流线（海洋气象中的二值气象传真图大量应用了流线）为例加以说明，在气象传真图中，流线是最常用的信息载体，描述风、气压、温度、湿度、浪高等基本信息。短时间内局部情况下，可以假定风是定常流动，其信息为定常流动信息。把定常流动信息用曲面信息表示方法表示，即通过曲率、速率、流线密度、可微性等多个参量进行讨论。因此流线可以作为多元数处理，一般作为二元数、三元数或四元数，二元数、三元数又可以看作四元数的特例。

接下来将按照下面的思路进一步研究。

6.3.4.1 定常流动流线的广义测不准原理研究

定常流动流线的广义测不准原理研究主要从二元数和四元数理论的角度进行探讨和分析。

二元数的广义测不准原理。目前，稀疏表示理论的广义测不准原理是针对标量信号的，二元数稀疏表示广义测不准原理研究尚属空白。把二元数的稀疏表示条件及 0-范数和 1-范数等价条件等问题进行定义，从向量组中的标量信号扩展到二元信号。然后探讨二元数信号的正交基函数集、非正交基函数集以及框架下的 Heisenberg、熵广义测不准原理等。

四元数的广义测不准原理。四元数又称为超复数，包含一个实部和三个虚部，广泛应用于信号和图像处理。四元复数测不准原理既要考虑其复数特性，又要考虑其多维特性。由于四元相位包含三个自由度，三个自由度两两组合又可以构成三个参量，而三个自由度又可以共同构成一个参量，总共有七个参量，表征了复杂内部维数的强结构信息的不同模式。把四元数的稀疏表示条件以及 0-范数和 1-范数等价条件等问题进行定义，从原来的标量信号扩展到四元信号。然后探讨四元数信号的正交基函数集、非正交基函数集以及框架下的广义测不准原理，包括 Heisenberg 广义测不准原理、熵广义测不准原理等。

6.3.4.2 迹线的广义测不准原理研究

迹线是流体质点的运动轨迹，即质点在不同时刻所在位置的连线，流场是一系列的迹线族。当流场为定常时，过任一点的流线和迹线重合，形状保持不变。因此，考虑用到流线的方法对广义测不准原理进行研究，并把上述特性结合进来，对二元数、三元数及四元数进行条件约束，包括中断性、重合性等，把约束条件和各种相干系数、Pitt 不等式、Hausdorff-Young 不等式、三角不等式、凹凸理论、矩阵范数和 Cauchy-Schwartz

不等式等推导过程结合起来，获得多元数信号的正交基函数集、非正交基函数集以及框架下的广义测不准原理，包括 Heisenberg 广义测不准原理、熵广义测不准原理等。

6.3.4.3　多维数据的广义测不准原理研究

对于多维可分离的情况，可直接在各维上进行一维分析；对于多维不可分离的情况，可采用直接概率分析法和间接法两种途径进行测试。直接概率分析法是在多维空间进行推导和分析，它涉及多维空间的联合分布的问题，可应用 Bayes 定理获取最终的结果。在前期的工作中，初步测试结果表明，多维空间的复杂性是线性的，有利于进行构造和分析。

间接法是把不可分离的情况转换成可分离的情况进行处理，这样一维方法都可以直接使用，然后再通过逆转换（解相关的反过程）得到最终结果。初步测试结果表明，可以采用机器视觉中的仿射变换和数学中的矩阵解相关运算等处理高维的解相关，但是由于维数的增加解相关运算更复杂，而且复杂度随着维数的增加呈现几何指数递增。为了降低复杂度，必须对矩阵进行稀疏化处理和降维处理，不至于随着维数的增加产生运算中的所谓“维数灾难”。稀疏化处理和降维处理可以采用现有的各种数学上的优化计算，如 Toeplitz 矩阵运算、Householder 变换以及 Hesse 矩阵的约束最优化等，可以通过大量的试验和理论分析进行测试找到合适的算法，推导出正交基函数集、非正交基函数集以及框架下的 Heisenberg、熵广义测不准原理。

本 章 小 结

本章主要讨论前面各章信号时频分析的广义测不准原理以及信号稀疏表示的广义测不准原理，并以表格的形式进行总结，同时对于各广义测不准原理中的数学问题进行总结，并以表格的形式表示。最后，本章主要对前面的内容做一简单的总结，并给出广义测不准原理的研究展望。

参考文献

[1] 张贤达．现代信号处理[M]．北京：清华大学出版社，2002.

[2] 曲长文，何友，刘卫华．框架理论及应用[M]．北京：国防工业出版社，2009.

[3] 张贤达．矩阵分析及应用[M]．2版．北京：清华大学出版社，2015.

[4] 张贤达，保铮．非平稳信号分析与处理[M]．北京：国防工业出版社，1998.

[5] 徐宗本，柳重堪．信息工程概论[M]．北京：科学出版社，2002.

[6] 陶然，邓兵，王越．分数阶Fourier变换及其应用[M]．北京：清华大学出版社，2009.

[7] 冉启文，谭立英．分数傅里叶光学导论[M]．北京：科学出版社，2004.

[8] OZAKTAS H M, AYTUR O. Fractional Fourier domains[J]. Signal Processing, 1995, 46: 119-124.

[9] XIA X G. On Bandlimited signals with fractional Fourier transform[J]. IEEE Signal Processing Letter, 1996, 3(3): 72-74.

[10] OZAKTAS H M, ZALEVSKY Z, KUTAY M A. The fractional Fourier transform with applications in optics and signal processing[M]. New York: Wiley, 2000.

[11] PEI S C , YEH M H, LUO T L. Fractional Fourier series expansion for finite signals and dual extension to discrete-time fractional Fourier transform[J]. IEEE Transactions on Signal Processing, 1999, 47(10): 2883-2888.

[12] 许天周，李炳照．线性正则变换[M]．北京：科学出版社，2013.

[13] STERN A. Sampling of compact signals in offset linear canonical transform domains[J]. Signal, Image and Video Processing, 2007, 1(4): 359-367.

[14] HEISENBERG W. Uber den anschaulichen inhalt der quanten theoretischen kinematik und mechanik[J]. Zeitschrift Für Physik,1927, 43: 172-198.

[15] SELIG K K. Uncertainty principles revisited[J]. Electronic Transactions on Numerical Analysis, 2002, 14: 145-177.

[16] FOLLAND G B, SITARAM A. The uncertainty principle: a mathematical survey[J]. The Journal of Fourier Analysis and Applications, 1997, 3(3): 207-238.

[17] BECKNER W. Inequalities in Fourier analysis[J]. The Annals of Mathematics, 2nd Ser, 1975, 102(1): 159-182.

[18] LOUGHLIN P J, COHEN L. The uncertainty principle: global, local, or both? [J]. IEEE Transactions on Signal Processing, 2004, 52(5): 1218-1227.

[19] DANG P, DENG G T, QIAN T. A sharper uncertainty principle[J]. Journal of Functional Analysis, 2013, 265: 2239-2266.

[20] HIRSCHMAN I I JR. A note on entropy[J]. American Journal of Mathematics, 1957, 79(1): 152-156.

[21] SHANNON C E. A mathematical theory of communication[J]. The Bell System Technical Journal,1948, 27: 379-656.

[22] MAJERNÍK V, MAJERNÍKOVÁ E, SHPYRKO S. Uncertainty relations expressed by Shannon-like entropies[J]. Central European Journal of Physics, 2003: 393-420.

[23] IWO B B. Entropic uncertainty relations in quantum mechanics[M]//ACCARDI L, VON WALDENFELS W ed., Quantum probability and applications II, Lecture Notes in Mathematics 1136. Berlin: Springer, 1985: 90.

[24] GILL J. An entropy measure of uncertainty in vote choice[J]. Electoral Studies, 2005: 1-22.

[25] RÉNYI A. Some fundamental questions of information theory[M]//Selected Papers of Alfréd Rényi. Budapest: Akadémiai Kiadó, 1976: 526-552.

[26] RÉNYI A. On measures of information and entropy[C]//Proceedings of the 4th Berkeley Symposium on Mathematics, Statistics and Probability, 1960: 547.

[27] MAASSEN H. A discrete entropic uncertainty relation[M]//Quantum Probability and Applications V, New York: Springer-Verlag, 1988: 263-266.

[28] MAASSEN H, UFFINK J B M. Generalized entropic uncertainty relations[J]. Physical Review Letters, 1983, 60(12): 1103-1106.

[29] BERGER A L, PIETRA D S.A, PIETRA D V J. A maximum entropy approach to natural language processing[J].

Computational Linguistics, 1996, 22(1): 39-71.

[30] IWO B B. Formulation of the uncertainty relations in terms of the Rényi entropies[J]. Physical Review A, 2006, 74: 052101,1-6.

[31] IWO B B. Rényi entropy and the uncertainty relations[J]. Foundations of Probability and Physics, 2007, 889:52-61.

[32] WILKL G, WLODARCZYK Z. Uncertainty relations in terms of the Tsallis entropy[J]. Physical Review A, 2009, 79(6): 1-6.

[33] AMIR D, COVER T M, THOMAS J A. Information theoretic inequalities[J]. IEEE Transform Information Theory, 2001, 37(6): 1501-1508.

[34] XU G L, WANG X T, XU X G. Novel uncertainty relations in fractional Fourier transform domain for real signals[J]. Chinese Physics B, 2010, 19(1): 014203,1-9.

[35] MUSTARD D. Uncertainty principle invariant under fractional Fourier transform[J]. Journal of the Australian Mathematical Society (series B), 1991, 33: 180-191.

[36] SHINDE S, VIKRAM M G. An uncertainty principle for real signals in the fractional Fourier transform domain[J]. IEEE Transactions on Signal Processing, 2001, 49 (11): 2545-2548.

[37] LOHMANN A W. Relationships between the Radon-Wigner and fractional Fourier transforms[J]. Journal of the Optical Society of America A-optics Image Science and Vision, 1994, 11(6): 1398-1401.

[38] WANG X T, XU G L, ZHOU L J. Generalized uncertainty relations on fractional Fourier transform for discrete signals and filtering of LFM signals[J]. Journal of Signal and Information Processing, 2013, 4: 274-281.

[39] ALMEIDA L B. The fractional Fourier transform and time-frequency representations[J]. IEEE Transactions on Signal Processing, 1994, 42(11): 3084-3091.

[40] SHI J, LIU X P, ZHANG N T. On uncertainty principle for signal concentrations with fractional Fourier transform[J]. Signal Processing, 2012, 92: 2830-2836.

[41] XU G L, WANG X T, XU X G. The entropic uncertainty principle in fractional fourier transform domains[J]. Signal Processing, 2009, 89(12): 2692-2697.

[42] XU G L, WANG X T, ZHOU L J, et al. Discrete entropic uncertainty relations associated with FRFT[J]. Journal of Signal and Information Processing, 2013, 3B: 120-124.

[43] XU G L, WANG X T, XU X G. Generalized uncertainty principles associated with Hilbert transform [J]. Signal, Image and Video Processing, 2014, 8(2): 279-285.

[44] SHARMA K K, JOSHI S D. Uncertainty principle for real signals in the linear canonical transform domains[J]. IEEE Transactions on Signal Processing, 2008, 56(7): 2677-2683.

[45] XU G L, WANG X T, XU X G. Three cases of uncertainty principle for real signals in linear canonical transform domain[J]. IET Signal Processing, 2009, 3(1): 85-92.

[46] XU G L, WANG X T, XU X G. Uncertainty inequalities for linear canonical Transform[J]. IET Signal Processing, 2009, 3(5): 392-402.

[47] ZHAO J, TAO R, LI Y, et al. Uncertainty principles for linear canonical transform[J]. IEEE Transactions on Signal Processing[J]. 2009, 57(7): 2856-2858.

[48] XU G L, WANG X T, XU X G. On uncertainty principle for the linear canonical transform of complex signals[J]. IEEE Transactions on Signal Processing, 2010, 58(9): 4916-4918.

[49] DANG P, DENG G T, QIAN T. A tighter uncertainty principle for linear canonical transform in terms of phase derivative[J]. IEEE Transactions on Signal Processing, 2013, 61(21): 5153-5164.

[50] PEI S C, DING J J. Uncertainty principle of the 2-D affine generalized fractional Fourier transform[C]// Proceedings of 2009 APSIPA Annual Summit and Conference. Sapporo, IEEE, 2009, 6(4): 3181-3184.

[51] XU G L, WANG X T, XU X G. Discrete inequalities on LCT [J]. Journal of Signal and Information Processing, 2015, 6(2): 146-152.

[52] STERN A. Uncertainty principles in linear canonical transform domains and some of their implications in optics[J]. Journal

of the Optical Society of America A-optics Image Science and Vision, 2008, 25 (3): 647-652.

[53] XU G L, WANG X T, XU X G. New inequalities and uncertainty relations on linear canonical transform revisit[J]. EURASIP Journal on Advances in Signal Processing, doi:10.1155/2009/563265.

[54] BECKNER W. Pitt's inequality and the uncertainty principle[J]. Proceedings of the American Mathematical Society, 1995, 123(6): 1897-1905.

[55] COHEN L. The uncertainty principles of windowed wave functions[J]. Opt Commun, 2000, 179: 221-229.

[56] TAO R, LI Y, WANG Y. Short-time fractional Fourier transform and its applications[J]. IEEE Transactions on Signal Processing, 2010, 58(5): 2568-2580.

[57] COHEN L. The uncertainty principles of windowed wave functions[J]. Optics Communications, 2000, 179: 221-229.

[58] XU G L, WANG X T, XU X G. The logarithmic, Heisenberg's and Windowed Uncertainty principles in fractional Fourier transform domains[J]. Signal Processing, 2009, 89(3): 339-343.

[59] STANKOVIC L, ALIEVA T, BASTIAANS M J. Time-frequency signal analysis based on the windowed fractional Fourier transform[J]. Signal Processing, 2003, 83: 2459-2468.

[60] WANG X T, XU G L, JIN X, et al. Fractional s-transform: resolution analysis and application[C]// Proceedings of the 2012 Second International Conference on Electric Technology and Civil Engineering. Beijing: IEEE Computer Society, 2012: 1422-1425.

[61] DONOHO D L, STARK P. Uncertainty principles and signal recovery[J]. SIAM Journal on Applied Mathematics, 1989, 49: 906-931.

[62] RECHT B. A simpler approach to matrix completion[J]. Journal of Machine Learning Research, 2009, 12: 3413-3430.

[63] DONOHO D L. Compressed sensing[J]. IEEE Transactions on Information Theory, 2006, 52: 1289-1306.

[64] CANDÈS E, ROMBERG J, Sparsity and incoherence in compressive sampling[J]. Inverse Problems, 2007, 23 (3): 969-985.

[65] XU G L, WANG X T, ZHOU L J, et al. New inequalities on sparse representation in pairs of bases[J]. IET Signal Processing, 2013, 7(8): 674-683.

[66] CANDÈS E J, WAKIN M B. An introduction to compressive sampling[J]. IEEE Transactions on Signal Processing, 2008, 25 (2): 21-30.

[67] DONOHO D L, HUO X. Uncertainty principles and ideal atomic decomposition[J]. IEEE Transactions on Information Theory, 2001, 47(7): 2845-2862.

[68] ELAD M, BRUCKSTEIN A M. A generalized uncertainty principle and sparse representation in pairs of bases[J]. IEEE IEEE Transactions on Information Theory, 2002, 48(9): 2558-2567.

[69] FEUER A, NEMIROVSKI A. On sparse representation in pairs of bases[J]. IEEE Transactions on Information Theory, 2003, 49(6): 1579-1581.

[70] GRIBONVAL R, NIELSEN M. Sparse representations in unions of bases[J]. IEEE Transactions on Information Theory, 2003, 49(12): 3320-3325.

[71] LI Y, AMARI S. Two conditions for equivalence of 0-norm solution and 1-norm solution in sparse representation[J]. IEEE Transactions on Neural Networks and Learning Systems, 2010, 21(7): 1189-1196.

[72] FUCHS J J. On sparse representations in arbitrary redundant bases[J]. IEEE Transactions on Information Theory, 2004, 50(6): 1341-1344.

[73] LYUBARSKII Y, VERSHYNIN R. Uncertainty principles and vector quantization[J]. IEEE Transactions on Information Theory, 2010, 56(7): 3491-3501.

[74] PATRICK K, GIUSEPPE D, HELMUT B. Uncertainty relations and sparse signal recovery for pairs of general signal sets[J]. IEEE Transactions on Information Theory, 2012, 58(1): 263-277.

[75] BENJAMIN R, BRUNO T. Refined support and entropic uncertainty inequalities[J]. IEEE Transactions on Information Theory, 2013, 59(7): 4272-4279.

[76] GOHA S S, GOODMANB T N T. Goodmanb, Uncertainty principles in Banach spaces and signal recovery[J]. Journal of Approximation Theory, 2006,143: 26-35.

[77] ELDAR Y C. Uncertainty relations for shift-invariant analog signals[J]. IEEE Transactions on Information Theory, 2009, 55(12): 5742-5757.

[78] AGASKAR A, LU Y. A spectral graph uncertainty principle[J]. IEEE Transactions on Information Theory, 2013, 59(7): 4338-4356.

[79] CANDÉS E J, TAO T. Decoding by linear programming[J]. IEEE Transactions on Information Theory, 2005, 51: 4203-4215.

[80] CHEN S, DONOHO D L, SAUNDERS M A. Atomic decomposition by basis pursuit[J]. SIAM Journal on Scientific Computing, 1998, 20(1): 33-61.

[81] CANDÈS E J, ROMBERG J, TAO T. Stable signal recovery from incomplete and inaccurate measurements[J]. Communications on Pure and Applied Mathematics, 2005, 59: 1207-1223.

[82] DAVIS G, MALLAT S, AVELLANEDA M. Adaptive greedy approximations in Constructive Approximation[J]. Constructive Approximation, 1997, 13: 57-98.

[83] MALLAT S, ZHANG Z. Matching pursuits with time-frequency dictionaries[J]. IEEE Transactions on Signal Processing, 1993, 41(12): 3397-3415.

[84] PATI Y C, REZAIIFAR R, KRISHNAPRASAD P S. Orthogonal matching pursuit: recursive function approximation with applications to wavelet decomposition[C]// 27th Annual Asilomar Conf. Signals Systems and Computers. California: IEEE, Pacific Grove, 1-3 November 1993.

[85] CANDÈS E J, ROMBERG J, TAO T. Robust uncertainty principles: exact signal reconstruction from highly incomplete frequency information[J]. IEEE Transactions on Information Theory, 2006, 52(2): 489-509.

[86] TROPP J A. Greed is good[J]. IEEE Transactions on Information Theory, 2004, 50(10): 2231-2242.

[87] CEVHER V, KRAUSE A. Greedy dictionary selection for sparse representation[J]. IEEE Journal on Selected Topics in Signal Processing, 2011, 5(5): 979-2011.

[88] TROPP J A, GILBERT A C. Signal recovery from random measurements via orthogonal matching pursuit[J]. IEEE Transactions on Information Theory, 2007, 53(12): 4655-4666.

[89] NEEDELL D, VERSHYNIN R. Uniform uncertainty principle and signal recovery via regularized orthogonal matching pursuit[J]. Foundations of Computational Mathematics, 2007, 9(3): 317-334.

[90] DONOHO D L. Sparse solution of underdetermined linear equations by stagewise orthogonal matching pursuit[D]. Stanford: Stanford University, 2006.

[91] BLUMENSATH T, DAVIES M E. Gradient pursuits[J]. IEEE Transactions on Signal Processing, 2008, 56(6): 2370-2382.

[92] MOHIMANI G H, BABAIE-ZADEH M, JUTTEN C. Complex-valued sparse representation based on smoothed 10 norm[C]// IEEE International Conference on Acoustics, Speech and Signal Processing. Toronto: IEEE, 3881-3884.

[93] MOHIMANI H, BABAIE-ZADEH M, JUTTEN C. A fast approach for overcomplete sparse decomposition based on smoothed 10 norm[J]. IEEE Transactions on Signal Processing, 2009, 57(1): 289-301.

[94] JI S, CARIN L. Bayesian compressive sensing and projection optimization[C]// Proceedings of the 24th International Conference on Machine Learning (ICML). New York: ACM, 2007.

[95] JI S. Bayesian compressive sensing[J]. IEEE Transactions on Signal Processing, 2008, 56(6): 2346-2356.

[96] BARANIUK R G, CEVHER V, DUARTE M F, et al. Model based compressive sensing[J]. IEEE Transactions on Information Theory, 2010, 56(4): 1982-2001.

[97] NATARAJAN B K. Sparse approximate solutions to linear systems[J]. SIAM Journal of Computing, 1995, 24(2): 227-234.

[98] CANDES E J, TAO T. The power of convex relaxation: near-optimal matrix completion[J]. IEEE Transactions on Information Theory, 2009, 56(5): 2053-2080.

[99] CHANDRASEKARAN V, SANGHAVI S, PARRILO P A, et al. Rank-sparsity incoherence for matrix decomposition[J]. SIAM Journal on Optimization, 2011, 21(2): 572-596.

[100] CAI J F, CANDES E J, SHEN Z W. A singular value thresholding algorithm for matrix completion[J]. SIAM Journal on Optimizatinon, 2010, 20(4): 1956-1982.

[101] MA S, GOLDFARB D, CHEN L. Fixed point and Bregman iterative methods for matrix rank minimization[J]. Mathematical Programming, 2011: 128, 321-353.

[102] KESHAVAN R H, MONTANARI A, SEWOONG O H. Matrix completion from a few entries [J]. IEEE Transactions on Information Theory, 2010, 56(6): 2980-2998.

[103] 王孝通，徐冠雷，周立佳，等．广义测不准原理理论研究[J]．应用数学进展，2016，5(3)：421-434．

[104] XU G L, WANG X T, XU X G, et al. Entropic inequalities on sparse representation[J]. IET Signal Processing, 2016, 10(4): 413-421.

[105] 曹铁勇，杨吉斌，赵斐，等．稀疏与冗余表示：理论及其在信号与图像处理中的应用[M]．北京：国防工业出版社，2015．

[106] 徐冠雷，王孝通，周立佳，等．广义测不准原理中的数学问题研究[J]．应用数学进展，2016，5(3)：536-559．